Mobile App Engineering

Prof. Dr.-Ing. Guy Vollmer ist seit 2009 Professor für Informatik und Softwaretechnik am Fachbereich Informatik der Fachhochschule Dortmund und lehrt im Bachelor- und Masterstudium. Von 2006 bis 2009 war er als Berater und Projektleiter bei der adesso AG in Dortmund beschäftigt und für verschiedene Unternehmen und Kunden aus dem deutschen Gesundheits- und Versicherungswesen tätig. Parallel zu seiner Promotion bei Prof. Dr.-Ing. Thomas Herrmann und Prof. Dr.-Ing. Helmut Balzert an der Ruhr-Universität Bochum arbeitete er von 2001 bis 2006 als wissenschaftlicher Mitarbeiter und Projektleiter am Fraunhofer-Institut für Software- und Systemtechnik (ISST) in Dortmund und war an zahlreichen öffentlichen, forschungsspezifischen und industriellen Softwareentwicklungsprojekten beteiligt. Vor und parallel zu seinem Informatikstudium an der TU Dortmund war er von 1991 bis 2001 als Softwareentwickler am Fraunhofer-Institut für Materialfluss und Logistik (IML) in Dortmund sowie am Simulations-Dienstleistungs-Zentrum (SDZ GmbH) in Dortmund beschäftigt.

Papier plus⁺ PDF.

Zu diesem Buch – sowie zu vielen weiteren dpunkt.büchern – können Sie auch das entsprechende E-Book im PDF-Format herunterladen. Werden Sie dazu einfach Mitglied bei dpunkt.plus⁺:

www.dpunkt.plus

Guy Vollmer

Mobile App Engineering

Eine systematische Einführung –
von den Requirements zum Go Live

Guy Vollmer · guy.vollmer@fh-dortmund.de

Lektorat: Christa Preisendanz
Copy-Editing: Ursula Zimpfer, Herrenberg
Satz: Birgit Bäuerlein
Herstellung: Susanne Bröckelmann
Umschlaggestaltung: Helmut Kraus, www.exclam.de
Druck und Bindung: M.P. Media-Print Informationstechnologie GmbH, 33100 Paderborn

Bibliografische Information der Deutschen Nationalbibliothek
Die Deutsche Nationalbibliothek verzeichnet diese Publikation in der Deutschen Nationalbibliografie;
detaillierte bibliografische Daten sind im Internet über http://dnb.d-nb.de abrufbar.

ISBN:
Print   978-3-86490-421-9
PDF   978-3-96088-211-4
ePub   978-3-96088-212-1
mobi   978-3-96088-213-8

1. Auflage 2017
Copyright © 2017 dpunkt.verlag GmbH
Wieblinger Weg 17
69123 Heidelberg

Die vorliegende Publikation ist urheberrechtlich geschützt. Alle Rechte vorbehalten. Die Verwendung der Texte und Abbildungen, auch auszugsweise, ist ohne die schriftliche Zustimmung des Verlags urheberrechtswidrig und daher strafbar. Dies gilt insbesondere für die Vervielfältigung, Übersetzung oder die Verwendung in elektronischen Systemen.
Es wird darauf hingewiesen, dass die im Buch verwendeten Soft- und Hardware-Bezeichnungen sowie Markennamen und Produktbezeichnungen der jeweiligen Firmen im Allgemeinen warenzeichen-, marken- oder patentrechtlichem Schutz unterliegen.
Alle Angaben und Programme in diesem Buch wurden mit größter Sorgfalt kontrolliert. Weder Autor noch Verlag können jedoch für Schäden haftbar gemacht werden, die in Zusammenhang mit der Verwendung dieses Buches stehen.
5 4 3 2 1 0

Geleitwort

Mit mobilen Anwendungen ist in kürzester Zeit ein neuer, enorm erfolgreicher und hoch dynamischer Bereich industrieller Softwareentwicklung entstanden. Die Entwicklung mobiler Apps gehört dabei mittlerweile zu den alltäglichen Aufgaben und Tätigkeiten von Informatikerinnen und Informatikern. Und wie bei jeder neuen technischen Errungenschaft sind auch hier neue softwaretechnische Herausforderungen zu bewältigen. Für diese Herausforderungen sind innovative Methoden, Konzepte, Lösungen und Vorgehensweisen gefragt, die über das bloße programmiertechnische Know-how zu den einzelnen Programmiersprachen, Entwicklungsparadigmen und -umgebungen hinausgehen.

Neben dem Problem der vielfach durch die Hersteller hervorgerufenen starken Hardware- und Softwarefragmentierung im mobilen Anwendungsbereich stellen die variierenden und volatilen Anwendungs- und Benutzungskontexte sowie der umfangreiche und nur selten automatisierbare Test mobiler Apps ganz neue und spezifische Herausforderungen an das Software Engineering. Zudem besteht bei mobilen Apps eine globalisierte und sehr dynamische Wettbewerbssituation, die es im Rahmen der Konzeption, des Designs und der Entwicklung zu berücksichtigen gilt: Wo bei kommerzieller Individualsoftware für Desktop-Computer im Bedarfsfall einfach das Schulungsangebot ausgeweitet und intensiviert wird, um die Benutzer mit der Softwareanwendung vertraut zu machen, findet im mobilen Bereich oftmals ein benutzergetriebener, radikaler Selektionsprozess statt: Hier wird eine mobile App bei Nichtgefallen schnell vom Benutzer deinstalliert und einfach durch ein Konkurrenzprodukt aus dem App Store ersetzt. Vor diesem Hintergrund nimmt die User Experience bei mobilen Apps – also die Freude und Begeisterung eines Benutzers bei der Anwendung – eine deutlich exponiertere Stellung ein, als dies bei Desktop-Anwendungen der Fall ist.

Mit diesen und vielen weiteren An- und Herausforderungen, die im vorliegenden Buch ausführlich vorgestellt werden, müssen Informatikerinnen und Informatiker heutzutage umgehen können, um für die Benutzer hoch qualitative mobile Apps effizient und zielgerichtet entwickeln zu können.

Dabei scheinen die großen Hersteller mobiler Betriebssysteme und Endgeräte aktuell keine großen Bemühungen im Hinblick auf eine Konvergenz der unterschiedlichen Entwicklungsansätze und -paradigmen zu zeigen. Vielmehr schreitet die Fragmentierung der Hard- und Software im mobilen Anwendungsbereich weitgehend ungebremst voran. Somit macht die Entwicklung nativer mobiler Apps einen wichtigen, wenn nicht sogar zentralen Bereich mobiler App-Entwicklung aus. Insgesamt ist es hierbei von großer Bedeutung, sämtliche Phasen des Lebenszyklus einer mobilen App – von den Anforderungen bis zum Go Live – zu betrachten und mit geeigneten softwaretechnischen Methoden, Konzepten, Techniken, Sprachen und Werkzeugen zu unterstützen.

Vor diesem Hintergrund wird deutlich, dass Guy Vollmer mit dem vorliegenden Buch einen neuen, innovativen softwaretechnischen Ansatz vorstellt, mit dem sich Mobile-App-Entwicklungsprojekte nicht nur methodisch fundiert, sondern auch unter Zeit- und Kostenaspekten effizient und effektiv durchführen lassen.

Insbesondere zeichnet sich das vorliegende Buch dadurch aus, dass die beiden oftmals weitgehend isoliert voneinander behandelten und betrachteten Informatikdisziplinen des Usability Engineering und des Software Engineering in *einem* integrierten Ansatz passgenau verbunden wurden und somit den spezifischen Anforderungen an ein benutzerorientiertes Mobile App Engineering gerecht werden. Dieses Buch ist dabei sowohl zur qualitativ hochwertigen Hochschulausbildung von Informatikerinnen und Informatikern als auch für Anforderungsanalytiker, Konzepter, Architekten, Programmierer und Tester geeignet, die aus dem konventionellen Softwareentwicklungsbereich für Desktop-Anwendungen stammen.

Volker Gruhn
Essen, im April 2017

Vorwort

Wie kaum eine Technik jemals zuvor haben sich mobile Apps auf Smartphones und Tablets in kürzester Zeit weltweit etabliert. Ob jung, ob alt, es wird überall kommuniziert, sich informiert, fotografiert und in sozialen Netzwerken agiert. Im Zuge dieser globalen Erfolgsgeschichte hat sich ein neuer Bereich der Softwareentwicklung mit neuen spezifischen Herausforderungen herauskristallisiert. Für diesen Bereich werden innovative softwaretechnische Methoden, Konzepte, Techniken und Vorgehensweisen benötigt, um strukturiert und systematisch qualitativ hochwertige Ergebnisse zu erzielen, die sowohl die Benutzer begeistern als auch dazu beitragen, geschäftliche Ziele zu erreichen.

In diesem Kontext wurden in den letzten Jahren erste eigenständige Hochschulstudiengänge für mobile Anwendungen ins Leben gerufen. Daneben können Studierende an unserer und auch an vielen anderen Hochschulen oftmals ihr gesamtes Informatikstudium absolvieren, *ohne jemals* eine einzige mobile App konzipiert, entwickelt und getestet zu haben. Als Hochschullehrer für Informatik und Softwaretechnik habe ich mich in diesem Kontext gefragt, ob diese neuen Technologien auch tatsächlich komplett neue Studiengänge erfordern.

Auf der einen Seite sind komplett neue Studiengänge für mobile Anwendungen möglicherweise ein wenig hoch gegriffen. Sicherlich sind neue Herausforderungen, Besonderheiten, Einschränkungen sowie wichtige Aspekte, Ansätze und Konzepte zu berücksichtigen. Aber am Ende des Tages handelt es sich um objektorientierte Softwareentwicklung, für die eine Vielzahl bewährter Methoden, Sprachen, Techniken, Konzepte und Werkzeuge existieren. Somit sollten die etablierten Informatikstudiengänge – um zwei bis vier spezifische Module ergänzt – eigentlich ausreichen, um die Entwicklung mobiler Apps vermitteln zu können. Auf der anderen Seite ist das Lehrangebot im Hinblick auf die ingenieurmäßige, systematische Entwicklung mobiler Apps an vielen Hochschulen ausbaufähig, um junge Informatikstudentinnen und -studenten adäquat ausbilden und auf ihr Berufsleben zielgerichtet vorbereiten zu können. Und in diesem Berufsleben ist die Entwicklung mobiler Apps mittlerweile ein wichtiger und integraler Bestandteil. Somit gibt es einen Bedarf an Lehrmodulen, die speziell auf die Entwicklung mobiler Apps ausgerichtet sind.

Warum dieses Buch?

Als sich mir die Gelegenheit bot, eine Lehrveranstaltung zur Entwicklung mobiler Apps zu konzipieren, stellte ich zu meiner Überraschung eine klaffende Lücke im Lehrbuchangebot fest: Es gibt zahlreiche Bücher zur Programmierung mobiler Apps für die gängigen mobilen Betriebssysteme wie Android oder iOS. Und es gibt Bücher zu unterschiedlichen Themen, die bei der Entwicklung mobiler Apps wichtig und relevant sind, beispielsweise zur benutzerorientierten Gestaltung grafischer Benutzungsoberflächen oder zum Test mobiler Apps.

Aber ein wirklich praxisnahes und softwaretechnisch ausgerichtetes Lehrbuch, das *den gesamten* Entwicklungsprozess einer mobilen App von den Requirements über Konzeption und Design, Implementierung und den Test bis hin zum Go Live betrachtet und vermittelt, habe ich schlichtweg nicht gefunden. Das vorliegende Buch soll einen substanziellen Beitrag dazu leisten, diese Lücke zu schließen.

Wie generell in der Softwareentwicklung ist es auch für die Entwicklung mobiler Apps keine wirklich gute Idee, ad hoc mit der Programmierung zu starten: Sie müssen vielmehr eine umfassende Erhebung, Analyse und Definition der Anforderungen durchführen, um auf dieser Basis eine qualitativ hochwertige Konzeption und ein ansprechendes Design mit einer möglichst optimalen User Experience entwickeln zu können. Erst auf dieser Basis und mithilfe regelmäßiger Iterationen, Usability-Tests und Feedbackzyklen, bei denen neue und/oder veränderte Anforderungen identifiziert werden, können Sie eine hochwertige mobile App implementieren. Und auch die nach der Implementierung stattfindenden Phasen Test, Go Live und Betrieb sind mit entsprechenden Methoden, Techniken, Sprachen und Werkzeugen durchzuführen, um der mobilen App zu nachhaltigem Erfolg zu verhelfen. Somit ist es erforderlich, dass Sie *den gesamten Lebenszyklus* einer mobilen App betrachten.

Die in diesem Lehrbuch vorgestellten Phasen und Aktivitäten zur Entwicklung mobiler Apps basieren sowohl auf wissenschaftlich fundierten Erkenntnissen und Methoden sowie praktischen Erfahrungen von Projektleitern, Anforderungsanalytikern, Konzeptern, Designern, Mobile-App-Entwicklern und Testern aus zahlreichen Mobile-App-Entwicklungsprojekten.

Die hierbei durchzuführenden Phasen werden anhand eines Praxisbeispiels veranschaulicht. Dabei handelt es sich um ein industrielles Entwicklungsprojekt einer nativen mobilen App durch die *adesso mobile solutions GmbH* (ams) aus Dortmund, die für das schwedische Energieversorgungsunternehmen *Vattenfall GmbH* eine mobile App mit dem Namen ENPURE entwickelt hat. Über diese mobile App können Endverbraucher einen Vertrag über die Versorgung mit aus Wasserkraft erzeugtem Naturstrom abschließen. Die mobile App ENPURE wurde im Jahr 2016 nativ für die beiden mobilen Betriebssysteme iOS und Android entwickelt. Laden und installieren Sie sich diese mobile App ruhig aus dem entsprechenden App Store, sodass Sie das hier in diesem Buch vorgeschlagene Vorgehen mit den einzelnen Entwicklungsphasen und Aktivitäten auch auf Basis der entwickelten mobilen App verstehen und nachvollziehen können.

Bei der Entwicklung eines Lehrbuchs für das Mobile-App-spezifische Software Engineering ist es – auch vor dem Hintergrund der großen Vielfalt an unterschiedlichen Möglichkeiten sowie der eigenen praktischen beruflichen Erfahrungen und Erkenntnisse – unumgänglich, sich für bestimmte Grundsätze, Standards, Prinzipien und Paradigmen zu entscheiden. Meine Herangehensweise und die für dieses Lehrbuch ausgewählten Grundsätze und Prinzipien möchte ich nachfolgend kurz vorstellen.

Konsequenter Einsatz grafischer Modelle

Im Rahmen der Softwareentwicklung werden immaterielle Produkte entwickelt. Vor diesem Hintergrund werde ich in diesem Buch an allen dafür geeigneten Stellen mit grafischen Modellen zur Veranschaulichung arbeiten. Zur Modellierung und grafischen Spezifikation wird dabei in vielen Fällen die *Unified Modeling Language* (UML) als weltweiter De-facto-Industriestandard und *Lingua franca* der objektorientierten Softwareentwicklung zum Einsatz kommen.

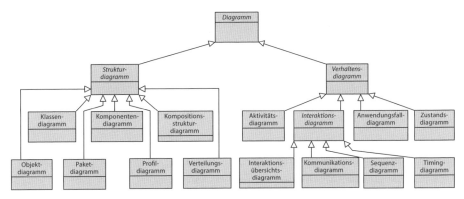

Abb. 1   *Grafische Beschreibungsmittel der Unified Modeling Language*

Die UML in der aktuellen Version 2.5 stellt insgesamt 14 verschiedene Diagrammtypen zur grafischen Beschreibung objektorientierter Softwaresysteme bereit.

Benutzerorientierte Konzeption und Entwicklung

Zur Entwicklung hoch qualitativer Softwareanwendungen müssen im Allgemeinen die Erwartungen und Bedürfnisse der Benutzer mit hoher Priorität berücksichtigt werden. Dies trifft insbesondere auch auf die Entwicklung mobiler Apps zu. Somit steht in diesem Lehrbuch eine stark benutzerorientierte Softwarekonzeption und Softwareentwicklung im Vordergrund. Dazu gehören unter anderem der konsequente und frühzeitige Einsatz von GUI-Prototypen zur Erprobung und

Evaluierung der grafischen Benutzungsoberfläche sowie entsprechende Tests und Feedbackzyklen.

Iterativ-inkrementelle Vorgehensweise

In der industriellen Praxis der Softwareentwicklung werden mobile Apps entweder in Festpreis- oder in *Time-and-Material*-Projekten (*T&M*-Projekte) entwickelt. Vor dem Hintergrund der hohen Innovativität vieler Mobile-App-Entwicklungsprojekte empfiehlt sich dabei eine iterativ-inkrementelle Vorgehensweise, die auch agil ausgelegt sein kann. Auf diese Weise erfolgt die ständige Erprobung, Überprüfung und Verfeinerung von Ergebnissen mit Kunden und potenziellen Benutzern.

Agile Prinzipien betonen dabei leichtgewichtige Methoden und Techniken sowie frühzeitiges Benutzerfeedback aus der praktischen Anwendung der mobilen App unter realistischen Einsatzbedingungen (vgl. [Richter & Flückiger 2016, S. 32]). Hierbei spielt auch die ISO-Norm 9241-210 eine wichtige Rolle. In dieser werden die Schritte definiert, die für eine benutzerorientierte Gestaltung interaktiver Systeme einzuhalten sind, sodass ein neuer Lösungsvorschlag die Anforderungen erst dann erfüllt, wenn er mit Benutzern erfolgreich erprobt und evaluiert wurde (vgl. [Richter & Flückiger 2016, S. 17]).

Kein Vorgehensmodell

Ein Lehrbuch zur Entwicklung mobiler Apps könnte einen roten Faden prinzipiell durch ein Vorgehensmodell erhalten. Ich habe mich gegen diese Option entschieden. Warum?

Ein Vorgehensmodell definiert auf einem höheren Abstraktionsniveau die Phasen, Aktivitäten, Rollen und Artefakte sowie geeignete Methoden, Sprachen und Werkzeuge einer idealtypischen Softwareentwicklung. Somit gibt ein Vorgehensmodell in gewisser Weise vor, auf nahezu jede projektrelevante Situation und Fragestellung »die richtige Antwort zu wissen« bzw. eine adäquate Vorgehensweise vorschlagen zu können. Ein Vorgehensmodell zur Entwicklung mobiler Apps würde somit den Eindruck erwecken, als wäre der Erkenntnis- und Erfahrungsschatz im Hinblick auf die Mobile-App-Entwicklung schon so fundiert, dass allgemeingültige Schlüsse und Aussagen getroffen werden können, die Jahre gültig und aktuell bleiben. Nach meinen Erkenntnissen und Erfahrungen sind wir davon noch ein gutes Stück entfernt.

Projekte zur Entwicklung mobiler Apps verlaufen aktuell – auch, weil es sich um einen neuen Bereich industrieller Softwareentwicklung handelt – höchst individuell und unterschiedlich. Sie beinhalten eine relativ große Menge von situativen, äußerst kontextabhängigen Problemstellungen und Handlungsoptionen, die oftmals sehr projekt- bzw. unternehmensspezifisch ausfallen. Zudem fielen in den zahlreichen Gesprächen mit verantwortlichen Projektleitern, Anforderungsanalytikern, Mediengestaltern, Konzeptern, Designern, Entwicklern und Testern oftmals Formulierungen wie »das haben wir im Projekt x gelernt und machen wir heute aber so«. Wobei das »Projekt x« teilweise noch lief oder gerade ein paar Tage alt war. Solche Äußerungen zeigen deutlich, dass in vielen aktuellen Entwicklungsprozessen einer mobilen App parallel immer auch ein neuer, oftmals hoch innovativer und reichhaltiger Lernprozess stattfindet und der individuelle Erkenntnisgewinn für die Projektbeteiligten jedes Mal relativ hoch ist.

Dabei hängt ein strukturiertes, systematisches und planbares Vorgehen immer von einer Vielzahl von Parametern ab. Diese lassen sich in ihrer hohen Komplexität und Volatilität aus meiner Perspektive bislang nicht im Rahmen eines allgemeingültigen Vorgehensmodells abbilden; außer man definiert es so generisch, dass es fast schon beliebig wird.

Somit habe ich mich gegen die Entwicklung eines Vorgehensmodells entschieden, auch wenn dies zukünftig ein wünschenswerter und wichtiger Schritt wird. Die sequenzielle Abfolge und Beschreibung der Phasen und Aktivitäten in diesem Buch baut zwar logisch und inhaltlich aufeinander auf, soll aber nicht bedeuten, dass genau diese Reihenfolge in jedem Mobile-App-Entwicklungsprojekt einzuhalten ist, um zu hoch qualitativen Ergebnissen zu kommen.

Entwicklung nativer mobiler Apps

Für mobile Apps können unterschiedliche Entwicklungsparadigmen, Programmiersprachen und Betriebssysteme eingesetzt werden (siehe auch Kapitel 2). Nach einer Markterhebung aus dem 3. Quartal 2016 zur weltweiten Marktverteilung mobiler Betriebssysteme bei Smartphones – siehe auch Tabelle 1 – konnte *Android* mit 87,5 % seinen Marktanteil gegenüber *iOS*, dem mobilen Betriebssystem von *Apple*, innerhalb von zwölf Monaten weiter vergrößern. *iOS* kommt nach dieser Erhebung auf 12,1 % Marktanteil. Alle anderen mobilen Betriebssysteme teilen sich den verbleibenden, verschwindend geringen Teil von 0,3 % untereinander auf.

Globaler Marktanteil mobiler Betriebssysteme bei Smartphones	3. Quartal 2015	3. Quartal 2016
Android	84,1 %	87,5 %
Apple iOS	13,6 %	12,1 %
Andere mobile Betriebssysteme	2,3 %	0,3 %
Gesamt	**100,0 %**	**100,0 %**[a]

a. Aufgrund der Rundungsproblematik ergeben sich in der Summe nur 99,9 %.

Tab. 1   *Globaler Marktanteil mobiler Betriebssysteme bei Smartphones*
 (Quelle: http://www.strategyanalytics.com)

Vor dem Hintergrund der aktuellen Entwicklungen im Bereich geschäftlicher mobiler Apps sowie der weltweiten Marktverteilung mobiler Betriebssysteme spielt die Konzeption und Entwicklung *nativer* mobiler Apps für die mobilen Betriebssysteme iOS und Android eine wichtige und zentrale Rolle.

Zielgruppen

Dieses Lehrbuch richtet sich an Studentinnen und Studenten eines Informatik-Bachelor-Hochschulstudiums. Die Lehrveranstaltung **Mobile App Engineering** wird im Sommersemester 2017 erstmalig für alle Studentinnen und Studenten am Fachbereich Informatik der Fachhochschule Dortmund angeboten.

Die Lehrveranstaltung liefert einen umfassenden Über- und tiefen Einblick in die Kenntnisse, Fähig- und Fertigkeiten sowie die geeigneten Methoden, Techniken, Sprachen und Werkzeuge, die in Mobile-App-Entwicklungsprojekten erforderlich sind. Im praktischen Teil der Lehrveranstaltung wird von den Studierenden eine eigene mobile App in kleineren Projektteams konzipiert, entwickelt und getestet. Als Voraussetzung sollten die Studierenden über fundierte Kenntnisse und praktische Erfahrungen in der objektorientierten Java-Programmierung und der UML-Modellierung verfügen.

Zudem ist die Entwicklung mobiler Apps auch für viele ausgebildete und erfahrene Programmierer und Softwareentwickler noch ein Buch mit sieben Siegeln. Somit ist dieses Lehrbuch auch an Programmierer und Softwareentwickler gerichtet, die bislang nur wenige Erfahrungen auf diesem Gebiet haben und sich mit den spezifischen Besonderheiten und Herausforderungen der Entwicklung mobiler Apps vertraut machen möchten.

Feedback

Sollten Ihnen beim Lesen dieses Buchs Fehler bzw. Verbesserungsvorschläge auf- bzw. einfallen, würde ich mich über Ihre Rückmeldung sehr freuen. Sie können mich gerne per E-Mail kontaktieren (Adresse: *guy.vollmer@fh-dortmund.de*) und bekommen kurzfristig eine persönliche Antwort – versprochen!

Verwendung englischer Begriffe

Anglizismen werden auf der einen Seite gerne eingesetzt, wenn ein Sachverhalt eher schwammig umschrieben wird und keine explizite Festlegung erfolgen soll. Auf der anderen Seite spielt die englische Sprache insbesondere in der Informatik eine zentrale und wichtige Rolle. Somit verwende ich übliche, gängige und allgemein akzeptierte englische Fachbegriffe wie zum Beispiel *Hardware* oder *Software* in diesem Lehrbuch, ohne diese im Glossar zu erläutern oder eine deutsche Übersetzung anzubieten.

Lesbarkeit

Für kürzere, besser lesbare Sätze wird in diesem Buch jeweils die männliche Form von Substantiven eingesetzt, verbunden mit der Hoffnung, dass sich durch diese bewusste Vereinfachung niemand zurückgesetzt oder benachteiligt fühlt.

Aufbau und Struktur des Buchs

Dieses Lehrbuch besteht aus insgesamt neun Kapiteln. Nach diesem Vorwort und der thematischen Einleitung in Kapitel 1 werden in Kapitel 2 zunächst die softwaretechnischen Herausforderungen und Besonderheiten bei der Entwicklung mobiler Apps im Detail beschrieben. Dabei wird unter anderem auch erläutert, welche Konsequenzen und Auswirkungen diese Herausforderungen und Besonderheiten auf das softwaretechnische Mobile App Engineering haben.

Daran schließt sich in Kapitel 3 eine ausführliche Beschreibung des industriellen Praxisprojekts zur Entwicklung der mobilen App ENPURE an. Hierbei wird die entwickelte und in den App Stores von Google und Apple verfügbare mobile App mit ihren Funktionen und der grafischen Benutzungsoberfläche im Detail vorgestellt.

Ab Kapitel 4 werden die einzelnen Phasen und Aktivitäten eines Mobile-App-Entwicklungsprojekts beschrieben. Zu Beginn werden dazu in Kapitel 4 die einzelnen Aktivitäten des Requirements Engineering mit allen zweckmäßigen Methoden, Techniken, Sprachen und Werkzeugen sowie Best Practices vorgestellt.

Anschließend werden in Kapitel 5 die Aktivitäten der Konzeptions- und Designphase beschrieben. Die Konzeption und das Design sind im Hinblick auf ihre Aktivitäten eng miteinander verbunden und lassen sich nicht trennscharf voneinander unterscheiden. Zudem wird oftmals zwischen Aktivitäten der Konzeption und Aktivitäten des Designs hin und her gesprungen, sodass es logisch und zweckmäßig erschien, sie beide in einem Kapitel zu behandeln, auch um die Lesbarkeit des Buchs sowie die Nachvollziehbarkeit des Ansatzes zu erhöhen.

Das Kapitel 6 behandelt die Implementierungsaktivitäten und beinhaltet größere Abschnitte zu den relevanten Android- und iOS-Grundlagen, ohne die ein Verständnis und eine Implementierung einer nativ entwickelten mobilen App nicht möglich sind. Zudem werden Grundlagen zur Cross-Plattform-Entwicklung mobiler Apps mit den drei Frameworks *Xamarin*, *Apache Cordova/Ionic* sowie *React Native* vorgestellt.

In Kapitel 7 werden die unterschiedlichen Arten, Phasen und Aktivitäten des Softwaretests beschrieben. Die Testaktivitäten sollten zu einem relativ frühen Zeitpunkt in einem Mobile-App-Entwicklungsprojekt beginnen und entwicklungsbegleitend durchgeführt werden. Die Testaktivitäten werden dabei im Buch drei unterschiedlichen Testphasen zugeordnet:

1. einer Testphase *vor der* Implementierung einer mobilen App,
2. einer Testphase *während* der Implementierung sowie
3. einer Testphase *nach der* Implementierung einer mobilen App.

Daran schließt sich in Kapitel 8 eine Beschreibung der Aktivitäten rund um den Go Live einer mobilen App an. Dazu gehören unter anderem die Veröffentlichung im App Store, die Mobile-App-Indexierung sowie mögliche Tracking-Aktivitäten des Benutzungsverhaltens der veröffentlichten mobilen App. Kapitel 9 enthält eine abschließende kurze Zusammenfassung sowie ein Fazit.

Zum Ende jedes Kapitels gibt es eine kurze Zusammenfassung der wichtigsten Inhalte sowie hilfreiche Übungsaufgaben, durch die im Selbststudium überprüft werden kann, ob und inwieweit das vermittelte Wissen rezipiert wurde und eigenständig angewendet werden kann.

Quellenangaben

Dieses Lehrbuch basiert neben neuen Erkenntnissen, Techniken, Methoden und Empfehlungen aus der industriellen Praxis mobiler Anwendungsentwicklung auch auf bewährten und etablierten softwaretechnischen Konzepten, Methoden und Best Practices. Diese wurden in Fachbüchern oder wissenschaftlichen Beiträgen veröffentlicht. In den Kapiteln 2 und 4 bis 8 werden einige Konzepte, Gedanken und Lösungsansätze aus qualitativ hochwertigen Quellen inhaltlich übernommen. Um den Text schlank und leserlich zu halten, wird die inhaltliche Orientierung bzw. inhaltliche Anlehnung an einen geeigneten Abschnitt über die Angabe von Fußnoten kenntlich gemacht. Auf diese Weise wird jeweils mit Quellen- und Seitenangabe durchgängig dokumentiert, auf welchen Abschnitt welches Fachbuchs, welches wissenschaftlichen Beitrags oder welcher Onlinequelle inhaltlich Bezug genommen wird.

Guy Vollmer
Dortmund, im April 2017

Danksagung

An der Entwicklung dieses Buches haben einige Personen ganz maßgeblich mitgeholfen; ihnen möchte ich nachfolgend sehr herzlich danken:

Ein großes Dankeschön geht an Frank Dobelmann, Dirk Figge, Marc Smieja, Christian Kaulich, Lena Lupprian, Maria Grotenhoff, Aziz Assila, André Kriewel, Sebastian Schwippe und Leif Janzik von der *adesso mobile solutions Gmbh* sowie Sven Lehneke von der *Vattenfall GmbH*. Durch die zahlreichen, intensiven Gespräche sowie den tiefen, fundierten und unmittelbaren Einblick in das Entwicklungsprojekt der mobilen App ENPURE konnte ich sehr praxisnah miterleben, wie hoch qualitative Mobile-App-Entwicklung erfolgreich funktionieren und gelingen kann.

Bei Christa Preisendanz vom dpunkt.verlag bedanke ich mich für das umsichtige Lektorat und die schnelle, reibungslose Kommunikation in allen Phasen dieses Buchprojekts. Zudem möchte ich allen Gutachtern des Manuskripts für die konstruktiven Anregungen sehr herzlich danken. Ein großes Dankeschön geht hierbei insbesondere an Daniel Knott: für seine Tipps und Anregungen sowie sein hervorragendes Buch »Mobile App Testing«, auf das in diesem Buch mehrfach verwiesen wird.

Für den intensiven inhaltlichen Austausch zu sämtlichen Themen, Phasen und Aktivitäten rund um die Konzeption, Entwicklung und den Test mobiler Apps geht ein großes Dankeschön an Robin Nunkesser von der Hochschule Hamm-Lippstadt.

Volker Gruhn von der Uni Duisburg-Essen, Inga Marina Saatz und Dominique Latza von der FH Dortmund sowie Semanur Karagöz danke ich sehr herzlich für ihre Unterstützung und die fruchtbaren Gespräche im Kontext mobiler App-Entwicklung.

Darüber hinaus geht ein großes Dankeschön an Rolf Vonhoff von der *Materna GmbH* sowie an Michael Müller von der *AppPilots GmbH & Co.KG*, die mir ebenfalls einen wichtigen Einblick in die Praxis industrieller Mobile-App-Entwicklung ermöglicht haben, von dem die praktische Relevanz und Praxistauglichkeit dieses Buchs deutlich profitieren konnte.

Bei Sabine Sachweh, Dirk Wiesmann sowie den Mitgliedern des Fachbereichsrats Informatik und des Rektorats der Fachhochschule Dortmund möchte ich mich ganz herzlich für den zeitlichen Freiraum bedanken, der mir zur Konzeption, Entwicklung und Erstellung dieses Buchs ermöglicht wurde.

Meiner Freundin Saskia und meinen Söhnen Béla und Paul danke ich sehr sehr herzlich für ihre große Unterstützung und Ermutigung, die spannenden Gespräche rund um den alltäglichen Einsatz mobiler Apps und vieles vieles mehr ...

Inhaltsübersicht

1	Einleitung	1
2	Herausforderungen zur Entwicklung mobiler Apps	7
3	Die mobile Stromversorgungs-App ENPURE	33
4	Requirements Engineering	57
5	Konzeption und Design	107
6	Implementierung	155
7	Test	209
8	Go Live	261
9	Zusammenfassung und Ausblick	273

Anhang — 275

A	Abkürzungen	277
B	Glossar	279
C	Literatur- und Quellenverzeichnis	285
	Stichwortverzeichnis	293

Inhaltsverzeichnis

1	**Einleitung**		1
2	**Herausforderungen zur Entwicklung mobiler Apps**		7
2.1	Oberflächengetriebene Konzeption und Entwicklung		7
	2.1.1	Usability	7
	2.1.2	User Experience	8
	2.1.3	User-Centered Design	9
	2.1.4	Interaktionsdesign	10
	2.1.5	Multi-Touch-Displays	11
	2.1.6	Guidelines, Styleguides und Normen	12
	2.1.7	Konsequenzen für das Mobile App Engineering	12
2.2	Hardware- und softwareseitige Fragmentierung		13
	2.2.1	Mobile Endgeräte und Betriebssysteme	13
	2.2.2	Gesten	14
	2.2.3	Konsequenzen für das Mobile App Engineering	15
2.3	Entwicklungsparadigmen		16
	2.3.1	Native mobile App	16
	2.3.2	Mobile Web-App	17
	2.3.3	Hybride mobile App	19
	2.3.4	Interpretierte mobile App	20
	2.3.5	Cross-kompilierte mobile App	20
	2.3.6	Konsequenzen für das Mobile App Engineering	21
2.4	Hardwarekomponenten mobiler Endgeräte		22
	2.4.1	Multitouch-Display	22
	2.4.2	Akkumulator	22
	2.4.3	Central Processing Unit	23
	2.4.4	Netzanbindung	23
	2.4.5	Sensoren und Aktoren	23
		2.4.5.1 Beschleunigungssensor	24
		2.4.5.2 Gyroskop	24
		2.4.5.3 GPS-Sensor	25
		2.4.5.4 Magnetfeldsensor	25

		2.4.5.5	Kamera	25
		2.4.5.6	Mikrofon	26
		2.4.5.7	Helligkeitssensor	27
		2.4.5.8	Annäherungssensor	27
		2.4.5.9	Voltmeter	27
		2.4.5.10	Vibrationsaktor	27
		2.4.5.11	Weitere Sensoren	28
	2.4.6		Konsequenzen für das Mobile App Engineering	28
2.5	Berücksichtigung des Anwendungskontexts			29
2.6	Vertrieb via App Store			30
2.7	Zusammenfassung			31
2.8	Übungen			32
2.9	Weiterführende Literatur			32
3	**Die mobile Stromversorgungs-App ENPURE**			**33**
3.1	Projektbeschreibung			34
	3.1.1	Zielsetzung		34
	3.1.2	Zielgruppe		34
	3.1.3	Eingesetztes Entwicklungsparadigma		35
	3.1.4	Rollen im Projekt		35
	3.1.5	Laufzeit und Umfang des Projekts		36
	3.1.6	Middleware und Backend-Systeme		36
3.2	Initialisierung der mobilen App			37
3.3	Onboarding			37
3.4	Registrierung			39
3.5	Tarifrechner			39
	3.5.1	Registrierung zum Vertragsabschluss		42
	3.5.2	Zahlungsdaten eingeben		42
	3.5.3	Passwortvergabe		43
3.6	Lieferprozess/Mein Vertrag			44
	3.6.1	Daten und Bonität prüfen		45
	3.6.2	Anschluss prüfen		45
	3.6.3	Altvertrag kündigen		46
	3.6.4	Liefertermin bestätigen		46
	3.6.5	Vertrag ablehnen		46
3.7	Vertragsinformationen laden			46
3.8	Abschlag und Zählerstand			47
	3.8.1	Abschlag anpassen		47
	3.8.2	Zählerstand mitteilen		48
	3.8.3	Zählerstände abrufen		48

3.9	Rechnungen verwalten	49
3.10	Postfach	49
	3.10.1 Preisinformation übermitteln	50
	3.10.2 Bezahlung	50
	3.10.3 Informationen über Zahlungseingang	50
	3.10.4 Erinnerung/Mahnung	50
3.11	Login	50
	3.11.1 Passwort ändern/vergessen	51
	3.11.2 Einstellungen	51
3.12	Kündigung	52
3.13	Informationen	53
3.14	Reporting und Tracking	54
	3.14.1 Crash- und Bug-Reporting	54
	3.14.2 Benutzungsstatistik	54
3.15	Zusammenfassung	54
3.16	Übungen	55
3.17	Bezugsquellen der mobilen App ENPURE	55
4	**Requirements Engineering**	**57**
4.1	Projektvision und Benutzergruppen definieren	59
	4.1.1 Projektvision	59
	4.1.2 Ziel- und Benutzergruppen definieren	59
4.2	Anwendungs- und Systemkontext ermitteln	60
	4.2.1 Systemkontext ermitteln	60
	4.2.2 Anwendungskontext ermitteln	63
	4.2.3 Domänenmodell erstellen	66
4.3	Personas entwickeln	67
4.4	Szenarien entwerfen	70
4.5	Storyboard erstellen	72
4.6	Anforderungen ermitteln	74
	4.6.1 Anforderungen kategorisieren	75
	4.6.2 Semistrukturierte Interviews durchführen	77
	4.6.3 Anforderungsworkshop durchführen	77
	4.6.4 Interaction Room	78
	4.6.5 Anwendungsfälle modellieren	78
	4.6.6 Anwendungsfall-Spezifikationsschablone ausfüllen	81
	4.6.7 User Stories ermitteln	82
	4.6.8 Funktionale Anforderungen	85

	4.6.9	Nicht funktionale Anforderungen	86
		4.6.9.1 Mobile Endgeräte und Betriebssystemversionen	86
		4.6.9.2 Entwicklungsparadigma auswählen	87
		4.6.9.3 Einzuhaltende Standards definieren	87
	4.6.10	Requirements im ENPURE-Projekt	88
4.7	Anforderungsspezifikation erstellen		89
	4.7.1	Arten der Anforderungsdokumentation	90
	4.7.2	Anforderungsdokument gliedern	91
	4.7.3	Einsatzzwecke der Anforderungsspezifikation	92
	4.7.4	Anforderungen testbar formulieren	93
	4.7.5	Anforderungen analysieren	94
	4.7.6	Anforderungen priorisieren	97
		4.7.6.1 Nutzenbetrachtung	99
		4.7.6.2 Risikobetrachtung	99
		4.7.6.3 Kostenbetrachtung	100
	4.7.7	Anforderungsspezifikation im ENPURE-Projekt	102
4.8	Versionsplanung durchführen		103
4.9	Zusammenfassung		104
4.10	Übungen		104
4.11	Weiterführende Literatur		105
5	**Konzeption und Design**		**107**
5.1	Interaktionsdesign entwickeln		108
	5.1.1	Visuelles Vokabular	110
		5.1.1.1 Grundannahmen	111
		5.1.1.2 Basiselemente des visuellen Vokabulars	111
		5.1.1.3 Eindeutige und prägnante Namen	112
		5.1.1.4 Ungerichtete Kanten	112
		5.1.1.5 Gerichtete Kanten	112
		5.1.1.6 Kantenbeschriftungen	113
		5.1.1.7 Simultane Ereignisse	114
		5.1.1.8 Fortsetzungspunkte	114
		5.1.1.9 Wecker-App unter iOS 10	115
	5.1.2	UML-Zustandsdiagramme	116
	5.1.3	Interaktionsdesign im ENPURE-Projekt	117
5.2	Mobile App grafisch gestalten		121
	5.2.1	Gestaltungsrichtlinien für mobile Apps	121
	5.2.2	Visuelles Konzept entwickeln	122
5.3	GUI-Prototyping		123
	5.3.1	Prototyping-Grundlagen	124
	5.3.2	Arten des Prototypings	125
	5.3.3	Low-Fidelity-Prototyping	127
	5.3.4	High-Fidelity-Prototyping	130

5.4	Konzeption der Barrierefreiheit		132
	5.4.1	Visuelle Beeinträchtigungen	132
	5.4.2	Hörschädigungen	133
	5.4.3	Physische Beeinträchtigungen	133
	5.4.4	Kognitive Beeinträchtigungen	133
	5.4.5	Richtlinien zur Barrierefreiheit	134
5.5	Seitenspezifikation erstellen		134
5.6	Softwarearchitektur		139
	5.6.1	Model-View-Controller	139
		5.6.1.1 MVC-Muster im praktischen Einsatz	141
		5.6.1.2 Anwendung des MVC-Musters unter Android	141
		5.6.1.3 Anwendung des MVC-Musters unter iOS	142
	5.6.2	Model-View-Presenter	143
	5.6.3	Model-View-ViewModel	144
	5.6.4	Softwarearchitektur im ENPURE-Projekt	145
5.7	Release- und Iterationsplan erstellen		149
	5.7.1	Dauer der Iterationen	150
	5.7.2	Explorative Iterationen	151
	5.7.3	Erstellung des Release- und Iterationsplans	151
5.8	Zusammenfassung		152
5.9	Übungen		153
5.10	Weiterführende Literatur		153
6	**Implementierung**		**155**
6.1	Programmierung nativer mobiler Apps		155
6.2	Android-Grundlagen		156
	6.2.1	Entwicklung, Build und Ausführung	156
	6.2.2	Signierung	157
	6.2.3	Laden und Installation	158
	6.2.4	Ausführung	158
	6.2.5	Garbage Collection	159
	6.2.6	App-Komponenten	159
		6.2.6.1 Activity	160
		6.2.6.2 Service	164
		6.2.6.3 Content Provider	164
		6.2.6.4 Broadcast Receiver	165
	6.2.7	Android-Systemarchitektur	165
	6.2.8	Entwicklung mit Android Studio	167
		6.2.8.1 Das Android-Manifest	168
		6.2.8.2 Java-Quellcode	169
		6.2.8.3 Ressourcen	169
		6.2.8.4 Gradle	169

	6.2.9	Intents und Intent-Filter	169
		6.2.9.1 Explizite Intents	171
		6.2.9.2 Implizite Intents	171
		6.2.9.3 Intent-Filter	172
	6.2.10	Fragmente	172
	6.2.11	Design	173
	6.2.12	View und ViewGroup	174
	6.2.13	Back-Stack	175
	6.2.14	App-Widgets und Widgets	176
	6.2.15	Prozesse und Threads	177
	6.2.16	Android-Implementierung des ENPURE-Tarifrechners	177
6.3	iOS-Grundlagen		182
	6.3.1	Cocoa Touch	182
	6.3.2	Entwicklung mit Xcode	183
	6.3.3	App-Komponenten	186
		6.3.3.1 UIScreen	186
		6.3.3.2 UIWindow	186
		6.3.3.3 UIView	186
		6.3.3.4 UIViewController	186
		6.3.3.5 UINavigationController	187
		6.3.3.6 UIPageViewController	187
		6.3.3.7 UITabBarController	187
		6.3.3.8 UITableViewController	187
	6.3.4	Auslieferung einer mobilen iOS-App	187
	6.3.5	Bedienung einer iOS-App	188
	6.3.6	Design	188
	6.3.7	Ausführung	188
	6.3.8	iOS-Implementierung des ENPURE-Tarifrechners	189
6.4	Cross-Plattform-Entwicklung		192
	6.4.1	Xamarin	193
	6.4.2	React Native	197
	6.4.3	Apache Cordova mit Ionic	203
6.5	Dokumentation der Programmierung		206
6.6	Zusammenfassung		207
6.7	Übungen		208
6.8	Weiterführende Quellen und Literatur		208
7	**Test**		**209**
7.1	Definition		209
7.2	Herausforderungen und Strategien		210
	7.2.1	Entwicklung und Ausführung	210
	7.2.2	Fragmentierung	211
	7.2.3	Konzeption, Design und native Entwicklung	212

	7.2.4	Anschaffungskosten 213
	7.2.5	Gerätehardware und deren Eigenschaften 213
	7.2.6	Testwerkzeuge zur Automatisierung 213
7.3	Arten von Tests 214	
	7.3.1	Whitebox-Test 214
	7.3.2	Blackbox-Test 214
	7.3.3	Greybox-Test 215
7.4	Tests für mobile Apps 216	
	7.4.1	Teststrategie 216
	7.4.2	Testfälle 216
	7.4.3	Testszenarien 217
7.5	Tests während der Konzeptions- und Designphase 217	
	7.5.1	Usability-Test durch Experten 218
		7.5.1.1 Testobjekt 218
		7.5.1.2 Testziele 218
		7.5.1.3 Tester und Operatoren 219
		7.5.1.4 Testmethode 219
		7.5.1.5 Testablauf 220
		7.5.1.6 Usability-Test durch Experten im ENPURE-Projekt 222
	7.5.2	Usability-Test durch Benutzer 226
7.6	Tests während der Implementierung 228	
	7.6.1	Debuggen 228
	7.6.2	Unit Tests 230
	7.6.3	Prüfung der Logdateien 230
	7.6.4	Integrationstests 231
	7.6.5	Funktions- und Benutzbarkeitstests 232
		7.6.5.1 Funktionstests 232
		7.6.5.2 Benutzbarkeitstest 233
		7.6.5.3 Test der Fehlermeldungen 233
	7.6.6	Performanztest 234
7.7	Tests nach der Implementierung 235	
	7.7.1	Test des Energieverbrauchs 235
		7.7.1.1 Test bei vollgeladenem Akku 235
		7.7.1.2 Test bei fast entladenem Akku 237
		7.7.1.3 Test bei leerem Akku 237
		7.7.1.4 Werkzeuge zur Anzeige des Energieverbrauchs . 237
	7.7.2	Stress- und Robustheitstest 238
	7.7.3	Stand-by-Test 238
	7.7.4	Installationstest 239
	7.7.5	Update-Test 240
	7.7.6	Datenbanktest 240
	7.7.7	Test des lokalen Speichers 241

	7.7.8	Sicherheitstest ... 242
	7.7.9	Testen der Betriebssystem-Richtlinien ... 244
	7.7.10	Konformitätstest ... 244
	7.7.11	Crashtest ... 245
7.8	Testautomatisierung ... 246	
	7.8.1	Identifizierungstechniken ... 247
	7.8.2	Ausgewählte Testwerkzeuge ... 249
		7.8.2.1 Appium ... 249
		7.8.2.2 Calabash ... 249
		7.8.2.3 Espresso Test Recorder ... 250
		7.8.2.4 ios-driver ... 250
		7.8.2.5 Keep It Functional ... 251
		7.8.2.6 Monkey ... 251
		7.8.2.7 Robotium ... 251
		7.8.2.8 Selenium ... 252
		7.8.2.9 Spoon ... 252
	7.8.3	Kriterien zur Auswahl eines Testwerkzeugs ... 252
7.9	Testdokumentation ... 254	
	7.9.1	Test-Checklisten ... 256
	7.9.2	Checklisten im ENPURE-Projekt ... 257
7.10	Zusammenfassung ... 258	
7.11	Übungen ... 259	
7.12	Weiterführende Literatur ... 260	

8 Go Live   261

8.1	Veröffentlichungsort einer mobilen App ... 261	
8.2	Veröffentlichungsprozesse ... 262	
	8.2.1	Veröffentlichung im Apple App Store ... 263
	8.2.2	Veröffentlichung bei Google Play ... 264
	8.2.3	Mobile-App-Indexierung ... 265
8.3	Mobile-App-Tracking ... 266	
	8.3.1	Vorgehen beim Mobile-App-Tracking ... 266
	8.3.2	Kennzahlen für das Mobile-App-Tracking ... 267
	8.3.3	Reaktionsmöglichkeiten ... 268
	8.3.4	Zielgruppen des Mobile-App-Tracking ... 269
	8.3.5	Softwarewerkzeuge zum Mobile-App-Tracking ... 269
8.4	Pflege und Wartung ... 270	
8.5	Zusammenfassung ... 270	
8.6	Übungen ... 271	
8.7	Weiterführende Literatur ... 271	

9 Zusammenfassung und Ausblick   273

Anhang 275

A	Abkürzungen	277
B	Glossar	279
C	Literatur- und Quellenverzeichnis	285
	Stichwortverzeichnis	293

1 Einleitung

Mobile Apps sind aus unserem privaten und beruflichen Alltag nicht mehr wegzudenken: Wir kommunizieren mit unseren Smartphones via WhatsApp, Facebook- oder E-Mail-App mit Freunden, Kommilitonen, Kunden und Geschäftspartnern, schreiben und lesen Skripte, Folien und andere studien- bzw. geschäftsrelevante Dokumente über unsere Tablets, führen Überweisungen via Banking-App durch und buchen einzelne Flüge oder ganze Urlaube über mobile Apps. Auch die Suche nach dem besten Facharzt oder der preiswertesten Tankstelle in der Umgebung lässt sich mithilfe einer mobilen App schnell und einfach erledigen. Und selbst unsere Energieversorgung können wir mittlerweile komplett über eine mobile App beauftragen und organisieren.

Auch wenn es mobile Apps bereits seit den 1990er-Jahren gibt, liegt der Beginn dieser fulminanten Entwicklung noch nicht einmal zehn Jahre zurück: Am 10. Juli 2008 begann der weltweite Siegeszug mobiler Apps durch die Eröffnung des *Apple App Store*. Seit diesem Tag können *iPhone-* und *iPodTouch*-Benutzer mobile Apps für ihr mobiles Endgerät von einer zentralen Stelle laden. Gleich am ersten Wochenende nach der Eröffnung wurden mehr als 10 Millionen mobile Apps aus dem *Apple App Store* heruntergeladen[1]. Und die Einführung des Tablet-Computers *iPad* von Apple im Jahr 2010 hat diesem Siegeszug einen weiteren signifikanten Schub gegeben.

Mit den Smartphones und Tablets von Apple wurden völlig neuartige mobile Endgeräte sowie hoch innovative und grafisch gleichermaßen ansprechende wie anspruchsvolle Bedienungs- und Interaktionsmöglichkeiten eingeführt, die einen komplett neuen Standard setzten (vgl. [Richter & Flückiger 2016, S. 19]). Mittlerweile hat sich dieser Standard etabliert: Sowohl Smartphones und Tablets als auch mobile Apps für die beiden aktuell marktführenden mobilen Betriebssysteme *Android* und *iOS* sind allgegenwärtig. Und diese Entwicklung geht mit unvermindert rasantem Tempo und hoher Wettbewerbsdynamik weiter.

---

1. Quelle: http://www.apple.com/de/pr/library/2008/07/14iPhone-App-Store-Downloads-Top-10-Million-in-First-Weekend.html.

Anfangszeit mobiler Apps

Dabei wurden mobile Apps in den ersten Jahren oftmals nur für den privaten Bereich entwickelt. Sie waren inhaltlich eher im Bereich Unterhaltung und Information anzusiedeln. Es handelte sich häufig um einfache mobile Spiele-, Schrittzähler- oder Wetter-Apps (vgl. [Krieg & Schmitz 2014]), die aus nur wenigen Tausend Zeilen Quellcode bestanden und von einzelnen Entwicklern mit funktional mächtigen und komfortablen Entwicklungsumgebungen erstellt wurden (vgl. [Wasserman 2010]).

Eine ausgedehnte Anforderungsanalyse oder Spezifikation wurde zur Entwicklung dieser mobilen Apps ebenso wenig benötigt wie ein zielgruppenspezifisches Prototyping, umfangreiche Usability-Tests der grafischen Benutzungsoberfläche oder eine detaillierte Konzeptions- und Entwurfsphase. Auch gab es keinen Bedarf an softwaretechnischen und somit ingenieurmäßig ausgelegten Vorgehens- und Prozessmodellen, um den Entwicklungsprozess zu strukturieren und mit geeigneten Methoden, Sprachen und Werkzeugen effizient zu gestalten.

Somit wurde bei der Entwicklung mobiler Apps oftmals ad hoc bzw. aufgrund der überschaubaren Anzahl und des geringen Umfangs der Anforderungen ziemlich wasserfallartig[2] vorgegangen. Dabei standen die Entwicklungs- und Testphase sowie der neuartige Vertriebs- und Veröffentlichungsprozess über einen App Store weitgehend im Vordergrund. Für Probleme und Anforderungsänderungen musste kein aufwendiges Trouble-Ticket-System betrieben werden, sondern es reichte oftmals eine kurze E-Mail-Rückmeldung oder ein entsprechender Kommentar im App Store. Vor diesem Hintergrund war der Bedarf an einem speziell auf die Konzeption und Entwicklung mobiler Apps ausgerichteten Software-Engineering-Ansatz in der Anfangszeit eher gering (vgl. [Schekelmann 2016]).

Aktuelle Entwicklungen

Aber die Entwicklung ging und geht rasant weiter. Einfache Spiele- und Wetter-Apps stehen schon seit längerer Zeit nicht mehr im Fokus der Entwicklung mobiler Apps. Flankiert durch die stetig steigende Stabilität, Performanz und Leistungsfähigkeit mobiler Endgeräte sowie die immer breitbandiger verfügbaren drahtlosen Kommunikationsnetz- und Internetverbindungen, werden mittlerweile hoch innovative und hoch funktionale, immer komplexer werdende mobile Apps für ganz unterschiedliche Anwendungskontexte und Einsatzzwecke auf den Markt gebracht. Und hierbei wird der unternehmerische, geschäftliche und kommerzielle Bereich immer stärker adressiert.

---

2. Dieser Begriff bezieht sich auf das Wasserfallmodell von Royce (vgl. [Royce 1970]).

Mobilisierte Geschäftsprozesse

Seit geraumer Zeit setzen Unternehmen und öffentliche Behörden dabei auf mobile Apps für den Vertrieb, das Marketing, das Banking und interne wie externe Kommunikationsbeziehungen zu Mitarbeitern, Kunden und Dienstleistern. Mithilfe dieser neuen Generation von geschäftlichen mobilen Apps werden sowohl unternehmensinterne als auch unternehmensübergreifende Arbeits- und Geschäftsprozesse unterstützt, die von Mitarbeiterinnen, Kunden bzw. externen Geschäftspartnern ausgeführt werden (vgl. [Schekelmann 2016]).

Das hat unter anderem zur Folge, dass mobile Apps hoch performant, einfach bedienbar, qualitativ hochwertig und vor allem äußerst benutzerorientiert sein müssen. Die daraus resultierenden prozessbeschleunigenden und somit produktivitätssteigernden Effekte sind schon immer wichtige und zentrale Treiber für Wachstum und Wohlstand gewesen. Mobile Apps im geschäftlichen Kontext schaffen durch die Mobilisierung einstmals stationär durchgeführter Arbeits- und Geschäftsprozesse eine wichtige Voraussetzung für schnellere und effizientere Abläufe hierbei sowie eine effektivere Nutzung der Ressourcen und der Arbeitszeit. Auf diese Weise leisten geschäftliche mobile Apps einen wichtigen Beitrag zur volkswirtschaftlichen Entwicklung (vgl. [Verclas & Linnhoff-Popien 2011]).

Viele Unternehmen bieten dabei mobile Apps als zusätzliches Angebot an, um ihre Geschäftsprozesse, die bislang weitgehend webbasiert umgesetzt wurden, in Teilbereichen zu ergänzen und zu unterstützen. Darüber hinaus gibt es mittlerweile mobile Apps, die gänzlich neue Geschäftsmodelle oder neue Produkte *vollständig* über eine mobile App umsetzen, *ohne* dass dazu alternative Kommunikations- und Vertriebskanäle existieren. Ein solches Beispiel werden wir später im Buch im Detail kennenlernen.

Mobile Business-Apps

Die immer komplexeren und funktional umfangreicheren geschäftlichen mobilen Apps – vielfach auch als mobile *Business-Apps* bzw. *Enterprise-Apps* bezeichnet – umfassen viele Tausend Zeilen Quellcode. Sie agieren nicht mehr isoliert für sich, sondern greifen über spezielle *Middleware* auf unterschiedliche Backend-Systeme zu, um unternehmensspezifische Arbeits- und Geschäftsprozesse durchführen und benutzerspezifische Ergebnisse und Produkte zurückliefern zu können.

Derartige mobile Apps werden von großen, oftmals interdisziplinär besetzten Entwicklungsteams mit 15, 20 oder mehr Personen in großen, teilweise mehrjährigen Entwicklungsprojekten mit Umfängen von 500, 1000 oder mehr Personentagen realisiert. Somit nähern sich derartige Entwicklungsprojekte in Bezug auf den Umfang der Anforderungen sowie der Höhe des Aufwands und der Kosten immer mehr Softwareentwicklungsprojekten von Desktop- oder Webanwendungen. Und um solche komplexen mobilen Apps soll es hier in diesem Buch gehen.

Die Entwicklung dieser mobilen Apps erfordert eine ausführliche Anforderungsanalyse, eine präzise und umfassende Konzeption, ein ansprechendes und benutzerorientiertes Design sowie eine darauf basierende Implementierung und einen ausführlichen Softwaretest. Nur dann erfahren diese mobilen Apps eine hohe Akzeptanz mit positiven Benutzungserlebnissen bei den Anwendern und besitzen eine reelle Chance auf einem globalisierten Markt mit äußerst hoher Wettbewerbsdynamik.

Mittlerweile werden mobile Apps verstärkt für betriebliche Zwecke und die damit verbundenen Arbeits- und Geschäftsprozesse eingesetzt. Sie werden immer umfangreicher, komplexer und innovativer und erfordern einen hohen Aufwand zur benutzer- und zielgruppenspezifischen Entwicklung der grafischen Benutzungsoberfläche. Sie werden im Hinblick auf ihren Funktionsumfang immer größer und reichhaltiger und sind mit Backend-Systemen verbunden, dennoch handelt es sich bei der Entwicklung mobiler Apps für *Android* und *iOS* ja ganz grundsätzlich immer noch um objektorientierte Softwareentwicklung.

Für das objektorientierte Paradigma der Softwareentwicklung gibt es eine Fülle fundierter, langjährig erprobter, bewährter und etablierter Methoden, Sprachen, Techniken und Werkzeuge sowie geeignete Vorgehens- und Prozessmodelle, um strukturiert und systematisch zu hoch qualitativen Ergebnissen und Lösungen zu kommen.

Software Engineering für mobile Apps

Dennoch gibt es signifikante Unterschiede zwischen der Entwicklung geschäftlicher mobiler Apps und der klassischen objektorientierten Softwareentwicklung für Desktop- oder Notebook-Computer. Durch die zahlreichen mobilen Endgeräte sowie viele mobile Betriebssysteme und Betriebssystemversionen besteht eine starke, hardware- und softwareseitige Fragmentierung im mobilen Bereich. Ein anschauliches Beispiel für die hohe Hardwarefragmentierung im Bereich mobiler Endgerätemodelle ist in Abbildung 1–1 dargestellt: Hier symbolisiert jede einzelne Kachel ein mobiles Endgerätemodell, auf dem das mobile Betriebssystem Android läuft.

Die starke Fragmentierung im Bereich mobiler Apps und Endgeräte muss im gesamten Lebenszyklus einer mobilen App – von den Requirements über die Konzeption, das Design, die Implementierung und den Test bis hin zum Go Live – berücksichtigt werden. Dazu gehört unter anderem eine möglichst frühzeitige Festlegung, auf welchen mobilen Endgeräten und unter welchen mobilen Betriebssystemversionen die mobile App stabil, performant und möglichst fehlerfrei laufen soll.

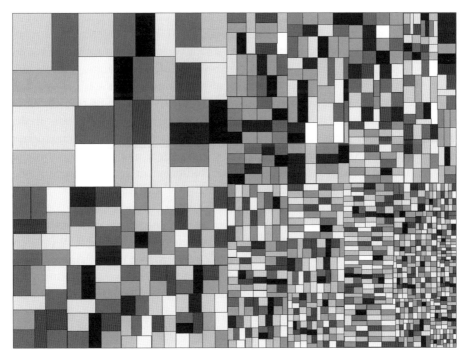

Abb. 1-1 *Fragmentierung mobiler Endgeräte mit Android-Betriebssystem (vgl. [Opensignal 2015])*

Die starke Fragmentierung im mobilen Bereich hat auch zu unterschiedlichen Entwicklungsparadigmen für mobile Apps geführt: So können diese *nativ, hybrid, cross-kompiliert, interpretiert* oder auch als *Web-App* realisiert werden. Wir werden die genauen Unterschiede später im Detail kennenlernen. Und auch hier müssen Sie frühzeitig entscheiden, welches Entwicklungsparadigma für Ihre mobile App optimal geeignet und somit passgenau ist.

Zudem sind sowohl die Entwicklungszyklen mobiler Apps als auch die Versionszyklen mobiler Betriebssysteme deutlich kürzer als dies im Desktop-Bereich der Fall ist. Die in diesem Zusammenhang stattfindenden Änderungen der *Application Programming Interfaces* (API) erfordern eine regelmäßige Überarbeitung bereits existierender mobiler Apps (vgl. [Gruhn 2016]), wodurch zusätzlicher Arbeits- und Kostenaufwand verursacht wird.

Bei mobilen Anwendungen gelten außerdem besonders hohe Anforderungen an die *User Experience* und die *Usability* einer mobilen App. Im Gegensatz zu Desktop-Anwendungen findet bei der Entwicklung mobiler Apps heutzutage eine stark benutzerorientierte und Benutzungsoberflächen-getriebene Form der Softwareentwicklung statt. Dabei stehen die grafische Gestaltung und das Interaktionsdesign der mobilen App sowie die *User Experience* des Benutzers an erster Stelle; jeder in der Praxis tätige Anforderungsanalytiker, Konzepter, Designer, Entwickler und Tester mobiler Apps wird Ihnen das bestätigen. Die gewünschte und im Rahmen der Anforderungsanalyse definierte Funktionalität sollte zwar schon vorhanden sein, aber das grafische Design und visuelle Erscheinungsbild sowie die User Experience sind *die zentralen* Erfolgsfaktoren einer mobilen App.

Des Weiteren müssen die zeit- und ortsabhängigen Anwendungskontexte bei mobilen Apps berücksichtigt werden, sowohl in der Konzeptions- und Designphase als auch beim späteren Test. So sollte eine mobile Bundesliga-App beispielsweise nur kontextsensitive Informationsangebote wie zum Beispiel die aktuelle Mannschaftsaufstellung bereitstellen, wenn sich der Fußballfan in der Warteschlange vor dem Stadion befindet. Aufwendige Videos oder Animationen wären in diesem Anwendungskontext keine adäquaten, passgenauen Informationsangebote, da die drahtlosen Internetverbindungen in dieser Situation üblicherweise nur mit geringer Bandbreite zur Verfügung stehen[3].

Mobile Apps werden im Gegensatz zu Softwareanwendungen für Desktop- oder Notebook-Computer über Multitouch-Displays bedient. Die Konnektivität wird in den allermeisten Fällen über Drahtlosnetzwerke wie unter anderem WLAN, GPRS, UMTS oder LTE hergestellt. Zudem weisen mobile Apps Parallelen zu eingebetteten Softwaresystemen auf. So findet beispielsweise die Entwicklung mobiler Apps auf Computern mit einer anderen Systemarchitektur als die der Zielplattform statt.

Und um genau diese spezifischen Herausforderungen und Besonderheiten mobiler Apps und deren Entwicklung geht es hier in diesem Buch. Dazu gehört die Vorstellung und Beschreibung geeigneter Methoden, Techniken, Sprachen, Werkzeuge, Vorgehensweisen und Best Practices zur strukturierten und systematischen Entwicklung mobiler Apps. Dabei existieren durchaus ähnliche Phasen und Aktivitäten und teilweise werden auch vergleichbare Methoden, Sprachen, Techniken, Konzepte und Werkzeuge wie bei der Entwicklung von objektorientierten Softwareanwendungen für Desktop-Computer eingesetzt. Aber die konkreten Aktivitäten und Artefakte dieser Entwicklungsphasen weisen in ihrer inhaltlichen Ausgestaltung signifikante Unterschiede zu traditionellen objektorientierten Softwareentwicklungsprozessen für Desktop-Anwendungen auf. Nicht alles ist neu, aber es ist auch bei Weitem kein »alter Wein in neuen Schläuchen«.

Somit entsteht mehr und mehr der Bedarf an einem eigenen ingenieurmäßigen und somit softwaretechnischen Ansatz, um eine strukturierte, systematische Entwicklung komplexer und hoch qualitativer mobiler Apps sicherstellen zu können. Ein solcher, im Folgenden als **Mobile App Engineering** bezeichneter Ansatz wird in den folgenden Kapiteln in diesem Buch vorgestellt und im Detail beschrieben und erläutert. Dabei wird der Fokus auf eine möglichst große Praxisnähe und praktische Anwendbarkeit des Ansatzes gelegt. Zur Veranschaulichung der Phasen und Aktivitäten sowie der eingesetzten Methoden, Sprachen, Techniken, Konzepte und Werkzeuge wird im Buch ein industrielles Mobile-App-Entwicklungsprojekt detailliert beschrieben. Ich wünsche Ihnen viel Spaß beim Lesen!

---

3. Das Anwendungsbeispiel geht auf Prof. Dr. Volker Gruhn zurück.

2 Herausforderungen zur Entwicklung mobiler Apps

Zur systematischen, strukturierten und ingenieurmäßigen Entwicklung mobiler Apps sind vielfältige Herausforderungen, Besonderheiten und Restriktionen zu beachten und zu berücksichtigen. In diesem Kapitel werden diese Herausforderungen und Besonderheiten herausgearbeitet und die sich daraus ergebenden Konsequenzen für ein softwaretechnisches Mobile App Engineering erläutert.

2.1 Oberflächengetriebene Konzeption und Entwicklung

Die Entwicklung mobiler Apps ist stark oberflächengetrieben. Somit steht bei der Konzeption und dem Entwurf einer mobilen App immer die softwareergonomische Qualität, Benutzungsfreundlichkeit und Gebrauchstauglichkeit – im Englischen auch als *Usability* bezeichnet – im Vordergrund. Zudem sollte sich eine mobile App möglichst nahtlos und passgenau in die Erlebniswelt des Benutzers einfügen und hierbei zu möglichst positiven Benutzungserlebnissen, der sogenannten *User Experience (UX)*, führen.

2.1.1 Usability

Usability wird in der ISO 9241-11 relativ sachlich und funktionsorientiert definiert. Hierbei werden die komplexen gegenseitigen Abhängigkeiten von Anwendungskontext, Benutzereigenschaften und der Softwareanwendung fokussiert, die eingesetzt wird, um bestimmte Ziele zu erreichen und Aufgaben des Benutzers zu erfüllen. Gemäß dieser ISO-Norm weisen Softwareanwendungen eine hohe Usability auf, wenn sie von den Benutzern einfach erlernt und effizient verwendet werden können und die Benutzer ihre beabsichtigten Ziele und Aufgaben zufriedenstellend ausführen können (vgl. [Richter & Flückiger 2016, S. 10]). Spaß, Vergnügen oder gar Begeisterung bei der Bedienung und Anwendung stehen hierbei nicht im Vordergrund. Zudem gibt es weitere Qualitätskriterien wie zum Beispiel die Anordnung von Interaktionselementen, die Anzahl notwendiger Gesten bzw. Taps, um eine Aufgabe zu erledigen, oder die Verständlichkeit der angezeigten Beschreibungen und Dialoge (vgl. [Richter & Flückiger 2016, S. 10]).

Diese eher nüchtern-sachliche und auf die Funktionalität ausgerichtete Definition von Benutzbarkeit bzw. Usability war oftmals angemessen für geschäftliche Softwareanwendungen für Desktop-Computer (vgl. [Richter & Flückiger 2016, S. 12]).

2.1.2 User Experience

Allerdings hat sich die Welt durch den großen Erfolg, die vielfach hohe Qualität der User Experience und das ansprechende Interaktionsdesign mobiler Apps sowie die starke Wettbewerbsdynamik ein gutes Stück verändert: Die zahlreichen schnell und einfach benutzbaren mobilen Apps sowie die dabei erzielten positiven Benutzungserlebnisse und -erfahrungen haben die Erwartungshaltung der Benutzer deutlich erhöht. Damit einhergehend wurde auch die Messlatte an die Qualität der grafischen Benutzungsoberfläche und das Interaktionsdesign einer mobilen App deutlich höher gelegt. In diesem Kontext spielen auf einmal subjektive Erlebnisse, positive Erfahrungen, Emotionen, Witz, Ästhetik und somit eher weiche Faktoren eine wichtige, wenn nicht zentrale Rolle, die den *entscheidenden* Unterschied zwischen einer millionenfach benutzten mobilen App und einem erfolglosen Ladenhüter im App Store ausmachen können (vgl. [Richter & Flückiger 2016, S. 12]).

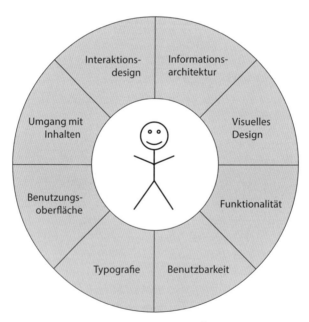

Abb. 2–1   *Bereiche und Einflussfaktoren der User Experience[1]*

---

1. Die Abbildung basiert auf:
   http://usabilitygeek.com/wp-content/uploads/2013/07/user-experience-areas.jpg.

Der in diesem Kontext verwendete Begriff *User Experience (UX)* ist deutlich weiter gefasst als der Begriff *Usability*. Die User Experience wird im Forschungsbereich der *Human-Computer Interaction (HCI)* als eine vom Produkt – hier einer mobilen App – ausgelöste Bewertung des Benutzers verstanden. Es geht darum, wie bedeutend, wichtig, positiv und werthaltig der Benutzer die Verwendung eines Produkts *erlebt*. Auf diese Weise findet eine Verknüpfung von Handeln, Fühlen und Denken in der Interaktion mit einem Produkt bzw. einer mobilen App statt (vgl. [Hassenzahl et al. 2009]). Dabei spielen für eine gelungene, hochwertige User Experience neben der reinen Funktionalität auch Bereiche wie das visuelle Design, die grafische Benutzungsoberfläche, das Interaktionsdesign, die Informationsarchitektur und weitere Faktoren eine wichtige Rolle (siehe Abb. 2–1).

Das Konzept der User Experience betont die Orientierung auf die Benutzer und fordert somit auf, die rein funktionale Betrachtungsweise von Softwareanwendungen zu ergänzen und zu erweitern. Dabei werden vermehrt emotionale Faktoren bezüglich Design und Ästhetik einbezogen, die das Vergnügen, die Freude und die Begeisterung während der Benutzung beeinflussen und erhöhen können. Anstelle von pragmatischen, rein funktional ausgerichteten Produkten sollen möglichst positive Erfahrungen der Benutzer erzielt werden (vgl. [Hassenzahl et al. 2009]).

Vor diesem Hintergrund wird sich heutzutage kaum mehr ein Benutzer bloß mit guter Usability zufrieden geben. Vielmehr muss eine mobile App eine gute User Experience ermöglichen. Und vor diesem Hintergrund wird auch der Begriff Usability mehr und mehr durch den umfassenderen Begriff User Experience ersetzt (vgl. [Richter & Flückiger 2016, S. 12]).

2.1.3 User-Centered Design

Die Konzeption und das Design einer hochwertigen User Experience werden auch als benutzerzentriertes Design (*User-Centered Design*) bezeichnet (vgl. [Garrett 2012, S. 17]). Bei der Entwicklung mobiler Apps ist die zielgruppen- und benutzerspezifische Erhebung und Umsetzung der Anforderungen an die Gestaltung der grafischen Benutzungsoberfläche von zentraler, erfolgskritischer Bedeutung. Mobile Apps müssen schnell, einfach und intuitiv bedienbar sein und im besten Fall gute, positiv besetzte Erfahrungen beim Benutzer hinterlassen. Ein benutzerorientiertes Vorgehen bei der Konzeption umfasst Methoden, Techniken und Werkzeuge, um das angestrebte Benutzungserlebnis bei der Entwicklung einer mobilen App zu erreichen. Neben einem iterativen Vorgehen ist hierbei die Fragestellung zu beantworten, wer die genauen Ziel- und Benutzergruppen sind; und das sind bei mobilen Apps oftmals relativ heterogene Gruppen. Und ohne eine gute User Experience *und* Usability werden mobile Apps von den Benutzern nicht akzeptiert, schnell deinstalliert und durch ein Konkurrenzprodukt ersetzt.

Bei Softwareanwendungen im Allgemeinen und mobilen Apps im Speziellen ist es eine der wesentlichen Herausforderungen, unnötige Funktionen und Komplexität zu vermeiden. Daher sollte der Funktionsumfang einer mobilen App auf ein für den Benutzer ideales Minimum reduziert werden, um damit die Funktionalität der mobilen App – und somit auch das Benutzungserlebnis insgesamt – zu optimieren. Die mobile App soll den Benutzer in der Ausführung seiner Ziele und Aufgaben optimal unterstützen und wird genau dafür konzipiert und entwickelt. Die Reduktion auf das Wesentliche kommt nicht von alleine und die Entscheidung, welche Funktionen implementiert und welche weggelassen werden, erfordert in der Regel Aufwand an Kommunikation, Konzeption, Test und Evaluierung. Dieser Aufwand zahlt sich allerdings bei der Realisierung und dem Go Live der mobilen App über die Veröffentlichung im App Store aus[2].

2.1.4 Interaktionsdesign[3]

Das Interaktionsdesign definiert die Möglichkeiten zur Bedienung und Steuerung einer mobilen App, deren Verhalten sowie die Rückmeldungen an den Benutzer. Das Interaktionsdesign fokussiert hierbei die Herleitung und den Entwurf geeigneter Interaktionskonzepte für digitale Produkte und Anwendungen. Neben der Gestaltung der grafischen Benutzungsoberfläche steht dabei eine hochwertige User Experience im Vordergrund, die das Gesamterlebnis des Benutzers bei der Verwendung einer mobilen App umfasst. Usability Engineering, Interaktionsdesign und das Design der grafischen Benutzungsoberfläche sind somit eng miteinander gekoppelt und nicht trennscharf voneinander abzugrenzen.

Mittels benutzerorientierter Methoden werden die notwendigen Funktionen, Informationen und Abläufe definiert und mit Benutzern iterativ erprobt, überprüft und bewertet. Im Interaktionsdesign werden die Bedürfnisse der Benutzer in konkrete Entwürfe der grafischen Benutzungsoberfläche umgesetzt, und im *User Interface Design* werden die Konzepte auf der Zielplattform implementiert.

Die Art der grafischen Benutzungsoberfläche ist dabei von großer Bedeutung. Während die eingesetzten benutzerorientierten Methoden für unterschiedliche Technologien weitestgehend analog ablaufen, ist es für den Entwurf der grafischen Benutzungsoberfläche ein wesentlicher Unterschied, ob beispielsweise ein Datenverarbeitungssystem, ein mobiles Endgerät, ein Bedienpanel zur Maschinensteuerung oder ein Fahrkartenautomat entwickelt werden soll. Die folgenden Punkte sind hierbei unter anderem zu berücksichtigen:

---

2. Der zweite Absatz in Abschnitt 2.1.3 geht inhaltlich weitgehend auf [Richter & Flückiger 2016, S. 15] zurück.
3. Der Abschnitt geht inhaltlich weitgehend auf [Richter & Flückiger 2016, S. 191–193] zurück.

- Eingabe- und Ausgabemedien wie Stifte, Gesten und Tastatur, Bildschirme, Touchscreens, Tasten und Displays auf Geräten
- Zu verwendende Bedienelemente und Interaktionsprinzipien
- Struktur und Layout der grafischen Benutzungsoberfläche
- Aspekte wie Ergonomie, grafische Gestaltung, Industriedesign, technische Umsetzbarkeit, Corporate Design und Ästhetik

2.1.5 Multi-Touch-Displays

Die Multitouch-Displays von Smartphones und Tablets sowie deren Auflösungen sind in den letzten Jahren kontinuierlich größer geworden. Dennoch sind sie im Vergleich zu Notebook-Displays (ca. 11,6 Zoll bis 17,3 Zoll) und großen Desktop-Bildschirmen (20 Zoll bis 27 Zoll) rund vier- bis mehr als zwanzigmal kleiner.

Hersteller/Modell Technische Daten	Apple iPhone 7 Plus (6s Plus)	Apple iPhone 7 (6s)	Samsung Galaxy S7 edge	Samsung Galaxy S7
Größe	5,5"	4,7"	5,5"	5,1"
Bildschirmdiagonale	13,94 cm	11,94 cm	13,97 cm	12,92 cm
Display	Multitouch, Retina HD	Multitouch, Retina HD	Super-AMOLED-HD	Super-AMOLED-HD
Auflösung (in Pixel)	1920×1080 bei 401 ppi	1334×750 bei 326 ppi	2560×1440 bei 534 ppi	2560×1440 bei 577 ppi
Kontrastverhältnis	1300:1	1400:1	3578:1	3578:1
Länge (in mm)	158,2	138,3	150,9	142,4
Breite (in mm)	77,9	67,1	72,6	69,6
Höhe (in mm)	7,3	7,1	7,7	7,9
Gewicht (in g)	188 (192)	138 (143)	157	152

Tab. 2–1   *Technische Daten aktueller High-End-Smartphones*[4]

Zudem gibt es eine große Vielfalt von mobilen Endgeräten mit unterschiedlichen Displaygrößen. Das führt zu großen Herausforderungen bei der Gestaltung und dem Design der grafischen Benutzungsoberfläche sowie bei der Konzeption des Interaktionsdesigns, der Usability und der User Experience einer mobilen App.

---

4. Quellen: *www.apple.com* bzw. *www.samsung.com*.

2.1.6 Guidelines, Styleguides und Normen

Die herstellerspezifischen GUI-Guidelines und Styleguides spielen eine wichtige Rolle bei der Entwicklung mobiler Apps. Diese Richtlinien werden von Google für Android[5], von Apple für iOS[6] und von Microsoft für Windows[7] veröffentlicht. Die genaue Einhaltung dieser Gestaltungsrichtlinien ist wichtig, um die Usability und User Experience der mobilen App möglichst hochwertig und betriebssystemspezifisch zu gestalten. Zudem müssen diese Richtlinien befolgt werden, um das Review der mobilen App im Rahmen des Veröffentlichungsprozesses durch den App-Store-Betreiber erfolgreich zu bestehen.

Zudem müssen zur Gestaltung der grafischen Benutzungsoberfläche gültige Normen wie die DIN EN ISO 9241-110 »Ergonomie der Mensch-System-Interaktion« eingehalten werden. Diese Norm hat elementare Grundsätze der Dialoggestaltung definiert, die auch in Ihrem Mobile-App-Entwicklungsprojekt umgesetzt werden sollten. Dazu zählen die folgenden sieben Grundsätze, die auf mobile Apps angewendet wurden:

Aufgabenangemessenheit	Die mobile App unterstützt die Erledigung der Aufgaben und den Arbeitsablauf der Benutzer.
Selbstbeschreibungsfähigkeit	Die mobile App enthält Erläuterungen und ist ausreichend verständlich.
Steuerbarkeit	Der Benutzer kann den Dialogablauf beeinflussen.
Erwartungskonformität	Erwartungen, Eigenschaften und Gewohnheiten der Benutzer werden unterstützt.
Fehlertoleranz	Fehler erfordern keinen oder nur geringen Korrekturaufwand.
Individualisierbarkeit	Die mobile App kann an die individuellen Bedürfnisse angepasst werden.
Lernförderlichkeit	Die mobile App erfordert einen geringen Lernaufwand und unterstützt das Erlernen neuer Funktionen.

Tab. 2-2   Grundsätze der Dialoggestaltung nach DIN EN ISO 9241-110

2.1.7 Konsequenzen für das Mobile App Engineering

Um also hoch qualitative und benutzungsfreundliche mobile Apps zu entwickeln, die eine gute Usability und User Experience ermöglichen, ist es notwendig, die Benutzer zu verstehen, die die mobile App einsetzen und mit ihr interagieren. In diesem Zusammenhang sollten die Benutzerbedürfnisse, der Problem- und Einsatzbereich sowie der Anwendungskontext der mobilen App im Rahmen des Requirements Engineering frühzeitig identifiziert und analysiert werden. Zudem

---

5. Siehe auch *http://developer.android.com/design/index.html.*
6. Siehe auch *http://developer.apple.com/ios/human-interface-guidelines/overview/design-principles.*
7. Siehe auch *http://developer.microsoft.com/en-us/windows/apps/design.*

müssen die Tätigkeiten und Arbeitsabläufe erhoben, die idealen Funktionen festgelegt und auf dieser Basis eine adäquate, passgenaue und optisch ansprechende grafische Benutzungsoberfläche konzipiert werden. Hierbei hat es sich als äußerst zweckmäßig erwiesen, wenn die Situation und der Anwendungskontext des Benutzers beim praktischen Einsatz und der Bedienung einer mobilen App so realitätsnah wie möglich beschrieben werden.

Vor diesem Hintergrund wird zum Requirements Engineering in Kapitel 4 unter anderem eine *Contextual Inquiry* empfohlen, mit deren Hilfe der Anwendungskontext und die tatsächlichen Benutzerbedürfnisse unmittelbar erfasst werden können. Zudem werden *Personas* und *Szenarien* als praxisnahe, bewährte Methoden und Arbeitsmittel zur initialen Erhebung und Analyse der Requirements eingesetzt. Und auch zur Konzeption und zum Entwurf der grafischen Benutzungsoberfläche sowie des Interaktionsdesigns werden in Kapitel 5 praxisorientierte Arbeitsmittel wie Skizzen der grafischen Benutzungsoberfläche, Storyboards, *Low-Fidelity-Prototypen* mit *Wireframes* und *Mock-Ups* sowie *High-Fidelity-Prototypen* verwendet. Diese werden in Benutzer- und Expertentests erprobt und evaluiert, um möglichst hoch qualitative und benutzerorientierte mobile Apps entwickeln zu können.

2.2 Hardware- und softwareseitige Fragmentierung

Die starke hardware- und softwareseitige Fragmentierung stellt eine der größten Herausforderungen bei der Konzeption und Entwicklung sowie dem Test mobiler Anwendungen dar (vgl. [Wasserman 2010], [Joorabchi et al. 2013]).

2.2.1 Mobile Endgeräte und Betriebssysteme

Die verfügbaren mobilen Endgeräte mit variierenden Hardwarekomponenten, unterschiedlichen Konfigurationen und Displaygrößen sowie verschiedene mobile Betriebssysteme und Betriebssystemversionen führen zu großen Herausforderungen bei der Konzeption, dem Design, der Implementierung und dem Test mobiler Apps. Einerseits ist es nicht ausreichend, nur für *ein* mobiles Endgerät und *eine* mobile Betriebssystemversion zu entwickeln, um einen hohen Prozentsatz des Marktes zu versorgen. Andererseits stehen bei einer Entwicklung für *alle* verfügbaren mobilen Endgeräte sowie *alle* Betriebssystemversionen die exorbitanten Kosten für die Aufwände in den Bereichen Konzeption und Design, Implementierung und Test in keinem Verhältnis zum erwartbaren Nutzen.

Bei den mobilen Betriebssystemen unterscheiden sich Android und iOS im Wesentlichen dadurch, dass Android ein quelloffenes und im Gegensatz dazu iOS ein proprietäres mobiles Betriebssystem ist. Das bringt Vor- und Nachteile mit sich:

Während die Quelloffenheit von Android einerseits dafür sorgt, dass Entwickler von Android-Apps Zugriff auf alle Schnittstellen und API-Funktionalitäten bekommen und diese beliebig modifizieren können, müssen iOS-Entwickler sich mit den von Apple zur Verfügung gestellten Möglichkeiten zufrieden geben (vgl. [Joorabchi et al. 2013]), auch wenn diese in vielen Fällen sehr ausgereift sind.

Andererseits sorgt die Quelloffenheit von Android dafür, dass die Hersteller beliebige individuelle Änderungen oder Erweiterungen vornehmen können und sich die Android-Entwickler nicht darauf verlassen können, dass alle Standards und Syntaxvorgaben von Google im Hinblick auf Android auch von allen Endgeräteherstellern exakt umgesetzt werden (vgl. [Joorabchi et al. 2013]). Dieses Problem besteht bei Apple nicht, wobei die mobilen iOS-Endgeräte ohnehin von Apple hergestellt werden.

Somit stehen bei der Mobile-App-Entwicklung die Hardware sowie die Betriebssystemsoftware der mobilen Endgeräte deutlich stärker im Fokus, als dies bei konventionellen Softwareanwendungen für Desktop- und Notebook-Computer der Fall ist.

2.2.2 Gesten[8]

Ein mobiles Endgerät wird über ein Multitouch-Display bedient. Zur Bedienung sind zahlreiche Gesten verfügbar, die oftmals intuitiv einsetzbar, teilweise aber auch erst erlernt werden müssen. Hierbei sind die folgenden Gesten üblicherweise einsetzbar (vgl. [Knott 2016, S. 42]):

- **Touch**
  Der Touchscreen wird mit einem Finger kurz berührt.
- **Long Touch**
  Der Touchscreen wird mit einem Finger länger berührt.
- **Swipe**
  Der Finger wird über den Touchscreen bewegt.
- **Tap**
  Mit einem Finger wird einmal kurz auf den Touchscreen getippt.
- **Double Tap**
  Mit einem Finger wird zweimal kurz auf den Touchscreen getippt.
- **Drag**
  Der Finger wird über den Touchscreen bewegt, ohne den Kontakt mit dem Touchscreen zu verlieren.
- **Multitouch**
  Der Touchscreen wird von zwei oder mehr Fingern gleichzeitig berührt.

---

8. Der Abschnitt geht inhaltlich weitgehend auf [Knott 2016, S. 42–43] zurück.

- **Pinch open**
  Zwei Finger berühren den Touchscreen und werden auseinander gezogen.
- **Pinch close**
  Zwei Finger berühren den Touchscreen und werden aufeinander zubewegt.
- **Rotate**
  Zwei Finger berühren den Touchscreen und es wird eine Drehung mit den Fingern vorgenommen. Dadurch kann der Inhalt – wie zum Beispiel bei mobilen Karten-Apps – gedreht werden.

2.2.3 Konsequenzen für das Mobile App Engineering

Vor dem Hintergrund der starken hardware- und softwareseitigen Fragmentierung sollte im Rahmen des Requirements Engineering zu einem möglichst frühen Zeitpunkt entschieden und festgelegt werden, für welche mobilen Endgerätemodelle und für welche mobilen Betriebssysteme – also iOS, Android, Windows – entwickelt werden soll. Zudem sind die genauen Betriebssystemversionen festzulegen, die unterstützt werden sollen. Dabei gilt es auch, die Performanz der endgerätespezifisch eingesetzten Hauptprozessoren (CPU), die Größe des verfügbaren Arbeits- und Hauptspeichers sowie die unterschiedlichen und zeitlich limitierten Akkulaufzeiten zu berücksichtigen (vgl. [Wasserman 2010]).

Wenn es sich um ein konkretes Kundenprojekt mit einer klaren Aufteilung in Auftraggeber- und Auftragnehmerseite handelt, werden nicht funktionale Anforderungen wie die relevanten mobilen Endgerätemodelle vielfach im Gespräch mit dem Auftraggeber und späteren Benutzern ermittelt. Für den Fall, dass die mobile App für einen zu Beginn nur vage und unscharf zu definierenden Kundenkreis vorgesehen ist, sollten zunächst die Ziel- und Benutzergruppen definiert werden. Auf dieser Basis können exemplarische Benutzer ermittelt und befragt werden oder es werden *Personas* (siehe Abschnitt 4.3) und *Szenarien* (siehe Abschnitt 4.4) gebildet, mit deren Hilfe die Anforderungen an die mobilen Endgeräte ermittelt und abgeleitet werden können.

Die Festlegung der mobilen Endgerätemodelle, auf denen die mobile App voll funktionsfähig laufen soll, ist unter anderem auch wichtig, um die unterschiedlichen Testphasen (siehe Kap. 7) adäquat vorbereiten und durchführen zu können, unabhängig davon, ob der Test intern durchgeführt oder an einen externen Dienstleistungspartner abgegeben wird. Und da es bislang keine zuverlässigen Testwerkzeuge gibt, mit denen die Tests mobiler Apps für die unterschiedlichen Endgeräte und Betriebssystemversionen vollständig automatisiert werden können (vgl. [Joorabchi et al. 2013]), ist es zwingend erforderlich, dass Sie Ihre mobile App auch auf den realen mobilen Endgerätemodellen und unter realen Bedingungen manuell testen.

Zudem müssen Sie in der Testphase überprüfen, ob Ihre mobile App Multitouch-Gesten verarbeiten kann. Dazu sollten Sie mehrere Finger gleichzeitig auf dem Touchscreen benutzen. Zudem sollten Sie mehrere verschiedene Gesten schnell hintereinander auf dem Multitouch-Display ausführen, um zu sehen, ob und wie die mobile App reagiert. Achten Sie auch auf Performanzprobleme bzw. Fehler, die während der Gestenausführung potenziell entstehen können (vgl. [Knott 2016, S. 43]).

2.3 Entwicklungsparadigmen

Die starke hardware- und softwareseitige Fragmentierung durch die Vielzahl unterschiedlicher mobiler Endgeräte und Betriebssystemversionen hat wesentlich dazu beigetragen, dass mittlerweile fünf unterschiedliche Entwicklungsparadigmen für mobile Apps existieren. Neben dem *nativen* Paradigma gibt es noch weitere Entwicklungsparadigmen, deren Zielsetzung eine möglichst betriebssystemunabhängige Entwicklung ist. Auf die Paradigmen zur Entwicklung mobiler Apps wird in den folgenden Abschnitten näher eingegangen.

2.3.1 Native mobile App

Beim *nativen* Entwicklungsparadigma wird eine mobile App exakt auf ein konkretes Betriebssystem wie zum Beispiel *iOS*, *Android* oder *Windows* zugeschnitten und entwickelt. Dabei arbeitet der Mobile-App-Entwickler mit einer integrierten Entwicklungsumgebung (IDE), einem Software Development Kit (SDK) und einer konkreten Programmiersprache und entwickelt eine mobile App für eine bestimmte Betriebssystemversion (vgl. [Charland & Leroux 2011]). Dabei können auch mehrere Betriebssystemversionen unterstützt werden, wenn eine Abwärtskompatibilität bis zu einer bestimmten Version eingestellt wird. Für die beiden aktuell marktführenden Plattformen *iOS* und *Android* werden zurzeit typischerweise die Programmiersprache Swift 3.0 mit der integrierten Entwicklungsumgebung *Xcode 8* (für iOS) bzw. die Programmiersprache Java mit der integrierten Entwicklungsumgebung *Android Studio 2.3* und dem Build-Tool *Gradle* eingesetzt.

Eine native mobile App wird nach ihrer Entwicklung und Veröffentlichung aus dem entsprechenden App Store heruntergeladen, installiert und direkt von der Laufzeitumgebung des mobilen Betriebssystems des mobilen Endgeräts ausgeführt.

Vorteile

Mithilfe nativ entwickelter mobiler Apps kann die höchste Integration einer mobilen App mit dem mobilen Endgerät erzielt werden. Das native Software Development Kit (SDK) unterstützt die jeweiligen Geräteeigenschaften optimal und kann direkt auf spezifische Gerätefunktionen zugreifen (vgl. [Bredlau 2012]).

Es können *alle* Hardwareressourcen sowie *alle* gerätespezifischen Sensoren und Aktoren des mobilen Endgeräts genutzt und eingesetzt werden (siehe auch Abschnitt 2.4). Somit können nativ entwickelte mobile Apps performant, grafisch hochwertig und ressourcensparend ausgelegt werden. Zudem kann mithilfe nativ entwickelter mobiler Apps eine optimale *User Experience* und *Usability* erreicht werden, da sämtliche Möglichkeiten des mobilen Endgeräts optimal eingesetzt und genutzt werden können.

Darüber hinaus werden native mobile Apps über die jeweiligen App Stores vertrieben und nach der in der Regel einfach durchzuführenden Installation wird die mobile App mit einem eigenen Icon direkt auf einer Bildschirmseite des mobilen Endgeräts angezeigt. Und durch positive Bewertungen einer mobilen App in den App Stores können der Vertrieb, die Vermarktung sowie der daraus resultierende Umsatz und Gewinn vereinfacht und optimiert werden.

Daher ist das native Entwicklungsparadigma für komplexe, rechenintensive und performante mobile Apps mit hochwertiger User Experience am besten geeignet. Insbesondere bei kommerziell eingesetzten mobilen Apps hat sich das native Entwicklungsparadigma aktuell durchgesetzt.

Nachteile

Native mobile Apps müssen für jedes Betriebssystem separat entwickelt werden. Somit sind mehrere Entwickler bzw. Entwicklungsteams mit entsprechenden betriebssystemspezifischen Kenntnissen und Erfahrungen erforderlich. Infolgedessen sind die Entwicklungskosten für native mobile Apps deutlich höher als für betriebssystemunabhängige Web-Apps (siehe auch Abschnitt 2.3.2), bei denen es keine bzw. nur äußerst geringe betriebssystemspezifische Ausprägungen und Anforderungen gibt.

2.3.2 Mobile Web-App

Mobile Web-Apps sind mobile Webanwendungen, die in der Regel auf Basis von *HTML5*, *Cascading Style Sheets (CSS3)* und JavaScript entwickelt werden (vgl. [Charland & Leroux 2011]). Diese Web-Apps laufen vollständig in einem Webbrowser wie zum Beispiel *Safari* für *iOS* oder *Google Chrome* für *Android* bzw. in einer bildschirmfüllenden *WebView* und somit auf beliebigen mobilen Endgeräten. Dadurch ist eine Ausrichtung auf ein bestimmtes Betriebssystem, eine spezielle Betriebssystemversion oder ein bestimmtes mobiles Endgerät nicht zwingend notwendig. Vor diesem Hintergrund können Web-Apps betriebssystemunabhängig konzipiert, entwickelt und betrieben werden. Das große Problem der hardware- und softwareseitigen Fragmentierung kommt hierbei nicht zum Tragen.

Vorteile

Die für Web-Apps eingesetzten Webtechnologien HTML5, CSS und JavaScript laufen in allen gängigen Webbrowsern der verfügbaren mobilen Betriebssysteme. Dies reduziert die Entwicklungskosten deutlich. Zudem können Web-Apps mit einer Internetsuchmaschine einfach gefunden und ohne Installation genutzt werden.

Diese Alleinstellungsmerkmale bestehen allerdings nicht mehr exklusiv für Web-Apps, da über die Indexierungsfunktionen von und für iOS und Android mittlerweile auch native mobile Apps von den gängigen Internetsuchmaschinen gefunden und direkt installiert werden können (siehe dazu auch Abschnitt 8.2.3). Außerdem gibt es mittlerweile sogenannte *Android Instant Apps*[9], die auch ohne eine vorherige Installation genutzt werden können.

Reine Web-Apps werden in der Regel nicht über einen App Store vertrieben, sodass die oftmals recht zeitaufwendigen Test-, Freigabe- und Veröffentlichungsprozesse entfallen. Auf diese Weise werden die Entwicklungskosten reduziert und auch der nachfolgende *Deployment*-Prozess erfordert im Vergleich zur nativen Entwicklung weniger Aufwand (vgl. [Charland & Leroux 2011]). Zudem kann eine Web-App in einen nativen App-Container eingebettet werden, um dann als *hybride mobile App* (siehe auch Abschnitt 2.3.3) auch betriebssystemspezifische – also native – Funktionen ausführen zu können.

Nachteile

Die Verwendung einer Web-App setzt voraus, dass eine möglichst breitbandige Netzverbindung besteht. Zudem müssen die eingesetzten Webtechnologien HTML5, CSS3 und JavaScript vom Webbrowser zeitintensiv interpretiert werden. Daher ist die Performanz einer Web-App deutlich geringer als die einer nativen mobilen App. Zudem sind die Webbrowser mobiler Endgeräte üblicherweise nicht in der Lage, auf sämtliche Hardwarekomponenten eines mobilen Endgeräts zuzugreifen. Da Web-Apps üblicherweise nicht über einen App Store vertrieben werden, entfallen die hierbei durchgeführten Qualitätssicherungsprozesse. Auch kann der App Store nicht zu Marketing- und Vertriebszwecken eingesetzt werden, da jede Web-App individuell vertrieben werden muss. Es ist für die Benutzer einer Web-App somit auch nicht ohne Weiteres möglich, an einer zentralen Stelle (im App Store) Verbesserungsvorschläge bzw. Bewertungen abzugeben.

---

9. Weitere Informationen unter: *http://developer.android.com/topic/instant-apps/index.html*.

2.3.3 Hybride mobile App

Hybride mobile Apps sind Apps, die auf Webtechnologien (HTML5, CSS3 und JavaScript) basieren, in einer WebView ausgeführt werden und über Plug-ins auf native Funktionen und Komponenten des mobilen Endgeräts zugreifen können. Beim hybriden Entwicklungsparadigma wird die mobile App zunächst webbasiert und somit betriebssystemunabhängig entwickelt. Anschließend wird die App mit nativen Funktionen kombiniert und erweitert, um gerätespezifische Eigenschaften bzw. einzelne Sensoren wie den GPS-Sensor, die Kamera oder die Kontakte in der mobilen App nutzen zu können.

Hybride mobile Apps können über einen App Store veröffentlicht, vertrieben und installiert werden, ohne dass mehrere parallele Entwicklungsstränge existieren müssen.

Viele Unternehmen nutzen hybride mobile Apps auch als Container für bereits existierende Webseiten. Dabei besteht die Hoffnung, dass auf diese Weise eine Präsenz im App Store erzielt werden kann, ohne den höheren Aufwand zur Entwicklung einer rein nativen mobilen App aufbringen zu müssen (vgl. [Nielsen & Budiu 2013, S. 58]).

Vorteile

Eine hybride mobile App kann im Hinblick auf die Gestaltung der grafischen Benutzungsoberfläche, des Designs der User Experience und des Entwurfs des Interaktionsdesigns mittlere Qualitätskriterien erfüllen, die zwischen der hohen Qualität bei der Befolgung des nativen Paradigmas und dem etwas darunter befindlichen Niveau bei einer Entwicklung als Web-App liegen. Bei einer hybriden Entwicklung können die Entwicklungskosten im Vergleich zur nativen Entwicklung reduziert werden; allerdings ist der Aufwand und das erforderliche Know-how zur nativen Ausgestaltung der mobilen Web-App nicht zu unterschätzen.

Nachteile

Eine hybride mobile App kann aufgrund ihres Ursprungs als Web-App nicht alle geräte- und betriebssystemspezifischen Funktionen und Möglichkeiten nutzen. Zudem ist sie im Vergleich zu einer nativen mobilen App weniger performant. Auch die reinen Entwicklungskosten sind bei der hybriden Entwicklung höher als bei einer Web-App.

2.3.4 Interpretierte mobile App

Das Entwicklungsparadigma der interpretierten mobilen App wird oftmals vereinfachend dem hybriden Entwicklungsparadigma zugeordnet, auch wenn dies inhaltlich nicht präzise ist.

Bei diesem Ansatz wird der Quellcode *zur Laufzeit* auf der Zielplattform interpretiert. Voraussetzung dafür ist allerdings, dass auf der Zielplattform bereits eine spezielle Ausführungsumgebung vorhanden ist bzw. diese mit der mobilen App gemeinsam ausgeliefert wird (vgl. [Schekelmann 2016]), wie dies beispielsweise bei *Xamarin.Android* umgesetzt wird (siehe auch Abschnitt 6.4.1). Es werden betriebssystemspezifische und somit native UI-Elemente verwendet, um mit dem Benutzer zu interagieren, während andererseits die Anwendungslogik betriebssystemunabhängig realisiert wird.

Vor- und Nachteile

Der Ansatz als interpretierte mobile App hat neben dem Vorteil, betriebssystemunabhängig entwickeln zu können, einen gravierenden Nachteil: Die Entwicklung ist untrennbar mit den Grenzen, Möglichkeiten und der Aktualität des gewählten Entwicklungswerkzeugs verbunden (vgl. [Behrens 2010]). Wenn die Hardware des mobilen Endgeräts oder die darauf aufsetzende Betriebssystemsoftware neue Funktionen und Möglichkeiten bereitstellt und das ausgewählte Entwicklungswerkzeug diese Funktionen und Möglichkeiten (noch) nicht unterstützt, kann es zu Funktionseinschränkungen und Problemen kommen, die nicht ad hoc lösbar sind. Ein bekannter Vertreter für dieses Entwicklungsparadigma ist *Xamarin.Android*.

2.3.5 Cross-kompilierte mobile App

Die Grundidee dieses Ansatzes ist es, native mobile Apps für die unterschiedlichen mobilen Betriebssysteme auf Grundlage *einer* Quellcodebasis zu generieren. Dazu werden Cross-Compiler eingesetzt, die den Quellcode ohne weitere Zwischenschicht für unterschiedliche Betriebssysteme cross-kompilieren, sodass eine native mobile App entsteht. Entwicklungswerkzeuge wie *Xamarin.iOS*[10] (siehe auch Abschnitt 6.4.1) und *React Native* (siehe Abschnitt 6.4.2) nutzen dieses Entwicklungsparadigma.

---

10. Weitere Informationen unter:
    http://developer.xamarin.com/guides/ios/getting_started/hello,_iOS.

Vor- und Nachteile

Die prinzipiellen Vorteile dieses idealtypischen Ansatzes sind vielfältig und enden nicht mit der Erweiterbarkeit der produzierten mobilen Apps (vgl. [Behrens 2010]). Allerdings ist es bislang noch nicht möglich, auf der Grundlage einer einzigen Quellcodebasis automatisch native mobile Apps für die unterschiedlichen mobilen Endgeräte und Betriebssystemversionen zu generieren, mit denen *sämtliche* betriebssystemspezifischen Funktions- und Geräteoptionen der mobilen Endgeräte vollumfänglich genutzt werden können. Insbesondere weist dieser Ansatz bei der Umsetzung der grafischen Benutzungsoberfläche Schwächen auf, sodass die GUI oftmals für jedes mobile Betriebssystem separat entwickelt werden muss.

2.3.6 Konsequenzen für das Mobile App Engineering

Die unterschiedlichen Paradigmen zur Entwicklung einer mobilen App haben zur Folge, dass in der Praxis möglichst frühzeitig evaluiert und entschieden werden sollte, welches Entwicklungsparadigma eingesetzt wird. Jedes Entwicklungsparadigma hat seine spezifischen Einsatzgebiete und Anwendungsfälle, für die es geeignet ist.

Die Entwicklung einer mobilen App als reine Web-App ist hierbei die kostengünstigste Alternative, da keinerlei endgeräte- und betriebssystemspezifische Abhängigkeiten bestehen. Allerdings sind Web-Apps im Vergleich zu hybriden, interpretierten, cross-kompilierten und nativen mobilen Apps weniger hochwertig, da nicht die volle Funktions- und Leistungsfähigkeit der mobilen Endgeräte genutzt werden kann und somit die Usability und User Experience nicht in hoher Qualität realisiert werden kann. Zudem können Web-Apps nicht über einen App Store vertrieben und beworben werden, sodass der Vertriebs- und Marketingaufwand deutlich höher als bei nativen und hybriden mobilen Apps ist.

Das hybride, interpretierte und cross-kompilierte Entwicklungsparadigma ist eine gute Option, um hochwertige mobile Apps für die führenden Betriebssysteme einigermaßen kostengünstig entwickeln und über die App Stores vertreiben zu können.

Allerdings hinkt jedes nicht native Entwicklungsparadigma grundsätzlich dem in kurzen Zeitabständen erweiterten Funktionsumfang der mobilen Betriebssysteme *Android* und *iOS* hinterher: Wenn beispielsweise Apple mit einer neuen iOS-Version ein neues Feature herausbringt, können native mobile iOS-Apps sofort – und somit meist noch vor dem offiziellen Launch der iOS-Version – damit ausgestattet werden. Jedes andere Entwicklungsparadigma ist abhängig vom jeweiligen Framework-Hersteller oder kann dies grundsätzlich nicht leisten, wie zum Beispiel Web-Apps.

Vor diesem Hintergrund hat sich in den letzten Jahren im kommerziellen Bereich das native Entwicklungsparadigma weitgehend durchgesetzt: Nur mithilfe nativer mobiler Apps kann die volle Funktions- und Leistungsfähigkeit der mobilen Endgeräte genutzt und eine optimale Usability und User Experience ermöglicht werden. Zudem ist mithilfe nativer mobiler Apps der Vertrieb und die Vermarktung in voller Breite über die App Stores von Google und Apple einfach möglich.

2.4 Hardwarekomponenten mobiler Endgeräte

In diesem Abschnitt wird ausführlich auf die zahlreichen Hardwarekomponenten mobiler Endgeräte eingegangen und welche Auswirkungen diese im Rahmen des Mobile App Engineering haben.

2.4.1 Multitouch-Display

Zur Bedienung mobiler Endgeräte wie Smartphones und Tablet-Computer hat sich das *kapazitive* Multitouch-Display durchgesetzt. Die andere der beiden Touchscreen-Technologien ist der sogenannte *resistive* oder drucksensitive Touchscreen, der für die Eingabe mit einem Eingabestift konzipiert ist und heutzutage oftmals von Paketdienstleistern eingesetzt wird. Kapazitive Multitouch-Displays reagieren sowohl auf Berührungen durch das Tippen mit einem oder mehreren Fingern als auch auf Druck.

2.4.2 Akkumulator

Mobile Endgeräte wie Smartphones und Tablets werden über einen Akkumulator (Akku) mit Strom versorgt. Die Akkus mobiler Endgeräte haben unterschiedliche Kapazitäten und Laufzeiten. Die besondere Bedeutung des Akkus für mobile Endgeräte wurde nicht zuletzt auch durch die weltweit auftretenden Ladeprobleme des Akkus beim *Samsung Galaxy Note7* und dem daraus im Oktober 2016 verkündeten endgültigen Produktionsstopp dieses Smartphone-Modells offensichtlich. Durch die immer flacher und schlanker werdenden Smartphone-Modelle, die gleichzeitig über sehr große und lichtstarke Displays verfügen, wurden die Anforderungen an die Akkus so hoch, dass – zumindest in diesem Fall – massive und nicht ad hoc behebbare Probleme auftraten. Zudem ist die Stromversorgung über einen Akku insgesamt instabiler als eine kabelbasierte Stromversorgung.

2.4.3 Central Processing Unit

Die Central Processing Unit (CPU) mobiler Endgeräte ist leistungsschwächer als die üblichen CPUs von Desktop- oder Notebook-Computern. Zudem wird die CPU eines mobilen Endgeräts über einen Akku mit Strom versorgt, sodass die Stromversorgung instabiler als bei Desktop- und Notebook-Computern ist. Des Weiteren gibt es Unterschiede im Hinblick auf die Architektur der CPU: Aufgrund der geringen Leistungsaufnahme werden in Smartphones und Tablets oftmals Prozessoren mit einer ARM-Architektur verbaut. Die Desktop- bzw. Notebook-Entwicklungs-rechner für mobile Apps basieren im Gegensatz dazu häufig auf einer 64-Bit-x86-Architektur.

2.4.4 Netzanbindung

Mobile Endgeräte werden üblicherweise drahtlos mit dem Internet verbunden, um Prozesse und Interaktionen durchführen und auf Backend-Systeme zugreifen zu können. Zur drahtlosen Internetverbindung werden Kommunikationskanäle wie zum Beispiel WLAN, LTE oder UMTS verwendet. Drahtlose Internetverbindungen sind oftmals stör- und fehleranfälliger als kabelbasierte Internetverbindungen. Hierbei kann es zu jedem beliebigen Zeitpunkt zu Unterbrechungen kommen, sodass sich die mobile App im Offlinemodus befindet.

2.4.5 Sensoren und Aktoren[11]

Darüber hinaus verfügen Smartphones und Tablets im Vergleich zu Notebooks und Desktop-Computern über zahlreiche zusätzliche Hardwarekomponenten wie Sensoren und Aktoren (vgl. [Wasserman 2010]). Die Sensoren sammeln und erfassen Daten und Informationen aus der Umgebung und ermöglichen mobilen Apps eine kontextsensitive Reaktion auf Einflüsse und Aspekte aus der unmittelbaren Umgebung. Die im mobilen Endgerät hierbei stattfindenden Prozesse laufen in der Regel automatisiert ab, sodass der Benutzer die verfügbaren und aktuell in Betrieb befindlichen Sensoren und Aktoren nur selten zur Kenntnis nimmt.

Bei den in aktuellen Smartphones und Tablets eingesetzten Sensoren handelt es sich um mikroelektromechanische Systeme (MEMS). Ein solches MEMS besteht immer aus einem Prozessor und mindestens einem Sensor. Während der Sensor die Messwerte erfasst, dient der Prozessor der Dateninterpretation und Datenweitergabe an den Hauptprozessor des mobilen Endgeräts. Oftmals werden auch mehrere Sensoren zu einer Baugruppe zusammengefasst. Beispielsweise werden der Beschleunigungsmesser und das Gyroskop in einem Bauelement kombiniert. Um die gemessenen Daten korrekt interpretieren zu können, sind detail-

---

11. Dieser Abschnitt geht inhaltlich weitgehend auf [Heinze 2015] zurück.

lierte Kenntnisse über die Funktionsweise der einzelnen Sensoren erforderlich (vgl. [Vogt & Kuhn 2014]).

2.4.5.1 Beschleunigungssensor

Der Beschleunigungssensor ermöglicht das automatische Umschalten der Anzeige zwischen Horizontal- und Vertikalmodus – auch als Landscape- und Portrait-Modus bezeichnet – sowie das Steuern von Spielen über den Neigungswinkel in Form von programmierten Bewegungsabläufen, die durch unterschiedliche Neigungswinkel des mobilen Endgeräts aktiviert werden. Mittlerweile wird dieser Sensor auch in preiswerten Smartphone- und Tablet-Modellen verbaut.

Das technische Prinzip eines Beschleunigungssensors basiert auf Kondensatoren und wird auch als *kapazitiver* Beschleunigungsmesser bezeichnet. Der Sensor besteht aus einer elastisch aufgehängten Masse, die als Elektrode eines Kondensators fungiert, und einer fest montierten Kondensatorplatte. Bei einer auftretenden Beschleunigung kommt es zur Auslenkung der Masse. Dadurch findet in der fest positionierten Kondensatorplatte eine Änderung der elektrischen Kapazität statt. Diese Kapazitätsänderung führt zu mess- und verwertbaren Daten, die durch den hierfür verantwortlichen Prozessor interpretiert werden können.

Eine genauere Messung der Beschleunigung bietet ein Differenzialkondensator: Hier befindet sich die bewegliche Masse zwischen zwei Kondensatorplatten. Das bedeutet, dass sich der Plattenabstand des einen Kondensators um den Wert erhöht, um den sich der Plattenabstand des anderen Kondensators reduziert. Da eine solche Kapazitätsbeschleunigungsmessung die Beschleunigung in nur einer Dimension erfasst, wird dieses Bauteil zumeist in Dreiergruppen verbaut, bei denen die Messachsen orthogonal zueinander positioniert sind. Dadurch wird eine Beschleunigungsmessung im dreidimensionalen Raum ermöglicht (vgl. [Vogt & Kuhn 2014, S. 1–2]).

2.4.5.2 Gyroskop

Zur exakten Bestimmung der Bewegungen, die ein Smartphone oder Tablet ausführt, sind die durch den Beschleunigungsmesser ermittelten Daten nicht ausreichend. Aus diesem Grund wird in Smartphones und Tablets ein Gyroskop verbaut. Dabei sind der Beschleunigungs- und Rotationssensor oftmals in einem Bauteil miteinander kombiniert.

Das Gyroskop wird beim Steuern von Spielen und bei der Steigerung der Aufnahmequalität von Fotos und Videos verwendet, indem dem digitalen Bildstabilisator Daten des Rotationssensors zur Verfügung gestellt werden. Wie auch der Beschleunigungssensor basiert das technische Prinzip eines Gyroskops auf der Messung von kapazitiven Änderungen. Bei der Messung der Rotationsgeschwindigkeit werden zwei Massen durch elektrischen Strom in eine Rotationsbewegung versetzt. Kommt es nun zu einer Drehbewegung senkrecht zur Bewegungsrichtung der Masse, wirkt die Corioliskraft, die kapazitiv erfasst werden kann. Im Smartphone bzw. Tablet wird vielfach ein Drei-Achsen-Gyroskop verwendet, das die Elektroden für alle drei Achsen bei nur einem Massestück enthält.

2.4.5.3 GPS-Sensor

Die genaue Bestimmung der aktuellen Position und Geschwindigkeit des Smartphones bzw. Tablets wird hauptsächlich durch Verwendung des GPS-Empfängers gewährleistet. Ist der Sensor mit mindestens vier GPS-Satelliten verbunden, kann er aufgrund der empfangenen Informationen den aktuellen Ort durch Interpolation ermitteln. Die Daten von Mobilfunkmasten und WLAN-Stationen unterstützen die genaue Positionsbestimmung. Diese ist für Anwendungen der erweiterten und virtuellen Realität und für die Nutzung von Kartendiensten von zentraler Bedeutung.

2.4.5.4 Magnetfeldsensor

Der Magnetfeldsensor eines Smartphones bzw. Tablet-Computers entspricht im Prinzip der Funktion einer Kompassnadel. Im Unterschied zur Kompassnadel kann der Magnetfeldsensor allerdings die Ausrichtung des magnetischen Felds im dreidimensionalen Raum ermitteln (vgl. [Bernshausen et al. 2012, S. 202]). Beispielsweise ist der Magnetfeldsensor zur optimalen Nutzung mobiler Karten-Apps wichtig. Erst durch die von ihm erfassten Daten kann die Ausrichtung des Smartphones bestimmt und in der Karten-App angezeigt werden. Auch viele Augmented-Reality-Apps benötigen die vom Magnetfeldsensor ermittelten Daten. Allerdings führen Metallobjekte und stromdurchflossene Leiter zu einer Veränderung des Magnetfelds, sodass eine Rekalibrierung des Sensors erforderlich wird, da dem Magnetometer die exakte Ermittlung des magnetischen Nordens nun erschwert wird.

Das Messprinzip eines Magnetfeldsensors basiert auf dem magneto-resistiven Effekt, der eine kurzfristige Änderung des elektrischen Widerstands einer leitenden Fläche hervorruft. Wird der Sensor von einem äußeren Magnetfeld erfasst, ändert sich der Leitungsweg der Elektroden. Da der elektrische Widerstand dieses neuen Leitungsweges jedoch effektiv höhere Werte besitzt als der vorherige, erhöht sich der elektrische Widerstand. Durch die Verwendung von geeigneten Materialien wie Wismut ist ein breites Spektrum messbar.

2.4.5.5 Kamera

Viele aktuelle Smartphone- und Tablet-Modelle verfügen über zwei Kameras zur Erstellung von Fotos und Videos. Hierbei wird überwiegend die CMOS-Technologie für den Bildsensor verwendet. Diese besitzt im Vergleich zur CCD-Technologie einen geringeren Stromverbrauch, geringere Produktionskosten sowie einen kompakten Formfaktor und ermöglicht eine Datenspeicherung mit einer höheren

Datenrate. Durch Nutzung der VLSI-Technologie ist die Integration von weiteren Kamerafunktionen auf dem CMOS-Chip realisierbar (vgl. [Erhardt 2008, S. 46]).

In aktuellen Smartphones und Tablets wird vielfach ein aktiver Pixelsensor (APS) eingesetzt, bei dem jedes Pixel eine eigene Verstärkerschaltung besitzt. Ein solcher Sensor besteht aus mehreren Grundeinheiten, die aus einer in Sperrrichtung geschalteten Fotodiode und drei n-Kanal-Metall-Oxid-Halbleiter-Feldeffekttransistoren (MOSFET) aufgebaut sind. Bei Betätigung des Auslösers wird die Spannung der Fotodiode auf einen vorher definierten Wert gesetzt.

Innerhalb der Belichtungszeit entlädt sich die Sperrschichtkapazität der Fotodiode proportional zur Lichtintensität. Somit ist die am Ende der Belichtungszeit gemessene Spannung der Fotodiode ein Maß für die Intensität des eingefallenen Lichts. Liegt der Messwert bei null, wird es von einem Analog-Digital-Wandler (A/D-Wandler) als weiß interpretiert. Entspricht der Wert der ursprünglichen Ausgangsspannung, gilt die Fotodiode als unbeleuchtet.

Da lediglich eine Intensitätsmessung und keine Frequenzerkennung stattfindet, ist mit dem beschriebenen Aufbau lediglich die Aufnahme von monochromatischen Bildern möglich (vgl. [Erhardt 2008, S. 47]). Zum Erstellen von Farbaufnahmen werden dem CMOS-Sensor spezielle Farbfilter vorgeschaltet, hierbei wird das Licht zu je einer Grundfarbe gefiltert. Die typische Anordnung der Farbfiltereinheiten wird als *Bayerfilter* bezeichnet, der jedem Pixel nur Licht einer bestimmten Farbe zuordnet. Mithilfe spezieller Algorithmen wird die genaue Farbe des jeweiligen Bildpunktes durch die Daten der benachbarten Pixel interpoliert.

2.4.5.6 Mikrofon

Das Mikrofon ist ein elementarer Bestandteil von Smartphones, da es das Telefonieren ermöglicht. Auch die Nutzung von Sprachassistenten wie *Siri* oder die Aufnahme von Sprachnotizen würden ohne ein Mikrofon nicht funktionieren. In Smartphones werden oftmals Elektret-Kondensatormikrofone verwendet, die sich durch hohe Aufnahmequalität, geringen Platz- und Energiebedarf sowie hohe Robustheit auszeichnen.

Beim Elektret-Kondensatormikrofon befindet sich eine dünne, leitfähige Membran vor einer Kondensatorplatte. Durch einen auftretenden Schalldruck beginnt die Membran zu schwingen und der Abstand zwischen Membran und Kondensatorplatte variiert. Dies führt zu einer Veränderung der Kondensatorkapazität, was wiederum eine Änderung der anliegenden Spannung bewirkt. Somit findet eine Umwandlung von Schalldruck in ein entsprechendes elektrisches Signal statt (vgl. [Hirth et al. 2014, S. 150]).

2.4.5.7 Helligkeitssensor

Der Helligkeitssensor eines Smartphones erfasst die Intensität des Umgebungslichtes. Die ermittelten Daten werden für die Anpassung der Bildschirmhelligkeit an das Umgebungslicht verwendet. Dadurch wird die Blendung des Nutzers in dunklen Umgebungen vermieden bzw. die Leuchtkraft des Bildschirms bei Sonneneinstrahlung erhöht und verbessert.

Im einfachsten Fall basiert ein Helligkeitssensor wie auch die Smartphone-Kamera auf einer Fotodiode, die in Sperrrichtung geschaltet wird. In vielen Smartphone-Modellen fällt das Licht jedoch zuerst durch einen speziellen Filter, der die frequenzabhängige Intensitätsabhängigkeit des Sensors der des menschlichen Auges anpasst.

2.4.5.8 Annäherungssensor

Die zentrale Aufgabe des Annäherungssensors besteht in der Deaktivierung des Bildschirms während der Positionierung des Mobiltelefons am Ohr. Dieser Sensor deaktiviert sowohl die bildgebende als auch die steuernde Funktion des Multitouch-Displays während des Telefonierens.

In Smartphones werden optische Annäherungssensoren verwendet, wobei eine Leuchtdiode infrarote Lichtimpulse im Wellenlängenbereich von 900 nm emittiert. Nähert sich der Benutzer dem Smartphone, so reflektiert dieser die Lichtimpulse. Das wird vom Helligkeitssensor über eine entsprechende Fotodiode registriert. Um eine von eventuellen Störsignalen unabhängige Messung zu ermöglichen, wird ein sogenannter *Lock-in-Verstärker* verbaut.

2.4.5.9 Voltmeter

Vielfach unbekannt ist die Nutzung des Kopfhöreranschlusses zur Messung geringer Spannungen bis 2,1 Volt. Dazu wird lediglich ein entsprechendes Adapterkabel benötigt. Und durch das Vorschalten eines speziellen Messkopfes ist auch die Aufnahme und Messung höherer Spannungen möglich (vgl. [Hirth et al. 2014, S. 150]).

2.4.5.10 Vibrationsaktor

Ein Aktor in aktuellen Smartphones ist der Vibrationsaktor, der dazu dient, dass Smartphones neben der Ausgabe unterschiedlicher Tonsignale auch vibrieren können.

2.4.5.11 Weitere Sensoren

In aktuellen Smartphones und Tablets gibt es weitere Sensorik; die verwendeten Sensoren werden hier nur benannt:

- Barometer
- Hygrometer
- Pulsmesser
- Thermometer
- Eye-Tracker
- Fingerabdrucksensor

Zusätzlich zu dieser vielfältigen Anzahl an Sensoren ist es möglich, die Fähigkeiten eines Smartphones durch den Einsatz von externen Sensoren zu erweitern. Exemplarische Beispiele hierfür sind die Distanzmessung nach dem Ultraschallprinzip oder die optionale Erweiterung der Messbereiche für die Temperatur-, Spannungs-, Magnetfeld- oder Beleuchtungsstärke (vgl. [Kuhn et al. 2013, S. 98]).

2.4.6 Konsequenzen für das Mobile App Engineering

Die Akkulaufzeiten und drahtlosen Internetverbindungen sind bei der Konzeption und Entwicklung sowie beim Test einer mobilen App zu berücksichtigen. Das Verhalten der mobilen App ist dabei so zu konzipieren, dass bei einer plötzlichen Unterbrechung der Energieversorgung oder der Internetverbindung kein Datenverlust auftritt. Abrupt unterbrochene Prozesse wie zum Beispiel zur Datensynchronisation müssen nach einer Wiederherstellung der Stromversorgung bzw. Internetverbindung in einem stabilen und gesicherten Zustand wieder aufgenommen und erfolgreich beendet werden können. Somit ist es unerlässlich, ausgiebig zu testen, wie sich die mobile App verhält, wenn die Stromversorgung bzw. Internetverbindung unterbrochen wurde.

Neben der Berücksichtigung der jeweiligen Akkulaufzeiten und der schmalbandigeren Internetanbindung müssen bei der Konzeption, Entwicklung und dem Test mobiler Apps die verfügbaren Hardwarekomponenten wie Sensoren und Aktoren berücksichtigt werden. Durch die in den mobilen Endgeräten verfügbaren Sensoren und Aktoren können mobile Apps deutlich kontextsensitiver agieren und reagieren, als dies mit einer konventionellen Desktop-Anwendung möglich ist. Somit sollten relevante Anwendungskontexte für die mobile App bereits in der Requirements-Engineering- und Konzeptionsphase identifiziert und ausgestaltet werden. Das kann beispielsweise auf Basis typischer Anwendungsszenarien und davon abgeleiteter Anwendungskontexte geschehen, die durch bestimmte, mit der Sensorik erfassbare Parameter definiert und voneinander abgegrenzt werden. Und anhand dieser Anwendungskontexte kann dann eine genaue Auswahl getroffen werden, welche Sensoren und Aktoren im Rahmen der Entwicklung eingesetzt werden.

Die Einbindung der Sensoren und Aktoren muss im Rahmen der Tests mit geeigneten Methoden und Werkzeugen und unter Berücksichtigung des jeweiligen Anwendungskontexts (siehe auch Abschnitt 2.5) getestet, überprüft und bewertet werden. Dabei muss die Funktionsfähigkeit unter realen Bedingungen geprüft werden: Für eine mobile App zur Buchung eines Skipasses sollte beispielsweise in jedem Fall geprüft werden, ob die eingesetzten Sensoren zur Lokalisierung und Ortsbestimmung auch bei Temperaturen weit unter dem Gefrierpunkt einwandfrei funktionieren und kontextspezifisch ausgewertet werden können (vgl. [Knott 2016, S. 8]). Zudem können die jeweiligen Wetterbedingungen die Temperatur Ihrer Finger beeinflussen und verhindern, dass Gesten vom Multitouch-Display richtig registriert werden. Somit sollten Sie die verschiedenen Gesten (siehe auch Abschnitt 2.2.2) bei unterschiedlichen Temperaturen und variierender Luftfeuchtigkeit einsetzen, um herauszufinden, ob und wie Ihre mobile App auf Multitouch-Gesten unter extremen Wetterbedingungen reagiert (vgl. [Knott 2016, S. 43]).

2.5 Berücksichtigung des Anwendungskontexts[12]

Geschäftliche Softwareanwendungen für Desktop- oder Notebook-Computer werden weitgehend unter im Vorfeld bekannten Einsatz- und Rahmenbedingungen angewendet. Oftmals handelt es sich dabei um eine typische Bürosituation.

Mobile Apps auf Smartphones werden jedoch in verschiedenen Situationen und Umgebungen eingesetzt und benutzt. An diesen Orten können die Außentemperatur, die Lichtverhältnisse, die Geräuschkulisse oder die Signalstärke des Mobilfunknetzes stark variieren, sodass diese Umgebungsparameter nicht im Vorfeld festgelegt werden können. Aktuelle mobile Endgeräte – und vor allem geht es hierbei um Smartphones, da Tablets oftmals unter stationären Einsatzbedingungen angewendet werden – sind jedoch über ihre verbauten Sensoren (siehe auch Abschnitt 2.4) in der Lage, diese Umgebungsparameter situativ zu messen und geeignet auszuwerten, sodass die mobilen Apps kontextsensitiv darauf reagieren können.

Darüber hinaus befinden sich Benutzer in physisch oder psychisch unterschiedlichen Verfassungen und Situationen, wenn sie mobile Apps verwenden. Dies gilt allerdings sowohl für den mobilen als auch für den stationären Anwendungskontext. Die Sensoren mobiler Endgeräte machen es aber heutzutage möglich, nicht nur die oben genannten Umgebungsparameter zu erfassen, sondern darüber hinaus auch noch die individuelle physische und psychische Benutzerverfassung zu erkennen. Das kann beispielsweise darüber erfolgen, dass der Puls

---

12. Der Abschnitt geht inhaltlich weitgehend auf [Schekelmann 2016] zurück.

oder ein Zittern des Benutzers erfasst werden. Genauso ist es mithilfe der Kamera möglich, den jeweiligen Gesichtsausdruck aufzunehmen und anschließend zu interpretieren. Sogenannte *Wearables*, die vom Benutzer am Körper getragen werden, bieten zusätzliche sensorische Messoptionen, auf deren Grundlage situativ zweckmäßige Reaktions- und Interaktionsmöglichkeiten konzipiert werden können.

Über die eingebaute Sensorik sind mobile Endgeräte also in der Lage, den Einsatz- und Anwendungskontext der mobilen App und des Benutzers selbstständig wahrzunehmen. Somit können mobile Apps konzipiert und entwickelt werden, die sich in verschiedenen typischen Einsatz- und Anwendungskontexten unterschiedlich verhalten und selbstadaptierend auf ihre Umgebungsparameter reagieren.

In diesem Zusammenhang sei auch auf die besondere Bedeutung von mobilen Apps im Bereich »Internet of Things (IoT)« sowie »Cyber-Physical Systems (CPS)« hingewiesen. Hierbei gibt es vielfältige Anwendungsszenarien. Beispielsweise lässt sich die Raumluftqualität in Büros und Besprechungsräumen über eine mobile App erfassen und verändern. Auch können freie Pool-Arbeitsplätze in Großraumbüros mithilfe entsprechender Sensorik und einer App-basierten Anwendung wesentlich besser, einfacher und kontextsensitiver ausgewählt und reserviert werden. Genauso gut ist es möglich, Bautrockner oder Klimageräte über mobile Apps zu überwachen und bedarfsgerecht zu steuern, ohne dass Fachpersonal vor Ort sein muss. Dabei spielen mobile Apps eine zentrale Rolle, um derartige IoT-Anwendungsszenarien umsetzen zu können.

Konsequenzen für das Mobile App Engineering

Um mobile Apps möglichst optimal konzipieren und ausgestalten zu können, müssen die möglichen späteren Anwendungskontexte einer mobilen App zu einem frühen Zeitpunkt ermittelt werden. Welche dieser Anwendungskontexte dann auch tatsächlich realisiert und unterstützt werden, muss in enger Kooperation mit dem Kunden bzw. Auftraggeber entschieden werden.

2.6 Vertrieb via App Store

Eine native mobile App wird nach ihrer Implementierung, dem anschließenden Test und einem erfolgreichen Review seitens des Betreibers in einem dafür vorgesehenen App Store wie zum Beispiel *Google Play* oder dem *Apple App Store* hochgeladen und veröffentlicht. Dort steht sie dann zum kostenfreien oder kostenpflichtigen Download zur Verfügung. Der Veröffentlichungsprozess von mobilen Apps ist in den vergangenen Jahren in weiten Teilen identisch geblieben. Allerdings unterliegen die in diesem Zusammenhang eingesetzten Werkzeuge und Hilfsmittel einem steten Wandel und kontinuierlichen Aktualisierungen (vgl. [Bleske 2017, S. 445 ff.]).

Nach der Veröffentlichung einer mobilen App können die Benutzer der mobilen App Bewertungen und Kommentare im App Store abgeben. Hierbei ist es grundsätzlich das Ziel, möglichst gutes Benutzerfeedback in Form hoher Bewertungen und positiver Kommentare zu erhalten. Und im Fall weniger guter oder gar schlechter Bewertungen können die kritischen Kommentare zu einer mobilen App im App Store konstruktiv genutzt werden. So sollten die Anmerkungen und Kritikpunkte als unmittelbares und unverfälschtes Benutzerfeedback direkt in die Entwicklung des nächsten Release der mobilen App eingebracht werden.

Vorausschauende Update-Planung[13]

Mobile Apps fokussieren in der Regel nicht nur auf die Clientseite. Im geschäftlichen Umfeld müssen mobile Apps über spezielle *Middleware* mit Backend-Systemen kommunizieren und interagieren. Dabei sind die IT-Systemlandschaften der Unternehmen oftmals sehr unterschiedlich und heterogen. Häufig kommen hierbei serviceorientierte Architekturen auf Basis eines Enterprise Service Bus' (ESB) zum Einsatz und die dahinter befindlichen Technologien und Plattformen variieren von Fall zu Fall. Mögliche Änderungen an den Backend-Systemen dürfen allerdings keinerlei Auswirkungen auf die Funktionalität und Performanz der mobilen Apps haben. Das ist umso wichtiger und umso stärker zu berücksichtigen, wenn mehrere Client-Betriebssystem(versionen) unterstützt werden. Und im Gegensatz zum Deployment einer mobilen Web-App ist bei einer nativen mobilen App ein Ad-hoc-Deployment nicht immer möglich. Bei mobilen Apps, die über den App Store von Apple vertrieben werden, müssen alle Updates einen speziellen und oftmals zeitaufwendigen Reviewprozess durchlaufen. Somit sollten Updates der mobilen Apps nur bei unbedingt notwendigen Änderungen vorgenommen und entsprechend eingeplant werden.

2.7 Zusammenfassung

Zur strukturierten und systematischen ingenieurmäßigen Entwicklung mobiler Apps sind zahlreiche Besonderheiten und Herausforderungen sowie technische Restriktionen zu beachten. Diese betreffen sämtliche Phasen des Lebenszyklus einer mobilen App. Neben der besonderen Bedeutung der grafischen Benutzungsoberfläche und der damit verbundenen User Experience ist bei mobilen Apps die starke hardware- und softwareseitige Fragmentierung durch eine Vielzahl mobiler Endgerätemodelle mit unterschiedlichen mobilen Betriebssystemen und Betriebssystemversionen sowie Hardwarekonfigurationen und -komponenten zu berücksichtigen.

Darüber hinaus existieren verschiedene Entwicklungsparadigmen für mobile Apps und auch den relevanten Veröffentlichungs- und Vertriebsprozessen ist ent-

---

13. Der Abschnitt geht inhaltlich weitgehend auf [Krieg & Schmitz 2014] zurück.

sprechende Aufmerksamkeit und Berücksichtigung im Projekt zu widmen, um zielgerichtet vorzugehen und hoch qualitative mobile Apps zu entwickeln.

2.8 Übungen

a) Was sind die besonderen Herausforderungen zur Entwicklung mobiler Apps im Vergleich zu Softwareanwendungen für Desktop-/Notebook-Computer?

b) Was wird bei mobilen Apps und mobilen Endgeräten unter »Fragmentierung« verstanden?

c) Was bedeutet »User Experience«?

d) Welche Unterschiede gibt es zwischen der »Usability« und der »User Experience« einer mobilen App?

e) Warum gibt es unterschiedliche Paradigmen zur Entwicklung mobiler Apps?

f) Welche spezifischen Charakteristika haben die unterschiedlichen Entwicklungsparadigmen mobiler Apps?

g) Welche typischen Sensoren und Aktoren sind in aktuellen mobilen Endgerätemodellen verbaut?

h) Was ist ein Gyroskop und zu welchen Anwendungszwecken dient es?

i) Warum spielt der Anwendungskontext bei mobilen Apps eine wichtige und zentrale Rolle im Vergleich zu Softwareanwendungen für Desktop- bzw. Notebook-Computer?

j) Wie könnte eine vorausschauende Update-Planung bei der Entwicklung und Veröffentlichung einer mobilen App exemplarisch aussehen?

2.9 Weiterführende Literatur

[Aichele & Schönberger 2016] Aichele, C.; Schönberger, M.: App-Entwicklung – effizient und erfolgreich. Wiesbaden: Springer Vieweg, 2016.

[Barton et al. 2016] Barton, T.; Müller, C.; Seel, C.: Mobile Anwendungen in Unternehmen: Konzepte und betriebliche Einsatzszenarien. Wiesbaden: Springer Vieweg, 2016.

[Biermann 2014] Biermann, K.: Mächtige Sensoren, ZEIT Online, 2014, *http://www.zeit.de/digital/mobil/2014-05/smartphone-sensoren-iphone-samsung* (zuletzt geprüft am 29.12.2016).

[Knott 2016] Knott, D.: Mobile App Testing – Praxisleitfaden für Softwaretester und Entwickler mobiler Anwendungen. Heidelberg: dpunkt.verlag, 2016.

[Schickler et al. 2015] Schickler, M.; Reichert, M.; Pryss, R.; Schobel, J.; Schlee, W.; Langguth, B.: Entwicklung mobiler Apps – Konzepte, Anwendungsbausteine und Werkzeuge im Business und E-Health. Heidelberg: Springer Vieweg, 2015.

3 Die mobile Stromversorgungs-App ENPURE

Mithilfe der mobilen Stromversorgungs-App ENPURE können private Endkunden einen Liefervertrag für Naturstrom abschließen. Für die Entwicklung dieser App wurde das Softwareentwicklungsunternehmen *adesso mobile solutions GmbH* (ams) aus Dortmund vom schwedischen Energieversorgungsunternehmen Vattenfall im Jahr 2015 beauftragt. Die ams konzipiert, gestaltet und entwickelt mobile Apps für Unternehmen, um deren Geschäftsprozesse zu optimieren bzw. neue Geschäftsmodelle über mobile Apps zu ermöglichen.

***Abb. 3–1**   Startseite der mobilen Stromversorgungs-App ENPURE*

3.1 Projektbeschreibung

3.1.1 Zielsetzung

Mit der mobilen Stromversorgungs-App ENPURE können private Endkunden in Deutschland einen Stromversorgungsvertrag abschließen und verwalten. Dabei wird der gesamte Lebenszyklus eines Kundenvertrags vom Vertragsabschluss bis zur Kündigung unterstützt. Die mobile Stromversorgungs-App ist intuitiv bedienbar, sodass der Kunde auf einfache und transparente Weise einen kostengünstigen Naturstromvertrag abschließen kann.

Dabei werden sämtliche kundenspezifischen Vertrags- und Serviceprozesse, beginnend bei einer unverbindlichen individuellen Preisberechnung über den Abschluss eines Neuvertrages, der Unterstützung beim Umzug, der Anpassung von Abschlagszahlungen bis hin zur Kündigung vollständig von der mobilen App abgebildet und unterstützt. Auch alle Bestätigungen, Rückmeldungen, Benachrichtigungen und sämtliche weiteren Kommunikationsprozesse zwischen dem Benutzer und Vattenfall werden über diese mobile App realisiert, sodass keine weiteren Kommunikationskanäle benötigt werden.

Mithilfe der mobilen App sollen die Serviceprozesse zum Kunden vereinfacht werden, sodass auch die Zahl der eingehenden Kundenanrufe in den Callcentern minimiert werden. Ein Kunde der mobilen Stromversorgungs-App wird über Push-Benachrichtigungen informiert. Auf diese Weise kann er zum Beispiel aufgefordert werden, seinen Zählerstand zu melden, um eine genaue Verbrauchsabrechnung zu erhalten. Über die mobile App hat der Kunde jederzeit die Möglichkeit, seinen Abschlag gemäß seinen Bedürfnissen anzupassen und seine Verbrauchsdaten zu verwalten.

3.1.2 Zielgruppe

Die Zielgruppe der mobilen App zur Stromversorgung sind junge, App-affine Benutzer, die sich für ökologisch nachhaltig produzierten Naturstrom aus Wasserkraft interessieren. Die Zielgruppe zeichnet sich dadurch aus, dass das Smartphone ein alltäglicher Assistent und Begleiter ist und viele Tätigkeiten und Aufgaben wie zum Beispiel Banking oder Shopping mobil mithilfe eines Smartphones und mobilen Apps durchgeführt werden.

3.1.3 Eingesetztes Entwicklungsparadigma

In einer frühen Projektphase wurde neben einer nativen Entwicklung auch eine Cross-Plattform-Entwicklung in Erwägung gezogen. Aufgrund der zahlreichen Vorteile nativ entwickelter mobiler Apps im Hinblick auf die Performanz, Bedienbarkeit, Benutzbarkeit, User Experience und Leistungsfähigkeit wurde die mobile App nativ für die beiden Betriebssysteme *Android* und *iOS* entwickelt. Kurzzeitig wurde auch eine Cross-Plattform-Entwicklung mit *Xamarin* in Erwägung gezogen. Die mobile App sollte zunächst für Smartphones, später auch für Tablet-Computer verfügbar sein. Die mobile App ist seit Herbst 2016 im Apple App Store bzw. bei Google Play erhältlich. Die Beschreibung der mobilen Stromversorgungs-App basiert auf der Version 1.0.1 vom 4. Oktober 2016.

3.1.4 Rollen im Projekt

Im Projekt gab es die folgenden Rollen:

- Der **Requirements Engineer** hatte die folgenden Aufgaben und Verantwortlichkeiten:
  - Analyse der Kunden-, Markt- und Benutzerbedürfnisse
  - Ermittlung, Analyse und Dokumentation der Requirements
  - Sicherstellung des Dialogs und der Kommunikation mit den Softwarearchitekten und Mobile-App-Entwicklern
  - Koordination und Begleitung der Usability-Tests und Usability-Analysen sowie Beteiligung an der Auswertung der entsprechenden Ergebnisse
- Der **Konzepter** und **User-Experience-Designer** (*UX-Designer*) war für folgende Tätigkeiten und Aufgaben verantwortlich:
  - Analyse der Nutzerbedürfnisse in Bezug auf das UX-Design
  - Ausarbeitung der Usability- und UX-Konzepte
  - Spezifikation der Views, Elemente und Interaktionen in Wireframes
  - Entwicklung der Low-Fidelity- und High-Fidelity-Prototypen
  - Erstellung der Seitenspezifikation für alle Bildschirmseiten der mobilen Stromversorgungs-App
  - Begleitung der Entwicklung und kontinuierliche Qualitätssicherung des UX-Konzepts
  - Begleitung von Usability-Tests und Mitarbeit an der Auswertung der Ergebnisse
- Der **User-Interface-Designer** (UI-Designer) hatte folgende Aufgaben und Verantwortlichkeiten:
  - Analyse von Designtrends am Markt und Benchmarks
  - Entwicklung des Visual-Design-Konzepts
  - Konzeption und Design von Infografiken, Icons und Animationen

- Ausgestaltung des User-Interface-Designs
- Begleitung der Entwicklung und kontinuierliche Qualitätssicherung des Visual-Designs sowie des User-Interface-Designs

▪ Der **Softwarearchitekt** hatte folgende Aufgaben und Verantwortlichkeiten:
- Identifikation der Schnittstellen zu den relevanten Backend-Systemen
- Entwicklung einer Softwarearchitektur für die mobile Stromversorgungs-App inklusiver aller anzubindenden Backend-Systeme
- Konzeption einer performanten und einfach wart- und testbaren Middleware zur Anbindung der mobilen App an die Backend-Systeme
- Sicherstellung der Kommunikation und Abstimmung mit den Mobile-App-Entwicklern

▪ Die Rolle des **Mobile-App-Entwicklers** war für folgende Aktivitäten zuständig und verantwortlich:
- Implementierung der mobilen Android-App mithilfe der Programmiersprache Java unter der integrierten Entwicklungsumgebung Android Studio
- Implementierung der mobilen iOS-App mithilfe der Programmiersprache Swift unter der integrierten Entwicklungsumgebung Xcode
- Durchführung von Unit Tests
- Behebung von Programmierfehlern, die in nachfolgenden Testphasen identifiziert wurden

▪ Die Rolle des **Mobile-App-Testers** war für folgende Aktivitäten zuständig und verantwortlich:
- Entwicklung des Testkonzepts für die mobile App
- Planung, Durchführung und Nachbereitung der Funktionstests
- Planung, Durchführung und Nachbereitung der Regressionstests
- Planung, Durchführung und Nachbereitung der Stress- und Robustheitstests

3.1.5 Laufzeit und Umfang des Projekts

Das Projekt zur Entwicklung der mobilen Stromversorgungs-App wurde im Herbst 2015 gestartet und die erste App-Version wurde rund zwölf Monate später in den beiden App Stores von *Google* und *Apple* veröffentlicht. Die Entwicklung der mobilen Stromversorgungs-App wird weiter fortgesetzt, wobei der Projektumfang mittlerweile 1000 Personentage überstiegen hat.

3.1.6 Middleware und Backend-Systeme

Bei der Entwicklung der mobilen Stromversorgungs-App wurde mit in|Motion eine existierende *Middleware*-Lösung der *adesso mobile solutions GmbH* eingesetzt. in|Motion ist in Java programmiert und stellt ein Transformationsframework mit Workflow-Engine dar. Mithilfe von in|Motion lassen sich beliebige Backend-Systeme anbinden und orchestrieren sowie eine Aggregation und Transformation von Quelldaten realisieren.

Im Rahmen des ENPURE-Projekts wurde die in|Motion-Middleware projektspezifisch angepasst, um die Backend-Systeme zur Tarifierung und Verwaltung der Kundendaten an die mobile App anbinden zu können.

Nachfolgend werden sämtliche Funktionsbereiche der mobilen Stromversorgungs-App und die dabei angebotenen und verfügbaren Funktionen im Detail beschrieben.

3.2 Initialisierung der mobilen App

Nach der Installation werden zum Start der mobilen Stromversorgungs-App einige allgemeine Prozesse angestoßen. Dazu zählen

- die Aktualisierung der Tarifinformationen,
- die Prüfung auf eventuell verfügbare neue allgemeine Geschäftsbedingungen (AGB),
- die Übersendung der aktuellen Device-Info und Nutzer-ID an das entsprechende Backend-System und
- das Laden der Startseite (siehe Abb. 3–1 auf S. 33).

Bei der erstmaligen Benutzung der mobilen Stromversorgungs-App beginnt für den Benutzer *nach* dem Laden der Startseite – auch als *Splashscreen* bezeichnet – der sogenannte *Onboarding*-Prozess.

3.3 Onboarding

Beim Onboarding der mobilen Stromversorgungs-App bekommt der Benutzer grundlegende Informationen zum angebotenen Energieversorgungsprodukt zur Verfügung gestellt. Der Onboarding-Prozess ist mittlerweile Standard bei zahlreichen mobilen Apps, um den Benutzer bei der erstmaligen App-Benutzung mit wichtigen Informationen zu versorgen.

Das Onboarding der mobilen Stromversorgungs-App kann vom Benutzer per Tap (siehe Abschnitt 2.2.2) auf den Button »WEITER« fortgesetzt werden und besteht aus den vier Bildschirmseiten, die in Abbildung 3–2 dargestellt sind. Auf den Onboarding-Screens kann der Benutzer auch rechts oben per Tap auf »Login« klicken und sich mit seiner E-Mail-Adresse und seinem individuellen Passwort anmelden. Nach dem Onboarding kommt der Benutzer auf die Seite zur »Tarifberechnung« der mobilen Stromversorgungs-App (siehe auch Abschnitt 3.5).

Abb. 3–2 Onboarding-Screens der mobilen Stromversorgungs-App

3.4 Registrierung

Benutzer können sich nach dem initialen Start der mobilen Stromversorgungs-App auch direkt als Kunde registrieren lassen. Hierbei wird der Benutzer gebeten, seine persönlichen Daten wie Vorname, Nachname, E-Mail-Adresse und Passwort in die passenden Formularfelder einzugeben. Zudem gibt er seine Adressdaten wie Straße, Hausnummer, Postleitzahl und Ort ein. Die Eingaben werden hierbei auf Plausibilität geprüft, wie zum Beispiel das korrekte Format der E-Mail-Adresse.

Nach dem Absenden der Adressdaten werden diese im Backend-System auf die Korrektheit des Formats und mögliche Probleme überprüft. Im Fehler- oder Problemfall wird dieses dem Benutzer direkt angezeigt. Sind alle Daten plausibel und korrekt wird im Backend-System ein neuer Geschäftspartner angelegt. Zudem wird ein Aktivierungslink an die angegebene E-Mail-Adresse per sogenanntem *Double-Opt-in-Verfahren* gesendet. Innerhalb der mobilen Stromversorgungs-App wird der Benutzer dann zum Aufruf des Bestätigungslinks aufgefordert. Sobald der Bestätigungslink aktiviert wurde, gilt die Identität des Benutzers als bestätigt und er kann im Registrierungsprozess weiter fortfahren.

Im letzten Schritt der Registrierung werden die Daten rund um den Anschluss erfasst. Der Benutzer kann hier die Zählernummer, den aktuellen Anbieter sowie Angaben zur eventuell gewünschten Kündigung durch ENPURE eintragen. Ist ein ehemaliger Energieversorger vorhanden, ist die Kündigung durch ENPURE standardmäßig aktiviert. Für diesen Schritt wird noch die Option zum automatischen Einscannen von Zählernummer und Zählerstand per Smartphone-Kamera geprüft.

3.5 Tarifrechner

Auch ohne Anmeldung können sich Benutzer Produktinformationen, Kosten des voraussichtlichen Jahresverbrauchs an ihrem Standort und mögliche Abschlagsbeträge anzeigen lassen. Hierzu wird eine Bildschirmseite in der mobilen App ENPURE bereitgestellt, die vom Benutzer mit den zur Tarifberechnung benötigten Daten (Postleitzahl und Jahresverbrauch in Kilowattstunden) ausgefüllt werden kann.

Auf der Seite zur Tarifberechnung (siehe Abb. 3–3) kann der Benutzer die Postleitzahl seines Wohnorts, seinen voraussichtlichen Jahresverbrauch an Strom in Kilowattstunden (kWh) *oder* die Anzahl der Personen in seinem Haushalt eingeben. Auf Basis dieser Daten berechnet die mobile App anschließend die voraussichtlichen Stromkosten und den voraussichtlichen Abschlagsbetrag (siehe Abb. 3–4). Dazu muss die mobile App die eingegebenen Werte an ein Backend-System von Vattenfall übermitteln, um auf Basis der aktuell gültigen Tarife den entsprechenden Jahrespreis und Abschlagsbetrag für diese Verbrauchsmenge an diesem Ort berechnen und dem Benutzer zurückliefern zu können.

Abb. 3-3 Tarifberechnung der mobilen Stromversorgungs-App

Abb. 3-4 Bildschirmseite der Stromtarifberechnung der mobilen App

Das exemplarische Ergebnis der Tarifberechnung auf Basis der eingegebenen Postleitzahl »47057« bei einem voraussichtlichen jährlichen Stromverbrauch von 2 500 kWh sieht anschließend wie in Abbildung 3–4 dargestellt aus.

In diesem Beispiel betragen die Stromkosten jährlich 688,61 € bei einem monatlichen Abschlagsbetrag in Höhe von 57,00 €. Zudem gibt es auf der Seite der Tarifberechnung eine Übersicht über den Grund- und Verbrauchspreis, Informationen zur Erzeugung und Herkunft des Stroms sowie zur Vertragslaufzeit und Kündigungsfrist. Diese Seite benötigt keine vorherige Benutzeranmeldung per Login und dient somit als *Conversion*-Unterstützung zum Vertragsabschluss.

Über den »Weiter«-Button am unteren Rand der Bildschirmseite kann die in diesem Beispiel fiktive Benutzerin »Marta Walther« dann die Seite verlassen und mit dem Prozess zum Vertragsabschluss beginnen. Dazu sind die persönlichen Daten sowie die Lieferanschrift einzugeben (siehe Abb. 3–5).

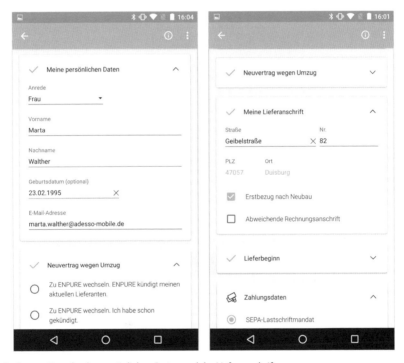

Abb. 3–5   *Eingabe der persönlichen Daten und der Lieferanschrift*

3.5.1 Registrierung zum Vertragsabschluss

Bei der Eingabe der persönlichen Daten und der weiteren erforderlichen Schritte bis hin zum Vertragsabschluss wird die erfolgreiche und korrekte Dateneingabe über ein Häkchen vor dem entsprechenden Menüpunkt kenntlich gemacht (siehe den linken oberen Bereich der zwei Bildschirmseiten in Abb. 3–5). Dabei stellen die Eingabe der persönlichen Daten, des gewünschten nächsten Schritts, der Lieferanschrift und des gewünschten Lieferbeginns (siehe Abb. 3–6) die ersten Schritte des Benutzers zum letztendlichen Vertragsabschluss dar.

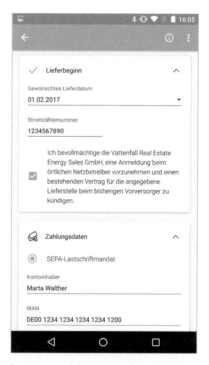

Abb. 3–6   Eingabe des Lieferbeginns und der Stromzählernummer

3.5.2 Zahlungsdaten eingeben

Nach der Angabe des Lieferbeginns kann der Benutzer seine Zahlungsdaten eingeben (siehe Abb. 3–7). Hierbei hat der Benutzer die Möglichkeit, eine SEPA-Lastschrifteinzugsermächtigung auszustellen. Diese kann für Ein- und Auszahlungen oder nur für Auszahlungen erteilt werden. Zu diesem Zweck ist eine Bildschirmseite zur Eingabe und Anforderung des Lastschriftmandats vorgesehen. Alternativ zur Zahlung per SEPA-Lastschriftverfahren kann der Benutzer auch Zahlungen via PayPal an ENPURE leisten.

3.5 Tarifrechner

Abb. 3–7   Eingabe der Zahlungsdaten beim SEPA-Lastschriftmandat

3.5.3 Passwortvergabe

Zudem sollte sich der Benutzer ein Passwort zu seiner E-Mail-Adresse, die bei den persönlichen Daten anzugeben war, individuell anlegen lassen, um sich später über das »Login« anmelden zu können.

Anschließend kann sich der Benutzer eine Auflistung seiner Bestellung über den Button »Zur Zusammenfassung« am unteren Rand der Bildschirmseite anzeigen lassen (siehe Abb. 3–8).

Nachdem alle Daten auf Plausibilität überprüft wurden, kann der Benutzer den Vertragsabschlussprozess beenden, indem er die Daten übermittelt. Hierzu bestätigt er noch die AGB sowie die Kündigung des Vertrags beim vorherigen Energieversorger. Nach Absenden der Daten werden diese vom Backend-System im positiven Fall bestätigt und der Benutzer erhält in der mobilen Stromversorgungs-App eine »Herzlichen Glückwunsch«-Benachrichtigung.

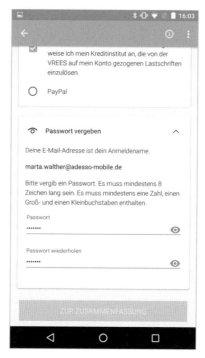

Abb. 3–8   *Zahlungsdaten und Passwortvergabe*

3.6 Lieferprozess/Mein Vertrag

Nach erfolgreicher Registrierung durchlaufen die Daten des Benutzers verschiedene Prüfungsstufen, bevor ein Vertrag zustande kommt. Während der Benutzer auf die Bestätigung wartet, erhält er bei Statusveränderungen innerhalb der mobilen Stromversorgungs-App Push-Benachrichtigungen. Diese werden unter anderem versendet (siehe Abb. 3–9), sobald

- die E-Mail-Adresse erfolgreich registriert und vom Benutzer bestätigt wurde,
- die Daten erfolgreich versendet wurden,
- die Daten erfolgreich geprüft wurden und
- das Lieferdatum bestätigt wird.

Während dieser Zeit wird der jeweilige Prüfungsprozess im Bereich »Mein Vertrag« visualisiert dargestellt. Auf diese Weise wird der Benutzer stets über den aktuellen Bearbeitungsstand informiert und die Wartezeit wird für ihn etwas komfortabler gestaltet.

3.6.1 Daten und Bonität prüfen

Nachdem die bei der Registrierung eingegebenen Daten und die Bonität geprüft wurden, erhält der Benutzer per Push-Benachrichtigung eine Information über die Statusänderung. Fällt diese positiv aus, wird der Status auf »OK« gesetzt. Gibt es ein Problem, wird dem Benutzer der Grund in einer Push-Benachrichtigung mitgeteilt und der Status wird auf »Fehler« gesetzt.

3.6.2 Anschluss prüfen

Auch die Anschlussdaten werden geprüft. Anschließend erhält der Benutzer per Push-Benachrichtigung eine Information über die Statusänderung. Fällt diese positiv aus, wird der Status auf »OK« gesetzt und er erhält die Nachricht »Dein Anschluss kann geschaltet werden«. Gibt es ein Problem, wird dem Benutzer der Grund in einer Push-Benachrichtigung mitgeteilt und der Status wird auf »Fehler« gesetzt.

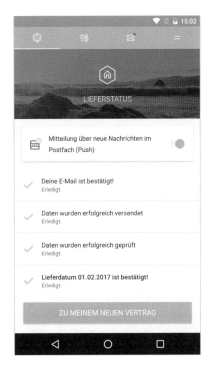

Abb. 3–9 Übersicht über den Lieferstatus bei validierten Eingaben und positiver Prüfung

3.6.3 Altvertrag kündigen

Sofern ein Altvertrag besteht, ist dieser ebenfalls Teil des Lieferprozesses. Sobald vom Backend-System eine Bestätigung zur erfolgten Kündigung des Altvertrags kommt, wird dies dem Benutzer per Push-Benachrichtigung inklusive der alten Vertragsnummer und des Kündigungsdatums mitgeteilt. Der Status wird auf »OK« gesetzt. Gibt es ein Problem, wird dem Benutzer der Grund in einer Push-Benachrichtigung mitgeteilt und der Status wird auf »Fehler« gesetzt.

3.6.4 Liefertermin bestätigen

Wurden alle vorhergehenden Prüfpunkte positiv bewertet, wird vom Backend-System ein Liefertermin bestätigt. Der Benutzer erhält in diesem Zuge eine Push-Benachrichtigung mit der Information »Dein Anschluss wird ab dem *<Datum>* mit Strom beliefert.« Auch die Bestätigung des Liefertermins wird in der Visualisierung mit den Status »In Bearbeitung«, »OK« und »Fehler« aufgeführt.

3.6.5 Vertrag ablehnen

Wird nach dem Prüfungsprozess der Vertrag seitens ENPURE abgelehnt, so sendet das Backend-System die folgenden Informationen an den Benutzer:

- **Push Benachrichtigung**
  »Leider ist derzeit keine Belieferung möglich.«
- **E-Mail**
  »Leider können wir Dich wegen *<Beschreibung des Problems>* nicht beliefern.«
- **Nachricht im Postfach**
  »Leider können wir Dich wegen *<Beschreibung des Problems>* nicht beliefern.«

Die Ablehnung eines Vertrages kann acht definierte Gründe als Ursache haben und diese werden in der E-Mail sowie in der Nachricht im Postfach aufgeführt.

3.7 Vertragsinformationen laden

Nach erfolgreicher Registrierung und erfolgreichem Vertragsabschluss kann der Benutzer über den Bereich »Mein Tarif« seine aktuellen Vertragsdaten abrufen. Hierzu wird eine Anfrage (*Request*) mit Zählernummer an das Backend-System gestellt. Als Antwort (*Response*) werden Leistungspreis, Grundpreis, Name des Tarifs, Vertragsdauer und Stromtypinfo an die mobile Stromversorgungs-App übermittelt.

Neben den allgemeinen Vertragsdaten kann der Benutzer in diesem Bereich auch die Stromkostenbestandteile abfragen. Dies geschieht separat zu den Tarif- und Vertragsinformationen. Hier wird ebenfalls die Zählernummer an das

Backend-System übermittelt und als Response erhält die mobile App die Daten Leistungspreis, Grundpreis sowie die Kostenverteilung (Steuern, EEG etc.). Der Funktionsbereich »Mein Tarif« ist in Abbildung 3–10 dargestellt.

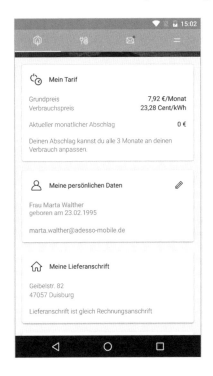

Abb. 3–10   Mein Tarif

3.8 Abschlag und Zählerstand

Im Bereich »Mein Verbrauch« der mobilen Stromversorgungs-App kann der Benutzer den aktuellen Verbrauch einsehen, den Abschlag anpassen und den aktuellen Zählerstand mitteilen (siehe Abb. 3–11). Die mobile App übermittelt bei der Abfrage der aktuellen Abschlagszahlung die Kundennummer an das zugehörige Backend-System und erhält als Antwort die derzeit eingestellte Abschlagszahlung sowie einen Vorschlag des Netzbetreibers.

3.8.1 Abschlag anpassen

Möchte der Benutzer die derzeit eingestellte Abschlagszahlung ändern, so hat er die Möglichkeit, diese innerhalb eines individuellen Änderungsspielraums anzupassen. Dieser Spielraum (»von-bis« in Euro) wird vom Backend-System übermittelt, nachdem der Benutzer seinen Änderungswunsch geäußert hat. Anschließend kann der Benutzer innerhalb dieses Spielraums die Abschlagszahlung neu wählen. Nach dem Speichern der Eingabe wird die Anschlussnummer, die Nutzer-ID und die neue Abschlagszahlung an das Backend-System übermittelt, wo eine zusätzliche Plausibilitätsprüfung stattfindet.

Abb. 3–11   Mein Verbrauch

3.8.2   Zählerstand mitteilen

Der Benutzer hat innerhalb der mobilen App die Möglichkeit, den aktuellen Zählerstand zu übermitteln, indem er diesen manuell einträgt und absendet. Zusätzlich wird der optionale Scan des aktuellen Zählerstands inklusive Zählernummer per Smartphone-Kamera angeboten. Neben dem Eingabefeld wird hierzu ein Button zum Start der Kamera platziert. Anschließend wird durch die Analyse des Bildes automatisiert versucht, die Ziffern von Zählernummer und Zählerstand einzulesen. Nach erfolgreicher Eingabe der Daten werden diese an das Backend-System gesendet.

3.8.3   Zählerstände abrufen

Neben der Erfassung ist auch der Abruf des aktuellen bzw. zuletzt gemeldeten Zählerstands durch den Benutzer möglich. Sobald der Benutzer den Zählerstand abruft, wird die Anschlussnummer an das Backend-System übermittelt und der aktuelle Zählerstand wird zurückgegeben.

3.9 Rechnungen verwalten

Der Benutzer erhält innerhalb der mobilen Stromversorgungs-App Rechnungen über das Postfach und per Push-Benachrichtigung. Nachfolgend wird das Zusammenspiel zwischen mobiler App und Backend-System im Hinblick auf die Rechnungsstellung erläutert.

Rechnungsstellung

Sobald eine Rechnung im Backend-System vorliegt, wird diese dem Benutzer per Push-Benachrichtigung, Nachricht im Postfach und als PDF per E-Mail zugestellt. In den Meldungstexten wird jeweils auf den Leistungsmonat Bezug genommen.

3.10 Postfach

Das Postfach ist in Abbildung 3–12 dargestellt. Hier werden Nachrichten gesammelt, die über das Backend-System an die mobile Stromversorgungs-App gesendet werden. In einer Listenansicht werden die Nachrichten chronologisch aufgeführt, wobei jedes Listenelement Aufschluss über den Typ der Nachricht, Datum und Betreff gibt. Zusätzlich zur Listenansicht wird auch die Volltextsuche innerhalb aller Nachrichten ermöglicht.

Abb. 3–12   *Postfach der mobilen Stromversorgungs-App*

Auf den Nachrichtendetailseiten wird die vom Backend-System in HTML gelieferte Nachricht angezeigt. Nachrichten können grundsätzlich auch als PDF versendet und ausgedruckt werden. Handelt es sich bei der Nachricht um eine Rechnung und ist keine automatische Bezahlung geregelt, lässt sich der Bezahlvorgang direkt aus der Nachricht starten. Die relevanten Daten wie Zahlungsempfänger, Verwendungszweck, Zahlungsbetrag, Rechnungsnummer werden beim Typ Rechnung als Metadaten mitgesendet, sodass der Benutzer nur die unbedingt nötigen Daten eingeben muss. Weitere Nachrichtentypen neben Rechnungen sind Newsletter und Informationen.

3.10.1 Preisinformation übermitteln

Sobald neue Preisinformationen im Backend-System vorliegen, werden diese dem Benutzer mit der Information »Die Preise haben sich verändert« per Push-Benachrichtigung und als Nachricht im Postfach der mobilen App ENPURE zugestellt. Eine separate E-Mail ist nicht vorgesehen.

3.10.2 Bezahlung

Erhält der Benutzer Nachrichten vom Typ »Rechnung« im Postfach, wird die Möglichkeit zur direkten Bezahlung in der mobilen App angeboten.

3.10.3 Informationen über Zahlungseingang

Bestätigungen über Zahlungseingänge werden vom Backend-System als Push-Benachrichtigung und Nachricht im Postfach an die mobile Stromversorgungs-App übermittelt, sodass der Benutzer darauf zugreifen kann.

3.10.4 Erinnerung/Mahnung

Im Falle eines möglichen Zahlungsverzugs kann die mobile Stromversorgungs-App vom Backend-System aus Zahlungserinnerungen an den Benutzer übermitteln. Die Zahlungserinnerungen nach unterschiedlichen Mahnstufen werden nach Ablauf einer gewissen Zeitspanne nach Fälligkeit der Zahlung per Nachricht im Postfach und als Push-Benachrichtigung an die mobile App übertragen.

3.11 Login

Besitzt der Benutzer bereits Anmeldedaten, kann er sich über die Login-Funktion authentifizieren. Nach Eingabe von Benutzername und Passwort werden diese verschlüsselt an das entsprechende Backend-System übertragen. Hier wird geprüft, ob die Zugangsdaten korrekt sind und ob der betreffende Account noch aktiv ist. Im Falle eines deaktivierten Accounts oder falscher Benutzerdaten werden entsprechende Fehlermeldungen zurückgegeben.

3.11.1 Passwort ändern/vergessen

Für den Fall, dass der Benutzer sein Passwort vergessen hat, befindet sich neben dem Login-Bereich eine gleichnamige Funktion. Hier kann der Benutzer nach Eingabe des Benutzernamens, der E-Mail-Adresse oder der eigenen Kundennummer das Zurücksetzen des eigenen Passworts beantragen. Stimmen die eingegebenen Daten mit den Angaben im Backend-System überein, wird eine E-Mail zur hinterlegten E-Mail-Adresse geschickt, die einen Link zu einer Passwort-Neuvergabe-Seite enthält.

3.11.2 Einstellungen

Im Bereich »Einstellungen« kann der Benutzer Push-Benachrichtigungen abonnieren. Dazu zählen die Nachrichtentypen Rechnung, Newsletter, Belieferung im Postfach sowie die Information bei Zahlungsproblemen.

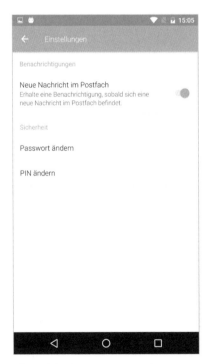

Abb. 3–13   *Einstellungen in der mobilen Stromversorgungs-App*

Der Benutzer kann im Bereich »Einstellungen« zudem das Passwort und die PIN ändern. Für den Fall eines Smartphone-Wechsels kann der Benutzer sich mit den bisherigen Benutzerdaten anmelden und seine persönlichen Daten und Einstellungen werden geladen.

3.12 Kündigung

Über die mobile Stromversorgungs-App hat der Benutzer die Möglichkeit zur Vertragskündigung. Besucht der Benutzer diesen Bereich, wird er auf die alternative Anmeldung eines Umzuges hingewiesen. Fährt der Benutzer fort, so kann er das gewünschte Kündigungsdatum und einen Kündigungsgrund eingeben. Die eingegebenen Daten werden mit der Nutzer-ID zum Backend-System übertragen. Im Anschluss erhält der Benutzer eine Push-Benachrichtigung und eine E-Mail, in der ein Bestätigungslink enthalten ist. Öffnet der Benutzer diesen Bestätigungslink, wird der betreffende Vertrag deaktiviert, wobei der Account zunächst weiterhin bestehen bleibt.

Abb. 3–14   *Bildschirmseite zur Vertragskündigung*

3.13 Informationen

Die mobile Stromversorgungs-App verfügt oben rechts über ein aufklappbares Menü für »Kontakt & Feedback«, »Über ENPURE «, »AGB« und weitere Zusatzinformationen zur mobilen App (siehe Abb. 3–15).

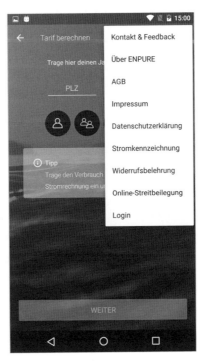

Abb. 3–15 Menü für Zusatzinformationen

Kontakt & Feedback

Durch einen Tap auf diesen Bereich kann der Benutzer auf die FAQ-Seiten, die E-Mail-Adresse des ENPURE-Service oder die Telefonnummer der Service-Hotline zugreifen. Zudem werden die postalische Adresse sowie die Bankverbindungsdaten von ENPURE angegeben.

Außerdem werden Informationen zu ENPURE, den AGBs, dem Impressum, der Datenschutzerklärung, der Stromkennzeichnung, der Widerrufsbelehrung und der Online-Streitbeilegung angeboten. Des Weiteren kann sich ein nicht angemeldeter Benutzer über einen Tap auch als Kunde anmelden.

3.14 Reporting und Tracking

3.14.1 Crash- und Bug-Reporting

Fehler und Abstürze werden protokolliert und in Form eines Reports inklusive einer Information zum eingesetzten mobilen Endgerät sowie den jeweiligen Crashdaten an das Backend-System gesendet. Hier werden die Daten zur Analyse und Qualitätssicherung in Form möglicher Fehlerbehebungen ausgewertet.

3.14.2 Benutzungsstatistik

Zur Analyse von Nutzungsstatistiken wird ein entsprechendes Tracking-Werkzeug integriert, das wichtige Prozessschritte im Bestellprozess überwacht und die erhobenen Daten gesammelt zur Auswertung bereitstellt. Für den Benutzer ist es aber einfach möglich, das Tracking zu deaktivieren.

3.15 Zusammenfassung

In diesem Kapitel wurde die mobile App ENPURE zur Stromversorgung mit ihren Funktionen ausführlich beschrieben und visualisiert. Die mobile App verfügt über eine Vielzahl von Funktionen und hinterlegten Prozessen unter Einbindung der jeweils relevanten Backend-Systeme. Auf diese Weise kann der gesamte Lebenszyklus eines Stromversorgungsvertrags – vom ersten Angebot über den Vertragsabschluss bis hin zur Vertragskündigung – über die mobile App unterstützt, verwaltet und durchgeführt werden.

In den folgenden Kapiteln wird detailliert und praxisnah beschrieben, welche Phasen und Aktivitäten im Lebenszyklus einer mobilen App durchzuführen sind, um strukturiert und systematisch hoch qualitative native mobile Apps entwickeln zu können.

3.16 Übungen

a) Für welche mobilen Betriebssysteme wurde die mobile App zur Stromversorgung entwickelt?

b) Was versteht man unter dem sogenannten *Onboarding* einer mobilen App und wozu dient es?

c) Welche Angaben muss der Benutzer im Tarifrechner der mobilen App machen, um sich die Jahreskosten und den Abschlagsbetrag eines Stromvertrags ausrechnen zu lassen?

d) Kann der Benutzer den Abschlagsbetrag über die mobile App ändern und wenn ja, wie?

e) Bitte beschreiben Sie stichpunktartig, aus welchen Schritten der Prozess zum Vertragsabschluss besteht!

f) Kann der Benutzer seinen alten Stromvertrag bei einem anderen Anbieter direkt über die mobile App kündigen oder muss er dies separat veranlassen?

g) Welche Typen von Push-Benachrichtigungen können über die mobile App eingerichtet werden?

h) Bitte beschreiben Sie die Laufzeit, den Umfang und die Rollen im Prozess zur Entwicklung der mobilen App ENPURE!

3.17 Bezugsquellen der mobilen App ENPURE

Apple iTunes (2016) ENPURE-App,
http://itunes.apple.com/us/app/enpure-dein-strom-vertrag/ id1133123529?l=de&ls=1&mt=8 (zuletzt geprüft am 29.12.2016).

Google Play (2016) ENPURE-App,
http://play.google.com/store/apps/details?id= de.vattenfall.enpure
(zuletzt geprüft am 29.12.2016).

4 Requirements Engineering

Zu Beginn des Entwicklungsprojekts einer mobilen App ist es wichtig, dass Sie ermitteln, analysieren und verstehen, was die zu entwickelnde mobile App genau leisten und in welchem Anwendungs- und Systemkontext sie eingesetzt werden soll. Dazu sollten Sie in einem partizipativen Prozess mit dem Kunden und Auftraggeber sowie späteren (potenziellen) Benutzern herausfinden und verstehen, über welche Funktionen und Eigenschaften die mobile App verfügen soll. In dieser Phase ermitteln, analysieren und dokumentieren Sie somit die funktionalen und nicht funktionalen Anforderungen an die mobile App. Dieser Prozess wird in der Softwaretechnik als Anforderungsanalyse bezeichnet und ist Teil des *Requirements Engineering*.

Im Requirements Engineering werden die quantitativen und qualitativen Eigenschaften eines Softwareprodukts aus Sicht des Auftraggebers, des Kunden bzw. der späteren Benutzer festgelegt. Dabei sollten möglichst alle funktionalen und nicht funktionalen[1] Anforderungen an ein Softwareprodukt identifiziert, analysiert und dokumentiert werden. Das Requirements Engineering gehört dabei zu den *aufwendigsten*, *schwierigsten* und *anspruchsvollsten* Aufgaben im Rahmen des gesamten Softwarelebenszyklus (vgl. [Balzert 2009, S. 434]).

Während und nach der Definition der Requirements sollten Sie in enger Interaktion und Kooperation mit ausgewählten potenziellen bzw. tatsächlichen späteren Benutzern kontinuierlich überprüfen, ob die von Ihnen entwickelten Ideen und Konzepte geeignet sind, die Bedürfnisse, Wünsche und Vorstellungen des Kunden und der Benutzer umzusetzen.

Probleme einer vollständigen Anforderungserhebung zu Projektbeginn

Im 20. Jahrhundert wurden die Anforderungen an ein Softwareprodukt oftmals zu Projektbeginn möglichst vollständig erfasst und präzise beschrieben. In anschließenden Reviewzyklen wurden diese Anforderungen von Softwarearchitekten und Softwareentwicklern abgenommen, in Analyse- und Entwurfsspezifikationen überführt und in Quellcode umgesetzt. Diese vollständige und möglichst präzise

---

1. Die nicht funktionalen Anforderungen werden oftmals auch als Qualitätsanforderungen bezeichnet.

Anforderungsbestimmung zu Projektbeginn war durch traditionelle, sequenziell strukturierte Arbeitsorganisations- und Planungsverfahren historisch begründet.

Damit auf Grundlage der Anforderungen ein stabiler Projektplan mit Arbeitspaketen, Aktivitäten, Verantwortlichen und Terminen abgeleitet und entwickelt werden konnte, mussten die Anforderungen gleich zu Projektbeginn so vollständig und so präzise wie möglich identifiziert werden (vgl. [Pichler 2008, S. 25]). Dieses Vorgehen hat sich in der Praxis industrieller Softwareentwicklung als sehr schwierig, aufwendig und kompliziert erwiesen, an dem schlussendlich zahlreiche Projekte gescheitert sind. Neben dem Problem, dass zu Projektbeginn nur in äußerst seltenen Fällen bereits alle Anforderungen an ein Softwaresystem bekannt sind, gibt es durch eine möglichst vollständige Anforderungserhebung zu Projektbeginn weitere Probleme, die im Folgenden stichpunktartig aufgelistet sind [Pichler 2008, S. 26]:

- Aufbau eines umfangreichen Anforderungsinventars,
- Informationsverlust durch Übergaben,
- Überproduktion von Funktionalität sowie
- unausgeglichener Arbeitsanfall und Überlastungen.[2]

Synchronisation von Anforderungsbeschreibung und Implementierung

In agilen Entwicklungs- und Projektmanagementmodellen wie beispielsweise *Scrum* unterbleibt der ineffiziente Versuch, gleich zu Projektbeginn sämtliche Anforderungen vollumfänglich und präzise zu erfassen, um sie nachfolgend an die Softwarearchitekten und Softwareentwickler zur Realisierung übergeben zu können. Vielmehr wird im agilen Bereich eine möglichst enge Synchronisation zwischen einer vollständigen Anforderungserhebung für einen Teilbereich und der zeitnahen Umsetzung dieser Anforderungen in einem lauffähigen Release angestrebt. Somit gibt es während des Entwicklungsprojekts Teilbereiche der späteren Softwareanwendung, deren Anforderungen detailliert verstanden und beschrieben wurden, und Teilbereiche, deren Anforderungen nur grob granular vorliegen.

Auf diese Weise können die oben beschriebenen Nachteile weitgehend vermieden werden. Zudem treten keine zeitlich erheblich auseinander liegenden Phasen zur Anforderungsbeschreibung auf der einen und zur Implementierung auf der anderen Seite auf (vgl. [Pichler 2008, S. 27]; siehe auch Abb. 4–1).

Abb. 4–1 Synchronisation von Anforderungsbeschreibung und Implementierung (vgl. [Pichler 2008, S. 27])

---

2. Für weitere Informationen siehe [Pichler 2008, S. 26].

Da in der Praxis industrieller Softwareentwicklung nahezu immer mit neuen bzw. veränderten Anforderungen gerechnet werden muss, entspricht das agile Vorgehen weitgehend den realen Gegebenheiten in Softwareentwicklungsprojekten. Allerdings können auch bei agilem Vorgehen spät identifizierte Anforderungen und Anforderungsänderungen zu negativen Effekten in Form von größeren Überarbeitungen am Entwurf und der Implementierung führen. Auf diese Weise können Probleme im Hinblick auf die Einhaltung von Budget und Terminen auftreten. Wie man mit diesen Herausforderungen und weiteren möglichen Auswirkungen agiler Methoden und Vorgehensweisen konstruktiv umgehen kann, wird unter anderem ausführlich in [Book et al. 2016] beschrieben.

In diesem Kapitel werden nun die einzelnen, durchzuführenden Aktivitäten beschrieben, um die funktionalen und nicht funktionalen Anforderungen an eine mobile App präzise und möglichst vollumfänglich zu ermitteln. Zur Beschreibung der einzelnen Aktivitäten gehören geeignete Methoden, Sprachen, Werkzeuge und Arbeitsmittel sowie die benötigten bzw. erzeugten Zwischenergebnisse, die auch als *Artefakte* bezeichnet werden.

Dabei möchte ich Ihnen ans Herz legen, nach der ausführlichen Analyse der Anforderungen für einen Teilbereich Ihrer mobilen App *immer* einen Entwicklungszyklus folgen zu lassen, um die Vorteile der agilen Entwicklung nutzen zu können.

4.1 Projektvision und Benutzergruppen definieren

In dieser Aktivität sind die grundsätzliche Projektvision sowie mögliche Ziel- und Benutzergruppen mit deren Zielen, Eigenschaften, Aufgaben und Wünschen zu definieren.

4.1.1 Projektvision

In der Projektvision beschreiben Sie, welche grundsätzliche Idee und Zielsetzung mit der Entwicklung der mobilen App verbunden sind. Die Projektvision dient zur Motivation der Projektteammitglieder, um gleich von Beginn an, das Projekt gezielt in Angriff nehmen zu können. Somit sollte die Projektvision so gut und verständlich formuliert werden, dass sich alle Beteiligten mit dieser Vision identifizieren können und ein gemeinsamer Bezugsrahmen entsteht.

4.1.2 Ziel- und Benutzergruppen definieren

Wenn die zu entwickelnde mobile App auf einer bereits bestehenden Softwareanwendung basiert bzw. sich die Zielgruppe aus anderen Gründen sehr präzise beschreiben lässt, sollte man die Zielgruppe kennenlernen (vgl. [Ludewig & Lichter 2013, S. 372]):

- Um welche Personen handelt es sich und welche Ausbildung haben sie?
- Welche typischen Merkmale, Eigenschaften und Gemeinsamkeiten haben sie?
- Wie lösen sie ihre Aufgaben bislang mit der bestehenden Softwareanwendung?

Eine gründliche, präzise und umfassende Analyse der Ziel- und Benutzergruppen ist ein wichtiger Bestandteil des Requirements Engineering. Die Ziel- und Benutzergruppen können homogen, aber auch sehr heterogen sein. Im Fall einer homogenen Zielgruppe ist es sinnvoll, dass Sie einen potenziellen Benutzer über Mittelwerte, sogenannte *Mediane*, beschreiben. Hierbei können das Durchschnittsalter, die berufliche Ausbildung sowie eine mögliche Aufgabenbeschreibung und weitere, eventuell relevante Aspekte beschrieben werden (vgl. [Ludewig & Lichter 2013, S. 372]).

Sollte es allerdings mehrere, relativ heterogene Zielgruppen für die mobile App geben – und das ist in der Praxis häufig der Fall –, sollten Sie typische Benutzer für jede Zielgruppe identifizieren und beschreiben. Und um dies möglichst praxis- und realitätsnah auszugestalten, werden nachfolgend sogenannte *Personas* (siehe Abschnitt 4.3) und *Szenarien* (siehe Abschnitt 4.4) eingesetzt, die aus dem Forschungsgebiet der *Human-Computer Interaction (HCI)* stammen und von [Cooper 2004] vorgeschlagen wurden.

4.2 Anwendungs- und Systemkontext ermitteln

Nachdem Sie die Projektvision erstellt und die relevanten Benutzergruppen identifiziert haben, sollten Sie nun den Systemkontext definieren sowie den Anwendungskontext und die Benutzerbedürfnisse kennen- und verstehen lernen.

4.2.1 Systemkontext ermitteln

Im Entwicklungsprozess einer mobilen App sollten Sie im Rahmen des Requirements Engineering alle materiellen und immateriellen Aspekte identifizieren, die eine Beziehung zur geplanten mobilen App haben (vgl. [Pohl & Rupp 2015, S. 13]). Zur materiellen Umgebung können Gebäude, Personen, Backend-Systeme, mobile Endgeräte, Sensoren, Aktoren und andere technische Systeme gehören; zur immateriellen Umgebung beispielsweise Schnittstellen zu den relevanten Backend-Systemen (vgl. [Balzert 2009, S. 461]).

Dabei wird eine *Sollperspektive* eingenommen, indem eine Annahme getroffen wird, wie die geplante mobile App sich später in die reale Umgebung integriert. Dadurch wird der Realitätsausschnitt identifiziert, der die mobile App und damit potenziell auch deren Anforderungen beeinflusst. Um die Anforderungen an die geplante mobile App korrekt und vollständig spezifizieren zu können, ist es notwendig, die Beziehungen zwischen den einzelnen materiellen und immateriellen Aspekten im Systemkontext und der geplanten mobilen App exakt zu iden-

4.2 Anwendungs- und Systemkontext ermitteln

tifizieren. Der relevante Realitätsausschnitt für diese Anforderungen wird als *Systemkontext* bezeichnet (vgl. [Pohl & Rupp 2015, S. 13]).

Bei der Ermittlung des Systemkontexts sollten Sie konkret ermitteln und verstehen, was zu der zu entwickelnden mobilen App gehört, welche möglichen Schnittstellen es gibt und welche Bestandteile *außerhalb* der zu entwickelnden mobilen App liegen. Der Systemkontext hat eine wichtige Bedeutung für die zu erhebenden Requirements. Jedes zu entwickelnde System – hier eine mobile App – besitzt eine Systemgrenze (siehe Abb. 4–2), die es von den Teilen der Umgebung abgrenzt, die durch die Entwicklung *nicht* direkt verändert werden (vgl. [Balzert 2009, S. 462]). Um das System herum befindet sich der relevante Systemkontext. Außerhalb des relevanten Systemkontexts existiert die irrelevante Umgebung, die nicht weiter betrachtet werden muss, da sie keinen Einfluss auf die Entwicklung ausübt (vgl. [Balzert 2009, S. 462]).

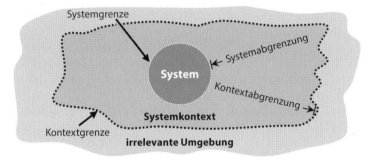

Abb. 4–2   *Systemkontext [Pohl & Rupp 2015]*

Die einzelnen Elemente des relevanten Systemkontexts können Sie mit einem *Blockdiagramm* der *Systems Modeling Language (SysML)*[3] modellieren. Dabei repräsentiert ein Block in einem Blockdiagramm eine funktionale kohäsive Einheit, die sich in weitere Blöcke unterteilen lässt (vgl. [Balzert 2011, S. 403]).

Die SysML ist vergleichbar zur UML eine grafische Modellierungs- und Spezifikationssprache, die von der Object Management Group (OMG) standardisiert und verabschiedet wird. Die SysML dient dabei der grafischen Spezifikation, Analyse, dem Design sowie der Verifikation und Validierung von großen, komplexen Systemen und deren Systemelementen. Zu den Systemelementen können dabei genauso Soft- und Hardware gehören wie auch Backend-Systeme, Schnittstellen, Prozesse, Informationen, Personen, Gebäude oder sonstige Gegenstände. Zur grafischen Modellierung und Spezifikation wird in der SysML ein Sprachkern der UML genutzt und um weitere Sprachelemente ergänzt und erweitert (vgl. [Weilkiens 2014]). Ein Beispiel für ein solches SysML-Blockdiagramm zur Systemkontextmodellierung zeigt Abbildung 4–3.

---

3. Zur SysML-Spezifikation der OMG siehe [OMG 2015].

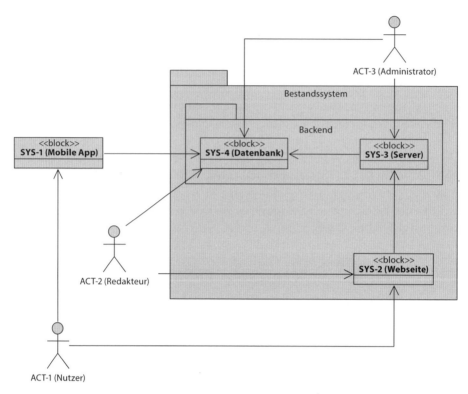

Abb. 4–3 *Exemplarischer Systemkontext als SysML-Blockdiagramm*[4]

Zur grafischen Modellierung des Systemkontexts gibt es auch die Möglichkeit, ein sogenanntes *Systemkontextdiagramm* einsetzen. Dabei handelt es sich um eine reduzierte, abgespeckte Form eines UML-Anwendungsfalldiagramms. Das Systemkontextdiagramm zeigt hierbei die Akteure des Systems, also die Benutzer und Fremdsysteme, die direkt mit dem zu entwickelnden System interagieren. Das System selbst können Sie als Klasse oder Komponente modellieren, wobei Sie es zur besseren Unterscheidung und Abgrenzung mit dem Stereotyp <<system>> kennzeichnen sollten (vgl. [Oestereich & Scheithauer 2013, S. 255]).

Systemkontext im ENPURE-Projekt

Der Systemkontext der mobilen Stromversorgungs-App wurde seitens des Auftraggebers in einem Modell definiert, das im folgenden SysML-Diagramm dargestellt ist.

---

4. Bildquelle: [Nunkesser 2016].

4.2 Anwendungs- und Systemkontext ermitteln

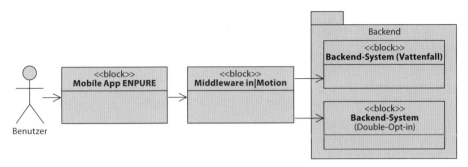

Abb. 4–4   Systemkontext der mobilen Stromversorgungs-App

Hierbei wurden die relevanten Backend-Systeme von Vattenfall identifiziert und grafisch dargestellt. Die *adesso mobile solutions* war hierbei für die Entwicklung der mobilen App und der Middleware im linken Teil der Abbildung 4–4 zuständig.

4.2.2 Anwendungskontext ermitteln[5]

Zur Ermittlung des Anwendungskontexts einer zu entwickelnden mobilen App eignet sich die Methode *Contextual Inquiry*. Hierbei geht es darum, Benutzer bei ihren Tätigkeiten zu beobachten und auf dieser Basis Anforderungen an die zu entwickelnde mobile App abzuleiten. Das funktioniert allerdings nur, wenn Sie eine bestehende Softwareanwendung durch eine mobile App ersetzen bzw. ergänzen möchten.

> **Hintergrund: Contextual Inquiry**
>
> Die *Contextual Inquiry* (vgl. [Beyer & Holtzblatt 1997]) ist eine Methode aus dem Bereich der empirischen Nutzerforschung. Sie basiert auf der Befragung und der teilnehmenden Beobachtung, zwei etablierten Methoden der empirischen Sozialforschung (vgl. [Schnell et al. 2005]). In der Informatik wurde die teilnehmende Beobachtung als *Ethnografie* im Bereich des Requirements Engineering bereits von [Grudin 1994] sowie [Viller & Sommerville 1999, 2001] zur Anforderungserhebung und Konzeption von Softwareanwendungen vorgeschlagen.

Wenn Sie eine komplett neue mobile App entwickeln, ist eine Beobachtung von Benutzern im Sinne der Contextual Inquiry erst auf Basis eines konzipierten *Low-Fidelity*- bzw. *High-Fidelity-Prototyp* möglich (siehe auch Kap. 5).

Mithilfe der Contextual Inquiry ermitteln Sie in einer Kombination aus Beobachtung und Interview die konkreten Aufgaben, Abläufe und Verhaltensmuster des teilnehmenden Benutzers sowie die Umgebung und den Anwendungskontext direkt vor Ort. Die Contextual Inquiry findet nicht in einem Sitzungsraum statt,

---

5. Der Abschnitt geht inhaltlich weitgehend auf [Moser 2012, S. 62–63] zurück.

sondern Sie als Requirements bzw. Usability Engineer beobachten und befragen den Benutzer direkt an seinem Arbeitsplatz. Auf diese Weise bekommen Sie unmittelbaren Einblick in das tatsächliche Vorgehen und Verhalten des Benutzers, seine Motivation, mögliche Ärgernisse, seine Gewohnheiten und Tricks sowie eventuell auftretende Unterbrechungen.

Die Ergebnisse einer Contextual Inquiry sind oftmals von höherer Qualität als die einer Befragung mithilfe eines semistrukturierten Interviewleitfadens. Das liegt daran, dass Sie unmittelbar beobachten und dokumentieren können, wie der Benutzer tatsächlich handelt und nicht nur, wie er meint bzw. Ihnen sagt, zu handeln. Zudem haben Sie die Möglichkeit, Fragen zu stellen und sich besondere Vorgehensweisen, Situationen und Schwierigkeiten erklären zu lassen.

Vorbereitung

Zunächst müssen Sie die Fragen formulieren, die im Rahmen des Contextual Inquiry beantwortet werden sollen. Daraus wird der Fokus der Untersuchung abgeleitet, auf dem das initiale Interview basiert. Anschließend sollten Sie sich in Ihrer Rolle als Beobachter ein Grundwissen über die Domäne aneignen, in der die Untersuchung durchgeführt wird. Ansonsten kommen zu viele einfache Fragen auf, die den Arbeitsfluss und somit die Untersuchung negativ beeinflussen können. Dann werden ein oder mehrere geeignete Teilnehmer für die Contextual Inquiry ausgewählt. Die ausgewählten Personen sollten erfahren und kommunikativ sein und vor allem möglichst viel Interessantes zum Thema beitragen können. Dabei sollte der gesamte Anwendungskontext abgedeckt werden. Eine Contextual Inquiry kann potenziell auch für andere Personen und Vorgesetzte sehr interessant und spannend sein.

Um das Verhalten des zu beobachtenden Teilnehmers nicht zu beeinflussen und somit die Ergebnisse nicht zu verfälschen, sollten Sie mit etwas diplomatischem Geschick dafür sorgen, dass die Einflussnahme möglichst gering ausfällt.

> **Praxistipp: Vorabinformationen**
>
> Sie sollten den Teilnehmer über Ihren Besuch sowie den Inhalt und Gegenstand der Untersuchung ca. ein bis zwei Tage vor der Contextual Inquiry informieren. Dies trägt einerseits dazu bei, die Aufregung und Nervosität beim jeweiligen Teilnehmer zu senken, und andererseits, dass er sich besser auf die bevorstehende und für ihn oftmals ungewohnte Situation vorbereiten kann. In diesem Zusammenhang können Sie dem Teilnehmer auch Ihren Fragebogen für das Interview zum Einstieg in die Contextual Inquiry vorab zusenden.

Anschließend vereinbaren Sie einen konkreten Termin für die Durchführung der Contextual Inquiry. Hierbei sollte sichergestellt sein, dass es zu diesem Zeitpunkt möglichst viel Interessantes zu beobachten gibt. Planen Sie genügend Zeit ein, um die Contextual Inquiry durchzuführen. Und informieren Sie auch den zu beobachtenden Teilnehmer, dass er an diesem Tag vermutlich etwas weniger produktiv sein wird.

Durchführung

Die Contextual Inquiry beginnt mit einer Begrüßung und einem kurzen Kennenlernen. Spätestens jetzt sollten Sie dem Teilnehmer den Anlass Ihres Besuchs und den ungefähren weiteren Ablauf erklären. Auf diese Weise können letzte Fragen und Unsicherheiten geklärt und ausgeräumt werden. Anschließend folgt ein kurzes Interview mit ein paar Fragen zur Person und zum Aufgabengebiet; dann beginnt die Beobachtung.

Während der Beobachtung sollten Sie sich Notizen machen und bei Unklarheiten nachfragen, um alles richtig zu verstehen. Bei Schwierigkeiten, Ärgernissen oder unvorhergesehenen Unterbrechungen können Sie auch direkt an Ort und Stelle mit dem Teilnehmer mögliche Verbesserungsmaßnahmen diskutieren.

Nachbereitung

Zum Ende einer Contextual Inquiry wird noch ein Abschlussinterview mit dem Teilnehmer durchgeführt, bei dem letzte Fragen besprochen und geklärt werden können, für die im Rahmen der Beobachtung eventuell zu wenig Zeit oder nicht die richtige Gelegenheit war. Zudem sollten Sie dem Teilnehmer Ihre Beobachtungen zusammenfassend mitteilen. Abschließend bedanken Sie sich für die Mitwirkung an der Contextual Inquiry und erläutern, wie mit den Ergebnissen weiter verfahren wird.

Ergebnisse

Die Ergebnisse der Contextual Inquiry sollten Sie in Form von grafischen Modellen und textuellen Beschreibungen schriftlich festhalten. Dabei sollten Sie sämtliche bislang noch nicht erfassten Aspekte und Sachverhalte möglichst unmittelbar nach Beendigung der Contextual Inquiry dokumentieren. Zu den Ergebnissen einer Contextual Inquiry gehören:

- Kurze Beschreibung des Teilnehmers
- Ausführliche Beschreibungen und Erläuterungen zu den beobachteten und erfassten Abläufen
- Skizzen zum Umfeld
- Kopien von relevanten Dokumenten (sofern der Teilnehmer zustimmt)
- Liste von Personen bzw. Systemen, mit denen während der Beobachtung kommuniziert wurde
- Aufgetretene Probleme, Fehler, Unterbrechungen oder Störungen
- Verbesserungsvorschläge und Bemerkungen des Teilnehmers

4.2.3 Domänenmodell erstellen

Neben dem System- und Anwendungskontext sollten Sie auch die Fachlichkeit der Domäne verstehen, für die Sie die mobile App entwickeln. Zu diesem Zweck modellieren Sie ein *Domänen-* oder *Fachklassen*modell mithilfe eines UML-Klassendiagramms. Eine *Fachklasse* beschreibt dabei einen Gegenstand, ein Konzept, einen Ort oder eine Person bzw. Rolle aus der Anwendungsdomäne der zu entwickelnden mobilen App. Hierbei sollte ein Beschreibungs- und Detaillierungsgrad gewählt werden, der vor allem von Mitarbeitern aus den Fachabteilungen und relevanten Entscheidungsträgern verstanden wird. Dabei sind die Klassen auf rein fachlich motivierte Eigenschaften und Aspekte reduziert (vgl. [Oestereich & Scheithauer 2013, S. 78]).

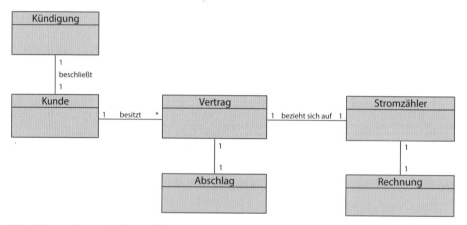

Abb. 4–5 *Exemplarisches Fachklassenmodell eines Stromversorgungsunternehmens*

In Abbildung 4–5 sehen Sie ein exemplarisches Fachklassenmodell für ein Stromversorgungsunternehmen. Zur dieser Anwendungsdomäne gehören unter anderem Fachklassen wie »Kunde«, »Vertrag«, »Stromzähler«, »Abschlag«, »Rechnung« und »Kündigung«. Diese Fachklassen stehen üblicherweise in Beziehung zueinander, sodass Sie im UML-Klassendiagramm entsprechende Assoziationen und auch die Multiplizitäten einzeichnen sollten, sofern sie denn bekannt sind. Die Multiplizitätsangaben im Fachklassenmodell sollen die fachlich motivierten und aktuell zulässigen Mengenverhältnisse repräsentieren, ohne dass Sie darauf achten müssen, ob die Multiplizitäten dauerhaft bestehen und konstant bleiben (vgl. [Oestereich & Scheithauer 2013, S. 78]).

Weniger wichtig sind bei der Fachklassenmodellierung konkrete Methoden und Attribute der Fachklassen; es geht vielmehr um ein Verständnis und die Modellierung der fachlichen Zusammenhänge und Strukturen der Anwendungsdomäne. Wenn Sie diese Vorgehensweise befolgen, erhalten Sie ein einfaches und übersichtliches UML-Klassenmodell mit den einzelnen Fachklassen der Anwendungsdomäne. Üblicherweise werden die einzelnen Fachklassen im weiteren Projektverlauf sukzessive verfeinert und oftmals in mehrere verschiedene Klassen aufgeteilt (vgl. [Oestereich & Scheithauer 2013, S. 78]).

Durch die Modellierung der Fachklassen erhalten Sie zudem einen wichtigen Einblick in die Fachlichkeit, sodass Sie die Anwendungsdomäne sowie die Requirements an Ihre mobile App deutlich besser verstehen und nachvollziehen können.

Wie geht es nun weiter?

Nachdem Sie den System- und Anwendungskontext ermittelt und verstanden haben, werden auf Basis dieser Ergebnisse in Abschnitt 4.3 *Personas* und in Abschnitt 4.4 *Szenarien* zur weiteren Konkretisierung entwickelt. Diese beiden Aktivitäten liefern eine gute und praxisnahe Grundlage für die anschließende Ermittlung, Analyse und Spezifikation der *funktionalen Anforderungen* in Form von *Anwendungsfällen* und *User Stories*.

4.3 Personas entwickeln[6]

Personas sind Profile potenzieller Benutzer aus den relevanten Benutzergruppen, die Sie in Abschnitt 4.1 ermittelt haben. Persona bedeutet dabei so viel wie *Figur auf der Bühne* und wurde u. a. von [Cooper 2004] als Methode und Arbeitsmittel vorgeschlagen, um exemplarische Benutzer einer zu entwickelnden Softwareanwendung besser vorstellbar und greifbar zu machen.

Personas sind eine bewährte realitätsnahe Methode, um exemplarische Benutzer zu modellieren und diese mit ihren relevanten Merkmalen und Eigenschaften zu beschreiben. Bei der Entwicklung von Personas versuchen Sie, charakteristische Merkmale, Eigenschaften und Verhaltensweisen eines exemplarischen Benutzers in einem Profil zu beschreiben, um auf diese Weise die Benutzergruppe möglichst präzise definieren und eingrenzen zu können (vgl. [Cooper et al. 2010]). Zudem können Personas verhindern, dass das Konzeptions- und Entwicklungsteam sich die Benutzer so *zurecht biegt*, wie es gerade am besten passt (vgl. [Cooper 2004]). Darum sollten Personas möglichst konkret beschrieben werden, auch wenn Einzelheiten möglicherweise nicht typisch für die Benutzer- und Zielgruppe sind.

Dazu wird das Profil einer fiktiven Person mit den persönlichen Daten (Name, Alter, Passbild), Details (Beruf, Hobbys, Familienangehörige) und den Zielen dieser Person bei der Benutzung der mobilen App entwickelt (vgl. [Pichler 2012]). Die Anzahl der anzulegenden Personas korreliert üblicherweise mit der Anzahl an ermittelten Ziel- und Benutzergruppen für die mobile App. Eine Persona im Kontext unserer mobilen App zur Stromversorgung könnte dann wie folgt aussehen:

---

6. Der Abschnitt geht inhaltlich weitgehend auf [Ludewig & Lichter 2013, S. 372–374] zurück.

Svenja Michelsen, 20 Jahre alt, Informatikstudentin, geboren in Hamburg, studiert seit Oktober 2016 an der TU Dortmund und plant nun in ihre erste eigene Wohnung nach Dortmund zu ziehen. Sie hat einen Freund, Thiago (22), der an der Universität Braunschweig Maschinenbau studiert. Neben dem Studium arbeitet Svenja zehn Stunden wöchentlich als Java-Programmiererin in einer kleinen Softwarefirma im Dortmunder Technologiepark. In ihrer Freizeit geht sie gerne schwimmen, mit Freundinnen und Freunden feiern oder sie bleibt zuhause und sieht sich eine Folge einer ihrer Lieblingsserien »Game of Thrones« oder »The Walking Dead« an. Svenja besitzt seit einem halben Jahr das Samsung Galaxy S7 Edge und lässt immer sämtliche Updates installieren. Zu den von ihr bevorzugten mobilen Apps gehören WhatsApp sowie die Facebook-, Instagram-, Snapchat- und Tumblr-App sowie die Spotify-App zum Studierenden-Tarif.

Der Persona Svenja Michelsen wird nun auch noch ein Passbild zugeordnet, sodass nun eine typische Benutzerin einer relevanten Ziel- und Benutzergruppe der mobilen App zur Stromversorgung sehr anschaulich dargestellt wird. Das hat den Vorteil, dass bei der Konzeption und beim Design der mobilen App Aussagen getroffen werden können wie zum Beispiel: »Dieses Feature würde Svenja bestimmt sehr gut gefallen« oder »Das Interaktionsdesign dieser Funktionalität wird Svenja sofort benutzen können«.

Mit zusätzlichen Personas sollten Sie anschließend eine möglichst breite Abdeckung der identifizierten relevanten Ziel- und Benutzergruppen erreichen.

Auch wenn Sie für den Markt entwickeln und Sie sich Ihre Kunden somit erst noch suchen müssen, sollten Sie für jede zu entwickelnde mobile App ein bis mehrere Personas erstellen, die Ihre Ziel- und Benutzergruppen repräsentieren.

> **Praxistipp: Anzahl an Personas**
>
> Personas dienen dazu, dass Sie sich im Konzeptions- und Entwicklungsteam die späteren Benutzer der mobilen App besser vorstellen können und Ihre mobile App möglichst passgenau auf diesen exemplarischen Benutzer zuschneiden. Allerdings sollten Sie die Zahl an Personas in Ihrem Mobile-App-Entwicklungsprojekt auf drei bis maximal fünf begrenzen, um selbst nicht den Überblick zu verlieren.

Vorteile von Personas

- Im Rahmen des weiteren Requirements Engineering, der Konzeption, des Designs und der Entwicklung kann durch das Vorhandensein von Personas ein Projektbeteiligter nicht mehr abstrakt von *dem Benutzer* sprechen, der oftmals auch nur im Singular existiert.

- Personas als Modelle exemplarischer Benutzer einer mobilen App können helfen, benutzerspezifische Anforderungen abzuleiten. Auf diese Weise können mobile Apps entwickelt werden, die auf die Wünsche und Bedürfnisse der Personas zugeschnitten sind und diesen gefallen sollten.
- Technikaffine Entwickler werden durch Personas gezwungen, sich in reale Benutzer mit all ihren Stärken und Schwächen hineinzuversetzen.
- Personas werden textuell beschrieben, ohne dass hierbei eine besondere Werkzeugunterstützung notwendig ist.

Nachteile von Personas

- Personas sind keine wissenschaftlich fundierte Methode und basieren in ihrer Qualität und Anwendbarkeit oftmals auf der Erfahrung der jeweiligen Entwickler.
- Es gibt keine Beschreibung, wie richtige und korrekte Personas entwickelt werden. Somit lässt sich das Ergebnis der Personas-Entwicklung nicht validieren. Es bleibt die Hoffnung, *gute* Personas entwickelt zu haben, die tatsächlich typisch für die ermittelten Zielgruppen sind. Ob dem auch so ist, lässt sich nicht oder nur ungenau beurteilen.
- Zudem ist eine wirkliche Repräsentation einer Zielgruppe durch *eine* Persona nicht möglich. Personas repräsentieren immer nur einen, oftmals querschnittartigen Ausschnitt, ohne dass sämtliche individuellen Eigenschaften, Merkmale und Verhaltensweisen der Ziel- und Benutzergruppen vollumfänglich abgedeckt werden können. Dies lässt sich exemplarisch an Menschen mit Behinderungen bei der Entwicklung einer barrierefreien mobilen App veranschaulichen: Hierbei kann eine Persona mit Behinderungen entwickelt werden. Allerdings ist es nicht realistisch – und genau das ist ja das eigentliche Ziel – , dass diese Persona sämtliche relevanten Behinderungen der Zielgruppe auf sich vereinigt. Folglich gibt es in diesem Zusammenhang *wichtige Anforderungen* an die mobile App, die nur abstrakt formuliert werden können, obwohl sie mit konkreten, realen Benutzern zu tun haben.
- Reale Personen altern, lernen neue Erfahrungen hinzu und verändern sich. Es ist unklar, ob Personas eine ähnliche Entwicklung durchlaufen oder ob sie immer auf dem gleichen Stand bleiben sollen.
- Wenn alle Anforderungen von den Personas abgeleitet werden sollen, besteht die große Gefahr, wichtige, oftmals nicht funktionale Anforderungen zu vernachlässigen. So ist es beispielsweise schwierig, Anforderungen wie Portabilität oder Wiederverwendbarkeit der entwickelten Komponenten mit Personas zu identifizieren.

4.4 Szenarien entwerfen

Für Menschen ist es allgemein einfacher, einen Bezug zu einem möglichst realitätsnahen und konkreten Beispiel eines Ablaufs bzw. eines Prozesses zu finden als zu einer abstrakten Beschreibung. Sie können ein *Szenario*, das sie bei der konkreten Anwendung und Benutzung einer mobilen App beschreibt, nachvollziehen, verfeinern, verändern oder kritisieren (vgl. [Sommerville 2012, S. 139]).

Vor diesem Hintergrund sind Szenarien ein praxisnahes und gut geeignetes Hilfsmittel, um die Interaktionsmöglichkeiten des Benutzers zu verstehen und auf diese Weise Anforderungen an die zu entwickelnde mobile App zu sammeln. Ein Szenario beschreibt als möglichst realitätsnahes Beispiel, wie ein Benutzer mit der geplanten mobilen App interagieren wird. Dazu müssen Sie mit Projektbeteiligten und potenziellen Benutzern sprechen, um relevante Szenarien zu identifizieren und im ersten Schritt grob beschreiben zu können.

Bei der Beschreibung des Ablaufs sollten Sie darauf achten, dass die Beispiele inhaltlich gut verständlich und für alle Projektbeteiligten einfach nachvollziehbar formuliert sind. Die formale Korrektheit eines Szenarios steht hierbei nicht im Vordergrund. Somit können Szenarien als erste Prototypen der zu entwickelnden mobilen App angesehen werden, und somit eine Brücke zwischen den Anforderungen und der App-Entwicklung schlagen (vgl. [Richter & Flückiger 2016, S. 90]).

Im Zuge der Anforderungserhebung können Sie einem Szenario sukzessive weitere Details hinzufügen, um es zu präzisieren und zu vervollständigen (vgl. [Sommerville 2012, S. 139]). In vielen Fällen ist es aber auch ausreichend, wenn Sie auf Basis der wesentlichen und eher grob beschriebenen Szenarien ein gemeinsames Verständnis der möglichen Benutzerinteraktionen mit der mobilen App in Ihrem Projektteam erreichen. Zudem werden Sie im weiteren Verlauf noch eine strukturierte Beschreibung der für die mobile App relevanten Benutzerinteraktionen mithilfe von UML-Anwendungsfalldiagrammen vornehmen, sodass eine aufwendige Detaillierung entbehrlich sein kann.

Inhalte eines Szenarios

Die Beschreibung eines Szenarios sollte folgende Bestandteile enthalten (vgl. [Sommerville 2012, S. 139]):

1. Eine Beschreibung, was die mobile App und die Benutzer erwarten, wenn das Szenario beginnt.
2. Eine Beschreibung des normalen Ablaufs des Szenarios, also des »Standardfalls«
3. Eine Beschreibung, welche Fehler auftreten können und wie damit umgegangen wird.
4. Informationen über andere Aufgaben, die zeitgleich ablaufen könnten.
5. Eine Beschreibung der mobilen App, wenn das Szenario endet.

Beschreiben Sie Ihre identifizierten Szenarien textuell und fügen Sie bei Bedarf Diagramme, Screenshots oder Ähnliches hinzu.

Beispiel

Für unsere Stromversorgungs-Apps könnte ein Szenario wie folgt aussehen:

> Svenja hat heute Morgen den Mietvertrag ihrer neuen Wohnung unterschrieben und fährt anschließend zur Uni. Dort unterhält sie sich im Anschluss an eine Informatikvorlesung mit ihren Freundinnen. Dabei erfährt sie von Hatice, dass sie von einer mobilen App gehört hat, mit der es möglich sein soll, einen neuen Stromversorgungsvertrag abzuschließen. Svenja recherchiert mit ihrem Smartphone kurz im Internet und lädt sich die mobile App von Google Play auf ihr Smartphone und installiert sie. Anschließend öffnet sie den Tarifrechner der mobilen App und lässt sich die ungefähren Jahreskosten für die Stromversorgung sowie den darauf basierenden Abschlagsbetrag berechnen. Daraufhin entschließt sie sich, einen Vertrag abzuschließen und gibt ihre persönlichen Daten, ihre Adresse, den gewünschten Lieferbeginn und ihre Zahlungsdaten ein.

Mit diesem kleinen realitätsnahen Szenario wird die praktische Anwendung der mobilen App durch eine exemplarische Benutzerinteraktion beschrieben und allen Projektbeteiligten verdeutlicht.

Verwendung von Szenarien

Szenarien können Sie in unterschiedlichen Phasen der App-Entwicklung einsetzen (vgl. [Richter & Flückiger 2016, S. 61–62]):

- Bei der *Anforderungserhebung* können die Projektbeteiligten mithilfe von Szenarien ein gemeinsames Verständnis und erste Anforderungen der für die mobile App vorgesehenen Benutzerinteraktionen entwickeln.
- Bei der *Anforderungsspezifikation* können Szenarien zur Ableitung der Kernfunktionalitäten in Form von szenariobasierten Anwendungsfällen und den darauf basierenden UML-Anwendungsfalldiagrammen angewendet werden.
- Beim *Interaktionsdesign* können Szenarien eingesetzt werden, um die Abläufe der grafischen Benutzungsoberfläche zu modellieren und mit Benutzern zu optimieren.
- Beim *Usability-Test* werden Szenarien eingesetzt, um typische Abläufe zu definieren, die die Tester durchführen, um mögliche Probleme festzustellen.

Nachbetrachtung zu Personas und Szenarien

Mit Personas und Szenarien stehen Ihnen einfache, sehr anschauliche, praxisnahe und gut nachvollziehbare Techniken zur Verfügung, um die funktionalen Anforderungen an eine mobile App aus Benutzersicht zu erheben. Zudem können Sie diese Techniken in vielen weiteren Entwicklungsphasen einer mobilen App einsetzen. Auf diese Weise können Sie eine mobile App entwickeln, die den späteren Benutzern auch wirklich gefällt und die Funktionen anbietet, die tatsächlich gewünscht werden und erforderlich sind.

Die Manifestierung von zunächst eher vagen Benutzern in konkreten Personas trägt dazu bei, dass Sie Ihre Fantasie spielen lassen, die brachliegen würde, wenn Sie nur abstrakt von »dem Benutzer« sprechen würden. Zudem werden technikaffine Projektbeteiligte auf diese Weise in die Lage versetzt, auch nicht technische Aspekte und Anforderungen kennenzulernen und bei der Entwicklung zu berücksichtigen. Somit sind Personas und Szenarien sehr hilfreiche Instrumente, um qualitativ hochwertige mobile Apps zu entwickeln. Zur Ermittlung, Ableitung, Analyse und Dokumentation von *nicht funktionalen Anforderungen* sind Personas und Szenarien allerdings nicht geeignet.

Auf Basis der in den Abschnitten 4.3 und 4.4 erstellten Personas und Szenarien ist es für das weitere Verständnis des Anwendungskontexts sinnvoll, exemplarische Abläufe bei der Benutzung der mobilen App grafisch zu skizzieren. Zu diesem Zweck setzen wir *Storyboards* ein.

4.5 Storyboard erstellen

Mithilfe von Storyboards lassen sich wichtige Anwendungsfälle einer mobilen App grafisch darstellen und geeignete Prototypen der grafischen Benutzungsoberfläche im Rahmen der Konzeption und des Designs entwickeln. Dabei zeigt ein Storyboard anhand eines grafischen, oftmals manuell skizzierten Ablaufs, wie und in welchem Anwendungskontext eine mobile App eingesetzt und verwendet wird. Im Wesentlichen handelt es sich bei der Entwicklung eines Storyboards somit um die Visualisierung eines konkreten Szenarios.

Durch die Erstellung eines Storyboards können Sie den Anwendungskontext einer mobilen App grafisch skizzieren und visualisieren, sodass das gemeinsame Verständnis zwischen allen Projektbeteiligten weiterentwickelt und geschärft wird. Zudem können Sie mit einem Storyboard auch das unmittelbare Umfeld und einzelne Handlungsschritte vor, während und nach der Interaktion grafisch darstellen: wenn beispielsweise etwas parallel im Internet recherchiert wird oder ein Telefonat durchgeführt werden muss. Alternativ können Storyboards auch verwendet werden, um Arbeits- oder Geschäftsprozesse des Benutzers abzubilden, die *ohne* die mobile App durchgeführt werden. Durch Gesichtsausdrücke, Körperhaltungen oder Kommentare können den Darstellern darüber hinaus auch Emotionen verliehen werden und so können – neben dem für mobile Apps relevanten Anwendungskontext – zusätzlich auch Elemente der *User Experience* direkt im Storyboard abgebildet werden (vgl. [Moser 2012, S. 100]).

4.5 Storyboard erstellen

> **Hintergrund: Storyboards**
>
> Storyboards beschreiben eine Benutzerinteraktion mit einer mobilen App durch eine Reihe von Bildern. Vergleichbar zu einem Comic stellen sie in einer leicht verständlichen Art die Interaktion zwischen dem Benutzer und der mobilen App dar. Jedes einzelne Bild eines Storyboards steht für einen wichtigen Schritt im Interaktions-, Handlungs- bzw. Prozessablauf (vgl. [Moser 2012, S. 100]).

Abb. 4–6   *Exemplarisches Storyboard*

Storyboards kommen ursprünglich nicht aus der Informatik. Sie werden seit langer Zeit unter anderem in der Filmbranche eingesetzt. Das Storyboard hilft dem Regisseur, den Schauspielern und dem Filmteam, den Aufbau des Films zu vermitteln. Es visualisiert dabei Aspekte wie Perspektive, Beleuchtung, Kulissen, Hintergründe, Gesichtsausdrücke, Kostüme und weitere relevante Aspekte einer Filmsequenz (vgl. [Richter & Flückiger 2016, S. 64]).

Einsatz eines Storyboards

Ein Storyboard eignet sich, um folgende Aspekte in einer Prozesssequenz zu visualisieren (vgl. [Richter & Flückiger 2016, S. 68]):

- wichtige Aspekte des Anwendungskontexts,
- spezielle bzw. komplexe Umgebungen, in denen die mobile App eingesetzt wird,
- Dialogabläufe der grafischen Benutzungsoberfläche und
- schwer verständliche Konzepte oder Sachverhalte.

Abhängig vom Kommunikations- und Einsatzzweck kann ein Storyboard in unterschiedlichen Detaillierungsgraden bzw. Abstraktionsniveaus erstellt werden. Die Bandbreite reicht von einfachen skizzenartigen Abfolgen der grafischen Benutzungsoberfläche – sogenanntes *User-Interface-Storyboarding* – bis hin zu detailgetreuen prozessualen Bildersequenzen, die auch den Anwendungskontext und handelnde Personen darstellen.

Überleitung

Auf Basis der entwickelten Persona, Szenarien und Storyboards sowie des ermittelten System- und Anwendungskontexts lassen sich nun die wesentlichen Anwendungsfälle sowie die Akteure, die mit diesen Anwendungsfällen interagieren, schnell und einfach identifizieren.

4.6 Anforderungen ermitteln

In dieser Aktivität werden Sie die Anforderungen an die zu entwickelnde mobile App erheben und anschließend in der *Anforderungsspezifikation* dokumentieren (siehe auch Abschnitt 4.7). Da die Ergebnisse der *Contextual Inquiry* (siehe Abschnitt 4.2.2) nicht ausreichend sind, um *sämtliche* Anforderungen festzulegen, müssen Sie diese nun ermitteln. Dabei gibt es allgemein drei verschiedene Arten von Anforderungsquellen zur Ermittlung der Anforderungen (vgl. [Pohl & Rupp 2015, S. 21]):

- Ein **Stakeholder** ist eine Person oder Organisation, die direkt oder indirekt Einfluss auf die Anforderungen hat. Stakeholder sind beispielsweise spätere bzw. potenzielle Benutzer des Systems, Betreiber des Systems, Entwickler, Architekten, Auftraggeber und Tester.

- **Dokumente** enthalten oft wichtige Informationen, aus denen Anforderungen gewonnen und identifiziert werden können. Beispiele für Dokumente sind allgemeingültige Dokumente wie z.B. Normen/Standards oder Gesetzestexte sowie branchen- bzw. organisationsspezifische Dokumente, z.B. Anforderungsdokument oder Fehlerberichte des Altsystems.
- **Systeme im Betrieb** können Alt- oder Vorgängersysteme oder auch Konkurrenzsysteme sein. Den Stakeholdern kann durch die Möglichkeit des Ausprobierens ein Eindruck der derzeit verfügbaren Systeme ermöglicht werden und auf dieser Basis lassen sich Erweiterungen und Änderungen ermitteln.

Im Bereich mobiler Apps gibt es bislang keine jahrzehntealten Altsysteme, wie das bei größeren Softwaresystemen im Mainframe- und Desktop-Bereich oftmals der Fall ist. Somit scheidet die Analyse von Altsystemen bei der Anforderungserhebung für mobile Apps in der Regel aus. Allerdings sollten Sie sämtliche konkurrierenden mobilen Apps identifizieren und ausprobieren, um auf dieser Basis mögliche Anforderungen an Ihre mobile App ableiten bzw. festlegen zu können.

Eine Dokumentenanalyse lässt sich nur in sehr seltenen Fällen einsetzen, um konkrete Anforderungen an eine mobile App herleiten zu können. Vor diesem Hintergrund sollten Sie die späteren Benutzer Ihrer geplanten mobilen App als Stakeholder befragen, um die Anforderungen zu ermitteln. Zu diesem Zweck werden semistrukturierte Befragungen oder Anforderungsworkshops durchgeführt. Zu weiteren Ermittlungstechniken für Anforderungen sei auf [Pohl & Rupp 2015, S. 26–32] verwiesen.

4.6.1 Anforderungen kategorisieren

Zur Anforderungsermittlung ist das Wissen, welche Bedeutung und Wertigkeit die Anforderungen für die Zufriedenheit der Stakeholder und Benutzer haben, sehr hilfreich. Hierbei sollte die Perspektive des Stakeholders bzw. späteren Benutzers eingenommen werden. Die Zufriedenheit wird mit den jeweilgen Merkmalen eines Softwaresystems bzw. einer mobilen App, von denen sie abhängen, nach dem Modell von Kano in drei Kategorien eingeteilt (vgl. [Kano et al. 1984], [Pohl & Rupp 2015, S. 24–25]):

- **Basismerkmale** sind grundsätzliche Merkmale eines Softwaresystems, die somit in jedem Fall vorhanden sein sollten (unterbewusstes Wissen),
- **Leistungsmerkmale** sind die explizit geforderten Merkmale eines Systems bzw. einer mobilen App (bewusstes Wissen) und
- **Begeisterungsmerkmale** sind Merkmale eines Softwaresystems bzw. einer mobilen App, die der Stakeholder nicht bewusst benennen kann und erst während der Benutzung als angenehme Überraschungen entdeckt (unbewusstes Wissen).

Dabei können sich die Merkmale mit der Zeit verändern: So werden aus Begeisterungsmerkmalen oftmals Leistungsmerkmale und schließlich Basismerkmale, da die Benutzer sich sukzessive an die Merkmale eines Softwaresystems bzw. einer mobilen App gewöhnen. Bei der Ermittlung der Anforderungen sind alle drei Anforderungskategorien zu berücksichtigen (vgl. [Pohl & Rupp 2015, S. 24]).

Beispiel

Die oben genannten drei Kategorien des Kano-Modells werden am Beispiel eines Kraftfahrzeugs (Kfz) näher erläutert: Die *Basismerkmale* eines Kfz sind u.a. ein Motor, vier Räder, Vorder- und Hinterbremse, ein Getriebe usw. Das heißt, hierbei geht es um Merkmale, die grundsätzlich *jedes Kfz* aufweisen sollte. Zu den *Leistungsmerkmalen* gehören bei einem Kfz beispielsweise die Leistung in PS bzw. kW, die maximale Höchstgeschwindigkeit und die erreichte Schadstoffemissionsgrenze. Zu den *Begeisterungsmerkmalen* gehören bei einem Kfz die Qualität der Lackierung, die Felgen, der Hersteller des Audiosystems und mögliche weitere Zusatzfunktionalitäten und Ausstattungsmerkmale, die nicht in der Basisversion, sondern als Sonderausstattung erhältlich sind (vgl. [Spitczok von Brisinski et al. 2014, S. 121]).

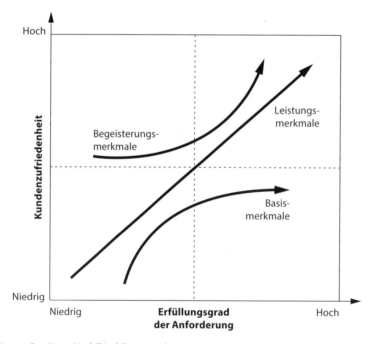

Abb. 4–7   Das Kano-Modell (vgl. [Kano et al. 1984])

Um die Anforderungen gemäß dem Kano-Modell kategorisieren zu können, müssen Sie in den Interviews bzw. Anforderungsworkshops explizit nachfragen, wobei die Stakeholder sowohl nach den Auswirkungen einer erfüllten als auch nach der Auswirkung einer unerfüllten Anforderung befragt werden, um somit den Charakter der Anforderung näher bestimmen zu können (vgl. [Spitczok von Brisinski et al. 2014, S. 122]).

4.6.2 Semistrukturierte Interviews durchführen

Um die Anforderungen an Ihre mobile App zu erheben, befragen Sie relevante Stakeholder und spätere Benutzer Ihrer mobilen App in semistrukturierten Einzel- oder Gruppeninterviews. Dazu wird ein projektspezifisch ausgearbeiteter Interviewleitfaden eingesetzt[7]. Im Rahmen der Interviews ermitteln Sie vor allem die funktionalen, aber oftmals auch die nicht funktionalen Anforderungen an die geplante mobile App. Neben einer ausführlichen Protokollierung der Interviews können Sie auch ein erstes UML-Anwendungsfalldiagramm zusammen mit dem Befragten erstellen. Auf diese Weise können die Kernfunktionalitäten an die zu entwickelnde App identifiziert und gleichzeitig grafisch modelliert werden. Das Interview sollte hierbei prinzipiell interessant für die Befragten gestaltet sein und idealerweise nicht länger als 60 bis 90 Minuten dauern.

4.6.3 Anforderungsworkshop durchführen

In agilen Vorgehens- und Projektmanagementmodellen sind zur Erhebung der Anforderungen sogenannte Anforderungsworkshops sehr beliebt. An einem Anforderungsworkshop nehmen üblicherweise der Projektleiter, das Entwicklungsteam, spätere Benutzer und weitere Stakeholder aus Marketing, Service und Vertrieb des Auftraggebers teil. Die Anforderungen – oftmals in Form von User Stories bzw. Anwendungsfällen – werden gemeinsam identifiziert, diskutiert und beschrieben (vgl. [Spitczok von Brisinski et al. 2014, S. 116]). Idealerweise werden Karteikarten bzw. Papierbögen benutzt, um allen Beteiligten eine aktive Mitarbeit sowie inhaltliche Gruppierungen auf dem Tisch, an der Wand bzw. auf Flipcharts und Whiteboards zu ermöglichen (vgl. [Pichler 2008, S. 37]). Auf diese Weise kann sichergestellt werden, dass:

- wichtige von weniger wichtigen Anforderungen differenziert werden,
- alle Stakeholder *ein gemeinsames* Verständnis der relevanten Anforderungen entwickeln,
- sich *eine* gemeinsame Begriffswelt und Sprache projektintern etabliert und
- die Anforderungen adäquat und verständlich beschrieben werden.

---

7. Zur Entwicklung eines Interviewleitfadens siehe auch [Vollmer 2007, S. 81–91].

Durch diese Vorgehensweise können die im klassischen Requirements Engineering üblicherweise vorgesehenen zeitaufwendigen Anforderungsreviews vereinfacht und im Hinblick auf den Aufwand reduziert werden. Allerdings sei darauf hingewiesen, dass sich bei Anforderungsworkshops aufgrund möglicher unterschiedlicher Hierarchieebenen der Teilnehmer nicht immer alle Stakeholder in gleichem Maße einbringen.

> **Praxistipp: Häufigkeit und Frequenz der Anforderungsworkshops**
>
> Um die Anforderungsspezifikation vor der ersten Implementierungsiteration in einen gut gefüllten Zustand zu bringen, ist es hilfreich, zunächst mehrere Anforderungsworkshops durchzuführen. Zudem sollten Sie auch zwischen den Implementierungsiterationen regelmäßig Anforderungsworkshops einplanen, um neue bzw. veränderte Anforderungen aufnehmen zu können (vgl. [Pichler 2008, S. 37]).

4.6.4 Interaction Room

Eine mit Anforderungsworkshops durchaus vergleichbare Methode zur Erhebung von Anforderungen für mobile Apps verfolgt der von Book, Gruhn und Striemer vorgeschlagene *Interaction Room*. In diesem physisch existenten und mit speziellen Arbeits- und Hilfsmitteln ausgestatteten Raum zur Interaktion und Kommunikation treffen sich alle relevanten Stakeholder einer geplanten mobilen App, um erste funktionale und nicht funktionale Anforderungen an ein geplantes Softwareprodukt sowie dessen statische und dynamische Aspekte und Strukturen in einem kooperativen, kommunikativen und schrittweisen Prozess zu analysieren, festzulegen und zu priorisieren (vgl. [Book et al. 2016, S. 119–140]).

4.6.5 Anwendungsfälle modellieren

Zur grafischen Modellierung und Spezifikation der zentralen funktionalen Anforderungen an Ihre mobile App sollten Sie UML-Anwendungsfalldiagramme einsetzen. Mit UML-Anwendungsfalldiagrammen wird die erforderliche und gewünschte Systemfunktionalität aus Benutzersicht einfach und kompakt beschrieben. UML-Anwendungsfalldiagramme verfügen dabei über eine überschaubare Anzahl von Notationselementen und sind leicht erlernbar, sodass Sie auf einfache Weise verständliche Diagramme erstellen können. Zudem sind UML-Anwendungsfalldiagramme ein geeignetes Hilfsmittel, mit dem sich die Kernfunktionalitäten der mobilen App schon während der Erhebung im Interview oder Anforderungsworkshop diskutieren und festlegen lassen. Die konkrete Frage nach den erforderlichen bzw. gewünschten Kernfunktionalitäten der geplanten mobilen App sollte hierbei schnell zu frucht- und belastbaren Ergebnissen führen.

4.6 Anforderungen ermitteln

Bei Anwendungsfällen wird wie bei User Stories (siehe Abschnitt 4.6.7) versucht, Anforderungen aus Benutzersicht zu identifizieren und dokumentieren. Die prozessualen Benutzerinteraktionen und Abläufe, die ein Benutzer später mit der mobilen App erlebt, werden zu großen Teilen von den spezifizierten Anwendungsfällen bzw. User Stories bestimmt. Somit hat deren Design eine *zentrale Bedeutung* für die *User Experience* der mobilen App. Zudem werden Anwendungsfälle – neben der grafischen Darstellung im UML-Diagramm – natürlichsprachlich beschrieben, was für die allgemeine Verständlichkeit im weiteren Projektverlauf sehr hilfreich ist (vgl. [Richter & Flückiger 2016, S. 87]).

Um eine identifizierte Funktion der mobilen App darzustellen, verwenden Sie Akteure, die mit der mobilen App interagieren. Akteure übernehmen dabei eine Rolle des Benutzers *oder* stellen ein anderes System dar, mit dem die mobile App interagiert. Der Anwendungsfall wird – als Ellipse gezeichnet und mit Namen versehen – in die rechteckigen Systemgrenzen der mobilen App eingefügt. Dabei sollte ein Anwendungsfall immer beschreiben, *was* für eine Funktionalität gewünscht wird, aber nicht, *wie* diese realisiert wird. Die einzelnen Use-Case-Schritte werden anschließend mit einer *Anwendungsfall-Spezifikationsschablone* beschrieben und dienen als Spezifikation für die Konzeptions-, Design- und Implementierungsphase (vgl. [Richter & Flückiger 2016, S. 88]).

Für die mobile App ENPURE (siehe Kap. 3) sieht das zugehörige UML-Anwendungsfalldiagramm dann beispielsweise wie in Abbildung 4–8 aus.

In diesem exemplarischen UML-Anwendungsfalldiagramm ist zu erkennen, dass der Akteur »Besucher« auf der linken Seite des Diagramms einige Anwendungsfälle durchführen kann, ohne sich anmelden zu müssen. Diese Anwendungsfälle wurden als Funktionalitäten der mobilen Stromversorgungs-App realisiert und in den Abschnitten 3.3 bis 3.5.1 umfassend erläutert.

Sofern ein Vertragsabschluss gewünscht wird, muss sich der Besucher registrieren und anmelden. Dies ist durch die Extend-Beziehung zwischen den Anwendungsfällen »Vertrag abschließen« und »Tarif berechnen« kenntlich gemacht worden. Und erst wenn aus dem Besucher ein Kunde geworden ist, kann er die für diesen Akteur relevanten Anwendungsfälle »Login«, »Vertrag abschließen«, »Vertrag verwalten«, »Verbrauch verwalten« und »Nachrichten verwalten« durchführen. Die Umsetzung dieser Anwendungsfälle in einzelnen Funktionsbereichen der mobilen Stromversorgungs-App wird in den Abschnitten 3.5.2 bis 3.14.2 ausführlich vorgestellt. Auf diese Weise wird mit den Anwendungsfällen die Außensicht der geplanten mobilen Stromversorgungs-App dokumentiert.

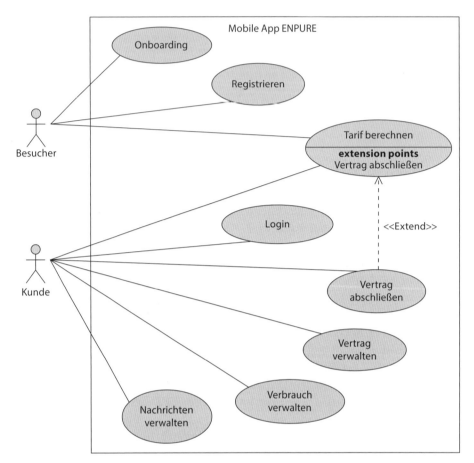

Abb. 4–8   UML-Anwendungsfalldiagramm der mobilen App ENPURE

> **Praxistipp: »Weniger ist mehr« bei der UML-Anwendungsfallmodellierung**
>
> Auch mithilfe von UML-Anwendungsfalldiagrammen lassen sich unübersichtliche und komplexe Diagramme modellieren; insbesondere Einsteigern passiert das häufig. Ziel der Use-Case-Modellierung ist es jedoch, dass Ihre Diagramme von *allen* Stakeholdern schnell und einfach verstanden werden. Daher empfehle ich Ihnen zunächst die sieben bis zehn Kernfunktionalitäten Ihrer mobilen App zu identifizieren und mit den beteiligten Akteuren in einem Anwendungsfalldiagramm zu modellieren. Neben dieser Beschränkung sollten Sie auch mögliche Include- und Extend-Beziehungen *nur dann* zwischen Anwendungsfälle einzeichnen, wenn dies zum weiteren Verständnis notwendig ist *oder* einer der Anwendungsfälle automatisch von der mobilen App durchgeführt wird und es somit keine Assoziation zu einem Akteur gibt. Zudem sind Anwendungsfalldiagramme nicht geeignet, um Verhalten, Abläufe oder Prozesse zu beschreiben. Ein »Hintereinanderschalten« von mehreren Anwendungsfällen über Extend- oder Include-Beziehungen sollte daher unbedingt unterbleiben.

Für weitere nützliche Detailinformationen zu UML-Anwendungsfalldiagrammen sei auf die aktuelle UML-Spezifikation der OMG[8] sowie die sehr guten Fachbücher [Oestereich & Scheithauer 2013] und [Rupp & Queins 2012] verwiesen.

4.6.6 Anwendungsfall-Spezifikationsschablone ausfüllen

Die *Anwendungsfall-Spezifikationsschablone* dient der detaillierten Beschreibung der einzelnen Aktionen, die durchzuführen sind, um einen Anwendungsfall zu durchlaufen bzw. vollständig zu bearbeiten. Hierbei werden das Ziel, mögliche Vor- und Nachbedingungen, das auslösende Ereignis und mögliche Ausnahmen, Alternativen und ggf. Erweiterungen des Anwendungsfalls beschrieben. Da die Anwendungsfall-Spezifikationsschablone sehr umfangreich werden kann, sollten Sie diese Spezifikation nur für Anwendungsfälle vornehmen, die schwer verständlich, sehr komplex, viele Interaktionsschritte besitzen oder erfolgskritisch sind.

Auf Basis des Anwendungsfalls »Vertrag abschließen« aus dem UML-Anwendungsfalldiagramm aus Abbildung 4–8 wird in Tabelle 4–1 eine exemplarische Anwendungsfall-Spezifikationsschablone dargestellt.

Name des Anwendungsfalls	Vertrag abschließen
Ziel des Anwendungsfalls	Kunde hat Stromversorgungsvertrag abgeschlossen
Quelle der Anforderung	Monika Mustermann
Akteure	Benutzer, Kunde
Auslösendes Ereignis	Benutzer will Tarif berechnen
Vorbedingungen	Kunde meldet sich im Laufe des Anwendungsfalls an
Interaktionsschritte des Standardfalls	1. Kunde gibt seine persönlichen Daten (Name, Adresse) ein 2. Kunde entscheidet, was er tun möchte (siehe 2.a) bis 2.c)) 3. Kunde gibt Lieferanschrift ein 4. Kunde gibt gewünschtes Lieferdatum ein 5. Kunde gibt seine Zahlungsdaten ein 6. Kunde erstellt Account mit Benutzername und Passwort 7. Kunde bestätigt die Zusammenfassung 8. Kunde erhält »Glückwunsch«-Benachrichtigung
	(keine)
Alternativen	2.a) Zum Stromanbieter wechseln und Stromanbieter kündigt den bisherigen Stromvertrag 2.b) Zum Stromanbieter wechseln und Kunde hat selbst gekündigt 2.c) Stromvertrag bestellen, denn Kunde zieht um
	(keine)
Nachbedingungen	Kunde hat Vertrag abgeschlossen
Kommentare	Daten werden nach der Eingabe von mobilen App validiert.

Tab. 4–1   Spezifikationsschablone des Anwendungsfalls »Vertrag abschließen«

---

8. Siehe *http://www.omg.org/spec/UML/2.5/PDF.*

In der Anwendungsfall-Spezifikationsschablone sollten Sie keine Entscheidungen zum Design und zur Gestaltung der grafischen Benutzungsoberfläche vorwegnehmen. Diese Entscheidungen werden in der nachgelagerten Konzeptions- und Designphase getroffen. Erstens könnten die Interaktionsschritte mit einem alternativen Interaktionsdesign besser umgesetzt werden, als in der Anwendungsfall-Spezifikationsschablone zunächst angenommen. Zweitens erhöht eine zu starke Detaillierung den Aufwand und erschwert zeitgleich die Pflege und Modifikation der Anwendungsfälle bei möglichen späteren Änderungen – und Änderungen sind eher die Regel als die Ausnahme.

Somit ist es zielführender, wenn Sie entweder ein Storyboard (siehe Abschnitt 4.5) oder einen *Low-Fidelity*-Prototyp (siehe Abschnitt 5.3) erstellen, um die einzelnen Interaktionsschritte im Zusammenspiel mit der grafischen Benutzungsoberfläche zu visualisieren. Zudem können Sie diese Entwürfe wesentlich besser mit Ihren Kunden, Auftraggebern und potenziellen Benutzern diskutieren, abstimmen und festlegen, als dies auf Basis einer Use-Case-Spezifikationsschablone möglich ist. Auch die spätere Implementierung basiert auf einer konkreten Spezifikation der einzelnen Bildschirmseiten (siehe Abschnitt 5.5) und hierbei gilt es zu berücksichtigen, dass Sie mit *einer* Spezifikation ganz unterschiedliche Zielgruppen innerhalb Ihres Mobile-App-Entwicklungsprojekts versorgen müssen (vgl. [Richter & Flückiger 2016, S. 89]).

Anwendungsfall-Spezifikationsschablonen sind ein bewährtes und in der Praxis vielfach eingesetztes Hilfsmittel, um komplexe, unübersichtliche bzw. aus vielen Interaktionsschritten zusammengesetzte Anwendungsfälle im Detail zu beschreiben. Sie stellen im Gegensatz zu UML-Anwendungsfalldiagrammen kein grafisches Beschreibungsmittel der *Unified Modeling Language* dar. Neben einer Use-Cases-Spezifikationsschablone eignen sich auch UML-Aktivitätsdiagramme zur detaillierten und dann grafischen Modellierung von Anwendungsfällen. Dabei entspricht dann jeder Interaktionsschritt aus der Anwendungsfall-Spezifikationsschablone – sowohl des Standardfalls als auch der Ausnahmen, Alternativen und Erweiterungen – einer Aktion im UML-Aktivitätsdiagramm.

4.6.7 User Stories ermitteln

User Stories – auch als Benutzererzählungen bezeichnet – sind eine Methode aus dem Bereich agiler Vorgehens-, Prozess- und Projektmanagementmodelle. Hierbei erzählen die Benutzer – oftmals im Rahmen eines Anforderungsworkshops – aus ihrer jeweils rollenspezifischen Sicht, über welche Funktionen die geplante mobile App verfügen muss bzw. soll.

Wenn in Ihrem App-Entwicklungsprojekt agil vorgegangen wird, werden Sie mit großer Wahrscheinlichkeit User Stories einsetzen. Ansonsten *können* Sie User Stories ergänzend verwenden, um die von den Benutzern gewünschte Funktionalität etwas feingranularer als mit Anwendungsfällen zu beschreiben.

4.6 Anforderungen ermitteln

Im Gegensatz zu den grafischen UML-Anwendungsfällen werden User Stories textuell formuliert und als kurze, einfache Sätze auf Karteikarten notiert. Hierbei wird aus rollenspezifischer Benutzersicht beschrieben, welche Funktionalität diese Rolle von der mobilen App erwartet bzw. wünscht. Eine User Story wird dabei meist nach folgendem Schema definiert:

»Als <Rolle> möchte ich <etwas Bestimmtes tun>, um <ein bestimmtes Ziel zu erreichen>.«

Der Text der User Story beinhaltet somit die Rolle des Benutzers, das Ziel der User Story und optional den Nutzen der beschriebenen Anforderung. User Stories bekommen zudem einen eindeutigen Namen und einer Reihe von sogenannten *Akzeptanzkriterien*. Diese halten fest, welche Kriterien und Bedingungen erfüllt sein müssen, damit die User Story als erfüllt und erfolgreich umgesetzt angesehen werden kann. Traditionell werden User Stories auf Karteikarten geschrieben, wobei Name und Text auf der Vorderseite und die Akzeptanzkriterien auf der Rückseite der Karteikarte stehen (vgl. [Spitzcok von Brisinski et al. 2014, S. 115]).

Beispiel

Eine User Story unseres Anwendungsbeispiels des mobilen Stromvertragsabschlusses aus Kapitel 3 könnte dabei wie folgt lauten:

»Als angemeldeter Benutzer möchte ich über die mobile App einen neuen Stromversorgungsvertrag abschließen und den Lieferbeginn individuell angeben können.«

Hier könnte eine Plausibilitätsprüfung des Namens, der Adresse und des Datums des Lieferbeginns mögliche Akzeptanzkriterien der User Story darstellen. Für User Stories gelten zudem die sogenannten *3C-Kriterien* (vgl. [Pichler 2008, S. 47], [Cohn 2004]):

- **Card**
  Jede User Story muss mit dem auf einer Karteikarte verfügbaren Platz auskommen und daher kurz und präzise gehalten werden.

- **Conversation**
  User Stories ersetzen nicht das notwendige fachliche Gespräch zwischen Projektmanager und Entwicklungsteam, sondern dokumentieren dessen zentrale Ergebnisse.

- **Confirmation**
  Jede User Story muss überprüfbar und testbar sein.

Das mutet eventuell etwas trivial an, ist aber in der Praxis gut geeignet, um die funktionalen Anforderungen an eine mobile App aus Benutzersicht zu identifizieren und zunächst einfach zu formulieren. Allerdings können Sie allein auf der Basis von User Stories keine komplexe, hoch funktionale und performante mobile App mit optimierter User Experience entwickeln.

Zur konkreten Umsetzung einer User Story werden weitere Details benötigt. Diese müssen in einem kommunikativen Prozess zwischen Entwicklungsteam, dem Projektleiter und Vertretern des Kunden und Auftraggebers besprochen und abgestimmt werden.

Vor- und Nachteile

Anwendungsfälle sind inhaltlich relativ ähnlich zu User Stories: Sie stellen ebenfalls Anforderungen in der Sprache des Benutzers und im Kontext des Endprodukts der Softwareentwicklung dar. Bei einem Anwendungsfall werden jedoch in aller Regel die Erfolgs- und Misserfolgsszenarien bei der möglichen Erreichung eines fachlich relevanten Ziels gebündelt dargestellt. Eine User Story stellt hingegen eine einzelne, fachlich motivierte Anforderung dar, die von einem Benutzer zwar als erfolgreich bzw. nicht erfolgreich umgesetzt beurteilt werden kann. Aber ein Benutzer wird allein über eine User Story keine fachlichen Prozesse vollständig bearbeiten bzw. entsprechende Ziele mithilfe der mobilen App erreichen können (vgl. [Spitczok von Brisinski et al. 2014, S. 116]). Zudem erfordert eine während des Requirements Engineering erhobene User Story zusätzliche Kommunikation in der Design- und Implementierungsphase. Hier müssen Auftraggeber, spätere Benutzer und der Projektleiter (im agilen Bereich der sogenannte *Product Owner*) die genaue Funktionsweise und mögliche Hintergründe der User Story im Detail beschreiben, denn nur auf der Basis von gesammelten User Stories lässt sich in der Regel keine hoch qualitative mobile App bzw. Software entwickeln. Im Unterschied zum Anwendungsfall sind User Stories also eher bruchstückhaft und zeigen nicht alle Aspekte auf, die zur Zielerreichung nötig sind (vgl. [Ebert 2014, S. 129]).

Allerdings kann *ein* Anwendungsfall den fachlichen Kontext bzw. den inhaltlichen Zusammenhang für *eine Menge von* User Stories bilden. Ein wesentlicher Vorteil und der Hintergrund für die Verwendung von eher feingranularen User Stories in agilen Modellen besteht darin, dass eine User Story – im Gegensatz zu einem Anwendungsfall – in der Regel vollständig in einer vier- bis sechswöchigen Implementierungsiteration umgesetzt werden kann. Des Weiteren gilt es zu berücksichtigen, dass User Stories nicht geeignet sind, um Anforderungen an die grafische Benutzungsoberfläche (GUI), an Subsysteme oder einzelne Komponenten zu erheben und zu beschreiben. Dafür sind GUI-Prototypen sowie UML-Diagramme deutlich besser geeignet (vgl. [Spitczok von Brisinski et al. 2014, S. 116]).

Vor dem Hintergrund der genannten Vor- und Nachteile sowie des Erfolgs und der Beliebtheit agiler Projektmanagementmodelle in der Praxis empfehle ich Ihnen, sowohl Anwendungsfälle als auch User Stories zur Beschreibung der funktionalen Anforderungen einzusetzen. Aus den identifizierten Anwendungsfällen und User Stories sollten Sie nun die einzelnen funktionalen Anforderungen an das zu entwickelnde Softwaresystem ableiten und dokumentieren.

4.6.8 Funktionale Anforderungen

Die funktionalen Anforderungen beschreiben, welche Funktionalität Ihre geplante mobile App aufweisen muss, also welche einzelnen und konkreten Funktionen sie besitzen muss (MUSS-Anforderung), bzw. besitzen sollte (SOLL-Anforderung). Zur Abgrenzung zu anderen mobilen Apps bzw. Softwaresystemen sollte zudem beschrieben werden, welche Funktionen *nicht* zu implementieren sind, da sie möglicherweise auf andere Art und Weise umgesetzt und realisiert werden. Dabei handelt es sich um die sogenannten DARF-NICHT-Anforderungen (vgl. [Spitczok von Brisinski et al. 2014, S. 117]).

Die funktionalen Anforderungen werden oftmals in Benutzer- und Systemanforderungen differenziert, um die zu erstellende Anforderungsspezifikation für unterschiedliche Zielgruppen gleichermaßen lesbar und nachvollziehbar zu gestalten und *mehrere* Zielgruppen mit *einem* Dokument berücksichtigen und zufriedenstellen zu können (vgl. [Sommerville 2012, S. 117]).

Benutzeranforderungen sind aus Benutzersicht formulierte funktionale Anforderungen und somit auf einem höheren Abstraktionsniveau beschrieben. Nur auf Basis von mehreren Benutzeranforderungen wären Sie allerdings nicht in der Lage, eine hoch qualitative, komplexe und performante mobile App implementieren zu können. Sie benötigen deutlich präzisere Angaben, Informationen und Details. Dazu werden die Benutzeranforderungen zu Systemanforderungen verfeinert, wobei oftmals *mehrere* Systemanforderungen notwendig sind, um *eine* Benutzeranforderung im Detail vollumfänglich spezifizieren zu können (vgl. [Sommerville 2012, S. 117 ff.]).

Die Systemanforderungen beschreiben somit die Benutzeranforderungen auf einem feingranularen, präzisen Abstraktionsniveau und sollten für das Entwicklungsteam verständlich formuliert sein. Zudem sollten sie sich objektiv testen und verifizieren lassen. So könnte eine Benutzeranforderung beispielsweise lauten, dass die Anmeldung zur geplanten mobilen App passwortgeschützt sein muss. Dies stellt eine MUSS-Anforderung aus Benutzersicht dar. Die zugehörige Systemanforderung würde dann im Detail beschreiben, welche Mindest- und Maximallänge vorgesehen ist und welche Sonderzeichen im Passwort zulässig sind (vgl. [Spitczok von Brisinski et al. 2014, S. 118]).

Um nicht gleich zu Projektbeginn zeitaufwendig zu jeder Benutzeranforderung alle Systemanforderungen im Detail beschreiben zu müssen, werden die Benutzeranforderungen oftmals *erst unmittelbar vor der Implementierung* im Rahmen der Iterationsplanung in einer bzw. mehreren Systemanforderungen verfeinert und präzisiert (vgl. [Spitczok von Brisinski et al. 2014, S. 118]).

4.6.9 Nicht funktionale Anforderungen

Die nicht funktionalen Anforderungen beschreiben, über welche Eigenschaften und Qualitätsmerkmale Ihre mobile App verfügen soll. Dazu zählen Eigenschaften und Merkmale wie (vgl. [Spitczok von Brisinski et al. 2014, S. 117]):

- Zuverlässigkeit, Fehlertoleranz
- Aussehen und Handhabung (»Look and Feel«)
- Benutzbarkeit, Verständlichkeit, Bedienbarkeit
- Performanz, Durchsatz, Antwortzeiten, Reaktionszeiten
- Hardwareanforderungen, Ressourcenbedarf
- Betrieb und Umgebungsbedingungen
- Portierbarkeit, Installierbarkeit
- Verfügbarkeit, Skalierbarkeit, Erweiterbarkeit
- Sicherheitsanforderungen: Vertraulichkeit, Datenschutz und Datensicherheit
- Korrektheit: fehlerfreie Ergebnisse, Fehlertoleranz
- Unterstützung von Standards, Normen und Vorschriften
- Einzusetzende Sprachen, Methoden oder Werkzeuge

Eine einzelne nicht funktionale Anforderung wie beispielsweise die Performanz oder die Hochverfügbarkeit einer Softwareanwendung ist dabei oftmals deutlich schwieriger und kostspieliger umzusetzen als eine einzelne funktionale Anforderung (vgl. [Spitczok von Brisinski et al. 2014, S. 118]).

4.6.9.1 Mobile Endgeräte und Betriebssystemversionen

Im Gespräch mit dem Kunden bzw. Auftraggeber sollten Sie festlegen, für welche mobilen Endgeräte und unter welchen mobilen Betriebssystemversionen Ihre zu entwickelnde mobile App voll funktions- und lauffähig sein soll.

In diesem Kontext ist es hilfreich, die mobilen Endgeräte frühzeitig zu gruppieren, um den späteren Entwicklungs- und Testaufwand zu reduzieren (vgl. [Knott 2016, S. 33]). Dies empfiehlt sich insbesondere für mobile Endgeräte mit Android-Betriebssystem, da hier die Problematik der Fragmentierung besonders ausgeprägt ist (siehe Abb. 1–1 auf S. 5). Dabei hat es sich in der Praxis bewährt, drei Gruppen von mobilen Endgeräten zu definieren, die in den Ziel- und Benutzergruppen Ihrer mobilen App üblicherweise eingesetzt werden. Auf Basis der Gruppen kann es dann oftmals ausreichen, wenn Sie Ihre mobile App für ein bis drei mobile Endgeräte jeder Gruppe optimieren und testen. Die möglichen Gruppen der mobilen Android-Endgeräte sehen dabei wie folgt aus (vgl. [Knott 2016, S. 33–34]):

Gruppe 1, Priorität A:
- Mobile Endgeräte der High-End-Klasse
- Dual/Quad-Core CPU
- RAM ≥ 2 GB
- Displaygröße ≥ 5 Zoll
- Retina-, Full-HD-Display
- Aktuelle Betriebssystemversion

Gruppe 2, Priorität B:
- Mobile Endgeräte der Mittelklasse
- Quad-Core CPU
- RAM < 2 GB
- Displaygröße < 5 Zoll
- Kein Retina- bzw. Full-HD-Display
- Alter der Betriebssystemversion ≤ 12 Monate

Gruppe 3, Priorität C:
- Langsamere mobile Endgeräte
- Single-Core CPU
- RAM < 1 GB
- Displaygröße < 4 Zoll
- Kein Retina- bzw. Full-HD-Display
- Alter der Betriebssystemversion > 12 Monate

4.6.9.2 Entwicklungsparadigma auswählen

Die Entscheidung, welches der fünf Entwicklungsparadigmen zur Entwicklung der mobilen App eingesetzt wird, sollte ebenfalls festgelegt werden. Im weiteren Verlauf wird davon ausgegangen, dass eine native mobile App entwickelt wird.

4.6.9.3 Einzuhaltende Standards definieren

Möglicherweise muss die zu entwickelnde mobile App bestimmte Standards einhalten. Diese werden vielfach von unabhängigen Organisationen wie dem European Telecommunications Standards Institute (ETSI), dem World Wide Web Consortium (W3C) oder dem Institute of Electrical and Electronics Engineers (IEEE) festgelegt und veröffentlicht. Im Rahmen dieser Aktivität müssen Sie mit dem Kunden und Auftraggeber sowie weiteren relevanten Stakeholdern abstimmen, welche Standards Ihre mobile App erfüllen muss.

4.6.10 Requirements im ENPURE-Projekt

Die Idee zur Entwicklung einer mobilen App zum Abschluss und zur Verwaltung des gesamten Lebenszyklus eines Stromvertrags wurde im Jahr 2015 von Vattenfall entwickelt. Zu diesem Zweck wurden die relevanten und zu unterstützenden Kundenprozesse identifiziert.

Dabei handelte es sich um die folgenden zwölf Kundenprozesse, auf deren Basis jeweils eigene Funktionsbereiche für die mobile App ENPURE definiert wurden:

1. App-Management
2. Anmeldung
3. Vertragsabschluss
4. Lieferprozess
5. Vertragskündigung
6. Abschlagszahlung
7. Zählerstand
8. Rechnungslegung
9. Postfach
10. Umzug
11. Bezahlen
12. Kundenservice (Meinung, Preismaßnahme)

Auf Basis dieser Kundenprozesse wurden erste zentrale Bildschirmseiten und Funktionsbereiche der heutigen mobilen Stromversorgungs-App abgeleitet.

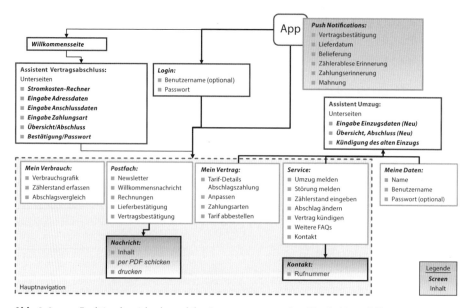

Abb. 4–9 *Funktionsbereiche der mobilen Stromversorgungs-App (Quelle: Vattenfall)*

Zudem wurde ein Lastenheft entwickelt, in dem die Zielgruppen festgelegt, grundsätzliche Anforderungen an die Bedienbarkeit definiert, Realisierungsalternativen diskutiert und die relevanten Backend-Systeme genannt wurden.

Die Ziel- und Benutzergruppe der mobilen Stromversorgungs-App definiert sich dabei über eine intensive Smartphone-Nutzung und eine hohe Affinität zu mobilen Anwendungen. Die Benutzer sind der Gruppe der sogenannten *Poweruser* zuzuordnen, ohne dabei technische Experten sein zu müssen. Sie schätzen modernes Design, intelligente und haptische Navigationsformen und können intuitiv damit umgehen. In der Zielgruppe ist das Smartphone ein ständiger Begleiter, Berater und Assistent – zum Beispiel als Fitness-Tracker, beim Shopping oder bei Banking-Aktivitäten. Die Zielgruppe der mobilen Stromversorgungs-App ist offen für die neue Generation der *Wearables* und experimentierfreudig, wenn ein erkennbarer Nutzen für sie dabei herausspringt.

Eine zentrale Anforderung an die mobile Stromversorgungs-App war die sehr einfache und komfortable Bedienbarkeit in Verbindung mit hoher Transparenz und modernem Design. Die mobile Stromversorgungs-App sollte für die Betriebssysteme iOS und Android entwickelt werden, wobei ursprünglich auch eine Entwicklung für Windows 10 Mobile in Erwägung gezogen wurde.

4.7 Anforderungsspezifikation erstellen

Die Anforderungsspezifikation ist eins der zentralen Dokumente im gesamten Softwareentwicklungsprozess. Dabei werden *sämtliche* Anforderungen des Kunden bzw. der späteren Benutzer an die zu entwickelnde mobile App im Detail beschrieben. Auf Basis der priorisierten Anforderungsspezifikation entscheidet der Kunde bzw. Auftraggeber für jede der Entwicklungszyklen bzw. Iterationen, welche Anforderungen in welcher Iteration umgesetzt werden sollen.

> **Definition: Anforderungsspezifikation**
>
> Eine Anforderungsspezifikation (synonym: Anforderungsdokument) ist eine systematisch dargestellte Sammlung von Anforderungen eines Softwaresystems oder einer Softwarekomponente, die vorgegebenen Kriterien genügt (vgl. [Pohl & Rupp 2015, S. 35]).

Eine Anforderungsspezifikation unterliegt einem kontinuierlichen Wandel durch neue oder veränderte Anforderungen. Im Lebenszyklus einer Anforderungsspezifikation sind dabei viele Personen in die Dokumentation eingebunden. Die Dokumentation nimmt bei der Kommunikation eine zielgerichtete, unterstützende Funktion ein (vgl. [Pohl & Rupp 2015, S. 35]). Die wesentlichen Gründe für die Dokumentation von Anforderungen sind (vgl. [Pohl & Rupp 2015, S. 36]):

- Anforderungen sind die Basis zur Entwicklung einer (mobilen) Anwendung.
- Anforderungsdokumente sind rechtlich relevant.
- Anforderungen sind komplex.
- Anforderungen sollten allen Beteiligten zugänglich sein.

Diese vier Aspekte haben mit dazu geführt, dass in einer Vielzahl von (mobilen) Softwareentwicklungsprojekten die Anforderungen mithilfe eines webbasierten Anforderungsmanagement-Werkzeugs wie *Confluence*[9] und *Jira*[10] oder bei entsprechender Projektgröße auch auf Basis mächtiger und umfangreicher Anforderungsmanagement-Werkzeuge wie *CaliberRM*[11] oder *DOORS*[12] verwaltet werden.

4.7.1 Arten der Anforderungsdokumentation

Zur Dokumentation und Beschreibung von Anforderungen können drei unterschiedliche Perspektiven eingenommen werden: die *Struktur-*, die *Funktions-* und die *Verhaltensperspektive*[13]. Aus praktischen und pragmatischen Erwägungen heraus möchte ich Ihnen die natürliche Sprache sowie konzeptuelle Modelle zur Dokumentation der Anforderungen an Ihre mobile App empfehlen. Bei den konzeptuellen Modellen eignen sich das Anwendungsfall-, Klassen-, Aktivitäts- und Zustandsdiagramm der UML, um Anforderungen grafisch zu beschreiben und zu spezifizieren.

Vor- und Nachteile

Bei der Dokumentation in natürlicher Sprache besteht die potenzielle Gefahr, dass Anforderungen mehrdeutig formuliert werden. Zudem können im Zuge der Anforderungsdokumentation die drei oben genannten Perspektiven unbeabsichtigt vermischt werden, sodass die Informationen zu *einer einzelnen* Perspektive nur schwer aus den natürlichsprachigen Anforderungen isoliert werden können (vgl. [Pohl & Rupp 2015, S. 37]).

Die einzelnen UML-Diagrammtypen können nicht universell eingesetzt werden, um Anforderungen zu beschreiben, wie dies bei natürlichsprachiger Spezifikation möglich ist. Durch ihre hohe Beschreibungskraft ist es jedoch möglich, Anforderungen kompakter und für den geübten Leser verständlicher darzustellen. Zudem entstehen durch den höheren Grad der Eindeutigkeit beim Einsatz konzeptueller Modelle weniger Missverständnisse und Fehlinterpretationen, als dies bei natürlicher Sprache der Fall ist (vgl. [Pohl & Rupp 2015, S. 37]).

---

9. Weitere Informationen dazu unter *http://de.atlassian.com/software/confluence*.
10. Weitere Informationen dazu unter *http://de.atlassian.com/software/jira*.
11. Weitere Informationen dazu unter *http://www.borland.com/de-DE/Products/Requirements-Management/Caliber*.
12. Weitere Informationen dazu unter *http://www-03.ibm.com/software/products/de/ratidoor*.
13. Weitere Informationen dazu unter [Pohl & Rupp 2015, S. 37].

Fazit

Die Kombination der natürlichen Sprache und der konzeptuellen Modelle zur Dokumentation der Anforderungen ermöglicht es, die Vorteile beider Beschreibungs- und Dokumentationsformen zu nutzen und die jeweiligen Nachteile der anderen Dokumentationsform zu kompensieren. So sollten unübersichtliche, große und komplexe Modelle durch begleitenden Text erläutert und beschrieben werden. Und kompliziert formulierte natürlichsprachige Anforderungen können durch einfache UML-Modelle konkretisiert, visualisiert und verständlich gemacht werden (vgl. [Pohl & Rupp 2015, S. 39]).

4.7.2 Anforderungsdokument gliedern

Zur Strukturierung des Anforderungsdokuments gibt es zahlreiche Gliederungsempfehlungen. So hat jedes größere und etablierte Vorgehensmodell wie zum Beispiel der *Rational Unified Process*[14] oder das *V-Modell XT* eine eigene Gliederungsstruktur für das Anforderungsdokument. Der Standard ISO/IEC/IEEE 29148:2011 enthält hierbei eine Gliederung, die speziell zur Dokumentation von Softwareanforderungen (*Software Requirements Specification*) entwickelt wurde.

Zur Gliederung der Anforderungsspezifikation Ihres Mobile-App-Entwicklungsprojekts sollten Sie eine wählen oder ggf. selbst entwickeln, die zu Ihrem Projekt passt und mit deren Hilfe sich die meist heterogen zusammengesetzte Leserschaft einen schnellen Überblick verschaffen kann.

Die folgenden Punkte sollte die Struktur Ihrer Anforderungsspezifikation dabei in jedem Fall enthalten (vgl. [Pohl & Rupp 2015, S. 41–43]), wobei die Beantwortung der kapitelweise zugeordneten Fragestellungen zu empfehlen ist:

1. **Einleitung**
    - Zu welchem Zweck wurde das Anforderungsdokument verfasst?
    - Wer sind die Zielgruppen des Anforderungsdokuments?
    - Wie heißt die mobile App und welche Ziele werden mit ihr verfolgt?
    - Wer sind die Stakeholder im Projekt inklusive Rollen und Kontaktdaten?
    - Überblick über Definitionen, Akronyme und Abkürzungen
    - Auf welche anderen Dokumente wird im Anforderungsdokument verwiesen?
    - Welche Struktur hat das nachfolgende Anforderungsdokument?
2. **Allgemeine Übersicht**
    - Was ist der Anwendungs- und Systemkontext der mobilen App?
    - Auf welche anderen Softwaresysteme greift die mobile App zu?
    - Zu welchen Middleware- und Backend-Systemen existieren Schnittstellen?

---

14. Siehe *http://www.ibm.com/developerworks/rational/library/content/03July/1000/1251/1251_bestpractices_TP026B.pdf*.

- Welche Personas und Szenarien wurden für die mobile App erstellt?
- Welche Storyboards sind für die mobile App relevant?
- Welche Ziel- und Benutzergruppen hat die mobile App?
- Welche möglichen Randbedingungen sind zu beachten?
- Welche Annahmen und Entscheidungen wurden ggf. getroffen?

3. **Funktionale Anforderungen**
   - Welche Kernfunktionalitäten hat die mobile App?
   - Wie sieht das UML-Anwendungsfalldiagramm der mobilen App aus?
   - Welche Anwendungsfall-Spezifikationsschablonen existieren?
   - Welche User Stories gibt es für die mobile App?
   - Welche funktionalen Benutzeranforderungen gibt es an die mobile App?
   - Welche zugehörigen Systemanforderungen gibt es an die mobile App?

4. **Nicht funktionale Anforderungen**
   - Welche Kategorien gibt es für die nicht funktionalen Anforderungen?
   - Welche nicht funktionalen Anforderungen gibt es je Kategorie?

5. **Anhang**
   - Welche weiterführenden Informationen gibt es?
   - Welche Standards, Konventionen oder Hintergrundinformationen sind relevant?

6. **Index**
   - Hier steht der Index des Anforderungsdokuments, der aufgrund der hohen Dynamik im Lebenszyklus einer Anforderungsspezifikation immer aktuell gehalten werden sollte.

4.7.3 Einsatzzwecke der Anforderungsspezifikation[15]

Die Anforderungsspezifikation wird zu unterschiedlichen Zwecken und in verschiedenen Phasen und Aktivitäten des Projekts benötigt.

Zunächst ist die Anforderungsspezifikation der wichtigste Vertragsbestandteil zwischen Auftraggeber und Auftragnehmer und somit Teil des *Vertragsmanagements*. Bei der *Projekt-, Versions-* sowie *Release- und Iterationsplanung* ist die Anforderungsspezifikation notwendig, um Arbeitspakete, Meilensteine sowie die Inhalte der einzelnen Versionen und Releases der mobilen App festzulegen. Zudem stellt die Anforderungsspezifikation zusammen mit möglichen Randbedingungen die *Grundlage für den Architekturentwurf* dar. Auf Basis der hierbei entwickelten Systemarchitektur sowie der Anforderungsspezifikation kann die *Implementierung* durchgeführt werden, an die sich üblicherweise die *Testphase* anschließt. Auch hier spielt die Anforderungsspezifikation eine wichtige Rolle, da anhand von anforderungskonformen Testfällen geprüft und sichergestellt werden

---

15. Der Abschnitt geht inhaltlich weitgehend auf [Pohl & Rupp 2015, S. 43–44] zurück.

muss, dass die mobile App sämtliche funktionalen und nicht funktionalen Anforderungen aus der Anforderungsspezifikation erfüllt. Auch im Bereich des *Änderungsmanagements* wird die Anforderungsspezifikation benötigt, um bei veränderten Anforderungen analysieren zu können, ob und inwieweit andere Teil der Anforderungsspezifikation betroffen sind. Nach der Entwicklung und Veröffentlichung einer mobilen App beginnt die Phase der Wartung und Pflege. Hier kann bei auftretenden Systemfehlern anhand der Anforderungsspezifikation analysiert werden, ob es sich um Fehler in der Bedienung, um Mängel bei den spezifizierten Anforderungen oder eventuell um Implementierungsfehler handelt.

4.7.4 Anforderungen testbar formulieren[16]

Wie wir in Abschnitt 4.7.3 gesehen haben, dient die Anforderungsspezifikation als Grundlage für verschiedene Zwecke in unterschiedlichen Phasen und Aktivitäten in einem Softwareentwicklungsprojekt. Wenn die Anforderungen bereits in der Spezifikation daraufhin geprüft werden, ob und wie sie später zu testen sind, ist dies ein gutes Hilfsmittel, um die Verständlichkeit und Widerspruchsfreiheit der Anforderungen zu verbessern. Ein Testexperte wird vage und ungenaue Beschreibungen der Anforderungen nicht akzeptieren können, denn es ist kaum möglich, auf dieser Basis gute und verlässliche Testfälle zu entwickeln. Auch wird kein App-Entwickler in der Lage sein, auf Basis von vagen Anforderungsbeschreibungen eine hoch qualitative mobile App zu implementieren; das ist schlicht unmöglich.

Entscheidbarkeit bei Anforderungen heißt, dass auf Basis der fertiggestellten mobilen App sowie der Anforderungsspezifikation eindeutig entschieden werden kann, ob eine Anforderung umgesetzt wurde oder nicht. Das ist insbesondere beim Abnahmetest wichtig. Abnahmekriterien in die Anforderungen einzubetten und die Anforderungen daraufhin zu überprüfen, ob sie entscheidbar sind, trägt maßgeblich zur Kundenzufriedenheit bei und hilft, Ihre Tests besser planen und durchführen zu können. In vielen Fällen ist es sogar zweckmäßig, bereits zu diesem frühen Zeitpunkt erste Testfälle zu definieren, um auf diese Weise zu prüfen, ob die Anforderungen auch wirklich test- und entscheidbar formuliert sind. Test- und entscheidbare Anforderungen sind meistens umfangreicher als eine vage Anforderungsbeschreibung, wie sie in den Interviews bzw. Anforderungsworkshops genannt wird. Somit trägt die Präzisierung der Anforderungen in Form von test- und entscheidbar formulierten Anforderungen maßgeblich zum Projekterfolg bei.

---

16. Der Abschnitt geht inhaltlich weitgehend auf [Ebert 2014, S. 124–125] zurück.

4.7.5 Anforderungen analysieren

Nachdem die Anforderungen ermittelt und dokumentiert wurden, müssen sie noch analysiert werden, um die Qualität der Anforderungen zu prüfen und sicherstellen zu können. Hierbei sollten Sie folgende Fragestellungen beantworten (vgl. [Ebert 2014, S. 100]):

- Haben die Anforderungen die richtige Qualität?
- Welche Anforderungen hängen eventuell voneinander ab?
- Gibt es Anforderungen, die miteinander in Konkurrenz stehen?
- Sind die wesentlichen Zusammenhänge verstanden worden?
- Sind die Anforderungen umfassend und präzise beschrieben, um auf dieser Basis eine hochwertige mobile App zu entwickeln?

Zudem sollte geprüft werden, ob die dokumentierten Anforderungen die nachfolgenden Qualitätskriterien gemäß ISO/IEC/IEEE 29148:2011 erfüllen (vgl. [Pohl & Rupp 2015, S. 47–48]):

- **Eindeutig**
  Eine eindeutig dokumentierte Anforderung kann nur auf eine Art und Weise verstanden werden. Es sollte nicht möglich sein, andere Sachverhalte hineinzuinterpretieren. Alle Leser einer Anforderung müssen zu einem einzigen, konsequenten Verständnis der Anforderung gelangen.
- **Notwendig**
  Eine Anforderung muss die Gegebenheiten im Systemkontext so widerspiegeln, dass die dokumentierte Anforderung hinsichtlich der aktuellen Gegebenheiten im Systemkontext gültig ist. Die aktuellen Gegebenheiten beziehen sich z. B. auf die Vorstellungen der verschiedenen Stakeholder, auf relevante Standards oder auf die Schnittstellen externer Systeme.
- **Konsistent**
  Anforderungen müssen gegenüber allen anderen Anforderungen konsistent und widerspruchsfrei sein; das gilt unabhängig vom Abstraktionsgrad oder der Dokumentationsform. Zudem muss eine einzelne Anforderung so formuliert sein, dass sie in sich konsistent ist, d. h., dass die Anforderung selbst keine Widersprüche enthält.
- **Prüfbar**
  Eine Anforderung muss so beschrieben sein, dass sie prüfbar ist. Das heißt, eine Funktionalität, die durch eine Anforderung gefordert wird, muss sich durch einen Test oder eine Messung nachweisen lassen.
- **Realisierbar**
  Es muss möglich sein, jede Anforderung innerhalb der gegebenen organisatorischen, rechtlichen, technischen und finanziellen Randbedingungen umzusetzen. Dies bedeutet, dass ein Mitarbeiter aus dem Entwicklungsteam an der

Bewertung von Zielen und Anforderungen beteiligt werden sollte, der die technologischen Grenzen der Umsetzung einzelner Anforderungen aufzeigen kann. Zudem müssen die Kosten für die Umsetzung in die Beurteilung mit einbezogen werden. Bisweilen nehmen Stakeholder Anforderungen zurück, wenn deutlich ist, welche Kosten für die Realisierung entstehen.

- **Verfolgbar**
Eine Anforderung ist nachvollziehbar, wenn sowohl der Ursprung als auch die Umsetzung der Anforderung und die Beziehung zu anderen Dokumenten nachvollziehbar sind. Sichergestellt wird dies über einen eindeutigen Anforderungsidentifikator. Über diese eindeutigen Identifikatoren können auch abgeleitete Anforderungen verschiedener Spezifikationsebenen verbunden werden, sodass z. B. ein Systemziel über alle Detaillierungsebenen hinweg, vom Entwurf bis zur Realisierung und dem Test, verfolgt werden kann.

- **Vollständig**
Jede einzelne Anforderung muss die geforderte und zu liefernde Funktionalität vollständig beschreiben. Anforderungen, die noch unvollständig sind, müssen entsprechend gekennzeichnet werden, z. B. durch Einfügen von »tbd« (»to be determined«) in den Text oder durch einen entsprechenden Status. Diese Markierungen können dann systematisch gesucht und durch die noch fehlenden Informationen ersetzt werden.

Zudem sollten die Anforderungen noch folgende Qualitätskriterien erfüllen (vgl. [Wake 2003], [Cohn 2004], [Pohl & Rupp 2015, S. 47–48]):

- **Abgestimmt**
Eine Anforderung ist abgestimmt, wenn sie für alle beteiligten Stakeholder korrekt ist und sie als notwendige Anforderung akzeptiert wird.

- **Unabhängig**
Die Anforderungen in der Anforderungsspezifikation sollten unabhängig voneinander sein und sich im Idealfall in beliebiger Reihenfolge umsetzen lassen. In der Praxis gibt es jedoch meist natürliche Abhängigkeiten zwischen einzelnen Anforderungen der Anforderungsspezifikation. Sie sollten aber versuchen, Abhängigkeiten zwischen einzelnen Anforderungen auf ein Minimum zu begrenzen, um sich möglichst viel Flexibilität im Softwareentwicklungsprozess zu verschaffen.

- **Verhandelbar**
Die Einträge in der Anforderungsspezifikation sollten so beschrieben werden, dass der Projektmanager, der Anforderungsmanager und das Entwicklungsteam über einen gewissen Verhandlungsspielraum bei der Release- und Iterationsplanung verfügen und auf diese Weise eine möglichst hohe Produktivität sicherstellen können. Ist eine Anforderung zu groß und zu umfangreich, um sie in einem Sprint umsetzen zu können, sollte sie entweder modifiziert wer-

den können, um dem Entwicklungsteam die Möglichkeit zu geben, die modifizierte Anforderung vollständig innerhalb eines Sprints zu realisieren, oder es schließt sich eine weitere Unterteilung der großen Anforderung an, um diese in mehreren Folgeiterationen umsetzen zu können.

- Nützlich
Alle Einträge der Anforderungsspezifikation müssen nützlich sein. Einträge ohne erkennbaren bzw. nachgewiesenen Nutzen sind entweder umzuformulieren – wenn man sich wirklich sicher ist, dass ein konkreter Nutzen gegeben ist – oder aus der Anforderungsspezifikation zu streichen.

- Schätzbar
Alle Anforderungen in der Anforderungsspezifikation müssen vom Entwicklungsteam in Zusammenarbeit mit dem Anforderungsmanager und dem technischen Projektleiter im Hinblick auf den zu erwartenden Umsetzungsaufwand abgeschätzt werden können. Das setzt voraus, dass die Anforderungen präzise beschrieben werden und vom Entwicklungsteam vollständig verstanden werden. Spätestens bei der Schätzung sollten somit Unklarheiten in Bezug auf das Verständnis einzelner Anforderungen bereinigt werden; ansonsten wäre auch keine seriöse Aufwandschätzung möglich.

- Klein
Die Anforderungseinträge sollten kurz und präzise beschrieben werden. So sollten Sie bei komplexen und eher grobgranular beschriebenen Anforderungen sukzessive dafür sorgen, dass diese in immer kleinere Einheiten zerteilt werden, um sie im Rahmen der Iterationenplanung *in einem* Sprint berücksichtigen zu können. Auf diese Weise stellen Sie sicher, dass das Verständnis für jede Anforderung erhöht wird, die Aufwände präzise geschätzt werden und sich somit keine »trojanischen Pferde« unter den komplexen Anforderungen befinden können.

- Testbar
Jede Anforderung der Anforderungsspezifikation muss testbar sein, um sie intern als erfüllt bewerten und extern vom Auftraggeber abnehmen lassen zu können. Somit ist es bereits in einer frühen Projektphase sinnvoll, wenn Sie sich für jede identifizierte Anforderung geeignete Testmethoden, -verfahren und -szenarien überlegen, die Sie im Übrigen auch gleich in das Testkonzept einfließen lassen können. Hierbei sollten Sie einen oder ggf. mehrere erfahrene Softwaretester als mögliche Ansprechpartner zurate ziehen.

- Verständlich
Die Anforderungen müssen für alle Stakeholder verständlich sein. Aus diesem Grund kann sich die Art der Dokumentation von Anforderungen je nach Phase und damit auch den unterschiedlichen beteiligten Personen stark unterscheiden. Im Requirements Engineering ist es wichtig, die Bedeutung der verwendeten Begrifflichkeiten festzulegen.

Und im Hinblick auf die Verständlichkeit Ihrer Anforderungen sollten Sie noch die beiden folgenden Regeln anwenden (vgl. [Pohl & Rupp 2015, S. 48]):

- **Jeweils nur eine Anforderung formulieren**
  Vermeiden Sie es, mehrere Anforderungen in einer Anforderung unterzubringen.
- **Kurze Sätze, kurze Absätze**
  Formulieren Sie eine Anforderung aktiv und vermeiden Sie lange Schachtelsätze. Zusammengehörende Sachverhalte sollten maximal sieben Sätze umfassen; das menschliche Kurzzeitgedächtnis ist begrenzt.

Die Überprüfung der einzelnen Anforderungen auf die Erfüllung dieser Qualitätskriterien ist einerseits sehr zeitaufwendig, andererseits sehr hilfreich für den Projekterfolg. In komplexen und schwierigen Fällen kann die Überprüfung im Rahmen eines Anforderungsreviews mit vorherigem Versand der Anforderungsspezifikation an die Teilnehmer des Anforderungsreviews durchgeführt werden.

4.7.6 Anforderungen priorisieren[17]

Die Anforderungsspezifikation sollte aus folgenden Gründen stets priorisiert sein:

- Zentrale und für den Erfolg der mobilen App wichtige Anforderungen können so frühzeitig umgesetzt werden und sind auf jeden Fall Bestandteil der mobilen App.
- Die wichtigsten Anforderungen können nach ihrer Implementierung in einem Review überprüft und dem Auftraggeber bzw. späteren Benutzern präsentiert werden. Sowohl der Projektmanager als auch das gesamte Entwicklungsteam erhalten auf diese Weise eine frühzeitige Rückmeldung, ob die zentralen Anforderungen richtig verstanden und korrekt umgesetzt wurden.
- Die wichtigsten Anforderungen können zielgerichtet detailliert und verfeinert werden. Weniger wichtige Anforderungen werden zunächst nur grob- granular beschrieben und erst vor der Implementierung im Detail spezifiziert. So wird sowohl die Zeit als auch der Aufwand minimiert, der vor Beginn der ersten Iteration in die Beschreibung der Anforderungen zu investieren ist.
- Das Softwareentwicklungsteam fokussiert von Beginn an die wichtigsten Anforderungen. Auf diese Weise kann sichergestellt werden, dass auch das Entwicklungsteam die für den Erfolg der mobilen App entscheidenden Anforderungen kennt und der Projektmanager die Umsetzung der Anforderungen besonders genau begutachten und überprüfen kann.
- Durch die Priorisierung der Anforderungen wird eine iterativ-inkrementelle Implementierung unterstützt, da zunächst die priorisierten Anforderungen in einem Inkrement umgesetzt werden, um dann Schritt für Schritt weitere Inkremente hinzuzufügen.

---

17. Der Abschnitt geht inhaltlich weitgehend auf [Pichler 2008, S. 38–43] und [Spitczok von Brisinski et al. 2014, S. 119–125] zurück.

Die zu beantwortende Frage bei der Priorisierung lautet: »Welche Anforderungen sind erfolgsentscheidend und welche könnten vernachlässigt werden?« (vgl. [Ebert 2014, S. 99]). Dabei ist die Priorisierung der Anforderungsspezifikation keine triviale Angelegenheit. Der Projektleiter muss in enger Abstimmung mit dem Kunden und auf der Grundlage der Kundenwünsche, -bedürfnisse, -vorstellungen und -anforderungen entscheiden, welche Anforderungen an die mobile App für ein erfolgreiches Projektergebnis tatsächlich entscheidend sind und welche zunächst vernachlässigt werden können.

Um die Anforderungen aus der Anforderungsspezifikation zu priorisieren, sollten die folgenden drei Betrachtungskriterien angewandt werden:

- **Wert- und Nutzenbetrachtung**
  Welchen Mehrwert schafft die Umsetzung der Anforderung? Welches relevante Wissen generiert die Implementierung der Anforderung und welche Auswirkung hat dies auf den weiteren Projektverlauf?
- **Risikobetrachtung**
  Welches Risiko wird durch die Umsetzung der Anforderung möglicherweise beseitigt oder minimiert?
- **Kostenbetrachtung**
  Welche Kosten verursacht die Realisierung der Anforderung x?

Bei der Durchführung eines Softwareentwicklungsprojekts im Allgemeinen und der Entwicklung einer geschäftlichen mobilen App im Speziellen geht es um die Erzielung eines Mehrwerts. Somit ist die erwartete Wertschöpfung das oberste Kriterium bei der Priorisierung der Anforderungen. Diese kann beispielsweise im Abschluss von zahlreichen neuen Stromversorgungsverträgen liegen oder auch in der Einsparung von Kosten durch die effizientere Gestaltung von Arbeits- und Geschäftsprozessen.

Je mehr Nutzen bzw. Mehrwert durch die Umsetzung einer Anforderung erzielt wird und je mehr Risiken dadurch minimiert werden, desto höher ist eine Anforderung zu priorisieren. Welche Kriterien in welcher Gewichtung bei der Priorisierung der Anforderungen allerdings jeweils eingesetzt werden, hängt immer vom Einzelfall ab und bleibt dem Projektleiter überlassen, der dies in enger Kooperation mit dem Auftraggeber durchführen sollte. Dabei kann es immer vorkommen, dass eine Gruppe von Anforderungen, die zu einer bestimmten zentralen Funktionalität der mobilen App beitragen, auch kollektiv hoch priorisiert werden.

In den folgenden Abschnitten wird beschrieben, wie und mit welchen Methoden Sie die Nutzen-, Risiko- und Kostenbetrachtung in Ihre Priorisierung der Anforderungen einfließen lassen können.

4.7.6.1 Nutzenbetrachtung

Zur Bestimmung des Werts bzw. Nutzens einer Anforderung sollten Sie das bereits in Abschnitt 4.6.1 vorgestellte Kano-Modell einsetzen. Angewendet auf eine mobile App bedeutet das, dass sämtliche *Basismerkmale* nach der Implementierung umgesetzt sein sollten, um die mobile App ausliefern, aus dem App Store hochladen, installieren und verwenden zu können. Dabei sagt das Kano-Modell aus, dass Basismerkmale im Entwicklungsverlauf der mobilen App zu einer Stagnation der Kunden- bzw. Benutzerzufriedenheit führen können. Eine mögliche Erklärung dafür lautet, dass Basismerkmale keine Alleinstellung bewirken und prinzipiell auch von vielen anderen mobilen Apps bereitgestellt werden können.

Die Erfüllung der Leistungsmerkmale erzeugt dahingegen einen linearen Anstieg der Zufriedenheit bei den Benutzern frei nach dem Motto »je mehr, je besser«. Somit steigern Leistungsmerkmale *immer* die Kunden- und Benutzerzufriedenheit. Einen vergleichbar starken Einfluss haben die Begeisterungsmerkmale, wobei es vom individuellen Fall und Projekt abhängt, *wie stark* die Begeisterungsmerkmale zur Kunden- und Benutzerzufriedenheit beitragen. Hier kann es im Einzelfall auch dazu kommen, dass *eine* Anforderung aus dem Bereich der Begeisterungsmerkmale zu einem starken Anstieg der Kundenzufriedenheit führt, den sonst keine andere Anforderung erzielen würde.

Eine geschickte, benutzerorientierte Kombination von Anforderungen aus den drei oben genannten Kategorien des Kano-Modells trägt dazu bei, die Zufriedenheit und den Mehrwert für den Benutzer zu optimieren. Und da es bei den Basismerkmalen ganz offensichtlich eine sukzessive Stagnation der Kundenzufriedenheit gibt, sollten Sie diese Anforderungen sorgsam auswählen und nicht notwendigerweise alle Basisanforderungen mit der ersten Version Ihrer mobilen App ausliefern. Damit tun Sie weder sich noch dem Kunden und Benutzer einen wirklichen Gefallen.

4.7.6.2 Risikobetrachtung

Zur Berücksichtigung der potenziellen Projektrisiken in der Anforderungsspezifikation sollten der Projektleiter und das Entwicklungsteam in einem gemeinsamen Workshop potenzielle Risiken im Hinblick auf die ermittelten Anforderungen identifizieren. Sind mit einer Anforderung ein oder mehrere Risiken verbunden, die zum aktuellen Zeitpunkt aber nicht genau bestimmt, analysiert und bewertet werden können, so ist diese Anforderung hoch zu priorisieren. Auf diese Weise wird die Anforderung in einer der nächsten Iterationen implementiert, sodass eine detaillierte Risikoanalyse und -bewertung ermöglicht wird.

> **Tipp: Risikobetrachtung wiederholen**
>
> Wiederholen Sie die Risikobetrachtung und -identifikation in regelmäßigen Abständen; am besten immer dann, wenn der Release- und Iterationsplan aktualisiert wird, d.h. also mindestens einmal nach jeder Iteration!

Durch eine frühe Risikobetrachtung können plötzlich und spät im Projektverlauf auftretende Risiken oftmals vermieden werden. Zudem wird eine möglicherweise notwendige frühzeitige Neuausrichtung des Projekts ermöglicht oder es lassen sich ggf. alternative Technologien zur Lösung einsetzen. Und wenn dies alles nichts hilft, kann dieses Vorgehen auch dazu führen, dass ein Projekt frühzeitig eingestellt wird, *ohne dass* zeitaufwendige Analyse-, Spezifikations-, Entwurfs- oder Entwicklungskosten anfallen. Insgesamt trägt dieses risikogetriebene Vorgehen zu einer offenen, innovationsförderlichen und transparenten Projektkultur bei, in der Probleme und Risiken klar und eindeutig benannt werden.

4.7.6.3 Kostenbetrachtung

Zur Betrachtung der Kosten der einzelnen Anforderungen müssen diese im Hinblick auf den zu erwartenden Umsetzungsaufwand eingeschätzt und bewertet werden.

Im agilen Projektmanagementmodell *Scrum* werden sogenannte *Story Points* verwendet, wobei neben dem Aufwand, die Teamzusammensetzung und die Entwicklungsgeschwindigkeit bekannt sein müssen, bevor sich die effektiven Kosten präzise bestimmen lassen. Um also die Kosten für einen Story Point zu ermitteln, bestimmen Sie zunächst die Summe *aller Kosten*, die das Projekt pro Iteration verursacht. Diese beinhalten u.a. auch Personal- und Lizenzkosten. Anschließend werden die ermittelten Kosten durch die durchschnittliche Entwicklungsgeschwindigkeit dividiert.

Um die klassifizierten Anforderungen ordnen und gruppieren zu können, sollte die einfach anwendbare Wert-Risiko-Matrix von Cohn (vgl. [Cohn 2005]) eingesetzt werden:

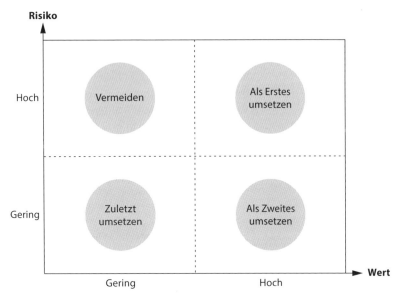

Abb. 4–10 *Die Wert-Risiko-Matrix (nach [Cohn 2005])*

Für die Zuordnung der einzelnen nach dem Kano-Modell klassifizierten Anforderungen sollten Sie wie folgt vorgehen:

- Anforderungen, die einen hohen Nutzen bzw. Wert *und* ein hohes Risiko beinhalten, werden mit der **höchsten Priorität** versehen und als Erstes realisiert. Dies stellt sicher, dass die nützlichsten Anforderungen rasch umgesetzt und potenziell schädliche Risiken frühzeitig analysiert werden können.
- Anforderungen, die einen hohen Wert und ein niedriges Risiko tragen, werden mit **mittlerer Priorität** versehen. Auf diese Weise werden alle nützlichen Anforderungen zügig umgesetzt und in einer lauffähigen Softwareversion an den Kunden ausgeliefert.
- Anforderungen, die einen geringen Wert besitzen und ein geringes Risiko darstellen, werden mit **niedriger Priorität** bewertet, da diese weder für die Erhöhung des Kundennutzens noch zur Analyse oder Vermeidung potenzieller Risiken einen substanziellen Beitrag leisten.
- Und die Umsetzung von Anforderungen, die einen geringen Nutzen und ein hohes Risiko aufweisen, wird gänzlich vermieden bzw. nur auf ausdrücklichen Kundenwunsch hin durchgeführt.

4.7.7 Anforderungsspezifikation im ENPURE-Projekt

Im ENPURE-Projekt wurden die Anforderungen mit User Stories erhoben und in einem *Product Backlog* dokumentiert und verwaltet. Bei der Feinplanung zur Umsetzung der User Stories gab es immer die Möglichkeit der Kommunikation zwischen Auftraggeber und Auftragnehmer, um die User Stories detailliert nachzuvollziehen und entsprechend realisieren zu können. Einen Ausschnitt aus dem Product Backlog des ENPURE-Projekts zeigt Abbildung 4–11.

R1.1.0

ID	Beschreibung	ADR	iOS	MW	Aufwand	Freigabe	Release	JIRA	Status	Abrechnung
	Widerruf auch für Orders möglich	x	x	x	4,75 PT	ja	R1.1.0	EAPP-273	Abgeschlossen	10/2016
	iOS 10 Check, Anpassung der App für iOS 10		x		3,50 PT	ja	R1.1.0	EAPP-277	Abgeschlossen	10/2016
	Analyse Performance Verbesserung	x	x	x	2,00 PT	ja	R1.1.0	EAPP-279	Abgeschlossen	10/2016
	Umbau Registrierung (Grobkonzept)	x	x	x	15,00 PT	ja	R1.1.0	VATTFAPP-871	Abgeschlossen	10/2016
	Akzeptanztests vor Ort in Magdeburg				5,00 PT	ja	R1.1.0		Abgeschlossen	10/2016
	Kontaktformular	x	x		1,50 PT	ja	R1.1.0		Abgeschlossen	10/2016
	Identifikation	x	x	x	28,00 PT	ja	R1.2.0		50% erledigt	In Bearbeitung	11/2016
	Regressionstests	x	x		4,00 PT	Offen	R1.1.0		Abgeschlossen	10/2016
	Registrierung Prototyp und Expertentest • Finalisierung in KW44 • Erweitert um 1PT Projektmanagement		x		13,00 PT	ja		VATTFAPP-907	Abgeschlossen	10/2016
	Tracking SDK	x	x		8,50 PT	Offen	R1.1.0	EAPP-271	Abgeschlossen	10/2016
	Grafik für Abschlag anpassen wieder anschalten	x	x	x	9,00 PT	ja	R1.1.0	EAPP-287	Abgeschlossen	10/2016
	Summe				94,25 PT					

Abb. 4–11   *Ausschnitt aus dem Product Backlog im ENPURE-Projekt[18]*

Hierbei wurde neben einer Kurzbeschreibung zwischen den beiden zu unterstützenden mobilen Betriebssystemen und der Middleware differenziert, die geplanten Aufwände aufgeführt, das entsprechende Release benannt und ein Verweis auf den entsprechenden Eintrag in der Softwareanwendung *Jira* angegeben. Jira wurde im ENPURE-Projekt zur Fehlerverwaltung, Problembehandlung und zum operativen Projektmanagement eingesetzt.

Dieses Praxisbeispiel setzt dabei nicht alle Kriterien um, die in Abschnitt 4.7.5 zur Erstellung einer qualitativ hochwertigen Anforderungsspezifikation beschrieben wurden. Dies ist der Tatsache geschuldet, dass im praktischen Alltag aus Zeit- und Aufwandsgründen nicht immer alle sinnvoll und zweckmäßig erscheinenden Kriterien auch vollumfänglich berücksichtigt werden können.

---

18. Bildquelle: adesso mobile solutions GmbH mit freundlicher Genehmigung von Vattenfall.

4.8 Versionsplanung durchführen

Vor dem Hintergrund der hohen Wettbewerbsdynamik im Bereich mobiler Apps sollten Sie auf Basis der priorisierten Anforderungsspezifikation möglichst frühzeitig eine erste grobe Versionsplanung vornehmen. Ziel sollte es auf der einen Seite sein, den Benutzer gleich mit der ersten App-Version zu begeistern und einen wirklichen Mehrwert zu liefern. Auf der anderen Seite sollten Sie Ihr »Pulver nicht sofort verschießen«.

Die Versionsplanung müssen Sie in enger Abstimmung mit dem Kunden und Auftraggeber vornehmen. Dabei sollten Sie in kontinuierlichen, ca. sechs- bis zwölfmonatigen Intervallen, eine neue Version Ihrer mobilen App in den App Stores veröffentlichen, um die Kunden- und Benutzerzufriedenheit kontinuierlich hoch zu halten. Eine neue Version *sollte immer* einen oder mehrere der vier folgenden Aspekte umsetzen und *kann* zusätzliche Fehlerkorrekturen beinhalten:

- Optimierte User Experience
- Neue Funktionen
- Vereinfachung der Funktionen einer vorherigen Version
- Performanzsteigerung

Ein Versionsplan sollte dabei auf höherem Abstraktionsniveau beschreiben, welche Ziele und grundsätzlichen Funktionen sowie welche Anforderungen in welcher App-Version veröffentlicht werden.

App-Version	1.0	1.2	2.0
Veröffentli.-Termin	1. Oktober 2016	1. Oktober 2017	1. April 2018
Ziele und integrierte Funktionen	Initiale Version für den Abschluss des Stromvertrags	Performanzsteigerung durch Optimierung auf Android 8 und iOS 11	Umfangreiche Funktionserweiterung, komplettes Re-Design
Anforderungs-IDs	1–20, 29, 30	21–28, 31–34	35–51, 61–70

Tab. 4–2 *Exemplarischer Versionsplan*

Zu gegebener Zeit kann es dabei auch zielführend sein – ähnlich wie wir das von Webseiten kennen –, ein komplett neues, innovatives grafisches Designkonzept umzusetzen, um den Benutzer zu begeistern und die User Experience auf einem konstant hohen Level halten zu können.

Die Ergebnisse der Versionsplanung fließen dann in die Pflege- und Wartungsphase ein, die nach der Veröffentlichung der ersten App-Version beginnt.

4.9 Zusammenfassung

Die Erhebung, Analyse und Dokumentation der funktionalen und nicht funktionalen Anforderungen gehört zu den Hauptaufgaben des Requirements Engineering. Zur Entwicklung hoch qualitativer mobiler Apps sollten Sie dazu die Stakeholder und Benutzer Ihrer mobilen App in Interviews befragen oder Anforderungsworkshops durchführen, um die Anforderungen ermitteln zu können. Die ermittelten Anforderungen sollten Sie in der Anforderungsspezifikation dokumentieren und für alle beteiligten Personen im Projekt verständlich formulieren. Das Auffinden oder Ändern von Anforderungen wird dadurch erleichtert und beschleunigt. Auch die Einhaltung der Qualitätskriterien für Anforderungsdokumente wird auf diese Weise gefördert. Bewährt hat sich hierzu der Einsatz von angepassten Dokumentenvorlagen. Diese werden mit projektspezifischen Anforderungen in natürlicher Sprache und in Kombination mit konzeptuellen Modellen wie UML-Anwendungsfalldiagrammen vervollständigt. Zur Bestimmung der Kunden- und Benutzerzufriedenheit im Hinblick auf eine Anforderung sollten Sie das Kano-Modell einsetzen, das die identifizierten Anforderungen in Basis-, Leistungs- und Begeisterungsmerkmale unterteilt.

4.10 Übungen

Ermitteln Sie die Anforderungen an eine von Ihnen zu entwickelnde mobile Banking-App. Bitte bearbeiten Sie dazu die folgenden Aufgaben:

a) Entwickeln Sie eine Projektvision für die mobile Banking-App.

b) Benennen Sie die Ziel- und Benutzergruppen Ihrer mobilen Banking-App!

c) Beschreiben Sie den Anwendungskontext Ihrer mobilen Banking-App!

d) Erstellen Sie drei Personas für Ihre mobile Banking-App!

e) Entwickeln Sie fünf typische Anwendungsszenarien für Ihre mobile Banking-App!

f) Erstellen Sie ein Storyboard für eine Anwendungssequenz!

g) Modellieren Sie ein UML-Anwendungsfalldiagramm für Ihre mobile Banking-App!

h) Entwickeln Sie zehn User Stories für Ihre mobile Banking-App!

i) Definieren Sie zehn funktionale Benutzeranforderungen der mobilen Banking-App!

j) Legen Sie die funktionalen Systemanforderungen Ihrer mobilen Banking-App fest!

k) Bitte definieren Sie die nicht funktionalen Anforderungen Ihrer mobilen Banking-App!

l) Erstellen Sie eine Anforderungsspezifikation nach der in Abschnitt 4.7.2 vorgestellten Gliederung!

m) Analysieren Sie Ihre Anforderungen nach den in Abschnitt 4.7.5 vorgestellten Kriterien!

4.11 Weiterführende Literatur

[Ebert 2014] Ebert, C.: Systematisches Requirements Engineering. 5., überarbeitete Auflage, Heidelberg: dpunkt.verlag, 2014.

[Ludewig & Lichter 2013] Ludewig, J.; Lichter, H.: Software Engineering – Grundlagen, Menschen, Prozesse, Techniken. 3., korrigierte Auflage, Heidelberg: dpunkt.verlag, 2013.

[Moser 2012] Moser, C.: User Experience Design. Mit erlebniszentrierter Softwareentwicklung zu Produkten, die begeistern. Heidelberg: Springer Vieweg, 2012.

[Oestereich & Scheithauer 2013] Oestereich, B.; Scheithauer, A.: Analyse und Design mit der UML 2.5. 11. Auflage, München: Oldenbourg Verlag, 2013.

[Pichler 2008] Pichler, R.: Scrum – Agiles Projektmanagement erfolgreich einsetzen. Heidelberg: dpunkt.verlag, 2008.

[Pohl 2008] Pohl, K.: Requirements Engineering – Grundlagen, Prinzipien, Techniken. 2. Auflage, Heidelberg: dpunkt.verlag, 2008.

[Pohl & Rupp 2015] Pohl, K.; Rupp, C.: Basiswissen Requirements Engineering. 4., überarbeitete Auflage, Heidelberg: dpunkt.verlag, 2015.

[Richter & Flückiger 2016] Richter, M.; Flückiger, M.: Usability und UX kompakt – Produkte für Menschen. 4. Auflage, Heidelberg: Springer Vieweg, 2016.

[Rupp & Queins 2012] Rupp, C.; Queins, S.: UML 2 glasklar. 4. Auflage, München: Carl Hanser Verlag, 2012.

[Spitczok von Brisinski et al. 2014] Spitczok von Brisinski, N.; Vollmer, G.; Schäfer-Weber, U.: Pragmatisches IT-Projektmanagement – Softwareentwicklungsprojekte auf Basis des PMBOK Guide führen. 2., aktualisierte und überarbeitete Auflage, Heidelberg: dpunkt.verlag, 2014.

5 Konzeption und Design

In diesem Kapitel wird die Konzeptions- und Designphase einer mobilen App vorgestellt. Dazu werden sämtliche Ergebnisse aus der vorherigen Requirements-Phase benötigt und genutzt, wobei die Anforderungsspezifikation *das* zentrale Dokument für die Konzeptions- und Designphase darstellt. In dieser werden zunächst das Interaktionsdesign und die grafische Benutzungsoberfläche der mobilen App entworfen. Zudem sollte – falls erforderlich – die Barrierefreiheit der mobilen App konzipiert werden. Übergeordnetes Ziel ist es, möglichst schnell erste horizontale Prototypen der grafischen Benutzungsoberfläche zu entwickeln und diese zu testen, zu evaluieren und zu verfeinern. Dazu sind qualifizierte Rückmeldungen von Experten und potenziellen Benutzern notwendig, die Auskunft geben, ob das konzipierte Interaktionsdesign, das visuelle Konzept, die User Experience, die Usability und die Barrierefreiheit der mobilen App hochwertig sind bzw. an welchen Stellen mögliche Optimierungsmaßnahmen durchgeführt werden sollten. In dieser Teilphase mit den Abschnitten 5.1 bis 5.4 der Konzeptions- und Designphase können auch Methoden des *Design Thinking* eingesetzt werden, um möglichst benutzerorientierte Lösungen zu konzipieren und zu entwerfen. Diese Phase ist dabei stark explorativ und von zahlreichen Iterationen geprägt, auch wenn die Darstellung im Buch ein eher schrittweises, sequenzielles Vorgehen nahelegt. Oftmals wird auch zwischen den Aktivitäten hin- und hergewechselt, wobei das jeweilige Vorgehen in der Regel projektspezifisch ausgeprägt ist.

Das zentrale Ergebnis der über mehrere Iterationen und Verfeinerungen entwickelten und erprobten GUI-Prototypen ist dann die sogenannte *Seitenspezifikation*. Diese stellt die Basis für die schlussendliche Implementierung dar. In der Seitenspezifikation werden sämtliche Bildschirmseiten der mobilen App mit allen Details wie Texten, Grafiken, GUI-Elementen, Abständen und Bemaßungen beschrieben, sodass auf dieser Basis eine programmiertechnische Implementierung erfolgen kann.

Parallel dazu wird die Systemarchitektur entworfen, um die relevanten Backend-Systeme adäquat an die mobile App anbinden zu können. In diesem Kontext kann auch der Entwurf einer projektspezifischen *Middleware* erforderlich werden, die den Nachrichtenaustausch zwischen mobiler App und Backend-Systemen steuert und synchronisiert. Zudem kann sie ggf. auch Teile der Geschäftslogik aufnehmen, um die mobile App schlank und performant zu halten und Anforderungen an Datenschutz und Datensicherheit zu erfüllen. Die Konzeption einer Middleware wird jedoch nicht in diesem Buch thematisiert, da sie im Allgemeinen sehr individuell und projektspezifisch ausfällt und den Rahmen dieses Lehrbuchs sprengen würde.

5.1 Interaktionsdesign entwickeln

Das Interaktionsdesign definiert die Möglichkeiten zur Steuerung eines Softwaresystems, dessen Verhalten sowie die Rückmeldungen an den Benutzer. Im Kontext mobiler Anwendungen fokussiert das Interaktionsdesign den Entwurf eines geeigneten Interaktionskonzepts für eine geplante mobile App. Die mobile App stellt dabei Informationen und Funktionen bereit, um bestimmte Aufgaben erledigen zu können. Die Umsetzung einer hoch qualitativen und innovativen User Experience steht hierbei im Vordergrund (vgl. [Richter & Flückiger 2016, S. 192]).

Eng verbunden mit dem Interaktionsdesign ist die *Informationsarchitektur*: Eine Informationsarchitektur strukturiert ein Informationsangebot mit dem Ziel, die angebotenen Inhalte, verfügbaren Navigationsmöglichkeiten und Suchfunktionen sinnvoll und benutzerorientiert bereitzustellen. Hierbei soll der Benutzer einfach und intuitiv auf die angebotenen Informationen und Inhalte zugreifen und diese leicht finden und verstehen können (vgl. [Burkhard 2008, S. 308]). Zur Strukturierung eines Informationsangebots werden zunächst die Inhalte analysiert und gruppiert, um anschließend Kategorien zu bilden. Hierbei gibt es unterschiedliche Ansätze. Dazu zählt die flache Informationsarchitektur im linken Teil von Abbildung 5–1, bei der es mehrere Kategorien gibt und die Inhalte in den Blättern des Baums aufgrund der geringen Navigationstiefe schnell von der Wurzel des Baums (entspricht der Startseite der mobilen App) erreichbar sind. Bei der tiefen Informationsarchitektur im rechten Teil in Abbildung 5–1 werden weniger, oftmals etwas trennschärfere Kategorien gebildet und die Inhalte anschließend zugeordnet. Dadurch wird der Navigationspfad zum jeweiligen Inhalt gegenüber der flachen Informationsarchitektur im linken Teil verlängert.

5.1 Interaktionsdesign entwickeln

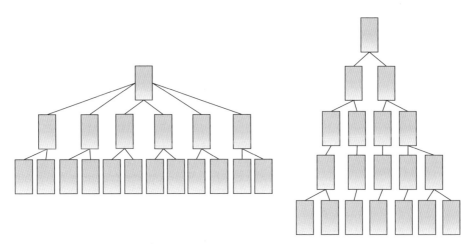

Abb. 5-1 Flache und tiefe Informationsarchitektur

Im grafischen Modell des Interaktionsdesigns wird somit grafisch modelliert und spezifiziert, welche Interaktionsmöglichkeiten ein Benutzer hat, um eine mobile App zu steuern und zu bedienen. Und über die Informationsarchitektur wird definiert, wie das Informationsangebot der mobilen App strukturiert und möglichst benutzerorientiert bereitgestellt wird. Somit gibt es mit dem Interaktionsdesign eine eher dynamikorientierte Perspektive auf die Funktionen und mit der Informationsarchitektur eine eher strukturelle Perspektive auf die Informationen, die eine mobile App bereitstellt. Interaktionsdesign und Informationsarchitektur gehören somit eng zusammen und lassen sich nicht trennscharf voneinander abgrenzen (vgl. [Garrett 2012, S. 80 f.]).

Im Folgenden werde ich zumeist vom *Interaktionsdesign* einer mobilen App sprechen, da es bei den mobilen geschäftlichen Apps, die Gegenstand dieses Buchs sind, zumeist um deren Funktionalität und Interaktivität geht.

Das Interaktionsdesign einer mobilen App verfügt üblicherweise über zahlreiche Interaktionsmöglichkeiten. Diese kann ein Benutzer einsetzen, um durch das Funktions- und Informationsangebot zu navigieren bzw. Interaktionen mit der mobilen App durchzuführen. Dabei veranlasst der Benutzer durch seine jeweilige Interaktion einen Übergang von einer Bildschirmseite – oftmals auch als *Screen* oder *View* bezeichnet – zu einer anderen Bildschirmseite der grafischen Benutzungsoberfläche. Diese Sequenz einer Benutzerinteraktion wird auch als *Screen-* oder *Click-Flow* bezeichnet.

Die Interaktionsmöglichkeiten einer mobilen App sollten einfach und gut auffindbar sein und nur wenig Platz auf dem Multitouch-Display des mobilen Endgeräts beanspruchen (vgl. [Budiu 2015]). Zudem soll mithilfe des Interaktionsdesigns eine möglichst einfache, intuitive und benutzungsfreundliche Navigation durch das Informationsangebot der mobilen App ermöglicht werden, sodass der Benutzer zur Erledigung zentraler Aufgaben und Tätigkeiten nur wenige Gesten in Form von Taps u.v.a.m. benötigt.

Zur Visualisierung des Interaktionsdesigns einer mobilen App sollten Sie grafische Modelle einsetzen. Damit lassen sich viele Sachverhalte deutlich einfacher und aussagekräftiger beschreiben und diskutieren als mit einer textuellen Beschreibung über mehrere Sätze. Durch die grafische Modellierung des Interaktionsdesigns wird sichtbar gemacht, auf welchen unterschiedlichen Pfaden ein Benutzer durch die mobile App navigieren bzw. mit der mobilen App interagieren kann. Zudem können die Zweckmäßigkeit und Benutzungsfreundlichkeit des Interaktionsdesigns durch ein entsprechendes grafisches Modell geprüft werden. So sollten zu lange bzw. verwirrende Pfade identifiziert und vermieden werden (vgl. [Budiu 2015]) und die Richtlinien für eine softwareergonomische und benutzungsfreundliche Bedienung nach ISO 9241-210 berücksichtigt werden. Somit spielt die Konzeption und Visualisierung des Interaktionsdesigns eine wichtige und zentrale Rolle, um eine hochwertige User Experience für die mobile App konzipieren, erproben und testen zu können.

Modellierungssprachen für das Interaktionsdesign

Zur grafischen Modellierung und Spezifikation des Interaktionsdesigns lassen sich das *visuelle Vokabular* von Garrett (vgl. [Garrett 2012, S. 102 ff.]) oder UML-Zustandsdiagramme einsetzen. Welche grafische Beschreibungsform Sie wählen, sollten Sie projektspezifisch entscheiden. Allerdings können Sie mit UML-Zustandsdiagrammen jede einzelne Transition modellieren und spezifizieren, was beim visuellen Vokabular nicht vorgesehen ist, um keine unleserlichen Diagramme zu erzeugen. Somit lässt sich das Interaktionsdesign einer mobilen App mit dem visuellen Vokabular auf eine eher grobgranulare Weise beschreiben, wohingegen UML-Zustandsdiagramme eine sehr feingranulare Modellierung erlauben, die den inhärenten Nachteil komplexer, unleserlicher Diagramme nach sich zieht. Bei der Modellierung des Interaktionsdesigns sollten Sie die identifizierten Anwendungsfälle aus der Anforderungsspezifikation (siehe Abschnitt 4.7) als eigene Funktionsbereiche möglichst direkt unter der Start-Bildschirmseite der mobilen App anordnen. Die beiden Spezifikationssprachen zur grafischen Modellierung des Interaktionsdesigns mobiler Apps werden nachfolgend vorgestellt.

5.1.1 Visuelles Vokabular[1]

Mithilfe des visuellen Vokabulars lassen sich Funktionsbereiche, Interaktionspfade, Verzweigungen und Verbindungen zwischen den einzelnen Bildschirmseiten eines digital bereitgestellten Informationsangebots grafisch modellieren und sichtbar machen (vgl. [Garrett 2012, S. 102]). Dabei soll ein Diagramm, das mit dem visuellen Vokabular erstellt wurde, nicht jede Interaktionsmöglichkeit dokumentieren. Eine solche Detailtiefe würde das Konzeptions- und Entwicklungsteam eher verwirren und vom Wesentlichen ablenken. Ziel ist es vielmehr, kon-

---

1. Der Abschnitt geht inhaltlich weitgehend auf [Garrett 2002] zurück.

zeptuelle Beziehungen zu visualisieren, sodass sowohl zusammengehörige als auch getrennte Funktionsbereiche der mobilen App verdeutlicht werden. Zudem soll mithilfe der Diagramme überprüft werden, ob und inwieweit die einzelnen Schritte einer Benutzerinteraktion sinnvoll zusammenpassen und auf diese Weise eine hochwertige Usability und User Experience unterstützt wird.

Die mit dem visuellen Vokabular erstellten Diagramme ermöglichen dem Konzeptions-, Design- und Entwicklungsteam einen Überblick über das Interaktionsdesign der gesamten mobilen App. Anschließend wird das visuelle Konzept der mobilen App erstellt, auf dessen Basis die einzelnen Bildschirmseiten entworfen und grafisch gestaltet werden können. Danach werden das Interaktionsdesign und die grafisch gestalteten Bildschirmseiten zusammengeführt: Zunächst gröber als bei *Low-Fidelity-Prototypen*, später feiner als möglichst realgetreue Abbilder der grafischen Benutzungsoberfläche in Form eines *High-Fidelity-Prototyps*.

5.1.1.1 Grundannahmen

Das visuelle Vokabular (VV) von Garrett basiert auf wenigen Notationssymbolen, wobei folgende Grundannahmen gelten:

- Die mobile App gibt dem Benutzer Pfade zur Navigation und Interaktion vor.
- Durch die Auswahl eines Navigationselements auf einer Bildschirmseite der grafischen Benutzungsoberfläche, wie z. B. ein Button, ein Textfeld oder ein Link, bewegt sich der Benutzer entlang dieser Pfade.
- Benutzeraktionen veranlassen die mobile App, Ereignisse (Events) zu erzeugen.

5.1.1.2 Basiselemente des visuellen Vokabulars

Das Basiselement des visuellen Vokabulars ist eine Bildschirmseite der grafischen Benutzungsoberfläche. Sie wird vom visuellen Vokabular durch ein einfaches Rechteck symbolisiert. Neben der Bildschirmseite gibt es noch Dateien als Basisnotationssymbol. Dateien besitzen keine Interaktionsoptionen; auf sie kann lediglich zugegriffen werden. Verlinkte Audio- und Videodateien, PDF-Dokumente oder andere, ggf. auch ausführbare Dateien sind exemplarische Beispiele dafür. Auf der linken Seite von Abbildung 5–2 sind die Symbole für eine Bildschirmseite und eine Datei zu sehen und auf der rechten Seite die Symbole für mehrere Bildschirmseiten bzw. mehrere Dateien.

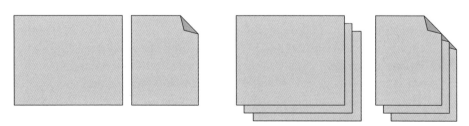

Abb. 5–2 *Symbole des visuellen Vokabulars [Garrett 2002]*

Das Symbol für mehrere Bildschirmseiten wird benutzt, um eine Gruppe von funktional identischen Bildschirmseiten *mit einem* Symbol zu modellieren. Dabei sind die Interaktions- und Navigationsmöglichkeiten unwesentlich für die Makrostruktur der mobilen App. Ähnlich verhält es sich mit dem Symbol für mehrere Dateien: Es stellt eine Gruppe von Dateien dar, die als Einheit angesehen werden können, wie zum Beispiel ein Ordner mit mehreren PDF-Dokumenten.

5.1.1.3 Eindeutige und prägnante Namen

Bei der Verwendung der Symbole des visuellen Vokabulars in einem VV-Diagramm sollten Sie möglichst aussagekräftige Namen vergeben, um die einzelnen Elemente gut und eindeutig identifizieren zu können. Achten Sie auch darauf, keine Namen doppelt zu verwenden. Zur besseren Übersichtlichkeit werden die im Diagramm benutzten Symbole zudem fortlaufend nummeriert.

5.1.1.4 Ungerichtete Kanten

Um eine Navigationsbeziehung zwischen zwei Bildschirmseiten bzw. einer Bildschirmseite und einer Datei zu modellieren, zeichnen Sie eine *ungerichtete* Kante zwischen den beiden Symbolen ein. Auf diese Weise entstehen einfache Baumstrukturen mit einer Wurzel oben und den Blättern unten, wie in Abbildung 5–3 zu sehen ist.

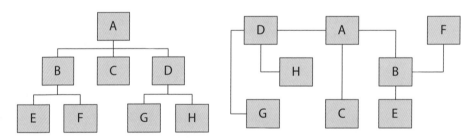

Abb. 5–3   *Baumartige Navigationsstruktur einer mobilen App [Garrett 2002]*

5.1.1.5 Gerichtete Kanten

Bei Sachverhalten, bei denen das Interaktionsdesign eine ideale Navigationsrichtung vorgeben soll, verwenden Sie *gerichtete* Kanten. Die Richtung gibt hierbei an, über welche Pfade der Benutzer sich durch die mobile App bewegt, wenn er eine bestimmte Aufgabe, Funktion oder Interaktion bearbeitet bzw. durchführt. Dazu versehen Sie die ungerichtete Verbindungslinie mit einem Pfeil, sodass auf diese Weise eine *ideale* Richtung vorgegeben wird. Der Pfeil bedeutet allerdings nicht, dass der Benutzer der mobilen App nicht in Gegenrichtung navigieren kann; beispielsweise um eine Interaktion rückgängig zu machen. Die Richtung zeigt lediglich die Richtung an, die der Benutzer *im Idealfall* befolgt, um sein gewünschtes Ziel zu erreichen.

5.1 Interaktionsdesign entwickeln

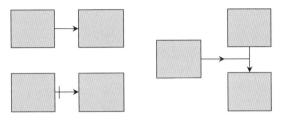

Abb. 5–4   *Gerichtete Kanten zwischen Symbolen [Garrett 2002]*

Wenn der Benutzer nicht in Gegenrichtung navigieren darf oder dies technisch nicht möglich ist, kann dies, wie in Abbildung 5–4 dargestellt, durch einen senkrechten kurzen Strich auf der gerichteten Verbindungskante notiert werden. Auf diese Weise können Sie eine unidirektionale Navigation zwischen zwei Bildschirmseiten Ihrer mobilen App modellieren.

5.1.1.6 Kantenbeschriftungen

Die gerichteten und ungerichteten Kanten zwischen den Symbolen des visuellen Vokabulars können beschriftet werden. Bitte beschriften Sie jedoch nur Kanten, wenn dies zur weiteren Erläuterung und Veranschaulichung sinnvoll ist. Ansonsten besteht die Gefahr, dass das Diagramm schnell unübersichtlich und Sie mehr zur Verwirrung beitragen. Gegebenenfalls sollten Sie Fußnoten einführen oder dem Anhang zusätzliche Beschreibungen und Erläuterungen beifügen.

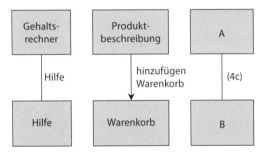

Abb. 5–5   *Unterschiedliche Kantenbeschriftungen [Garrett 2002]*

In Abbildung 5–5 sind mehrere Kantenbeschriftungen eingefügt. Im linken Beispiel handelt es sich um eine überflüssige Beschriftung, da durch die ungerichtete Kante bereits symbolisiert wird, dass es eine direkte Navigationsmöglichkeit zwischen der Gehaltsrechner-Bildschirmseite und der Hilfe-Bildschirmseite gibt.

Die mittlere Beschriftung ist gut verständlich, aber möglicherweise etwas zu ausführlich, da auch in der Kantenbeschriftung der Begriff »Warenkorb« vorkommt und die gerichtete Kante bereits auf den Warenkorb zeigt. Somit hätte ein einfaches »hinzufügen« ausgereicht, um die Kante sinnvoll zu beschriften.

Bei der rechten Abbildung wurde auf eine explizite Beschriftung verzichtet und über das Kürzel »(4c)« ein Verweis auf eine Fußnote eingefügt.

5.1.1.7 Simultane Ereignisse

Bei einer mobilen App können Ereignisse parallel eintreten. Zu diesem Zweck gibt es im visuellen Vokabular von Garrett das Halbkreissymbol.

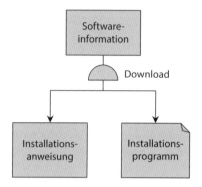

Abb. 5–6 *Simultanes Ereignis [Garrett 2002]*

In Abbildung 5–6 ist dazu ein Beispiel abgebildet, bei dem eine Installationsanweisung und der entsprechende Download simultan durchgeführt werden, was durch den Halbkreis symbolisiert wird. Analog zu den gerichteten Kanten wird auch hier eine ideale Richtung vorgegeben, wobei die flache Seite des Halbkreises in Richtung der nachfolgenden Bildschirmseite bzw. Ereignisse gerichtet ist.

5.1.1.8 Fortsetzungspunkte

Diagramme des Interaktionsdesigns einer mobilen App können bei zahlreichen Bildschirmseiten relativ schnell groß und unübersichtlich werden; ähnlich wie ein UML-Aktivitätsdiagramm bei zahlreichen Aktionen und Verantwortlichkeiten schnell unübersichtlich werden kann, sodass Kontroll- oder Objektflüsse sich kreuzen. Und ähnlich zu Konnektoren von UML-Aktivitätsdiagrammen gibt es im visuellen Vokabular sogenannte Fortsetzungspunkte. Diese werden eingesetzt, um Diagramme besser strukturieren und unterteilen zu können.

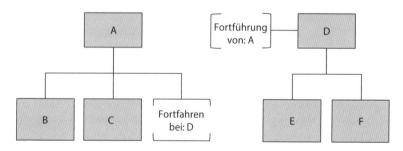

Abb. 5–7 *Fortsetzungspunkte [Garrett 2002]*

Im Beispiel in Abbildung 5–7 gibt es Interaktionsoptionen von Bildschirmseite A zu den Bildschirmseiten B, C und D und von Bildschirmseite D zu den Bildschirmseiten E und F. Um hier eine Unterteilung vornehmen zu können, wurde zwischen Bildschirmseite A und Bildschirmseite D ein Fortsetzungspunkt eingefügt, sodass die Darstellung der Interaktionssequenz zwischen diesen beiden Bildschirmseiten getrennt werden kann.

Falls nötig kann ein Fortsetzungspunkt eine oder mehrere Quellen (Verweise) enthalten. Die horizontale bzw. vertikale Ausrichtung der Fortsetzungspunkte ist nicht von Bedeutung und kann vom Autor des Diagramms individuell entschieden werden (vgl. [Garrett 2002]).

5.1.1.9 Wecker-App unter iOS 10[2]

Die Wecker-App unter iOS 10 hat eine flache Informationsarchitektur. Die fünf Funktionsbereiche »Weltuhr«, »Wecker«, »Schlafenszeit«, »Stoppuhr« und »Timer« sind in Abbildung 5–8 dargestellt. Auf Basis dieser fünf Funktionsbereiche sowie der existierenden Interaktionsmöglichkeiten wurde das entsprechende Interaktionsdesign der mobilen Wecker-App unter iOS 10 in Abbildung 5–9 modelliert.

Abb. 5–8   *Funktionsbereiche auf der Haupt-Bildschirmseite der Wecker-App unter iOS 10*

Hierbei ist die Bildschirmseite jedes Funktionsbereichs mit jeder Bildschirmseite der anderen Funktionsbereiche direkt verbunden, sodass eine sehr kurze Navigation durch eine Benutzerinteraktion durchgeführt werden muss. Es reicht somit jeweils ein Tap des Benutzers, um von Funktionsbereich A (z. B. Wecker) zu Funktionsbereich B (z. B. Stoppuhr) zu kommen.

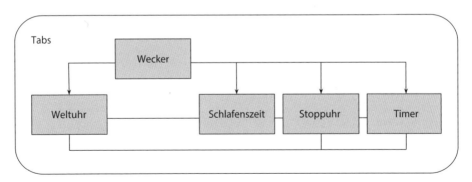

Abb. 5–9   *Interaktionsdesign der Wecker-App unter iOS 10*

Weitere Beispiele für grafische Modelle und VV-Diagramme des Interaktionsdesigns finden Sie unter anderem in [Garrett 2012, S. 103].

---

2.   Dieses Beispiel geht inhaltlich auf [Nunkesser 2016] zurück.

5.1.2 UML-Zustandsdiagramme

Zur Modellierung des Interaktionsdesigns mobiler Apps eignen sich ebenfalls UML-Zustandsdiagramme. Dabei wird jede Bildschirmseite (*Screen*, *View*) der grafischen Benutzungsoberfläche durch einen Zustand symbolisiert (siehe auch Abb. 5–10). Durch die Eingabe von Daten, das Drücken eines Buttons oder das Navigieren durch die mobile App wird jeweils ein Ereignis ausgelöst, das einen Zustandsübergang bewirkt und im UML-Zustandsdiagramm als Transition dargestellt wird. Auf diese Weise können Sie sowohl Teilausschnitte des Interaktionsdesigns Ihrer mobilen App grafisch modellieren als auch das Interaktionsdesign der gesamten mobilen App mit sämtlichen Bildschirmseiten und allen Zustandsübergängen.

Mithilfe eines UML-Zustandsdiagramms werden allgemein die Zustände im Lebenszyklus eines Objekts einer Klasse sowie die ereignisabhängigen Zustandsübergänge dargestellt. Das UML-Zustandsdiagramm ist eines der vierzehn Beschreibungsmittel der UML und stellt die Funktionsweise eines *endlichen Automaten*[3] in UML-Notation dar. Dabei besteht ein UML-Zustandsautomat aus (vgl. [Oestereich & Scheithauer 2013, S. 290]):

- einer endlichen, nicht leeren Menge von Zuständen,
- einer endlichen, nicht leeren Menge von Ereignissen,
- Zustandsübergängen (Transitionen),
- einem Anfangszustand und
- einer Menge von Endzuständen.

Jeder Zustand bis auf den Anfangs- und die Endzustände muss erreicht und verlassen werden können. Nur der Endzustand muss nicht verlassen werden können. Eine exemplarische Anwendung des UML-Zustandsdiagramms für das Interaktionsdesign einer mobilen App ist in der folgenden Abbildung dargestellt.

---

3. Ein endlicher Automat ist ein Konzept der Automatentheorie aus der theoretischen Informatik und beschreibt auf Modellebene ein Verhalten mit Zuständen, Zustandsübergängen und Aktionen.

5.1 Interaktionsdesign entwickeln

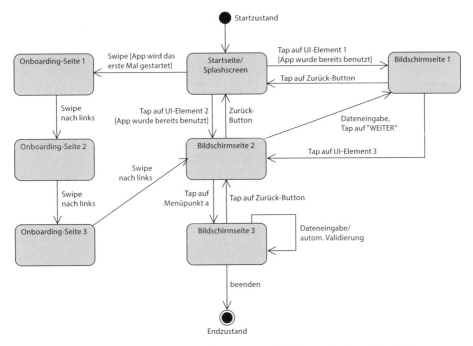

Abb. 5–10 *Exemplarisches UML-Zustandsdiagramm zur Modellierung des Interaktionsdesigns*

UML-Zustandsdiagramme lassen sich auch bei beliebigen anderen (technischen) Systemen einsetzen, bei denen mehrere Zustände und die durch spezifische Ereignisse ausgelösten Zustandsübergänge und Ereignisse miteinander in Verbindung stehen. So kann beispielsweise die Funktionsweise einer Ampelschaltung oder eines Parkscheinautomaten sehr präzise mithilfe eines UML-Zustandsdiagramms beschrieben werden.

5.1.3 Interaktionsdesign im ENPURE-Projekt

Das Interaktionsdesign im ENPURE-Projekt wurde in einer frühen Projektphase mithilfe der Präsentationssoftware *Prezi*[4] erstellt. Hierbei wurden auf Basis des großen und sehr komplexen Interaktionsdesignmodells die einzelnen funktionalen Bereiche der mobilen Stromversorgungs-App grafisch modelliert (siehe Abb. 5–11).

---

4. Weitere Informationen unter: *www.prezi.com* sowie [Eckhoff 2015].

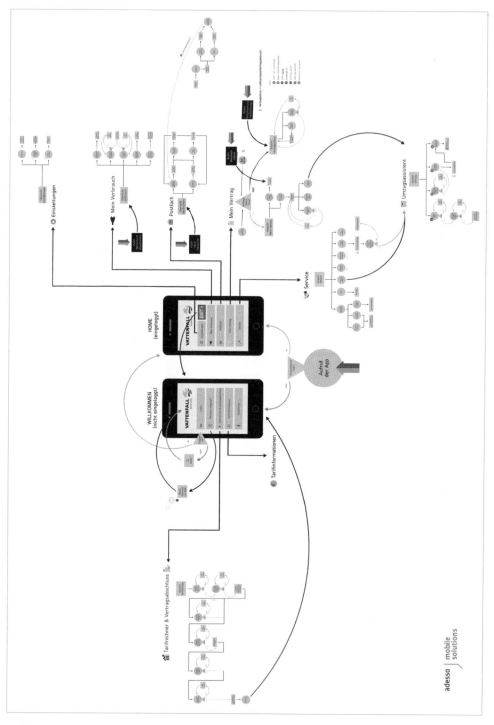

Abb. 5–11 Interaktionsdesign der mobilen Stromversorgungs-App
(Quelle: adesso mobile solutions mit freundlicher Genehmigung von Vattenfall)

5.1 Interaktionsdesign entwickeln

Zudem wurden zur Visualisierung des Interaktionsdesigns der mobilen Stromversorgungs-App UML-Zustandsdiagramme eingesetzt. In Abbildung 5–12 ist eine Interaktionssequenz dargestellt, bei der die Zustände das Design der jeweiligen Bildschirmseite eines *High-Fidelity-Prototyps* erhalten haben. Das ist zwar nicht vollkommen konform zur UML-Spezifikation, hat die visuelle Beschreibungskraft des Interaktionsdesignmodells aber deutlich erhöht.

In Abbildung 5–12 werden die möglichen Benutzerinteraktionen im Funktionsbereich »Mein Verbrauch« der mobilen Stromversorgungs-App modelliert. In diesem Zusammenhang soll der Abschlagsbetrag geändert werden können. Um sich als Benutzer rechtmäßig zu authentifizieren, ist es möglich, entweder das Benutzerpasswort (linker Pfad in Abb. 5–12), die Identifizierungs-PIN (mittlerer Pfad) oder die Touch-ID (rechter Pfad) zur Bestätigung des geänderten Abschlagsbetrags einzugeben.

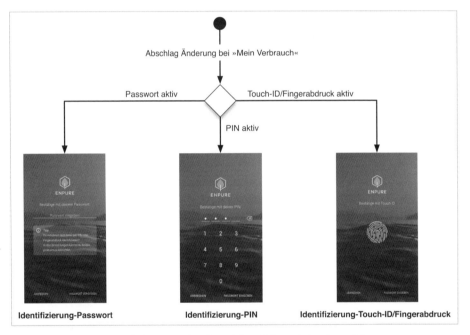

Abb. 5–12 UML-Zustandsdiagramm eines Interaktions-Teilausschnitts der mobilen Stromversorgungs-App[5]

In Abbildung 5–13 ist das gesamte Identifizierungsverfahren der mobilen App ENPURE abgebildet. Aber auch hier handelt es sich nur um einen Teil des gesamten Interaktionsdesigns der mobilen App. Aufgrund der bereits in dieser Abbildung etwas schwerer erkennbaren Bildschirmseiten und der zahlreichen Zustandsübergänge wird nachvollziehbar, dass Modelle des Interaktionsdesigns einer mobilen App schnell unübersichtlich und unleserlich werden können.

---

5. Bildquelle: adesso mobile solutions mit freundlicher Genehmigung von Vattenfall.

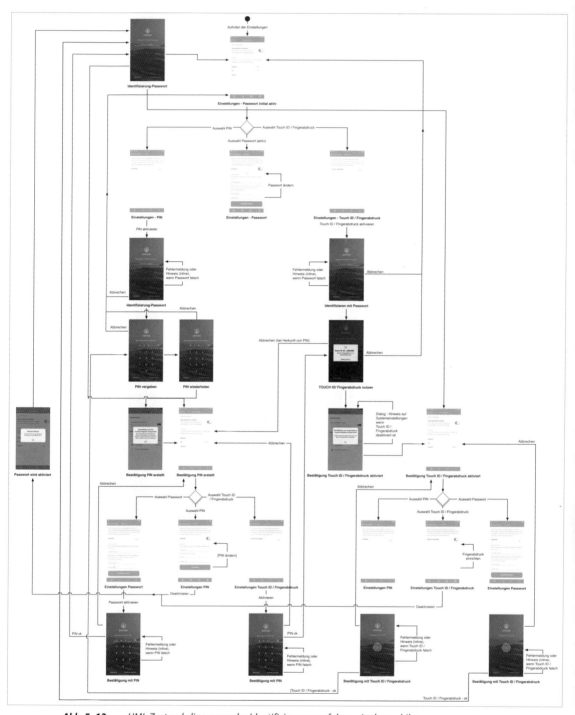

Abb. 5–13 UML-Zustandsdiagramm des Identifizierungsverfahrens in der mobilen Stromversorgungs-App
(Quelle: adesso mobile solutions mit freundlicher Genehmigung von Vattenfall)

Das Interaktionsdesign wird zusammen mit den entworfenen Bildschirmseiten (siehe Abschnitt 5.2.2) in einem Prototyp der mobilen App zusammengeführt, um diesen anschließend zu erproben, zu verfeinern und zu optimieren.

5.2 Mobile App grafisch gestalten

In diesem Abschnitt wird beschrieben, welche grundsätzlichen Richtlinien zur Gestaltung mobiler Apps zu berücksichtigen sind (siehe Abschnitt 5.2.1) und wie das visuelle Konzept für eine mobile App entwickelt wird (siehe Abschnitt 5.2.2).

5.2.1 Gestaltungsrichtlinien für mobile Apps

Auch wenn über die letzten Jahre die Displays immer größer geworden sind, stellt die geringe Displaygröße mobiler Endgeräte *den* limitierenden Faktor bei der Gestaltung grafischer Benutzungsoberflächen mobiler Apps dar. Zudem kann auf der virtuellen Tastatur mobiler Endgeräte per Tap nicht so schnell getippt werden wie auf einer Hardwaretastatur, es sind keine Doppelklicks oder Mouseover-Effekte möglich und es besteht eine geringere Selektions- und Zeigegenauigkeit (vgl. [Nielsen & Budiu 2013, S. 53]). Analog zu allen anderen Designs für grafische Benutzungsoberflächen sollten Sie keine grafische Benutzungsoberfläche von einem Designmodell in ein neues Design portieren. Das heißt, dass Sie die grafische Benutzungsoberfläche einer Desktop- bzw. Notebook-Anwendung nicht einfach um eine Touchscreen-Funktionalität erweitern sollten (vgl. [Nielsen & Budiu 2013, S. 59]). Vor dem Hintergrund der geringen Displaygröße sowie der eingeschränkten Selektions- und Zeigegenauigkeit auf Touchscreens sollten Sie zudem nur wenige interaktive Bedienelemente auf der grafischen Benutzungsoberfläche unterbringen.

Da die Ziel- und Benutzergruppen mobiler Apps oftmals recht heterogen zusammengesetzt sind, sollte die User Experience einer mobilen App sowohl für neue als auch für erfahrene und geübte Benutzer gleichermaßen hochwertig sein. Hierbei können wichtige Hinweise und gestalterische Ziele für eine möglichst benutzerorientierte mobile App auf Basis der entwickelten *Personas* und *Szenarien* (siehe Abschnitte 4.3 und 4.4) abgeleitet werden. Mithilfe der Szenarien bekommen Sie ein gutes Verständnis und im besten Fall einen präzisen Einblick, wie eine Persona mit der mobilen App interagieren wird, um bestimmte Ziele und Aufgaben zu erledigen. Dies beeinflusst die Gestaltung des Interaktionsdesigns (siehe Abschnitt 5.1) und verfeinert es. In jedem Fall sollten Sie auf Basis erster Low-Fidelity-Prototypen (siehe Abschnitt 5.3.3) ausführliche Usablity-Tests durchführen (siehe Abschnitt 7.5), um die Usability und User Experience der mobilen App frühzeitig zu testen und zu verbessern.

Zentral für die grafische Gestaltung einer mobilen App sind in diesem Kontext die Herstellerrichtlinien: Jede mobile App sollte diese nach Möglichkeit genau umsetzen, um dem Benutzer eine möglichst identische UI (Benutzungsoberfläche) innerhalb der Apps bereitzustellen und auf diese Weise für eine hochwertige UX (User Experience) zu sorgen. Für Android[6], iOS[7] und Windows[8] gibt es dazu sehr umfangreiche Richtlinien, die im Internet verfügbar sind.

5.2.2 Visuelles Konzept entwickeln

Zur grafischen Ausarbeitung wird von einem UI-Designer einleitend ein visuelles Konzept entwickelt, das sich an den übergeordneten gestalterischen Richtlinien bezüglich Farben, Schriften, Logo und Bildwelt (*Styleguide*) orientiert. Der erste Entwurf des visuellen Konzepts erfolgt in der Regel optimiert für *ein* zu unterstützendes mobiles Betriebssystem (zum Beispiel *iOS*) und wird später für die anderen Betriebssysteme angepasst.

Der UI-Designer hat bei der Gestaltung somit die jeweiligen *Human Interface Guidelines* der mobilen Betriebssysteme iOS[9] bzw. Android[10] zu berücksichtigen und fügt nach Bedarf hilfreiche *GUI-Presets* hinzu. Im visuellen Konzept legt der Designer ein Raster fest und macht sich erste Gedanken über zu verwendende Schriftarten und -größen, die Farbe von selektierbaren und hervorgehobenen Elementen, den Einsatz von grafischen Elementen und Icons, allgemeine Elemente der Benutzerführung wie die Navigations-, Aktions- und Tableiste sowie die Zustände der Eingabefelder und Buttons. Der Designer entwickelt die Bildsprache für den Einsatz von Fotos, Grafiken und Icons. Mit dem visuellen Konzept entstehen die Style-Vorgaben für die spätere Ausarbeitung der einzelnen Bildschirmseiten. Außerdem wird der Rahmen der mobilen App mit Navigation und Menü anhand ausgewählter exemplarischer Bildschirmseiten (sogenannte *Key-Screens*) ausgestaltet, um die allgemeine Designanmutung zu demonstrieren und diese mit dem Kunden abzustimmen zu können.

Nach Abnahme durch den Kunden werden die einzelnen Bildschirmseiten auf Grundlage der Wireframes gestalterisch ausgearbeitet und in einer oder mehreren Iterationsrunden abgestimmt und finalisiert. Das detaillierte Interfacedesign bildet dabei alle Elemente ab, aus denen sich alle weiteren benötigten Ansichten ableiten lassen.

Das Design wird bevorzugt in *Sketch* erstellt und zur Abstimmung und für Abnahmen als PNG-Dateien verfügbar gemacht. Es kann außerdem schon in erste visuelle Prototypen integriert werden, die den Ablauf, die Benutzerinteraktionen und die User Experience direkt auf dem mobilen Endgerät simulieren und ohne Programmierkenntnisse erstellt werden können. Das kann zum Beispiel ein mit *Invision* oder *Axure RP* erstellter Click-Dummy sein.

---

6. Siehe *https://developer.android.com/design/index.html*.
7. Siehe *https://developer.apple.com/ios/human-interface-guidelines/overview/design-principles*.
8. Siehe *https://developer.microsoft.com/en-us/windows/apps/design*.
9. Siehe *http://developer.apple.com/ios/human-interface-guidelines/overview/design-principles*.
10. Siehe *http://developer.android.com/design/index.html*.

Die grafische Gestaltung wird abschließend für die weiteren zu berücksichtigenden mobilen Betriebssysteme angepasst, wobei auch hier die jeweiligen Standards bezüglich Benutzerführung berücksichtigt werden. Die Anpassungen können ebenfalls über mehrere Iterationen laufen, bevor eine abschließende und endgültige Abnahme des Kunden erfolgt.

Die aktive Erstellung und Anpassung der Designs ist damit abgeschlossen. Der Designer bereitet die abgenommenen Designs nun für die Entwickler auf. Hierzu gehören u. a. die Generierung von Assets in den notwendigen Auflösungen, die Bereitstellung von Bemaßungen und Style-Vorgaben wie Farben, Schriftgrößen, Buttonzuständen.

Mögliche Animationen, Transformationen und besondere Effekte werden mit den Entwicklern vor der Implementierung besprochen. Außerdem hat der Designer die Möglichkeit, in regelmäßigen Terminen abgeschlossene Implementierungen zu sichten und dabei die Genauigkeit der Umsetzung zu überprüfen.

Die Inhalte in Form von Bildern und Texten werden in der Regel vom Kunden geliefert, während Navigationsbegriffe, Beschreibungen und Hilfen vom Konzepter bzw. UX-Designer entwickelt werden. Nach Bedarf bewertet er auch die angelieferten Texte und gibt Empfehlungen für eine Überarbeitung mit Rücksicht auf die mobile Nutzung und die eingeschränkte Größe der Multitouch-Displays.

Auch das *Onboarding* der mobilen App (siehe Abschnitt 3.3) wird nach Bedarf in der Konzeptions- und Designphase entwickelt. Eine kurze Einleitung holt den Nutzer ab, erklärt die wesentlichen Funktionen und aktiviert den Einstieg in die mobile App. Das Onboarding kann animiert, interaktiv, illustriert oder rein textbasiert sein. Auf Wunsch des Kunden können in der Konzeptions- und Designphase außerdem sogenannte *Text-Guidelines* erstellt werden, auf deren Basis der Kunde die Inhalte selbst entwickelt. Darin werden Texttonalität und formal strukturelle Vorgaben beschrieben. Für die mobilen Ansichten ist eine Portionierung der Texte erforderlich, komplexe Inhalte sollten dabei vermieden werden.

5.3 GUI-Prototyping

Eine hoch qualitative *User Experience* hat einen besonderen Stellenwert bei den späteren Benutzern einer mobilen App. Zur Förderung und Erhöhung der User Experience genügt es nicht, bloß auf die Funktionalität, Struktur und Ästhetik der mobilen App zu achten. Vielmehr müssen die potenziellen Benutzer sowie die Anwendungskontexte, in denen sie die mobile App später verwenden, möglichst passgenau berücksichtigt und unterstützt werden. Vor diesem Hintergrund sollten bereits frühzeitig potenzielle Benutzer in den partizipativ gestalteten Konzeptions- und Designprozess einbezogen werden. Hierbei werden Prototypen der grafischen Benutzungsoberfläche entwickelt und mit den Benutzern erprobt, bewertet und verfeinert.

Beim Design und der Gestaltung der User Experience einer mobilen App arbeiten Konzepter, UX- und UI-Designer eng miteinander zusammen. Oftmals wird in Projekten auch eine separate Grafik- und Medienagentur beauftragt, um ein neues Produkt bzw. eine neue Marke zu entwickeln und in diesem Zusammenhang das visuelle Konzept (siehe auch Abschnitt 5.2) mit hochwertigen Designs, Grafiken und Texten für die Bildschirmseiten der grafischen Benutzungsoberfläche der mobilen App zu entwerfen.

5.3.1 Prototyping-Grundlagen[11]

Im Software Engineering dient Prototyping grundsätzlich der präzisen und möglichst vollständigen Erfassung und Identifikation der Benutzeranforderungen an ein Softwaresystem (vgl. [Floyd 1984]). Beim Prototyping werden nur wesentliche Systemmerkmale implementiert, um durch Testen des Prototyps in Kooperation mit Benutzern die Anforderungen zu konkretisieren und ggf. weitere Anforderungen zu identifizieren. Dabei wird prinzipiell von der These ausgegangen, dass ein Softwaresystem *erst* einmal entwickelt werden muss, *bevor* die Anforderungen des Benutzers konkretisiert und vollumfänglich identifiziert werden können (vgl. [Vollmer 2001, S. 14]). Somit findet zur Erhebung und Definition der Anforderungen ein iterativer Prozess statt, der in Abbildung 5–14 dargestellt ist.

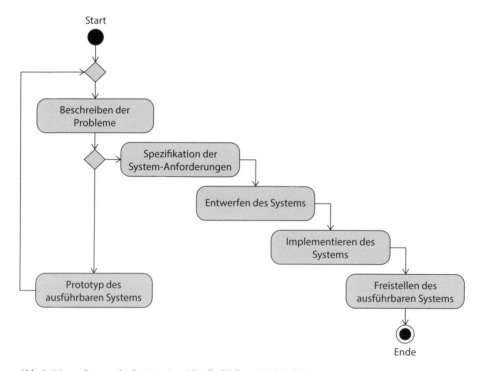

Abb. 5–14   Prozess des Prototypings (Quelle: [Vollmer 2007, S. 21])

---

11. Der Abschnitt geht inhaltlich weitgehend auf [Vollmer 2007, S. 21–23] zurück.

Beim Prototyping wird zwischen *horizontalem* und *vertikalem* Prototyping unterschieden (vgl. [Balzert 2008, S. 540]):

- Beim **horizontalen Prototyping** wird nur eine Ebene bzw. Schicht des späteren IT-Systems möglichst vollständig entwickelt. Hierbei wird oftmals die grafische Benutzungsoberfläche oder eine funktionale Kernebene wie die der Datenbanktransaktionen gewählt. Für den Prototyp einer grafischen Benutzungsoberfläche bedeutet dies, dass zwar die gesamte Oberfläche zu sehen ist, aber nur wenig Funktionalität realisiert ist.
- Beim **vertikalen Prototyping** wird mit einem sogenannten *Durchstich-Prototyp* eine bestimmte Untermenge der Gesamtfunktionalität durch alle Ebenen hindurch realisiert. Ist beispielsweise unklar, ob eine Echtzeitanforderung an die mobile App realisierbar ist, wird die betreffende Echtzeitfunktion von der Benutzungsoberfläche bis zur systemnahen Ebene realisiert. Das vertikale Prototyping ist dort geeignet, wo Funktionalitäts- und Implementierungsalternativen noch offen sind (vgl. [Vollmer 2001, S. 14]).

Die Realisierung einer vollständigen Ebene beim horizontalen sowie die Realisierung *einer* Systemfunktionalität durch alle Ebenen hindurch beim vertikalen Prototyping sind in Abbildung 5–15 grafisch dargestellt.

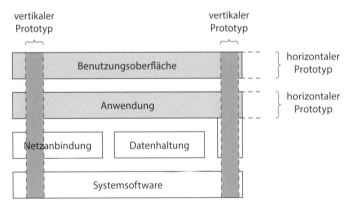

Abb. 5–15 Horizontaler und vertikaler Prototyp (vgl. [Balzert 2008, S. 540])

5.3.2 Arten des Prototypings

Je nach Zielsetzung und Einsatzzweck werden drei verschiedene Prototyping-Arten eingesetzt (vgl. [Floyd 1984]):

- **Exploratives Prototyping** dient als Kommunikationsgrundlage für die Softwareentwickler und späteren Benutzer. Auf der einen Seite verbessern die Softwareentwickler ihre Kenntnisse im Anwendungsbereich. Auf der anderen Seite können die Benutzer unpräzise Anforderungen an das zu erstellende

Softwareprodukt konkretisieren. Dabei werden sogenannte *Wegwerf-Prototypen (Throw-away-Prototypen)* eingesetzt, die nicht zum späteren Softwareprodukt weiterentwickelt werden. Dadurch sind beim explorativen Prototyping nicht von Beginn an die gleichen Qualitätsanforderungen zu realisieren wie für das spätere Softwareprodukt.

- **Experimentelles Prototyping** wird während des Konzeptionsprozesses eingesetzt, um Lösungsalternativen zu diskutieren und zu evaluieren. Dabei wird jede Lösungsalternative prototypisch implementiert und die Evaluierung anhand von Tests an den Prototypen vorgenommen. Prototypen können sowohl als Wegwerf-Prototypen realisiert als auch zum späteren Softwareprodukt weiterentwickelt werden.
- **Evolutionäres Prototyping** wird häufig mit evolutionären bzw. inkrementellen Vorgehensmodellen gleichgesetzt. Beim evolutionären Prototyping wird im Gegensatz zum explorativen Prototyping der vorläufige Prototyp zum Softwareprodukt weiterentwickelt. Dabei gelten bereits zu Beginn der Prototypentwicklung die gleichen Qualitätsanforderungen wie für das zu erstellende Softwareprodukt (vgl. [Vollmer 2001, S. 14 f.]).

Somit wird beim Prototyping der Versuch unternommen, durch eine anschauliche und dem zu entwickelnden späteren Softwaresystem möglichst nah kommende vorläufige Version des Softwaresystems eine frühzeitige und umfassende Bestimmung der Anforderungen umzusetzen.

Durch den frühzeitigen Einsatz von Prototypen kann das Entwicklungsrisiko deutlich reduziert werden. Dabei verbessert Prototyping die Planbarkeit des Softwareentwicklungsprozesses über eine starke und unmittelbare Rückkopplung mit potenziellen Benutzern bzw. dem Kunden und Auftraggeber. Allerdings besteht beim Prototyping tendenziell die Gefahr, dass ein Wegwerf-Prototyp aus Termingründen Teil des endgültigen Softwareprodukts wird. Zudem wird mithilfe von Prototypen oftmals die fehlende bzw. unzureichende Dokumentation im Rahmen eines Softwareentwicklungsprozesses substituiert und kompensiert. Das ist alles andere als zielführend.

Prototyping für mobile Apps

Zur Konzeption einer mobilen App werden sogenannte *Low-Fidelity-Prototypen* (siehe Abschnitt 5.3.3) und *High-Fidelity-Prototypen* (siehe Abschnitt 5.3.4) zur Erprobung der User Experience und Usability der grafischen Benutzungsoberfläche eingesetzt. Diese explorativen Prototypen werden zu unterschiedlichen Zwecken benötigt und in spezifischen Tests erprobt und bewertet (siehe auch die Abschnitte 7.5.1 und 7.5.2). Die grafischen Prototypen der mobilen App sollten mit Experten der jeweils zu unterstützenden mobilen Betriebssysteme sowie potenziellen Benutzern in einem partizipativen Prozess entwickelt, erprobt und evaluiert werden. Auf Basis der daraus resultierenden Ergebnisse kann die Konzeption der grafischen Benutzungsoberfläche sukzessive verbessert und verfeinert werden. Zur Erstellung der Prototypen der grafischen Benutzungsoberfläche einer mobilen App eignen sich zum Beispiel Softwarewerkzeuge wie *Sketch*[12], *Balsamiq*[13], *Invision*[14], *Axure RP*[15], *Flinto*[16] oder *Marvel*[17].

5.3.3 Low-Fidelity-Prototyping

Durch das entwickelte Interaktionsdesign haben Sie bereits einen ersten Überblick über die Gliederung und Strukturierung der Bildschirmseiten Ihrer geplanten mobilen App. Nun sollten Sie etwas tiefer ins Detail gehen und die einzelnen Bildschirmseiten grob entwerfen. Um dabei noch nicht zu früh zu viel Aufwand hineinzustecken, werden – wie in der folgenden Abbildung beispielhaft gezeigt – oftmals Skizzen relevanter Bildschirmseiten mit Bleistift und Papier erstellt. Ziel ist es, erste Ideen zu visualisieren, ohne dass schon auf Vollständigkeit, Animationen, korrekte Farbgebung, Proportionen, Abstände, exakte Positionen und Größen geachtet werden muss.

Die skizzierten Prototypen der Bildschirmseiten der grafischen Benutzungsoberfläche werden als *Wireframes* bezeichnet, wenn die Konzeption der Benutzerführung im Rahmen des Interaktionsdesigns im Vordergrund steht. Sollen aber das Design und das visuelle Erscheinungsbild der grafischen Benutzungsoberfläche im Vordergrund stehen, werden die Prototypen der Bildschirmseiten als *Mock-ups* bezeichnet. Hierbei gibt es eine Vielzahl von Softwarewerkzeugen, die die schnelle Erstellung von Mock-ups bzw. Wireframes ermöglichen.

Die in diesem Kontext entwickelten Prototypen der grafischen Benutzungsoberfläche werden als *Low-Fidelity-Prototypen* bezeichnet, da sie noch über wenig oder keine Funktionalität verfügen und das Design und die grafische Gestaltung nur in Grundzügen und einfacher Qualität vorhanden sind (siehe Abb. 5–16).

Prototypen einzelner Bildschirmseiten der grafischen Benutzungsoberfläche können zu unterschiedlichen Zwecken eingesetzt werden. Davon leitet sich ab, welche Aspekte der mobilen App durch den Prototypen betrachtet, analysiert und bewertet werden sollen. Dazu sind folgende Fragestellungen relevant (vgl. [Richter & Flückiger 2016, S. 76–77]):

- **Funktionsumfang**
  Geht es beim Prototyp darum, sämtliche Funktionen mit der jeweiligen Benutzerführung zu zeigen, oder sollen nur bestimmte Aspekte und Ausschnitte betrachtet werden?

---

12. Siehe *http://www.sketchapp.com*.
13. Siehe *http://www.balsamiq.com*.
14. Siehe *http://www.invisionapp.com*.
15. Siehe *http://www.axure.com*.
16. Siehe *http://www.flinto.com*.
17. Siehe *http://www.marvelapp.com*.

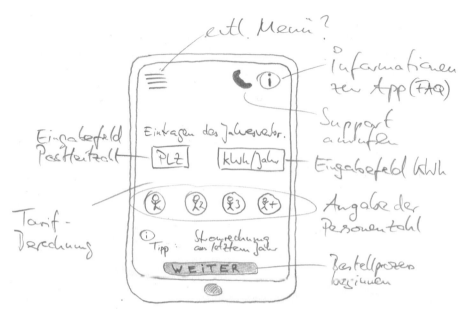

Abb. 5–16   *Skizze der Bildschirmseite einer mobilen App*

- **Funktionstiefe**
  Wie detailliert sollen die einzelnen Funktionen nachempfunden werden: Sollen mehrschrittige Berechnungen nur angedeutet oder auch alle Zwischenschritte und ihre Resultate im Detail skizziert werden?
- **Darstellungsgenauigkeit**
  Wie ähnlich soll der Prototyp der mobilen App im Hinblick auf das Design und die grafische Gestaltung der Benutzungsoberfläche (*Look-and-Feel*) sein?
- **Interaktivität**
  Wie interaktiv soll der Prototyp sein: Werden lauffähige und per Gesten steuerbare grafische Beispiele benötigt oder genügen statische Skizzen der grafischen Benutzungsoberfläche?

Der letzte Aspekt der Interaktivität weist darauf hin, dass es in vielen Fällen sehr hilfreich ist, wenn der Low-Fidelity-Prototyp bereits in interaktiver, digitaler Form auf einem mobilen Endgerät vorliegt. Neben den entworfenen Mock-ups der Bildschirmseiten kann dadurch auch das Interaktionsdesign visualisiert und erprobt werden.

Interaktive Low-Fidelity-Prototypen werden auf Grundlage des Interaktionsdesigns und skizzierter Mock-ups erstellt. Sie basieren auf ausgewählten Szenarien oder Anwendungsfällen, die textuell und grafisch vorliegen sollten. Dabei können schon einige Bereiche der noch rudimentär gestalteten grafischen Benutzungsoberfläche mit Gesten gesteuert werden, exemplarische Inhalte werden angezeigt und die Benutzerführung wird in Teilbereichen umgesetzt. Über die

Low-Fidelity-Prototypen werden die Ideen und Konzepte somit weiter verfeinert und in einem eingeschränkt lauffähigen und mit Gesten steuerbaren GUI-Prototyp der mobilen App konkretisiert. Ein solcher Prototyp wird auch als *Click-Dummy* bezeichnet.

Ein Click-Dummy auf einem mobilen Endgerät hat den Vorteil, dass – analog zu den Personas und Szenarien aus den Abschnitten 4.3 und 4.4 – ein möglichst realitätsnahes Abbild der mobilen App verfügbar wird. Dadurch können mögliche Schwachstellen des Interaktionsdesigns schnell und einfach identifiziert werden. Ein Click-Dummy kann mit variierender Qualität, Funktionalität und Interaktivität erstellt werden, sodass man entweder von einem Low-Fidelity- oder einem High-Fidelity-*Prototyp* spricht. Es gibt in der wissenschaftlichen Literatur zu diesem Thema auch noch den dazwischen befindlichen *Mid-Fidelity-Prototyp*, der aber nicht immer ganz trennscharf bestimmbar ist und den ich somit im Folgenden nicht weiter betrachten werde.

Beim Click-Dummy ist zudem vorteilhaft, dass er sehr schnell realisierbar ist, um die bisherige Konzeption der mobilen App auf einem mobilen Endgerät visuell darstellen und greifbarer machen zu können. Dabei lässt sich ein Click-Dummy sowohl horizontal als auch vertikal auslegen, um bestimmte Funktionalitäten und Aspekte in voller Breite und/oder Tiefe erproben, testen und evaluieren zu können.

Ein Click-Dummy dient üblicherweise Präsentations- und Testzwecken mit ausgewählten Experten und Benutzern. Bei den Tests können das Interaktionsdesign und die Navigationskonzepte der mobilen App praxisnah ausprobiert, getestet und evaluiert werden (vgl. [Engelberg & Seffah 2002]). Dies sollte vor der eigentlichen Implementierung auf realen mobilen Endgeräten mithilfe von ausführlichen Usability-Tests durchgeführt werden, die in den Abschnitten 7.5.1 und 7.5.2 detailliert beschrieben werden. Durch die frühzeitigen Usability-Tests werden der Aufwand und das Risiko der Implementierung der mobilen App deutlich minimiert.

Low-Fidelity-Prototyp im ENPURE-Projekt

Mithilfe des Softwarewerkzeugs *Axure RP*[18] wurden im ENPURE-Projekt das Interaktionsdesign und grob entworfene Bildschirmseiten – sogenannte *Wireframes* – in einem interaktiven, mit Gesten steuerbaren Low-Fidelity-Prototyp zusammengeführt.

---

18. Weitere Informationen unter: *www.axure.com*.

Abb. 5–17 Tarifrechner und Funktionsbereich »Mein Verbrauch« des Low-Fidelity-Prototyps der mobilen Stromversorgungs-App[19]

Der entwickelte Low-Fidelity-Prototyp wurde im ENPURE-Projekt im Rahmen eines ausführlichen Usability-Tests von Experten erprobt und getestet (siehe Abschnitt 7.5.1.6). Die Ergebnisse dieses Usability-Tests mit Experten flossen anschließend in die Konzeption und Entwicklung des High-Fidelity-Prototyps ein, der im folgenden Abschnitt beschrieben wird.

5.3.4 High-Fidelity-Prototyping

Ein High-Fidelity-Prototyp ist ein digitaler, interaktiver Prototyp einer mobilen App mit realitätsnaher Designanmutung oder bereits mit dem schlussendlichen Design der einzelnen Bildschirmseiten der grafischen Benutzungsoberfläche. Er verfeinert und konkretisiert den erprobten und evaluierten Low-Fidelity-Prototyp. Der High-Fidelity-Prototyp soll möglichst präzise und detailgetreu mit der Funktionalität und schlussendlichen grafischen Gestaltung der mobilen App übereinstimmen. Dazu gehören korrekt bemaßte und positionierte Inhalte, alle Grafiken und Texte, die Navigations- und Interaktionselemente, die korrekte Farbgebung und Tonalität sowie allen weiteren relevanten Parametern der grafischen Benutzungsoberfläche. Auf diese Weise kann ein detailgetreuer optischer

---

19. Bildquelle: adesso mobile solutions mit freundlicher Genehmigung von Vattenfall.

Eindruck vermittelt und das Interaktionsdesign, die User Experience und die Usability der mobilen App für jeden Beteiligten eindeutig nachvollziehbar gemacht werden. Hierbei sollte der High-Fidelity-Prototyp schon auf dem mobilen Endgerät nutzbar sein.

High-Fidelity-Prototyp im ENPURE-Projekt

In der folgenden Abbildung ist der High-Fidelity-Prototyp der mobilen Stromversorgungs-App dargestellt. Dieser wurde im ENPURE-Projekt – vergleichbar zum Usability-Test des Low-Fidelity-Prototyps durch Experten – vor der Implementierung einem ausführlichen Usability-Test durch potenzielle Benutzer unterzogen, der in Abschnitt 7.5.2 auf S. 227 im Detail beschrieben wird.

Abb. 5–18 Tarifrechner und Funktionsbereich »Mein Verbrauch« des High-Fidelity-Prototyps der mobilen Stromversorgungs-App[20]

---

20. Bildquelle: adesso mobile solutions mit freundlicher Genehmigung von Vattenfall.

5.4 Konzeption der Barrierefreiheit[21]

Mit einer barrierefreien mobilen App können Sie die potenzielle Benutzerzahl und die Reputation Ihrer mobilen App steigern. Zum Test der Barrierefreiheit müssen Sie Personen finden, die über die nachfolgend beschriebenen Beeinträchtigungen verfügen. Nur so können Sie sicherstellen, dass die konzipierten und implementierten Funktionen für eine barrierefreie Nutzung Ihrer App auch passgenau sind. Im Hinblick auf Barrierefreiheit werden vier Arten der Beeinträchtigung differenziert: visuelle, akustische, physische und kognitive Beeinträchtigungen.

5.4.1 Visuelle Beeinträchtigungen

Menschen mit visuellen Beeinträchtigungen haben eingeschränkte Sehfähigkeiten. Aufgrund der visuellen Beeinträchtigung können diese Benutzer eventuell nicht alle GUI-Elemente sehen und erkennen, um die mobile App korrekt und zielgerichtet zu bedienen. Um Menschen mit visuellen Beeinträchtigungen zu helfen, haben Sie folgende Möglichkeiten:

- Die gängigen mobilen Betriebssysteme bieten die Möglichkeit, einen eingebauten Bildschirmleser zu benutzen, um den Inhalt und die GUI-Elemente der mobilen App auszulesen. Wenn es keinen eingebauten Bildschirmleser gibt, können Sie auch ein Modell von einem Drittanbieter installieren.
- Jedes mobile Betriebssystem bietet die Möglichkeit, die Schriftgröße zu vergrößern. Achten Sie bei der Implementierung Ihrer mobilen App darauf, dass sowohl die Schriftgröße angepasst als auch ein angenehmes Layout beibehalten werden kann.
- Jedes mobile Betriebssystem bietet die Möglichkeit, die Vorder- oder Hintergrundfarbe des Displays oder den Kontrast zu ändern. Somit sollten Sie Farben, Helligkeit und Kontrast der GUI-Elemente so benutzen, dass sie mit unterschiedlichen Vorder- oder Hintergrundeinstellungen funktionieren.
- Eingebaute Display-Lupen (*Zoom*) können benutzt werden, um die GUI-Elemente auf dem Display zu vergrößern und sie einfacher lesen zu können.
- Eine andere Möglichkeit, visuell beeinträchtigten Menschen zu helfen, bietet die Spracherkennung. Sie erlaubt Benutzern von mobilen Endgeräten, die mobile App durch Sprachkommandos zu bedienen.

---

21. Der Abschnitt geht inhaltlich weitgehend auf [Knott 2016, S. 71–73] zurück.

5.4.2 Hörschädigungen

Um Menschen mit Hörschädigungen zu helfen, haben Sie folgende Möglichkeiten:

- Benutzen Sie den eingebauten Vibrationsaktor des mobilen Endgeräts (siehe auch Abschnitt 2.4.5.10) oder Benachrichtigungen, um den Benutzer zu informieren, wenn er einen Anruf, eine Nachricht oder Ähnliches erhält.
- Wenn Ihre mobile App Videos beinhaltet, nutzen Sie Untertitel, um den Benutzer über den Inhalt des Videos zu informieren.
- Implementieren Sie einstellbare Sound- und Lautstärkeregler. Das ist für Benutzer mit einem Hörgerät wichtig.
- Wenn Ihre mobile App Töne generiert, implementieren Sie die selektierbare Option zum Wechsel in den Audiomodus »Mono«. Das hilft Benutzern, die nur mit einem Ohr hören können.

5.4.3 Physische Beeinträchtigungen

Physisch beeinträchtigte Menschen können Probleme haben, Gesten mit ihren Händen auf dem Multitouch-Display des mobilen Endgeräts auszuführen. Um solche Menschen zu unterstützen, können Sie die folgenden Dinge berücksichtigen:

- Setzen Sie die Spracherkennung ein, sodass die Benutzer die mobile App mit Sprachkommandos steuern können.
- Implementieren Sie die Möglichkeit, die Geschwindigkeit des Button-Taps zu erhöhen oder zu verringern, um den Benutzern auf diese Weise die Bedienung Ihrer mobilen App zu vereinfachen.

5.4.4 Kognitive Beeinträchtigungen

Kognitiv beeinträchtigte Menschen können Probleme im Zusammenhang mit der Aufmerksamkeit, Kommunikation, Erinnerung, Berechnung und Lesefähigkeit haben. Diese Menschen haben bei einer mobilen App möglicherweise Schwierigkeiten mit dem Verständnis von komplexen Navigationsstrukturen oder verschachtelten, unübersichtlichen Instruktionen, denen sie folgen müssen. Um Menschen mit kognitiven Beeinträchtigungen zu helfen, haben Sie folgende Möglichkeiten:

- Implementieren Sie eine einfache, intuitiv benutzbare und leicht verständliche grafische Benutzungsoberfläche.
- Benutzen Sie Bildschirmleser in Kombination mit simultanen Textmarkierungen.
- Implementieren Sie eine automatische Textvervollständigungsfunktion für Texteingabefelder, sodass mögliche Textelemente angeboten werden.
- Implementieren Sie Ihre mobile App so, dass kognitiv beeinträchtigte Menschen genug Zeit haben, eine Funktionalität vollständig abzuschließen.

5.4.5 Richtlinien zur Barrierefreiheit

Das W3C hat eine Initiative zur Barrierefreiheit gegründet, die die meisten Aspekte im Hinblick auf die mobile Barrierefreiheit abdeckt[22]. Zudem stellen Google und Apple als Hersteller der beiden aktuell marktführenden mobilen Betriebssysteme Android und iOS eigene Leitfäden, Richtlinien und Vorgaben zur Barrierefreiheit im Internet zur Verfügung.

Dabei gibt es für Android folgende Richtlinien:

- Leitfaden zur Barrierefreiheit unter Android[23]
- Testen der Barrierefreiheit unter Android[24]

Für iOS existieren folgende Richtlinien:

- Einführung in die Barrierefreiheit unter iOS[25]
- Barrierefreiheit auf dem iPhone[26]
- Testen der Barrierefreiheit unter iOS[27]

5.5 Seitenspezifikation[28] erstellen

Auf Basis des optimierten High-Fidelity-Prototyps, des visuellen Konzepts mit allen Texten, Grafiken, Bemaßungen, Positionen, Proportionen und Abständen sowie eines möglichen Konzepts zur barrierefreien Umsetzung können nun sämtliche Bildschirmseiten Ihrer mobilen App spezifiziert werden.

Die Seitenspezifikation ist dabei *die* zentrale Grundlage für die nachfolgende Implementierung. Hierbei sollten Sie neben einer ausführlichen Beschreibung zum Aufbau, Ziel und Zweck der Bildschirmseite auch wiederkehrende Elemente identifizieren. So kann es sein, dass bestimmte Eingabefelder, Übersichten oder WebViews auf unterschiedlichen Bildschirmseiten der mobilen App vorkommen. Diese wiederkehrenden Elemente sollten nur einmal implementiert und dann an anderer Stelle wiederverwendet werden, um den Quellcode einfach, schlank und übersichtlich zu halten. Zudem reduzieren Sie auf diese Weise den Pflege- und Wartungsaufwand bei möglichen Anforderungsänderungen und müssen gleiche Änderungen nicht an mehreren unterschiedlichen Stellen vornehmen.

---

22. Siehe *http://www.w3.org/WAI/mobile*.
23. Siehe *http://developer.android.com/guide/topics/ui/accessibility/index.html*.
24. Siehe *http://developer.android.com/training/accessibility/testing.html*.
25. Siehe *http://developer.apple.com/library/content/documentation/UserExperience/Conceptual/ iPhoneAccessibility/Introduction/Introduction.html*.
26. Siehe *http://developer.apple.com/library/content/documentation/UserExperience/Conceptual/ iPhoneAccessibility/Accessibility_on_iPhone/Accessibility_on_iPhone.html*.
27. Siehe *http://developer.apple.com/library/content/technotes/TestingAccessibilityOfiOSApps/ TestingtheAccessibilityofiOSApps/TestingtheAccessibilityofiOSApps.html*.
28. Das Konzept der Seitenspezifikation geht auf Prof. Dr. Robin Nunkesser zurück.

Die Seitenspezifikation sollte mit einem kurzen, möglichst prägnanten Titel sowie einem eindeutigen Identifier (Seiten-ID) versehen werden. Auf Basis der Seiten-ID soll eine inhaltsbezogene Zuordnung zu einer bestimmten App-Funktionalität realisiert werden können, sodass beispielsweise alle Bildschirmseiten, die das *Onboarding* der mobilen App umsetzen, eine »01« als erste beide Ziffern erhalten. Darüber hinaus sollte eine Seitenspezifikation für eine mobile App die folgenden Informationen beinhalten:

- **Seiten-ID** (bei umfangreichen und komplexen Apps oftmals vierstellig)
- **Titel der Seite**
  <Prägnanter, eindeutiger Name>
- **Erreichbar von**
  <Seiten, von denen man auf diese Seite kommt>
- **Navigierbar zu**
  <Beschreibung der Seiten, die von dieser Seite aus erreichbar sind, und welche Gesten dazu eingesetzt werden>
- **Kurzbeschreibung**
  <Kurze Funktionsbeschreibung der Bildschirmseite>
- **Langbeschreibung**
  <Ausführliche Beschreibung der Funktion der Seite im Gesamtkontext der mobilen App>
- **Ergebnis**
  <Beschreibung des Ergebnisses nach Seitenbenutzung>
- **GUI-Elemente**
  <Beschreibung, Positionierung und Verweis auf die GUI-Elemente, die auf dieser Seite enthalten sind>
- **Bemaßungen/Abstände**
  <Bemaßungen und Abstände der GUI-Elemente>
- **Verwendete Texte**
  <Auflistung der Texte mit Text-ID, Bezeichnung des Textfelds und Textinhalt>
- **Prozessablauf**
  <Hier kann der Prozessablauf mithilfe eines UML-Aktivitätsdiagramms dargestellt werden>
- **Fehlersituation**
  <Beschreibung, wie mögliche Fehler behandelt werden>
- **Anmerkungen**
  <Optionale Zusatzinformationen>

Die Seitenspezifikation kann tabellarisch gestaltet sein und enthält im Idealfall relevante Mock-ups, Wireframes oder grafische Designs der Bildschirmseite, um den App-Entwicklern auch einen visuellen Eindruck der Gestaltung und des Designs der Bildschirmseite zu verschaffen.

Zur weiteren Kontextualisierung sollte zusätzlich zur Seitenspezifikation ein Überblick über den Gesamtprozess, in den die jeweilige Bildschirmseite eingebettet ist, angezeigt werden. Das kann mit einem UML-Aktivitätsdiagramm erreicht werden (siehe Abb. 5–20).

Seitenspezifikation im ENPURE-Projekt

Die Seitenspezifikation im ENPURE-Projekt wurde allen Projektbeteiligten mithilfe der webbasierten Wiki-Softwarelösung *Confluence* verfügbar gemacht. Sie umfasst alle Bildschirmseiten der mobilen App ENPURE und bildet die Grundlage für die Implementierung durch die App-Entwickler.

Als Beispiel ist in der folgenden Abbildung die aktuelle Seitenspezifikation des Tarifrechners der mobilen App dargestellt.

5.5 Seitenspezifikation erstellen

ID	VIEW-0320_contractAddTariffCalculator
Herkunft:	VIEW-0310_contractChoose / FUN-011_actionBar / FUN-015_contractAddAction
Absprungziele:	Tap auf "WEITER"-Btn: VIEW-0221 contractAddRegistration
	Tap auf Zurück-Btn: VIEW-0310_contractChoose

Beschreibung	Der VIEW-0320_contractAddTariffCalculator stellt in der FUN-011_actionBar neben dem Up-/Back-Btn und dem Titel "Vertrag hinzufügen" die Funktion FUN-012_infoAction und im Action Overflow FUN-013_contactAction dar.
	
	In der ToolBar wird
	• der Titel des Views dargestellt ("Tarif berechnen")
	• ein Zurück-Btn zur Vertragsauswahl: VIEW-0310_contractChoose eingebunden
	• Info-Icon (per Tap öffnet sich ein Overlay mit Textinformationen)
	• ein ActionOverflow mit den Einträgen eingefügt
	    • "Kontakt" (FUN-013_contactAction, per Tap wird ein Anruf zur Hotline gestartet)
	    • "Über ENPURE" (Link zu VIEW-0760_about)
	    • "AGB" (Link zu VIEW-0770_legal)
	    • "Impressum" (Link zu VIEW-0780_imprint)
	    • "Datenschutz" (Link zu VIEW-0771_privacy)
	    • "Stromkennzeichnung" (Externer Web-Link zu http://www.enpure.de/stromkennzeichnung.pdf)
	    • Widerrufsbelehrung (Link zu VIEW-0773_revocation)
	    • Online-Streitbeilegung (Link zu VIEW-0776_onlineDisputeSettlement)
	
	Im Header darunter wird das Standard Vertragsbild, Vertragsicon sowie der Vertragsname (vorgelegte Straße, Hausnummer) (wie auf VIEW-0220_registration) dargestellt.
	
	Das Headerbild wird über den gesamten View als Hintergrundbild verwendet.
	
	Unter dem Header wird der Tarifrechner FUN-040_tariffcalculator dargestellt.
	
	Am Ende des Views ist ein inaktiver "Weiter"-Btn platziert. Dieser ist immer am unteren Displayrand platziert (fixed footer).
	
	Sobald in der FUN-040_tariffcalculator ein Tarif für die (neue) PLZ berechnet wurde, wird der "Weiter"-Btn aktiv.
	
	Per Tap auf den Button wird der Nutzer zum View VIEW-0221 contractAddRegistration weitergeleitet.
	• Bereits bekannte Daten werden vorausgefüllt, können aber vom Nutzer geändert werden (FUN-050_customerInformation und FUN-080_billingInformation).
	• Im Header steht "[STRAßE], [HAUSNUMMER]" – vorbelegt von VIEW-0220_registration. Der Headertitel wird automatisch geändert, sobald der Nutzer eine andere Straße und Hausnummer in den Eingabefeldern angibt.

Abb. 5–19   Seitenspezifikation des Tarifrechners der mobilen App ENPURE[29]

---

29. Bildquelle: adesso mobile solutions mit freundlicher Genehmigung von Vattenfall.

Als zusätzliche Kontextinformationen für die Softwareentwickler wurde ein Prozessmodell über den Gesamtprozess des Anlegens einer Bestellung erstellt und der Seitenspezifikation hinzugefügt.

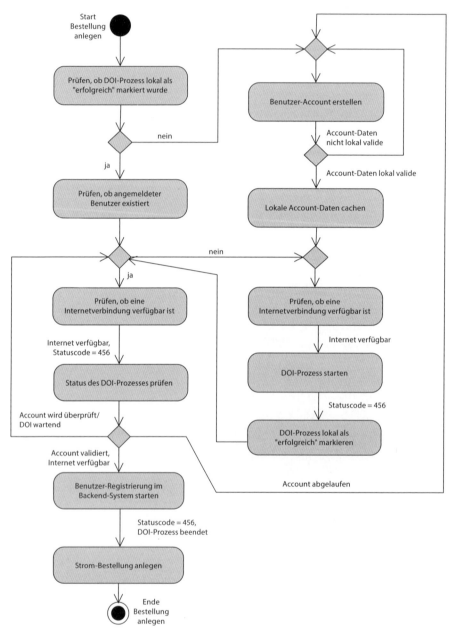

Abb. 5–20 Prozess »Bestellung anlegen« als UML-Aktivitätsdiagramm[30]

30. Abbildung in Anlehnung an ein Prozessmodell der adesso mobile solutions GmbH.

5.6 Softwarearchitektur

Dieser Abschnitt beginnt mit einer Definition des Begriffs »Softwarearchitektur«. Anschließend wird auf drei relevante Softwarearchitekturmuster im Detail eingegangen, die für die Konzeption und den Entwurf einer mobilen App von zentraler Bedeutung sind.

> **Definition: Softwarearchitektur**
> Eine Softwarearchitektur beschreibt allgemein die Strukturen eines Softwaresystems durch Architekturbausteine und ihre Beziehungen und Interaktionen untereinander sowie ihre physikalische Verteilung. Die nach außen hin sichtbaren Eigenschaften eines Architekturbausteins werden durch Schnittstellen spezifiziert (vgl. [Balzert 2011, S. 23]).

5.6.1 Model-View-Controller

Das *Model-View-Controller*-Muster (MVC-Muster) ist ein bewährtes, wichtiges und weitverbreitetes Entwurfs- und Architekturmuster in der Softwareentwicklung zur Konzeption und Entwicklung interaktionsorientierter Softwareanwendungen mit einer grafischen Benutzungsoberfläche (vgl. [Starke 2015, S. 124]). Beim MVC-Muster werden

- die Datenhaltung im sogenannten *Model*,
- die Logik im sogenannten *Controller* und
- die Präsentation in der sogenannten *View*

getrennt und in jeweils eigene gleichnamige Komponenten der Softwareanwendung ausgelagert.

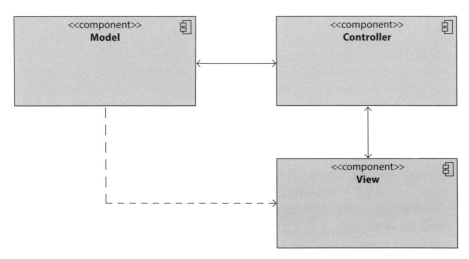

Abb. 5–21 *Model-View-Controller-Architekturmuster*

- **Model**
  Das *Model* repräsentiert die Objekte der mobilen App, die die Geschäftslogik und das Datenmodell beschreiben. Die Objekte, die der *Model*-Komponente zugeordnet sind, beinhalten und verkapseln somit die für eine Softwareanwendung bzw. mobile App spezifischen Daten. Zudem definieren sie die Anwendungslogik und Berechnungsvorschriften, die auf die Daten angewendet werden können, um sie zu manipulieren und zu verarbeiten. Beispielsweise könnte ein Model-Objekt ein Kontakt in der Kontakte-App mit all seinen Daten darstellen. Ein Model-Objekt kann eine 1:n-Beziehung zu anderen Model-Objekten haben. Die Model-Komponente einer mobilen App kann über ein oder mehrere UML-Objektdiagramme beschrieben werden. Unabhängig davon, ob die persistenten Daten in Dateien oder Datenbanken abgespeichert sind, sollte sich ein Großteil der Daten, die Bestandteil des persistenten Zustands der mobilen App sind, in den Objekten des Models befinden, nachdem die Daten in die mobile App geladen wurden. Da die Model-Objekte fachspezifisches Anwendungswissen einer bestimmten Domäne repräsentieren, sollten sie in vergleichbaren Problem- und Anwendungsbereichen wiederverwendet werden können. Daher sollte ein Model-Objekt keine unmittelbare Verbindung zu den View-Objekten der mobilen App haben.

- **View**
  Die *View* im MVC-Muster wird durch die GUI-Komponenten einer mobilen App repräsentiert. Ein Objekt der *View*-Komponente im MVC-Muster ist dabei ein Objekt einer mobilen App, das Benutzer sehen können. Die *View* ist für die Anzeige und Präsentation der Daten zuständig, die vom *Controller* als Ergebnis empfangen werden. Zudem ermöglicht es die View dem Benutzer, Daten einzugeben und zu bearbeiten. Ein View-Objekt kann sich selbst zeichnen und auf Benutzeraktionen reagieren, sodass der Hauptzweck von View-Objekten darin besteht, Daten aus den Model-Objekten anzuzeigen und die Bearbeitung dieser Daten zu ermöglichen.

- **Controller**
  Der *Controller* im MVC-Muster ist für die Verarbeitung eingehender Anfragen zuständig. Der *Controller* empfängt über die *View*-Objekte Daten, die der Benutzer eingegeben hat, und lässt diese vom *Model* verarbeiten. Anschließend sorgt der *Controller* dafür, dass die Ergebnisse, die das *Model* zurückgeliefert hat, von der *View* angezeigt werden. Benutzeraktionen in der *View*, die Daten erstellen oder ändern, werden immer über den *Controller* als Kommunikationskanal kommuniziert und führen zur Erstellung oder Aktualisierung eines Model-Objekts. Zudem können Objekte des *Controllers* auch Setup- und Koordinierungsaufgaben einer mobilen App übernehmen und den Lebenszyklus anderer Objekte verwalten.

5.6.1.1 MVC-Muster im praktischen Einsatz

Das Prinzip des MVC-Musters sieht vor, dass die *View* in Form der grafischen Benutzungsoberfläche die bereitgestellten Daten des *Models* darstellt und die Benutzereingaben entgegennimmt. Weiterhin wird die *View* bei Änderungen der Daten im *Model* durch das *Model* benachrichtigt, sodass die *View* dafür sorgen kann, dass die aktualisierten Daten in der GUI dargestellt werden können. Die vom Benutzer eingegebenen Daten werden von der *View* zur Verarbeitung an den *Controller* weitergeleitet.

Der *Controller* überprüft die entgegengenommenen Daten und stellt sicher, dass die definierten Geschäftsregeln eingehalten werden. Des Weiteren ist der *Controller* dafür verantwortlich, die Daten an das *Model* weiterzuleiten und sicherzustellen, dass diese im Datenmodell manipuliert werden. Das *Model* selbst beinhaltet dabei das Datenmodell und wird in der Praxis oftmals durch eine Datenbank repräsentiert (vgl. [Becker 2015, S. 20]).

Der *Controller* fungiert im MVC-Muster als Mediator bzw. Koordinator zwischen der *View* und dem *Model*. Wenn beispielsweise neue Daten über eine Netzwerkverbindung empfangen werden, wird das entsprechende Model-Objekt geändert und benachrichtigt anschließend ein Controller-Objekt, das wiederum die View-Objekte benachrichtigt, sodass die neuen Daten angezeigt werden können. Oftmals wird das *Beobachtermuster*[31] eingesetzt, um die gesamte Kommunikation zwischen *Model* und *View* über den *Controller* zu koordinieren.

Auf diese Weise ist beim MVC-Muster eine strikte Trennung und lose Kopplung der drei Komponenten über dedizierte Schnittstellen gewährleistet. So können beispielsweise die *View* und der *Controller* verändert oder ausgetauscht werden, ohne dass das *Model* grundsätzlich überarbeitet werden muss. Durch die klare Trennung der Verantwortlichkeiten und die Aufteilung in lose miteinander gekoppelte Softwarekomponenten wird durch das MVC-Architekturmuster der Test sowie die Pflege und Wartung einer Softwareanwendung im Allgemeinen deutlich vereinfacht.

5.6.1.2 Anwendung des MVC-Musters unter Android

Bei mobilen Android-Apps wird der *Controller* in der Regel von der bzw. den Activities der mobilen App gebildet. Da Activities in Android prinzipiell auch Aufgaben der *View*-Komponente übernehmen können, ist zunächst keine klare und eindeutige Trennung der Verantwortlichkeiten gemäß dem MVC-Muster vorgesehen. Somit sollte bei einer Umsetzung des MVC-Musters die View einer mobilen Android-App über Fragmente realisiert werden und die Activity sich somit rein auf die Aufgaben und Verantwortlichkeiten des *Controllers* konzentrieren. Weitere grundlegende Informationen und Hintergründe zu Android, Activities und Fragmenten finden Sie in Abschnitt 6.2.

---

31. Quelle: *http://martinfowler.com*.

5.6.1.3 Anwendung des MVC-Musters unter iOS[32]

Mobile iOS-Apps sollten das MVC-Architekturmuster befolgen. Die Anwendung des MVC-Musters ist wichtig für eine gute Konzeption der mobilen App und hat viele Vorteile.

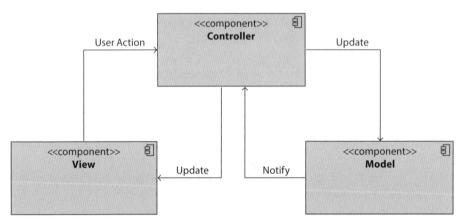

Abb. 5–22   *MVC-Architekturmuster unter iOS[33]*

Die Objekte mobiler iOS-Apps werden durch Anwendung des MVC-Musters besser wiederverwendbar und die Schnittstellendefinitionen sind oftmals von hoher Qualität. Zudem sind mobile iOS-Apps, die das MVC-Muster umsetzen, leichter änder- und erweiterbar als mobile Apps, die dieses Architekturmuster nicht anwenden. Darüber hinaus basieren einige *Cocoa*-Technologien und -Architekturen auf dem MVC-Muster und erfordern, dass die Objekte eine der definierten Rollen (Model, View bzw. Controller) übernehmen.

Eine mobile iOS-App, die auf der CocoaTouch-Schicht der iOS-Architektur aufsetzt, sollte dabei die moderne Variante des MVC-Musters anwenden und umsetzen, bei der der Controller als *Koordinator* bzw. *Mediator* zwischen Model und View fungiert (siehe Abb. 5–22). Zudem beinhalten sowohl das *UIKit*- als auch das *AppKit*-Framework von iOS Sammlungen von *View*-Klassen und der *Interface Builder* in Xcode stellt Dutzende von *View*-Objekten in seiner Bibliothek für die Entwicklung Ihrer mobilen iOS-App bereit.

Weitere grundlegende Informationen und Hintergründe zu *iOS*, *CocoaTouch*, *Interface Builder*, *UIKit* u. v. m. finden Sie in Abschnitt 6.2.16.

---

32. Der Abschnitt basiert inhaltlich weitgehend auf *http://developer.apple.com/library/content/docu-mentation/General/Conceptual/DevPedia-CocoaCore/MVC.html*.
33. Bildquelle: *http://developer.apple.com/library/content/documentation/General/Conceptual/DevPedia-CocoaCore/MVC.html*.

5.6.2 Model-View-Presenter

Das *Model-View-Presenter*-Muster (MVP-Muster) weist Parallelen zum MVC-Muster auf, wobei die mobile App ebenfalls in drei Komponenten mit klaren Verantwortlichkeiten und Aufgaben unterteilt wird. Allerdings gibt es keine lose Kopplung oder Verbindung zwischen den Komponenten *Model* und *View* über eine Schnittstelle (siehe Abb. 5–23).

Somit sind beim MVP-Muster im Gegensatz zum MVC-Muster das *Model* und die *View* komplett voneinander entkoppelt. Die Kommunikation läuft in beide Richtungen ausschließlich über den *Presenter*.

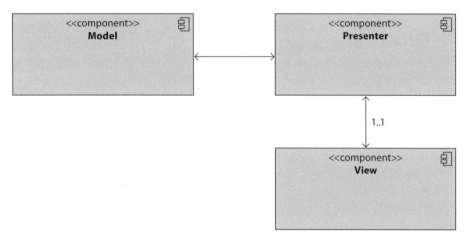

Abb. 5–23   *Model-View-Presenter-Muster*

- Model
  Das Model repräsentiert die Klassen der mobilen App, die die Geschäftslogik und Datenzugriffsoperationen, sprich das Datenmodell, beschreiben. Das Model kann auch Geschäftsregeln für Daten definieren, wie zum Beispiel die Daten geändert und manipuliert werden können.

- View
  Die View im MVP-Muster wird durch die GUI-Komponenten der mobilen App repräsentiert, unter Android zum Beispiel als Activity bzw. Fragment. Die View nimmt die Benutzereingaben entgegen und leitet sie über eine Schnittstelle an den Presenter weiter. In Rückrichtung empfängt die View die Ergebnisse des Models über den Presenter, um sie auf der grafischen Benutzungsoberfläche anzeigen zu können.

- Presenter
  Der Presenter empfängt Benutzereingaben über die View, diese werden dann an das Model weitergeleitet und dort verarbeitet. Anschließend werden die Ergebnisse an den Presenter zurückgegeben und von dort an die View zur Ausgabe weitergeleitet.

Beim MVP-Muster werden die Zuständigkeiten noch etwas klarer und deutlicher als beim MVC-Muster getrennt und zwischen den drei Komponenten aufgeteilt. Auf diese Weise kann ein automatisierter Test der grafischen Benutzungsoberfläche leichter und unabhängiger als beim MVC-Muster durchgeführt werden (vgl. [Balzert 2011, S. 458], [Leisegang 2011], [Fowler 2006]).

5.6.3 Model-View-ViewModel

Das *Model-View-ViewModel*-Muster (MVVM-Muster) weist Ähnlichkeiten zum MVP-Muster auf. Auch hier besteht eine klare Trennung zwischen der Model- und der View-Komponente. Allerdings existiert im MVVM-Muster eine 1:n-Beziehung zwischen der *View* und dem *ViewModel* im Vergleich zur 1:1-Beziehung zwischen *View* und *Presenter* im MVP-Muster. Somit können n *Views* einem *ViewModel* zugeordnet werden. Auf diese Weise unterstützt das MVVM-Muster eine bidirektionale Datenbindung zwischen *View* und *ViewModel*. Dies ermöglicht eine automatische Anzeige von Änderungen im *ViewModel* über die *View*. Typischerweise verwendet das *ViewModel* dabei das Beobachtermuster, um Änderungen des *ViewModels* an die *View* zu melden.

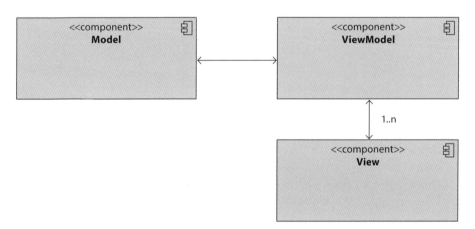

Abb. 5–24 *Model-View-ViewModel-Muster*

- Model
  Das Model repräsentiert die Klassen der mobilen App, die die Geschäftslogik und Datenzugriffsoperationen, sprich das Datenmodell, beschreiben. Das Model kann auch Geschäftsregeln für Daten definieren, wie zum Beispiel die Daten geändert und manipuliert werden können.
- View
  Die View im MVVM-Muster besteht aus den GUI-Komponenten einer mobilen App. Die View nimmt Benutzereingaben entgegen und leitet sie an das ViewModel weiter. Zudem ist die View dafür zuständig, die Ergebnisse anzuzeigen, die ihr vom ViewModel übermittelt werden.

▨ ViewModel
Das ViewModel ist verantwortlich für die Darstellung von Methoden, Befehlen und anderen Eigenschaften, die dazu beitragen, den Status der View zu verwalten, das Model als Ergebnis von Aktionen in der View zu manipulieren und selbst Ereignisse in der View anzuzeigen.

5.6.4 Softwarearchitektur im ENPURE-Projekt

Der Systemkontext im ENPURE-Projekt besteht im Wesentlichen aus den Komponenten in Abbildung 5–25. Hierbei waren von der Middleware *in|Motion* das Backend-System von Vattenfall und das Backend-System zum Double-Opt-in-Verfahren anzubinden, um die Authentifizierung des Benutzers und den Datenaustausch mit der mobilen Stromversorgungs-App zu gewährleisten.

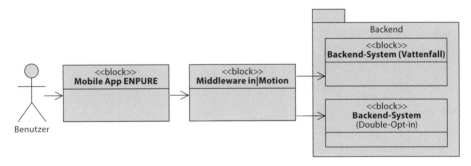

Abb. 5–25 *Systemkontext der mobilen Stromversorgungs-App*

Zur detaillierten grafischen Beschreibung des Nachrichtenaustauschs zwischen den einzelnen Komponenten der Stromversorgungs-App sowie der Middleware *in|Motion* wurde das nachfolgende UML-Sequenzdiagramm in Abbildung 5–26 erstellt.

Der Intent-Service auf der linken Seite in Abbildung 5–26 nimmt hierbei Befehle der mobilen Android-App als Intent-Objekt (siehe Abschnitt 6.2.9) entgegen. Dabei verarbeitet der Intent-Service Aufgaben asynchron, wobei es immer nur einen aktuell gültigen und laufenden Task im Intent-Service gibt. Auf diese Weise kann sichergestellt werden, dass die Tasks sauber definiert, bearbeitet und abgeschlossen werden können.

Der Intent-Service wählt nun eine Implementierung des Befehls in Form eines Tasks aus. Da ein Task die eigentliche Implementierung eines Befehls ist, bekommt er somit Input, der auf seine Aufgabe zugeschnitten ist. Dazu gehören insbesondere die Zugriffe auf die Datenbank über das objektrelationale Mapping (ORM) sowie die Schnittstellen zur Middleware *in|Motion*. Hinzukommen noch benötigte Parameter wie zum Beispiel ein deserialisiertes User-Object. Diese Vorkonfiguration des Tasks sowie der Datenbank liegt in der Verantwortung des sogenannten TaskRunners.

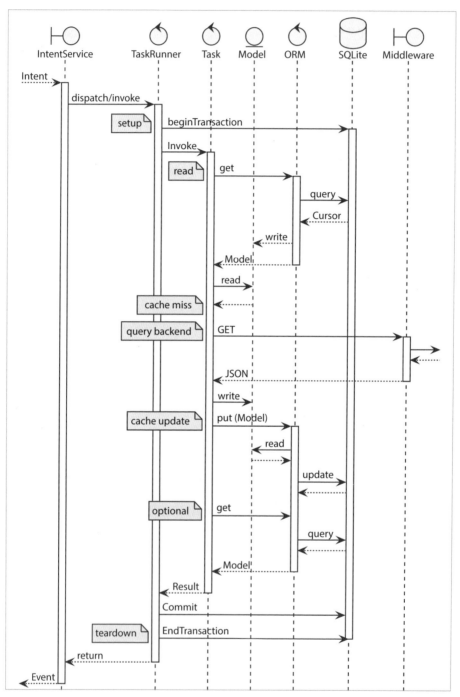

Abb. 5–26 UML-Sequenzdiagramm der mobilen Stromversorgungs-App[34]

34. Bildquelle: adesso mobile solutions GmbH.

5.6 Softwarearchitektur

Der TaskRunner nimmt hierbei in einer einzelnen überladenen Methode die Arbeit auf und kommuniziert mit den ihm bekannten Komponenten. Dieser Vorgang läuft immer relativ identisch ab und besteht aus den folgenden drei Schritten:

1. Aktuellen Zustand überprüfen
2. Ein- und Ausgabe bei der Datenbank und der Middleware vornehmen
3. Neuen Zustand persistieren

Anschließend wird die geöffnete Datenbanktransaktion geschlossen und ggf. allokierte Ressourcen werden wieder freigegeben. Zuletzt kann ein durch einen Task als Ergebnis erzeugter Event freigesetzt werden. Dies geschieht über einen globalen Event-Bus, der allerdings nicht im UML-Sequenzdiagramm in Abbildung 5–26 enthalten ist.

Die Android-Version der mobilen Stromversorgungs-App basiert auf dem Model-View-Presenter-Architekturmuster (siehe Abschnitt 5.6.2).

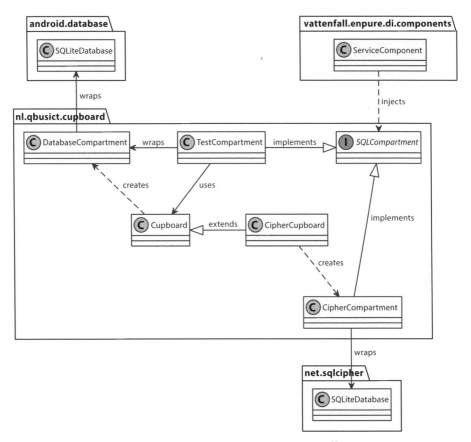

Abb. 5–27   *Architekturausschnitt der Android-App zur Stromversorgung*[35]

---

35. Bildquelle: adesso mobile solutions GmbH.

In Abbildung 5–27 ist ein Ausschnitt aus der Softwarearchitektur der mobilen Android-App zur Stromversorgung dargestellt. Dabei abstrahieren die *Compartments* im Paket *Cupboard* den Zugriff auf die Datenbank. Neben dieser Abstraktion zeigt das Diagramm auch das Zusammenspiel mit der *Dependency Injection* und den Testfällen. *ServiceComponent* ist hierbei die etwas vereinfacht dargestellte Anschlussstelle an *Dagger2*, wobei *ServiceComponent* eigentlich von der generierten Klasse *DaggerServiceComponent* implementiert wird und diese injiziert (injected) dann eine Instanz vom Typ *SQLCompartment*. So ist durch die mobile Android-App nicht mehr zu unterscheiden, ob die Implementierung ein *TestCompartment* oder ein *CipherCompartment* oder ein ggf. auch ein Mock ist.

Das *TestCompartment* ist ein Wrapper um ein *DatabaseCompartment*, die widerum die Standardimplementierung eines *Compartments* für *SQLite* darstellt. Diese wird durch *Cupboard* mitgeliefert. *TestCompartment* konfiguriert dabei die Datenbank für den Test und leitet die Anfragen weiter. An gleicher Stelle kann bei Bedarf auch ein Mock eingefügt werden.

Aufgrund der strikten Anforderungen zum Schutz der Benutzerdaten müssen diese verschlüsselt gespeichert werden. Dies geschieht unabhängig von der Geräteverschlüsselung unter Zuhilfenahme von SQLCipher, einer Open-Source-Erweiterung für *SQLite*, die eine 256-Bit-AES-Verschlüsselung von Datenbankdateien ermöglicht. Da *SQLCipher* von Cupboard nicht standardmäßig unterstützt wird, wurde eine projektspezifisch modifizierte Version verwendet. Diese enthält die Klasse *CipherCupboard*, die von *Cupboard* erbt und sie erweitert. Das von *CipherCupboard* erzeugte *CipherCompartment* implementiert die API von *SQLCompartment* und speichert die Daten, die via *SQLCipher* verschlüsselt werden. Der dabei vorgenommene Austausch der *SQLite*-Implementierung bot sich an, da die APIs weitgehend identisch sind.

Hintergrund und Praxistipp: »Dependency Injection«

Dependency Injection wurde von Martin Fowler vorgeschlagen, um in objektorientierten Softwaresystemen eine von den Objekten losgelöste zentrale Komponente zu schaffen, die für den Aufbau und die Verwaltung der Abhängigkeiten zwischen den Objekten zuständig ist. Somit können die Objekte von ihren Verantwortlichkeiten teilweise entlastet werden. Wenn ein Objekt beispielsweise bei seiner Erzeugung ein anderes Objekt benötigt, kann dieser Bedarf an zentraler Stelle hinterlegt werden, *ohne dass* das Objekt sich selbst um diese Abhängigkeit kümmern muss. Die Verantwortung für das Erzeugen und die Verknüpfung der Objekte wird somit an eine zentrale Komponente, wie beispielsweise ein extern konfigurierbares Framework, übergeben. Auf diese Weise wird der Quellcode unabhängiger von seiner Umgebung, da die Abhängigkeiten von konkreten Klassen beim Kompilieren und Testen vermieden werden kann. Das erleichtert die Testbarkeit und Wartbarkeit eines objektorientierten Softwaresystems.

5.7 Release- und Iterationsplan erstellen[36]

In der Vergangenheit zogen sich Softwareentwickler in Softwareentwicklungsprojekten nach einer detaillierten Anforderungserhebung oftmals für Wochen und Monate in ihr »stilles Kämmerlein« zurück, um nun Stück für Stück die Software zu entwickeln. Diese eher fertigungsindustrielle Vorgehensweise war insbesondere durch die geringe Rückkopplung mit dem Auftraggeber und den fachlichen Experten vielfach nicht von Erfolg gekrönt. So konnten weder die Kundenzufriedenheit noch die Wertschöpfung über mehrere Iterationen hinweg vorausschauend gesteuert und zielorientiert optimiert werden.

Um den beschriebenen Missstand zu beheben, ist ein zentrales Ziel der iterativ-agil geprägten Softwareentwicklung, dem Kunden und Auftraggeber *so schnell wie möglich* den konkreten Nutzen, die Qualität und den Mehrwert der Softwareentwicklung deutlich zu machen. Vor diesem Hintergrund sollten bereits zu einem frühen Zeitpunkt lauffähige Versionen der späteren mobilen App eingesetzt, erprobt und bewertet werden. Dadurch ergibt sich eine frühzeitige Rückkopplung mit den späteren Benutzern, und ein deutlich erhöhtes Maß an Vertrauen entsteht zwischen Auftraggeber und Auftragnehmer.

In diesem Kontext spielt der Release- und Iterationsplan eine wichtige Rolle. Ohne diese Planung ist es kaum möglich, das Softwareentwicklungsprojekt vorausschauend zu steuern, wichtige Entscheidungen bewusst und fundiert zu treffen sowie Funktionalität der mobilen App, Fertigstellungstermin und anfallende Kosten miteinander in Einklang zu bringen. Hierbei schafft der Release- und Iterationsplan eine hohe Transparenz für alle Beteiligten und ein gemeinsames Verständnis der Reihenfolge, in der die einzelnen Anforderungen aus der Anforderungsspezifikation umgesetzt und in Form von lauffähigen mobilen Apps testweise in Betrieb genommen werden. Des Weiteren lässt sich dadurch der Arbeitsanfall möglichst gleichmäßig gestalten und die Produktivität zielgerichtet optimieren.

Im Release- und Iterationsplan wird festgehalten, in welchem Zeitrahmen die identifizierten Anforderungen umgesetzt werden. Hierbei wird auf Basis der detaillierten, priorisierten Anforderungsspezifikation (siehe Abschnitt 4.7) und der Versionsplanung (siehe Abschnitt 4.8) sowie in enger Kooperation mit dem Auftraggeber konkret festgelegt,

- wie viele Releases es geben wird,
- in welchen Iterationen welche Anforderungen umgesetzt werden und
- wann welche Releases beim Auftraggeber in Betrieb genommen werden.

Eine mögliche Struktur mit exemplarischen Daten eines zweckmäßigen Release- und Iterationsplans sind beispielhaft in Tabelle 5–1 dargestellt.

---

[36]. Der Abschnitt geht inhaltlich auf [Pichler 2008, S. 49–69] u. [Spitczok von Brisinski et al. 2014, S. 127–132] zurück.

Iteration	1	2
Start der Iteration	10. Oktober 2016	7. November 2016
Ende der Iteration	4. November 2016	16. Dezember 2016
Anzahl Arbeitstage	19	30
Ziele der Iteration	Risiken der Backend-Anbindung und der daraus resultierenden Reaktionszeiten für die mobile App prüfen	Onboarding und Tarifrechner der mobilen App implementieren
Explorative Iteration	ja	nein
Anforderungs-IDs	3–5, 7	1, 2, 6, 8–13
Kommentare	Feiertag am Ende der Iteration	Installation bei AG in der Folgewoche

Tab. 5-1   Exemplarischer Releaseplan (vgl. [Spitczok von Brisinski et al. 2014, S. 129])

Mithilfe des Release- und Iterationsplans sollten sich unter anderem folgende Fragen beantworten lassen:

- Wie viele Iterationen werden insgesamt benötigt?
- Von wann bis wann dauert die Iteration x?
- Wann werden welche Anforderungen aus der Anforderungsspezifikation voraussichtlich umgesetzt?

5.7.1 Dauer der Iterationen

Bei der Entwicklung des Release- und Iterationsplans wird auch die jeweilige Dauer der einzelnen Iterationen mit ihren Start- und Endterminen festgelegt. Vor dem Hintergrund konkreter praktischer Erfahrungen empfiehlt es sich, hierbei möglichst Iterationen identischer Dauer vorzusehen. Dabei sollte die Dauer zwischen drei und sechs Wochen (15–30 Arbeitstage) variieren. Bei besonders kritischen Projekten sollten Sie insbesondere zu Projektbeginn möglichst kurze Iterationen (10 Arbeitstage) vorsehen, um kurzfristige Rückkopplungen mit dem Auftraggeber zu ermöglichen. Bei bereits seit Längerem laufenden, mittlerweile eingeschwungenen Projekten kann die Dauer der Iterationen auch auf über sechs Wochen ausgedehnt werden. Allerdings sollte eine Iteration niemals länger als zehn Wochen (50 Arbeitstage) dauern.

Bei der Release- und Iterationsplanung werden auch sogenannte *explorative Iterationen* vorgesehen und eingeplant, um essenziell notwendige Kenntnisse im Umgang mit bestimmten Technologien bzw. Fertigkeiten und Erfahrungen zu erlangen, die zur weiteren Mobile-App-Entwicklung erforderlich sind. Explorative Iterationen fallen dabei oftmals kürzer aus als eine normale Iteration im Rahmen der Softwareentwicklung (vgl. [Pichler 2008, S. 56]). Was explorative Iterationen genau sind, wird im folgenden Abschnitt beschrieben.

5.7.2 Explorative Iterationen[37]

Bei hochinnovativen und komplexen Mobile-App-Projekten müssen das erforderliche Wissen, notwendige Kenntnisse und Erfahrungen im praktischen Umgang mit eventuell neuen Technologien erst noch erworben werden, um anschließend die darauf basierende mobile App entwickeln zu können. Hierbei ist es ein wesentliches Ziel einer explorativen Iteration, mithilfe von geplanten Experimenten und Erprobungen Risiken, offene Fragestellungen und Unklarheiten zu adressieren und das zur Umsetzung der Anforderungen benötigte Wissen zu generieren. Somit gibt es im Entwicklungsverlauf – oftmals direkt am Anfang – eine oder auch mehrere sogenannte explorative Iterationen, die zwar keine lauffähige mobile App hervorbringen, aber den Wissens- und Erkenntnisgewinn fördern. Ob und wie viele explorative Iterationen benötigt werden, hängt unmittelbar vom Ausmaß der Unsicherheit und den Risiken ab, die das Projekt enthält; dazu gibt es keine allgemeingültige Regel.

Um das in iterativ-agilen Projekten angestrebte Ziel der schnellen Sichtbarmachung und Darstellung des konkreten Kundennutzens zu erreichen, sollte zu Projektbeginn aber auch nicht zu viel Zeit für notwendige Experimente und Erprobungen aufgewendet werden. Als vertrauensbildende Maßnahme können Sie bei frühzeitigen explorativen Iterationen dem Auftraggeber auch einen direkten Einblick in den Entwicklungsprozess ermöglichen.

5.7.3 Erstellung des Release- und Iterationsplans

Der Release- und Iterationsplan ist am Ende jeder Iteration zu aktualisieren und ggf. zu erweitern und zu ergänzen. Hierbei können folgende Veränderungen Auswirkungen auf den Release- und Iterationsplan haben (vgl. [Pichler 2008]):

- Die Aufwände zur Umsetzung der Anforderungen werden durch das Verfeinern, Hinzufügen oder Streichen von Anforderungen verändert. Auch kann eine Modifikation der ursprünglichen Aufwandschätzung eintreten und zu veränderten Daten im Release- und Iterationsplan führen.
- Die Entwicklungsgeschwindigkeit ist größer oder kleiner als die erwartete Entwicklungsgeschwindigkeit. Dadurch kann es vorkommen, dass weniger bzw. mehr Anforderungen in einer Iteration umgesetzt wurden, sodass die Zuordnung der Anforderungen, die in einer Iteration umgesetzt werden sollten, geändert werden muss.

In streng agilen Softwareentwicklungsprojekten wird manchmal auch gänzlich auf einen Release- und Iterationsplan verzichtet. Dann wird jeweils nur von Iteration zu Iteration bzw. von Sprint zu Sprint geplant. Für sehr kurze, unkritische Projekte kann dies funktionieren. Im Regelfall wird jedoch ein eigener Release-

---

[37]. Der Abschnitt geht inhaltlich weitgehend auf [Pichler 2008, S. 56] zurück.

und Iterationsplan benötigt. Ich lege Ihnen in jedem Fall die durchgängige Verwendung und kontinuierliche Pflege eines Release- und Iterationsplans ans Herz, um Ihr Mobile-App-Entwicklungsprojekt zielgerichtet zu planen und durchzuführen.

5.8 Zusammenfassung

Die Konzeption und das Design einer mobilen App sind komplexe und zeitaufwendige Aufgaben. Vor dem Hintergrund der hohen Bedeutung einer guten User Experience wurden in den ersten fünf Abschnitten dieses Kapitels zielorientierte Aktivitäten vorgestellt, um auch mithilfe von Prototypen der grafischen Benutzungsoberfläche die Anforderungen, Wünsche und Erwartungen der Benutzer möglichst vollumfänglich zu erfüllen. Dabei wurden bereits vor der Implementierung Usability- und User-Experience-Tests auf Basis von GUI-Prototypen unterschiedlicher Qualitäts- und Ausbaustufen durchgeführt, um die Konzeption und das Design der mobilen App möglichst hoch qualitativ umzusetzen.

Neben den zunächst stark benutzer- und Frontend-orientierten Aktivitäten der Konzeptions- und Designphase wurden im weiteren Verlauf dieses Kapitels geeignete Aktivitäten zur Definition der Software- und Systemarchitektur sowie eines detaillierten Release- und Iterationsplans mit zweckmäßigen Methoden, Sprachen und Werkzeugen beschrieben. Auf dieser Grundlage können in der Konzeptions- und Designphase sehr präzise Entwurfsergebnisse hoher Qualität entwickelt und für die nachfolgende Implementierungsphase bereitgestellt werden.

5.9 Übungen

a) Was ist der Unterschied zwischen einer *Informationsarchitektur* und einem *Interaktionsdesign*?
b) Erstellen Sie das Interaktionsdesign für Ihre mobile Banking-App!
c) Erstellen Sie zehn *Mock-ups* Ihrer mobilen Banking-App!
   - Wie sieht die grafische Benutzungsoberfläche für die Kontoübersicht aus?
   - Wie sieht die grafische Benutzungsoberfläche für Überweisungen aus?
   - Wie sieht die grafische Benutzungsoberfläche für Daueraufträge aus?
   - Wie sieht die grafische Benutzungsoberfläche für die Einstellungsoptionen aus?
d) Entwerfen Sie einen Low-Fidelity-Prototyp Ihrer mobilen Banking-App mithilfe eines geeigneten Softwarewerkzeugs!
e) Verfeinern Sie den Low-Fidelity-Prototyp zum High-Fidelity-Prototyp!
f) Was wird bei mobilen Apps unter einer *Seitenspezifikation* verstanden?
g) Entwickeln Sie die Seitenspezifikation Ihrer mobilen Banking-App!
h) Entwerfen Sie die Softwarearchitektur Ihrer Banking-App!
i) Erstellen Sie einen Release- und Iterationsplan für die mobile Banking-App!

5.10 Weiterführende Literatur

[Garrett 2012] Garrett, J. J.: Die Elemente der User Experience: Anwenderzentriertes (Web-)Design. München: Addison-Wesley-Verlag, 2012.

[Heinecke 2011] Heinecke, A. M.: Mensch-Computer-Interaktion: Basiswissen für Entwickler und Gestalter. Heidelberg: Springer-Verlag, 2011.

[Herczeg 2009] Herczeg, M.: Software-Ergonomie. 3. Auflage, München: Oldenbourg Verlag, 2009.

[Moser 2012] Moser, C.: User Experience Design: Mit erlebniszentrierter Softwareentwicklung zu Produkten, die begeistern. Heidelberg: Springer Vieweg, 2012.

[Nielsen & Budiu 2013] Nielsen, J.; Budiu, R.: Mobile Usability: Für iPhone, iPad, Android, Kindle. Frechen: mitp-Verlag, 2013.

[Oestereich & Scheithauer 2014] Oestereich, B.; Scheithauer, A.: Die UML-Kurzreferenz 2.5 für die Praxis. 6. Auflage, München: Oldenbourg Wissenschaftsverlag, 2014.

[Richter & Flückiger 2016] Richter, M.; Flückiger, M.: Usability und UX kompakt – Produkte für Menschen. 4. Auflage, Heidelberg: Springer Vieweg, 2016.

[Semler 2016] Semler, J.: App-Design: Alles zu Gestaltung, Usability und User Experience. Bonn: Rheinwerk Verlag, 2016.

[Spitczok von Brisinski et al. 2014] Spitczok von Brisinski, N.; Vollmer, G.; Schäfer-Weber, U.: Pragmatisches IT-Projektmanagement – Softwareentwicklungsprojekte auf Basis des PMBOK Guide führen. 2., aktualisierte und überarbeitete Auflage, Heidelberg: dpunkt.verlag, 2014.

6 Implementierung

6.1 Programmierung nativer mobiler Apps

Native mobile Apps für die beiden mobilen Betriebssysteme *Android* und *iOS* werden mit einer objektorientierten Programmiersprache (*Java* bzw. *Objective*-C oder *Swift*) sowie mithilfe einer mächtigen, komfortablen und kostenfrei erhältlichen integrierten Entwicklungsumgebung (*Android Studio* bzw. *Xcode*) erstellt. Xcode ist dabei nur auf einem Apple-Computer unter dem Betriebssystem *macOS* lauffähig. Das Android Studio von Google gibt es auch in einer Version für das Apple-Betriebssystem macOS, sodass die Hardwarevoraussetzungen für die Entwicklung einer mobilen iOS-App restriktiver sind.

Mobile Apps sind modular aufgebaut. Die mobilen Betriebssysteme erzwingen diesen modularen Aufbau, wobei der Lebenszyklus einer mobilen App durch das jeweilige Betriebssystem bestimmt und gesteuert wird. Zur Konzeption und Entwicklung einer mobilen App kann für die beiden mobilen Betriebssysteme iOS und Android das MVC-Architekturmuster eingesetzt werden; aber auch darauf basierende Architekturmuster, wie das MVP- bzw. MVVM-Muster, haben eine praktische Relevanz.

Unabhängig davon, ob Sie eine mobile App für iOS oder Android entwickeln, die ersten Schritte zur Programmierung sind komplizierter, als Sie dies bei der Java-Programmierung wie zum Beispiel unter *Eclipse* gewohnt sind. So ist bereits die Implementierung des klassischen »HelloWorld«-Programms als mobile App deutlich komplexer und zeitaufwendiger als in vielen anderen Programmiersprachen und Entwicklungsumgebungen. Hierbei sind schnell endgeräte- und betriebssystemspezifisches Wissen sowie praktische Programmiererfahrungen mit der jeweiligen Entwicklungsumgebung vonnöten, um sichtbare Erfolge und substanzielle Ergebnisse zu erzielen.

> **Praxistipp: Quellcode schlank halten**
>
> Auch wenn mobile Endgeräte immer leistungsfähiger werden, verfügen sie im Vergleich zu Notebooks und Desktop-Computern doch über beschränkte Hardwareressourcen. Halten Sie daher den Quellcode Ihrer mobilen App möglichst schlank und die GUI möglichst einfach. Nicht alles, was prinzipiell schön und denkbar wäre, ist auch tatsächlich sinnvoll. Durch schlanken Quellcode können Sie die bestmögliche Performanz und Leistungsfähigkeit des mobilen Endgeräts nutzen und für Ihre Benutzer zum Einsatz bringen.

6.2 Android-Grundlagen

Zur Entwicklung mobiler Apps werden in diesem Kapitel wichtige Grundlagen des mobilen Betriebssystems Android beschrieben. Das Ziel ist es, Ihnen grundlegende Kenntnisse zu vermitteln, sodass Sie die anschließenden Kapitel zu den einzelnen Phasen und Aktivitäten im Lebenszyklus einer nativen mobilen Android-App besser verstehen und einfach nachvollziehen können. Für eine detaillierte Beschreibung *sämtlicher* Android-spezifischen Aspekte, Konzepte und Grundlagen sei auf die Android-Dokumentation[1] sowie die beiden Fachbücher [Becker & Pant 2015] und [Künneth 2015] verwiesen.

6.2.1 Entwicklung, Build und Ausführung

Der Quellcode mobiler Android-Apps wird mit der objektorientierten Programmiersprache *Java* erstellt. Dazu wird die kostenfrei erhältliche integrierte Entwicklungsumgebung (IDE) *Android Studio* (aktuelle Version 2.2) eingesetzt. Der erstellte *Java-Quellcode* wird mithilfe des *Java-Compilers* zunächst ganz klassisch in *Java-Bytecode* (*.class-Dateien) übersetzt. Im Gegensatz zur traditionellen Java-Programmierung wird der erzeugte Java-Bytecode (*.class-Dateien) aber anschließend noch weiterverarbeitet.

> **Hintergrund: Warum wird der Java-Bytecode weiterverarbeitet?**
>
> Eine mobile Android-App wird als sogenanntes *Android Package* (*.apk-Datei) erstellt, ausgeliefert und vertrieben, um sie auf einem mobilen Endgerät installieren zu können. Der Hintergrund dafür ist, dass bis zur Android-Version 4.4 die *Dalvik Virtual Machine* die Laufzeitumgebung für mobile Android-Apps war. Diese basierte auf einer Registermaschine, wohingegen die *Java Virtual Machine* – die den Java-Bytecode interpretiert – auf einem Kellerautomaten[a] basierte. Um diese Inkompatibilität aufzuheben, muss der Java-Bytecode weiterverarbeitet werden.

a. »Registermaschinen« und »Kellerautomaten« sind Konzepte der Automatentheorie, eines Teilgebiets der theoretischen Informatik. Für weitere Informationen und Details greifen Sie auf das Standardwerk [Hopcroft et al. 2003] zurück.

---

1. Weitere Informationen unter: *http://developer.android.com/index.html*.

Zur Weiterverarbeitung wird der Java-Bytecode (*.class-Dateien) nun mit dem vom Android Software Development Kit bereitgestellten *Dalvik-Cross-Compiler* zu *Dalvik-Executable*-Dateien (*.dex-Datei) konvertiert (siehe oberste Zeile in Abb. 6–1). Die *Dalvik-Executable*-Dateien werden anschließend mit kompilierten Ressourcen wie Bitmaps, Bildern oder Audiodateien und anderem nativem Code zum *Android Package* (*.apk-Datei) zusammengefügt.

Die *Dalvik-Executable*-Dateien sind dabei weiterhin ein integraler Bestandteil des *Android Package*, das insgesamt alle notwendigen Informationen enthält, um die mobile Android-App ausführen zu können. Der Ablauf der Kompilierung, Konvertierung und Bildung des *Android Package* ist in Abbildung 6–1 dargestellt.

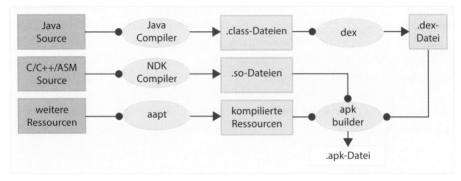

Abb. 6–1   Build-Prozess einer mobilen Android-App[2]

Das *Android Package* (*.apk-Datei) stellt somit die Datei dar, die zur Installation einer mobilen Android-App auf das mobile Endgerät geladen werden muss, und ist beispielsweise bei *Google Play* verfügbar.

6.2.2 Signierung

Das Android Package (*.apk-Datei) muss signiert werden (siehe Abb. 6–2), um die Ausführung zu ermöglichen. Bei der lokalen Entwicklung ist ein eigener, automatisch generierter Schlüssel ausreichend. Die Veröffentlichung einer mobilen App bei *Google Play* ist nur mit dem von Google bereitgestellten Schlüssel möglich.

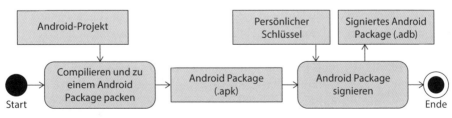

Abb. 6–2   Signierung einer mobilen Android-App[3]

---

2. Bildquelle: [Patzke 2015].

6.2.3 Laden und Installation

Nach dem Laden eines *Android Package* kann die mobile App installiert werden. Bei der Installation werden (seit der Android-Version 5.0) die *Dalvik-Executable*-Dateien mit dem auf dem Gerät vorhandenen und zum Android-Betriebssystem gehörigen Werkzeug *dex2oat* cross-kompiliert. Es entsteht nun nativer, prozessorspezifischer Maschinencode (*.oat-datei), der direkt in den Arbeitsspeicher des mobilen Endgeräts geladen werden kann. Dieses Verfahren wird auch als *Ahead-of-Time*-Kompilierung bezeichnet (vgl. [Becker & Pant 2015, S. 27]).

Durch die einmalige Kompilierung in Maschinencode *zur Installationszeit* entfällt die Kompilierung *zur Laufzeit*, wie sie bis einschließlich Android 4.4 vorgenommen wurde. Auch der bis dahin notwendige Laufzeitcode-Cache wird nicht mehr benötigt. Der Installationsvorgang dauert durch die *Ahead-of-Time*-Kompilierung zwar einige Sekunden länger, aber die mobilen Android-Apps sind bei der Benutzung wesentlich performanter und weisen bessere Reaktionszeiten auf als beim vorherigen Verfahren.

Auf diese Weise konnte mit Android 5 ein großer Nachteil gegenüber nativen mobilen *iOS*-Apps beseitigt werden, die bis zu diesem Zeitpunkt performanter und ruckelfreier als die Android-Version liefen (vgl. [Becker & Pant 2015, S. 27]).

6.2.4 Ausführung

Jede mobile Android-App läuft in der *Android Runtime (ART)*, der Laufzeitumgebung von Android (siehe Abb. 6–4 auf S. 166). Üblicherweise laufen die Apps hierbei nach dem *Sandbox-Prinzip* in einem eigenen Prozess, der ihnen vom Betriebssystem zugewiesen wird.

> **Hintergrund: Sandbox**
>
> Eine Sandbox stellt eine eingeschränkte Laufzeitumgebung dar, in der bestimmte Funktionen verboten sind. Der direkte Zugriff auf das Betriebssystem oder auf die Daten einer anderen Softwareanwendung sind beispielsweise Funktionen, die in einer Sandbox nicht möglich sind.

Jede mobile Android-App läuft nach dem Sandbox-Prinzip in einem eigenen Prozess mit einer eigenen Laufzeitumgebung und damit vollständig isoliert von den anderen mobilen Apps. Hierbei weist Android jeder mobilen App eine eindeutige User-ID zu, die der mobilen App jedoch nicht bekannt gemacht wird. Android definiert in diesem Zusammenhang Zugriffsrechte für alle Dateien der mobilen App, sodass nur die mobile App selbst darauf zugreifen kann. Zudem läuft jede Android-App unter einem eigenen Benutzer-Account (vgl. [Gruhn 2016]). And-

---

3. Bildquelle: *http://developer.android.com*.

roid startet den Prozess für eine mobile App, sobald eine Komponente der App ausgeführt werden muss, und beendet den Prozess, wenn er nicht mehr gebraucht wird oder eventuell Speicher für andere mobile Apps benötigt wird. Das Betriebssystem Android implementiert auf diese Weise das sogenannte *Least-Privilege-Prinzip*, bei dem ein Zugriff *nur* auf die Komponenten ermöglicht wird, die tatsächlich benötigt werden. Die mobilen Apps können so nicht auf andere Bereiche des Systems zugreifen (vgl. [Gruhn 2016]).

6.2.5 Garbage Collection

Bei der Ausführung eines klassischen Java-Programms wird der Speicher von der *Java Virtual Machine (JVM)* selbst verwaltet; der Programmierer muss sich darum nicht kümmern. Zu diesem Zweck werden Objekte in verschiedenen Speicherbereichen abgelegt und Objekte, für die es zur Laufzeit keine Referenz mehr gibt, werden in unregelmäßigen Zyklen gelöscht. Dadurch kann unnötig belegter Speicher wieder freigegeben werden. Grundsätzlich unterscheidet sich die *Android Runtime (ART)* hier nicht von einer *Java Virtual Machine (JVM)*: Die Speicherverwaltung wird jeweils von der Laufzeitumgebung übernommen.

Performanzprobleme

Der *Garbage Collector* von Android lief bis zur Version 5 zu häufig und zu langsam, sodass sich Benutzer von mobilen Android-Apps oftmals über ein Ruckeln oder kurzzeitiges Einfrieren der grafischen Benutzungsoberfläche beschwerten. Seit der Version 5 läuft der *Garbage Collector* von Android weniger häufig, in einem eigenen Prozess und ist deutlich schneller geworden.

Zumindest auf mobilen Endgeräten mit mehreren Prozessoren läuft Android flüssig. Am *Garbage Collector* wird noch weiter gearbeitet, sodass hier weitere Optimierungen zu erwarten sind (vgl. [Becker & Pant 2015, S. 27]).

6.2.6 App-Komponenten[4]

Android ist ein modernes mobiles Betriebssystem und unterstützt komponentenbasierte mobile Apps. Ziel der mobilen App-Entwicklung unter Android soll es dabei sein, »das Rad nicht jedes Mal neu zu erfinden«, sondern bewährte Lösungen und bestehende Komponenten idealerweise wiederverwenden zu können. So können Sie neue mobile Apps entwickeln, die ihrerseits Komponenten anderer mobiler Apps nutzen, die auf dem mobilen Endgerät installiert sind (vgl. [Becker & Pant 2015, S. 31]). Solche App-Komponenten müssen Sie dann nicht doppelt entwickeln.

---

4. Der Abschnitt basiert inhaltlich weitgehend auf:
   http://developer.android.com/guide/components/ fundamentals.html.

Mobile Android-Apps werden aus vier lose miteinander gekoppelten Komponenten gebildet: *Activities*, *Services*, *Content Providers* und *Broadcast Receivers*. Dabei spielt die App-Komponente *Activity* eine zentrale Rolle bei der Entwicklung einer mobilen Android-App, denn jede mobile Android-App besteht aus *mindestens* einer Activity. Und unterschiedliche Funktionen Ihrer mobilen Android-App sollten Sie in jeweils eigenen Activities kapseln, sodass sich mobile Android-Apps mit umfangreicherer Funktionalität üblicherweise aus mehreren Activities zusammensetzen.

Nicht alle der vier oben genannten App-Komponenten stellen tatsächliche Einstiegspunkte für den Benutzer dar. Jede Komponente existiert als eigene Einheit und übernimmt eine spezifische Rolle für eine mobile App. Zudem hat jede der vier App-Komponenten einen bestimmten Zweck und Lebenszyklus (siehe Abb. 6–3 auf S. 162), der festlegt, wie die jeweilige App-Komponente erzeugt und gelöscht wird.

> **Beispiel zur Wiederverwendung[a]:**
>
> Auf einem Android-Smartphone sind üblicherweise die mobilen Apps »Kontakte« und »Telefon« vorinstalliert. Wenn Sie nun selbst eine mobile Android-App entwickeln, können Sie sich aus der Datenbank der »Kontakte«-App eine bestimmte Telefonnummer zurückgeben lassen und diese in der Activity der »Telefon«-App wählen lassen. Auf diese Weise wird ein Zugriff von außen möglich, sofern Sie anderen mobilen Apps gestatten, auf »Ihre« Komponenten zuzugreifen.

a. Das Beispiel geht inhaltlich weitgehend auf [Becker & Pant 2015, S. 31] zurück.

Die vier zentralen Komponenten einer mobilen Android-App werden im Folgenden detailliert beschrieben.

6.2.6.1 Activity[5]

Eine Activity stellt grundsätzlich eine einzelne Bildschirmseite (*Screen*) dar, die über eine grafische Benutzungsoberfläche verfügt. Und alles, was *innerhalb* dieser Bildschirmseite passiert, geschieht innerhalb dieser einen Activity. Somit kapselt eine Activity eine gewisse Teilfunktionalität Ihrer mobilen App und kann als ein Teil des Programms angesehen werden. Zum Beispiel kann eine E-Mail-App eine erste Activity besitzen, die eine Liste *neuer* E-Mails wiedergibt, zweitens eine Activity zum Erstellen einer E-Mail und drittens eine zum Lesen von E-Mails.

Eine mobile App besteht somit in der Regel aus mehreren Activities, die lose miteinander gekoppelt sind. Obwohl die Activities einer Android-App miteinander interagieren, um eine zusammenhängende, konsistente *User Experience* zu ermöglichen, ist jede Activity *unabhängig* von den anderen Activities. Somit kann

5. Der Abschnitt basiert inhaltlich weitgehend auf:
   http://developer.android.com/guide/components/ activities.html.

eine andere Android-App eine der Activities der E-Mail-App starten, wenn die E-Mail-App dies im Hinblick auf das Rechtemanagement zulässt.

So kann beispielsweise eine Kamera-App die Activity der E-Mail-App starten, in der neue E-Mails erstellt werden können, damit der Benutzer ein Bild freigeben kann.

Eine der Activities wird in einer mobilen App als *Haupt-* bzw. *Main-*Activity spezifiziert und dem Benutzer beim Start der mobilen App angezeigt. Jede Activity kann eine andere Activity starten, um Aktionen und Funktionen auszuführen. Jedes Mal, wenn eine neue Activity gestartet wird, wird die vorherige Activity gestoppt und vom Android-Betriebssystem auf einen Stapel (Stack) gelegt, den sogenannten *Back-Stack* (siehe auch Abschnitt 6.2.13). Wenn eine neue Activity beginnt, wird sie oben auf den Stapel gelegt und bekommt den Benutzerfokus.

Erstellung und Lebenszyklus

Für eine neue Activity müssen Sie eine Unterklasse der Klasse »Activity« erstellen und implementieren. Der Lebenszyklus einer Activity wird von Android gesteuert. In Ihrer erstellten Unterklasse müssen Sie Methoden implementieren, die das Betriebssystem aufruft, wenn die Activity einen ihrer Lebenszykluszustände einnimmt; zum Beispiel wenn die Activity erstellt, gestoppt oder wieder aufgenommen wird. Die beiden wichtigsten Methoden sind dabei:

- onCreate()
  Diese Methode müssen Sie in jedem Fall implementieren. Das Betriebssystem ruft diese Methode beim Erstellen Ihrer Activity auf (siehe auch Abb. 6–3). Innerhalb der Implementierung sollten Sie die wesentlichen Komponenten Ihrer Activity initialisieren. Das Wichtigste ist hierbei, dass Sie setContentView() aufrufen, um das Layout der grafischen Benutzungsoberfläche festzulegen.

- onPause()
  Das Android-Betriebssystem ruft diese Methode auf, wenn der Benutzer die Activity verlässt, auch wenn das nicht bedeuten muss, dass die Activity anschließend zerstört wird. In der Regel sollten Sie Datenänderungen sichern, die über die aktuelle Benutzersitzung hinaus beizubehalten sind.

Beim erstmaligen Start einer Activity (Zustand »Activity gestartet« in Abb. 6–3) werden die drei Methoden onCreate(), onStart() und onResume() sequenziell nacheinander aufgerufen, sodass die Activity sich anschließend in ihrem aktiven Zustand »Activity läuft« befindet. Sobald eine andere Activity vom Benutzer in den Vordergrund geholt wird – sei es von der gleichen oder von einer anderen mobilen App –, ruft das Betriebssystem die Methode onPause() auf. In dieser Situation ist es möglich, dass der Benutzer zur Activity zurückkehrt und über onResume() der aktive Zustand »Activity läuft« der Activity wieder eingenommen wird.

Wenn die Activity nach Aufruf der Methode onPause() nicht länger sichtbar ist, wird die Methode onStop() aufgerufen, sodass der Activity-Prozess gestoppt wird. Wenn der Benutzer nun zu dieser Activity zurückkehrt, kann der Activity-Prozess über die Methode onRestart() wiederaufgenommen werden. Dies ist im rechten Prozesszweig in Abbildung 6–3 dargestellt. Alternativ dazu kann der Activity-Prozess auch beendet werden, sei es, weil eine andere höher priorisierte mobile App Speicher benötigt oder weil der Activity-Prozess beendet werden soll.

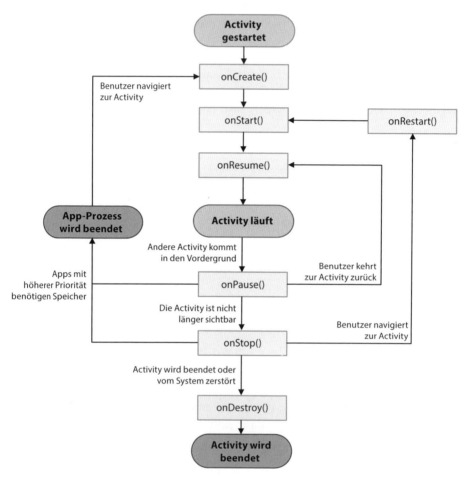

Abb. 6–3   *Lebenszyklus einer Android-Activity*
(Quelle: http://developer.android.com/guide/components/activities.html)

Wenn eine Activity gestoppt wird, weil eine neue Activity beginnt, wird sie durch die Methoden der Activity über diese Zustandsänderung benachrichtigt. Es gibt mehrere Methoden, die eine Activity aufgrund der Änderung ihres Zustandes empfangen kann: zum Beispiel, ob das System sie erstellt, stoppt, wieder aufnimmt oder zerstört. Und jede dieser Methoden bietet Ihnen die Möglichkeit, bestimmte kontextspezifische Arbeiten durchzuführen: Zum Beispiel sollten Sie beim Stoppen einer Activity alle Netzwerk- oder Datenbankverbindungen freigeben. Wenn die Aktivität fortgesetzt wird, können Sie die erforderlichen Ressourcen erneut abrufen und die unterbrochenen Aktionen fortsetzen.

Somit gibt es drei zentrale Phasen im Lebenszyklus einer Android-Activity:

1. Der **gesamte Lebenszyklus** einer Activity reicht vom ersten onCreate()-Aufruf bis zum Aufruf von onDestroy(). Eine Activity führt die grundsätzliche Initialisierung in onCreate() durch und gibt alle Ressourcen in onDestroy() wieder ab. Wenn zum Beispiel ein Hintergrund-Thread benötigt wird, der Daten aus dem Netzwerk herunterlädt, kann dieser Thread in onCreate() initial erstellt und in onDestroy() wieder gestoppt werden.
2. Die **sichtbare Lebensdauer** einer Activity reicht vom onStart()-Aufruf bis zum entsprechenden onStop()-Aufruf. Während dieser Phase im Lebenszyklus einer Activity kann der Benutzer diese auf dem Bildschirm des mobilen Endgeräts sehen. Zwischen den beiden Methoden können App-Komponenten aufgerufen werden, die benötigt werden, um die Activity anzuzeigen. Beispielsweise können Sie einen *Broadcast Receiver* (siehe auch Abschnitt 6.2.6.4) in onStart() registrieren, um Änderungen zu überwachen, die sich auf die grafische Benutzungsoberfläche der mobilen App auswirken, und diese in onStop() aufheben. Die Methoden onStart() und onStop() können dabei mehrmals im Lebenszyklus einer Activity aufgerufen werden.
3. Die **Vordergrund-Lebensdauer** einer Activity reicht vom onResume()-Aufruf bis zum entsprechenden onPause()-Aufruf. Während dieser Zeitspanne ist die Activity im Vordergrund und kann mit dem Benutzer interagieren. Eine Activity kann regelmäßig zwischen dem Wiederaufnehmen (onResume()) und dem Pausieren (onPause()) hin- und herwechseln: beispielsweise, wenn das mobile Endgerät in den Stand-by-Modus wechselt, wenn das Ergebnis einer Activity ausgeliefert wird, wenn ein neuer *Intent* (siehe auch Abschnitt 6.2.9) geliefert wird usw. Somit sollte der Quellcode dieser beiden Methoden möglichst leichtgewichtig sein.

Grafische Benutzungsoberfläche

Alle Elemente der grafischen Benutzungsoberfläche einer mobilen Android-App werden mit *View*- und *ViewGroup*-Objekten erstellt. Eine View ist ein Objekt, das ein Oberflächenelement auf den Bildschirm zeichnet, mit dem der Benutzer interagieren kann. Beispielsweise kann eine *View* ein Button sein, der eine Aktion initiiert, wenn der Benutzer den Button mit einem Tap berührt. Eine ViewGroup ist ein Objekt, das andere View- und ViewGroup-Objekte enthält, um das Layout der grafischen Benutzungsoberfläche zu definieren. Android verfügt über eine Sammlung von View- und ViewGroup-Unterklassen, die Ihnen vordefinierte Eingabe-Steuerelemente (wie Buttons und Textfelder) und verschiedene Layouts bereitstellen. Layouts sind hierbei Views, die von *ViewGroup* abgeleitet werden, die ein eindeutiges Layout für die untergeordneten *Views* bereitstellen, wie ein lineares Layout, ein Rasterlayout oder ein relatives Layout.

Sie können die *View*- und *ViewGroup*-Klassen auch benutzen, um eigene Layouts zu erstellen, und sie anschließend auf das Layout Ihrer Activity anwenden. Die häufigste Methode, ein Layout mit Views zu definieren, ist eine XML-Layoutdatei, die in Ihren Anwendungsressourcen (siehe auch Abb. 6–5 auf S. 168) gespeichert ist. Auf diese Weise können Sie das Design Ihrer grafischen Benutzungsoberfläche getrennt vom Quellcode pflegen, der üblicherweise die Logik und das Verhalten der Aktivität definiert.

Sie können das Layout der grafischen Benutzungsoberfläche für Ihre Activity mit setContentView () festlegen und die Ressourcen-ID für das Layout übergeben. Sie können jedoch auch neue Views im Quellcode Ihrer Activity erstellen und eine View-Hierarchie bilden, indem Sie neue *Views* in eine *ViewGroup* einfügen die gesamte *ViewGroup* als Parameter an setContentView () übergeben, um dieses Layout dann zu verwenden.

> **Praxistipp: Keine verschachtelten Layouts verwenden**
>
> Verschachtelte Layouts sind unter Android prinzipiell möglich. Allerdings verbrauchen verschachtelte Layouts zusätzliche CPU-Zeit und somit Energie des mobilen Endgeräts. Vor diesem Hintergrund sollten Sie auf verschachtelte und mehrfach ineinander eingebettete Layouts in Ihrer mobilen Android-App besser verzichten.

Neben der Activity, die in diesem Abschnitt sehr ausführlich beschrieben wurde, gibt es unter Android drei weitere wichtige App-Komponenten, die im Folgenden näher erläutert werden.

6.2.6.2 Service

Ein Service ist eine App-Komponente, die im Hintergrund läuft. Mit ihr können langlaufende Vorgänge ausgeführt oder Remoteprozesse durchgeführt werden. Ein Service kann beispielsweise Musik im Hintergrund wiedergeben, während sich der Benutzer in einer anderen mobilen App befindet. Genauso kann ein Service Daten über das Netzwerk abrufen, *ohne* die Interaktion des Benutzers mit einer Activity zu sperren. Eine andere App-Komponente kann den Service starten und ihn laufen lassen, um mit ihm zu interagieren. Ein Service bietet im Gegensatz zu einer Activity keine grafische Benutzungsoberfläche an. Ein Service wird als Unterklasse der Klasse »Service« implementiert.

6.2.6.3 Content Provider

Content Provider helfen einer mobilen App, den Zugriff auf selbst oder auch von anderen Apps gespeicherte Daten zu verwalten, und bieten eine Möglichkeit, Daten mit anderen Apps zu teilen. Content Provider verkapseln die Daten und bieten Mechanismen zur Definition der Datensicherheit. Sie können die Daten im Dateisystem, in einer SQLite-Datenbank, im Web oder an einem anderen Speicherort speichern, auf den Ihre mobile App zugreifen kann. Über den Content Provider können andere Anwendungen die App-Daten abfragen oder ändern, wenn der Content Provider es zulässt. Beispielsweise stellt Android einen Content Provider bereit, der die Kontaktinformationen des Benutzers verwaltet. Daher kann jede mobile App, die über die entsprechenden Berechtigungen verfügt, die Kontaktinformationen einer bestimmten Person lesen und ggf. auch editieren. Die Verwendung und Implementierung eines Content Provider hat viele Vorteile. Am wichtigsten ist, dass Sie einen Content Provider konfigurieren können, damit andere Anwendungen sicher auf Ihre App-Daten zugreifen und diese ändern können. Ein Content Provider wird als Unterklasse der Klasse »ContentProvider« implementiert und muss einen API-Standardsatz enthalten, der es anderen mobilen Apps ermöglicht, Transaktionen durchzuführen.

6.2.6.4 Broadcast Receiver

Ein Broadcast Receiver ist eine App-Komponente, die auf systemweit versendete Nachrichten – sogenannte *Broadcast*-Nachrichten – reagiert. Zahlreiche Broadcast-Nachrichten stammen vom Betriebssystem selbst. Zum Beispiel gibt es jeweils eine Nachricht, die anzeigt, dass der Bildschirm ausgeschaltet wurde, dass der Akku schwach ist oder dass ein Bild aufgenommen wurde. Mobile Apps können sich anmelden, um Broadcast-Nachrichten zu abonnieren, und auch selbst Broadcast-Nachrichten initiieren, beispielsweise um andere Apps zu informieren, dass Daten auf das mobile Endgerät heruntergeladen wurden und nun zur Verfügung stehen. Somit können Broadcasts als Nachrichten- und Kommunikationssystem zwischen mobilen Android-Apps verstanden werden, das nebenläufig zu den eigentlichen Benutzerinteraktionen funktioniert. Obwohl Broadcast Receiver über keine grafische Benutzungsoberfläche verfügen, können sie eine Benachrichtigung erstellen, um den Benutzer zu informieren, dass ein Sendeereignis auftritt. Ein Broadcast Receiver wird als Unterklasse der Klasse »BroadcastReceiver« implementiert und jede übermittelte Broadcast-Nachricht wird als sogenanntes *Intent*-Objekt (siehe auch Abschnitt 6.2.9) geliefert.

6.2.7 Android-Systemarchitektur

Die Android-Systemarchitektur (siehe Abb. 6–4) basiert seit Android 4.0 auf einem angepassten Linux-Kernel mit der Version 3.x. Der Linux-Kernel stellt eine Abstraktionsebene zwischen Hard- und Software zur Verfügung und Gerätetreiber bereit. Zudem ist er für Netzwerkaufgaben sowie für die Energie-, Prozess- und Speicherverwaltung zuständig.

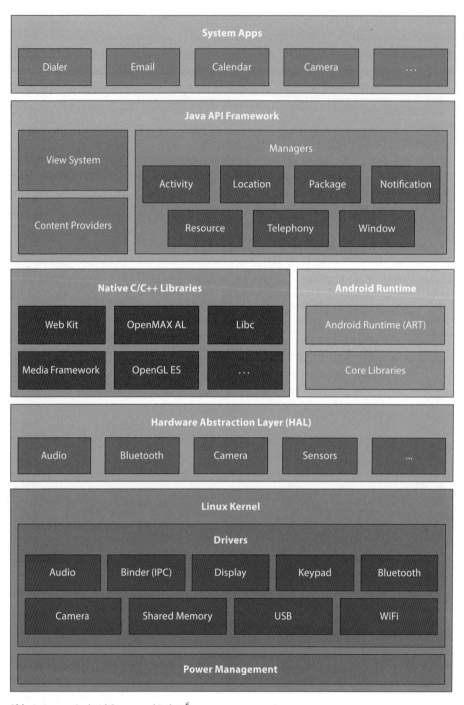

Abb. 6–4 Android-Systemarchitektur[6]

6. Bildquelle: *http://developer.android.com/guide/platform/index.html*.

Bei der Energieverwaltung müssen beispielsweise wichtige Aspekte mobiler Endgeräte berücksichtigt und umgesetzt werden. Dazu gehört, dass das mobile Endgerät zuverlässig und in einem gesicherten Zustand heruntergefahren wird, *bevor* die Stromversorgung aufgrund eines leeren Akkus abbricht.

6.2.8 Entwicklung mit Android Studio

Die Entwicklung einer mobilen Android-App mithilfe von *Android Studio* basiert grundsätzlich auf der Programmiersprache Java. Die Programmierung ist aber – ähnlich wie bei eingebetteten Systemen – viel stärker und unmittelbarer auf die mobilen Endgeräte fokussiert, auf denen Ihre mobile App später laufen soll, als dies bei konventioneller Java-Programmierung der Fall ist. Zu diesem Zweck stellt Ihnen *Android Studio* sogenannte *Emulatoren* der zahlreichen verschiedenen mobilen Endgeräte für das Betriebssystem Android zur Verfügung. Sie bekommen dabei den Bildschirm eines ausgewählten mobilen Endgeräts angezeigt und können Ihre mobile App dort ausführen. Mithilfe dieser Emulatoren können Sie Ihre mobile App während der Entwicklung immer wieder testen und ausprobieren, auch wenn Sie keine hundertprozentige Garantie haben, dass sich der Emulator genauso wie das reale mobile Endgerät verhält. Daher sollten Sie neben entwicklungsbegleitenden Emulatortests anschließend immer einen vollumfänglichen und detaillierten Test auf dem realen mobilen Endgerät durchführen. Bei der Entwicklung einer mobilen Android-App besteht also nicht nur eine starke Abhängigkeit zum mobilen Betriebssystem, sondern darüber hinaus auch noch zu den tatsächlich eingesetzten mobilen Endgeräten.

Abbildung 6–5 zeigt einen Screenshot von Android Studio (Version 2.2.2) mit der Projektansicht einer mobilen Android-App. Im linken Teil des Fensters ist – ähnlich zur Ansicht in Eclipse bei der Java-Programmierung – ein Überblick über das Projekt mit den Bestandteilen und notwendigen Ressourcen der mobilen App zu sehen. Dazu gehören:

1. Das App-Manifest in der Datei »AndroidManifest.xml« (siehe Abschnitt 6.2.8.1)
2. Der Java-Quellcode im Ordner »java«
3. Die benötigten Ressourcen der mobilen App wie Grafiken, Bilder, Layouts und Werte von Konstanten im Ordner »res«
4. Die Skripte des Build-Werkzeugs »Gradle« im Ordner »Gradle Scripts«

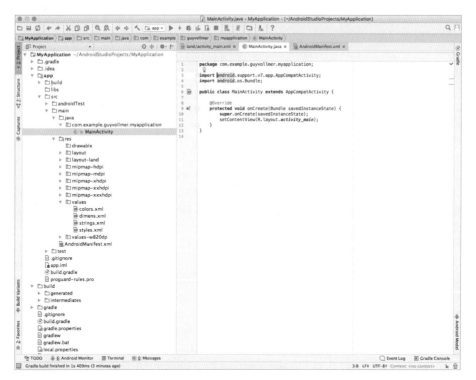

Abb. 6–5   Projektansicht einer mobilen App in Android Studio 2.3

Im rechten Teil des Fensters von Android Studio sehen Sie den geöffneten Editor mit der noch weiter zu bearbeitenden Quellcodedatei »MainActivity.java«.

6.2.8.1   Das Android-Manifest

Das *Android-Manifest* ist integraler Bestandteil jedes Android-Projekts und wird in der Datei »AndroidManifest.xml« abgelegt, die beim Anlegen eines neuen Projekts in Android Studio automatisch im Wurzelverzeichnis erstellt wird. Mithilfe der *Manifest-Datei* werden die Struktur und der Aufbau einer mobilen Android-App auf verhältnismäßig einfachem Abstraktionsniveau beschrieben. Das Android-Manifest teilt der Laufzeitumgebung hierbei mit:

- Aus welchen Komponenten sich die mobile App zusammensetzt. Dazu gehört u.a. eine Liste aller verwendeten Activities.
- Welche Berechtigungen (z.B. Zugriff auf Kontakte, Kamera, Internet) die mobile App benötigt.
- Welche Berechtigungen andere mobile Apps benötigen, die mit der App kommunizieren möchten.
- Welche Android-Version unterstützt wird.
- Zusätzliche Informationen zu Design und Bildschirmorientierung u.v.m.

6.2.8.2 Java-Quellcode

Der Java-Quellcode Ihrer mobilen Android-App wird in Android Studio in den zugehörigen Quellcodedateien im Ordner »java« abgespeichert. In Abbildung 6–5 ist dabei bislang nur der Quellcode der Datei »MainActivity.java« enthalten.

6.2.8.3 Ressourcen

Um eine hoch qualitative mobile Android-App zu entwickeln, benötigen Sie mehr als nur guten Java-Quellcode. Bei den zusätzlich erforderlichen Ressourcen im Ordner »res« handelt es sich um Bilder, Grafiken, Bitmaps, Layoutdefinitionen, festgelegte Texte, Animationsanweisungen und weitere statische Inhalte, die Sie in Ihrer mobilen App verwenden bzw. anzeigen lassen möchten. Die Ressourcen werden folglich nicht zur Umsetzung der Anwendungslogik benötigt.

6.2.8.4 Gradle

Gradle ist das *Build-Management-System* zur Erstellung einer mobilen App und integraler Bestandteil von Android Studio. Es wird seit der Android-Version 4 zur Verwaltung des Build-Prozesses von Android-Apps von Google unterstützt (vgl. [Becker & Pant 2015, S. 515]). Für weitere Detailinformationen zu *Gradle* sei auf die ausführliche Beschreibung in [Baumann 2013] verwiesen.

6.2.9 Intents und Intent-Filter[7]

In Abschnitt 6.2.6 haben wir die vier zentralen App-Komponenten kennengelernt, aus denen sich eine mobile Android-App zusammensetzt. Da *eine* mobile Android-App mit mehreren Funktionen in der Regel aus *mehr als einer einzigen* Activity besteht, ist es notwendig, dass sich die App-Komponenten untereinander aufrufen und benachrichtigen können, um miteinander zu interagieren. Dabei ist es möglich, dass eine Activity eine andere Activity der gleichen oder auch einer anderen mobilen Android-App aufrufen kann (siehe Abschnitt 6.2.6.1). Dies geschieht über sogenannte *Intents* (englisch für »Absicht«).

Ein Intent-Objekt ist eine passive Datenstruktur und stellt ein Nachrichten-Objekt dar, mit dem Sie grundsätzlich eine Aktion von einer anderen App-Komponente veranlassen können. Das heißt, dass Intents nicht nur zwischen Activities, sondern zwischen allen verschiedenen App-Komponenten – siehe auch Abschnitt 6.2.6 – verschickt werden können.

---

7. Der Abschnitt basiert inhaltlich weitgehend auf [Becker & Pant 2015, S. 145 ff.] sowie *http://developer.android.com/guide/components/intents-filters.html*.

Für Intents gibt es dabei drei grundlegende Anwendungsfälle:

- **Starten einer Activity**
  Eine Activity repräsentiert eine einzelne Bildschirmseite in einer mobilen Android-App. Sie können eine neue Instanz einer Activity starten, indem Sie einen Intent an startActivity () übergeben. Der Intent führt dazu, dass die Activity gestartet wird, und beinhaltet alle notwendigen Daten. Wenn Sie ein Ergebnis der Activity erhalten möchten, wenn sie beendet ist, rufen Sie startActivityForResult () auf. Ihre Aktivität empfängt das Ergebnis als separates Intent-Objekt durch den onActivityResult ()-Aufruf in Ihrer Activity.

- **Starten eines Dienstes**
  Ein Service ist eine App-Komponente, die ohne grafische Benutzungsoberfläche Operationen im Hintergrund ausführt. Mit der Android-Version 5.0 (API-Level 21) und höher können Sie einen Service mit dem sogenannten *Job-Scheduler* starten.

  Bei Versionen vor Android 5.0 können Sie einen Service mit Methoden der Service-Klasse starten. Sie können einen Dienst – wie zum Beispiel das Herunterladen einer Datei – starten, um einen einmaligen Vorgang auszuführen, indem Sie einen Intent an die Methode startService () übergeben. Das Intent-Objekt führt dazu, dass der Service gestartet wird, und beinhaltet alle dafür notwendigen Daten.

  Wenn der Service mit einer Client-Server-Schnittstelle konfiguriert ist, können Sie den Service einer anderen Komponente binden, indem Sie einen Intent über die Methode bindService () übergeben.

- **Bereitstellung eines Broadcast**
  Ein *Broadcast* ist eine Nachricht, die jede mobile App unter Android empfangen kann. Das Betriebssystem liefert hierbei verschiedene *Broadcasts* für spezifische Systemereignisse, wie zum Beispiel beim Hochfahren des Systems oder beim Laden eines mobilen Endgeräts. Sie können einen Broadcast an andere mobile Apps senden, indem Sie ein Intent-Objekt an die Methoden sendBroadcast (), sendOrderedBroadcast () oder sendStickyBroadcast () übergeben.

Intents sind ein funktional mächtiger und komfortabler Android-Mechanismus, um Nachrichten und Daten

- zwischen Komponenten *einer* mobilen App,
- zwischen Komponenten *verschiedener* mobiler Apps oder
- mit dem Android-Betriebssystem auszutauschen.

Intents verbinden dabei die voneinander unabhängigen App-Komponenten zu einem Gesamtsystem und schaffen zudem die Verbindung zum Betriebssystem.

Es gibt zwei verschiedene Intent-Typen:

6.2.9.1 Explizite Intents

Diese Intents geben die Komponente mit voll qualifiziertem Klassennamen an, für die der Intent bestimmt ist. In der Regel verwenden Sie einen expliziten Intent, um eine App-Komponente in Ihrer eigenen App zu starten, da Sie den Klassennamen der Activity oder des Service, die oder den Sie starten möchten, kennen. Sie können beispielsweise eine neue Activity als Reaktion auf eine Benutzeraktion starten oder einen Service, um eine Datei im Hintergrund herunterzuladen.

6.2.9.2 Implizite Intents

Implizite Intents benennen keine bestimmte App-Komponente, sondern erklären stattdessen eine allgemeine Aktion zur Ausführung bereit, die von einer namentlich nicht im Vorhinein bekannten App-Komponente einer anderen App behandelt werden soll. Wenn Sie dem Benutzer beispielsweise einen Standort auf einer Karte anzeigen möchten, können Sie einen impliziten Intent verwenden und eine andere, dafür qualifizierte mobile App angeben, die einen bestimmten Ort auf einer Karte anzeigt.

In Abbildung 6–6 ist dargestellt, wie ein impliziter Intent von einer Activity ausgegeben wird, um eine andere Activity einer anderen mobilen App zu starten. Wenn Sie einen expliziten Intent zum Start einer Activity oder eines Diensts verwenden, startet das Betriebssystem sofort die App-Komponente, die im Intent-Objekt angegeben wurde.

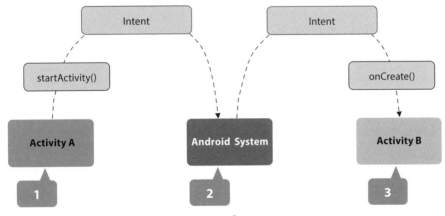

Abb. 6–6   *Impliziter Intent zum Start einer Activity[8]*

---

8. Quelle: *http://developer.android.com/guide/components/intents-filters.html*.

6.2.9.3 Intent-Filter

Wenn Sie einen impliziten Intent erstellen, ist im nächsten Schritt das Android-Betriebssystem dafür zuständig, die passende App-Komponente zu finden. Diese Suche findet mithilfe von sogenannten *Intent-Filtern* statt. Zu diesem Zweck vergleicht Android den Inhalt des Intent-Objekts mit den sogenannten *Intent-Filtern*, die in den Manifestdateien *anderer* mobiler Apps auf dem mobilen Endgerät deklariert sind. Wenn der Intent zu einem Intent-Filter passt und somit kompatibel ist, startet Android diese App-Komponente gemäß dem Prozess, der in Abbildung 6–6 dargestellt ist, und übermittelt das entsprechende Intent-Objekt. Wenn *mehrere* Intent-Filter kompatibel sind, zeigt das Betriebssystem einen Dialog an, damit der Benutzer auswählen kann, welche mobile App für das Intent-Objekt verwendet werden soll.

Ein Intent-Filter ist somit ein Ausdruck in einer App-Manifestdatei, die die Art des Intents angibt, die die App-Komponente erhalten möchte. Wenn Sie beispielsweise einen Intent-Filter für eine Activity deklarieren, können Sie anderen mobilen Apps auf Ihrem mobilen Endgerät die Möglichkeit bieten, Ihre Activity direkt mit einem bestimmten Intent zu starten. Und wenn Sie keine Intent-Filter deklarieren, kann eine Activity nur mit einem expliziten Intent gestartet werden, da der Name bekannt sein muss, um eine einwandfreie Zustellung des Intent-Objekts zu gewährleisten.

> **Tipp: Sicherheitsrisiko bei impliziten Intents**
>
> Verwenden Sie bitte möglichst *immer* explizite Intents, wenn Sie andere Activities oder Services starten wollen; damit sind Sie auf der sicheren Seite. Denn bei der Verwendung impliziter Intents haben Sie das Risiko, dass Sie sich nicht sicher sein können, welche App-Komponente sich schlussendlich über ihren Intent-Filter das Intent-Objekt sichert. Seit Android Version 5.0 ist es aufgrund dieses sicherheitskritischen Aspekts beispielsweise nicht mehr möglich, der Methode `bindService()` einen impliziten Intent als Parameter zu übergeben.

6.2.10 Fragmente[9]

Fragmente wurden mit Android 3.0 eingeführt, um Bildschirmseiten von Tablets in mehrere Bereiche zu unterteilen. Zu dieser Zeit wurden Smartphones weiterhin mit der Android-Version 2 ausgeliefert und erst mit der Android-Version 4.0 wurden dann der Smartphone- und der Tablet-Entwicklungszweig zusammengeführt (vgl. [Becker & Pant 2015, S. 415]).

---

9. Der Abschnitt basiert inhaltlich weitgehend auf:
   http://developer.android.com/guide/components/ fragments.html.

Ein Fragment stellt einen Teil der grafischen Benutzungsoberfläche einer Activity dar. Sie können mehrere Fragmente in einer einzigen Activity kombinieren, um eine mehrflächige grafische Benutzungsoberfläche zu erstellen, und ein Fragment in mehreren Activities wiederverwenden. Sie können sich ein Fragment als modulare Einheit vorstellen, das einer oder mehreren Activities zugeordnet ist. Ein Fragment hat seinen eigenen Lebenszyklus und kann eigene Eingabeereignisse erhalten. Sie können Fragmente auch hinzufügen oder entfernen, während die Activity ausgeführt wird. Im Prinzip ist ein Fragment somit eine Art »Sub-Activity«, die Sie in verschiedenen Activities wiederverwenden können.

Ein Fragment muss immer in eine Activity eingebettet sein und der Lebenszyklus des Fragments wird direkt vom Lebenszyklus der Activity beeinflusst. Wenn die Activity zum Beispiel pausiert, so pausieren auch alle Fragmente, die der Activity zugeordnet sind. Falls die Activity zerstört wird, so werden auch alle Fragmente zerstört, die der Activity zugeordnet sind. Während eine Activity ausgeführt wird, können Sie jedes Fragment unabhängig manipulieren, wie zum Beispiel hinzufügen oder entfernen. Wenn Sie eine solche Fragment-Transaktion durchführen, können Sie das Fragment auch dem Back-Stack hinzufügen, der von der Activity verwaltet wird. Jeder Eintrag im Back-Stack der Activity ist ein Satz der durchgeführten Fragment-Transaktion. Der Back-Stack ermöglicht es dem Benutzer, eine Fragment-Transaktion durch Drücken der Zurück-Taste umzukehren.

Wenn Sie ein Fragment als Teil Ihres Activity-Layouts hinzufügen, lebt es in einer *ViewGroup* innerhalb der Sichthierarchie der Activity und das Fragment definiert sein eigenes Ansichtslayout. Sie können ein Fragment in Ihr Activity-Layout einfügen, indem Sie das Fragment in der Layoutdatei der Activity als `<fragment>`-Element angeben, oder in Ihrem Quellcode deklarieren, indem Sie es einer vorhandenen *ViewGroup* hinzufügen. Es ist jedoch nicht erforderlich, dass ein Fragment Teil des Activity-Layouts ist; Sie können auch ein Fragment ohne eigene UI als unsichtbaren Arbeiter für die Activity verwenden.

6.2.11 Design

Google hat für das Design von mobilen Android-Apps das sogenannte *Material Design*[10] als Designsprache entwickelt. Es basiert auf schlicht anmutenden, kartenähnlichen Flächen und setzt das minimalistisch wirkende Flat Design ein. Hierbei ist es möglich, mit Schatten und Tiefeneffekten zu arbeiten, um wichtige Aspekte und interaktive Bedienelemente hervorzuheben. Auch wenn es zu Beginn so erscheinen mag, als ob damit Einschränkungen verbunden sind und Sie sich beim Design Ihrer mobilen Android-App nicht kreativ entfalten könnten, kann ich es Ihnen nur wärmstens ans Herz legen: Es ist durchdacht, schlüssig, präzise und trägt maßgeblich dazu bei, grafisch ansprechende mobile Apps zu erstellen.

---

10. Siehe *http://www.material.google.com*.

6.2.12 View und ViewGroup[11]

Die Klasse *View* ist der Grundbaustein für Komponenten der grafischen Benutzungsoberfläche. Eine View nimmt einen rechteckigen Bereich auf einer Bildschirmseite ein und ist für das Zeichnen und die Ereignisbehandlung verantwortlich. Dabei ist die Klasse View die Basisklasse für *Widgets*, mit denen interaktive Elemente der grafischen Benutzungsoberfläche wie Schaltflächen, Textfelder usw. erstellt werden. Die Unterklasse *ViewGroup* ist die Basisklasse für Layouts, die im Prinzip unsichtbare Container sind, die andere Views oder ViewGroups enthalten können und deren Layouteigenschaften definieren.

Alle Views auf einer Bildschirmseite sind in einer Baumstruktur angeordnet. Sie können Views entweder aus Code oder durch die Angabe einer Struktur von Views in einer oder mehreren Layout-XML-Dateien hinzufügen. Es gibt viele spezialisierte Unterklassen von Views, die als Steuerelemente fungieren oder in der Lage sind, Text, Bilder oder andere Inhalte anzuzeigen. Sobald Sie einen Baum von Views erstellt haben, gibt es normalerweise einige gemeinsame Operationen, die Sie ausführen möchten:

- **Eigenschaften festlegen**
  Die verfügbaren Eigenschaften (wie z.B. den Text einer *TextView* einstellen) und die Methoden, die sie festlegen, variieren in den verschiedenen Unterklassen der Views. Beachten Sie, dass Eigenschaften, die *zum Zeitpunkt der Erstellung* bekannt sind, in den Layout-XML-Dateien festgelegt werden können.

- **Fokussierung festlegen**
  Das Framework behandelt den sich in Abhängigkeit der Benutzereingabe verändernden Fokus. Um den Fokus auf eine bestimmte View zu erzwingen, rufen Sie die Methode requestFocus () auf.

- **Einrichten von Listenern**
  Views ermöglichen es Clients, sogenannte *Listener* einzustellen, die beobachten, ob etwas Neues mit der View passiert. Beispielsweise können Sie bei allen Views einen Listener festlegen, der benachrichtigt werden soll, wenn die View den Fokus erhält oder verliert. Sie können diesen Listener mit der Methode setOnFocusChangeListener (android.view.View.OnFocusChangeListener) registrieren. Andere Unterklassen bieten weitere spezialisierte Listener an. Beispielsweise stellt eine Schaltfläche einen Listener zur Benachrichtigung von Clients bereit, wenn die Schaltfläche per Tap selektiert wird.

- **Sichtbarkeit einstellen**
  Sie können Views mit der Methode setVisibility (int) ausblenden oder anzeigen lassen.

---

11. Der Abschnitt basiert inhaltlich weitgehend auf:
    http://developer.android.com/reference/android/ view/View.html.

6.2.13 Back-Stack[12]

Eine mobile Android-App besteht in der Regel aus mehreren Activities. Jede Activity setzt eine bestimmte Funktionalität um, die der Benutzer ausführen und dabei ggf. auch andere Aktivitäten starten kann. Eine Activity kann auch Activities *anderer* mobiler Apps auf dem mobilen Endgerät starten. So können Sie aus Ihrer mobilen App heraus eine E-Mail über die entsprechende Activity der E-Mail-App erstellen und versenden. Dabei wirkt es so, als ob die E-Mail-Activity Teil Ihrer Anwendung wäre. Obwohl Activities verschiedenen mobilen Apps entstammen können, sorgt Android für eine nahtlose User Experience über App-Grenzen hinweg.

Ein *Task* ist eine Sammlung von Activities, mit denen Benutzer interagieren, wenn sie eine bestimmte Aufgabe durchführen. Die Activities werden dabei auf einem Stapelspeicher – dem sogenannten *Back-Stack* – in der Reihenfolge abgelegt, in der die einzelnen Activities geöffnet wurden. Somit wird das bei Stapelspeichern übliche *Last-In-First-Out*-Prinzip (LIFO) umgesetzt.

Der Startbildschirm des mobilen Endgeräts ist der Ausgangspunkt für die meisten Tasks. Wenn der Benutzer das Icon einer mobilen App selektiert, wird diese App in den Vordergrund gerückt. Wenn die aktuelle Activity dieser App nun eine neue startet, wird die neue Activity oben auf den Back-Stack gelegt und bekommt den Fokus. Die vorherige Activity bleibt auf dem Back-Stack und wird gestoppt. Dabei speichert Android den aktuellen Status der grafischen Benutzungsoberfläche. Wenn der Benutzer nun den »Zurück«-Button des mobilen Endgeräts selektiert, wird die aktuelle Activity vom Back-Stack entfernt und gelöscht, sodass die nun oben liegende vorherige Activity wieder fortgesetzt werden kann und der vorherige Zustand der grafischen Benutzungsoberfläche wird wiederhergestellt.

Die Activities auf dem Back-Stack werden niemals neu geordnet, sondern nur abgelegt oder entfernt. In Abbildung 6–7 wird dieser Ablauf in chronologischer Reihenfolge dargestellt, wobei der jeweilige Belegungszustand des Back-Stacks visualisiert wird.

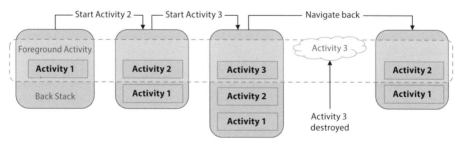

Abb. 6–7 Verhalten des Back-Stacks[13]

---

12. Der Abschnitt basiert inhaltlich weitgehend auf:
    http://developer.android.com/guide/components/ tasks-and-back-stack.html.
13. Bildquelle: *http://developer.android.com/guide/components/tasks-and-back-stack.html*.

Wenn der Benutzer nun weiterhin den »Zurück«-Button des mobilen Endgeräts drückt, wird jede Activity im Stapel gelöscht, um die jeweils vorherige anzuzeigen, bis der Benutzer schlussendlich zum Startbildschirm zurückkehrt. Wenn alle Activities vom Back-Stack-Stapel entfernt wurden, ist der Task beendet.

6.2.14 App-Widgets[14] und Widgets[15]

App-Widgets sind Miniaturanwendungsansichten, die in andere mobile Apps wie zum Beispiel auf dem Startbildschirm eingebettet werden können und periodische Updates empfangen. Diese Ansichten werden in der grafischen Benutzungsoberfläche als Widgets bezeichnet und können mit einem App-Widget-Provider veröffentlicht werden. Eine Anwendungskomponente, die andere App-Widgets aufnehmen kann, wird als App-Widget-Host bezeichnet.

Das *Widget*-Paket von Android enthält GUI-Elemente, die Sie in Ihrer mobilen App verwenden können; Sie können aber auch eigene entwerfen. Um eigene Widgets zu erstellen, erweitern Sie die Ansicht oder eine Unterklasse. Um Ihr Widget in der Datei Layout-XML zu verwenden, gibt es zwei zusätzliche Dateien, die Sie erstellen müssen, um ein benutzerdefiniertes Widget zu implementieren:

- **Java-Implementierungsdatei**
  In dieser Datei wird das Verhalten Ihres Widgets implementiert. Wenn Sie das Objekt aus der Datei Layout-XML instanziieren können, müssen Sie auch einen Konstruktor programmieren, der alle Attributwerte aus der Datei Layout-XML abruft.

- **XML-Definitionsdatei**
  Das ist eine XML-Datei im Ordner »res/values«, die das XML-Element definiert, mit dem das Widget instanziiert wird, und die Attribute, die es unterstützt. Andere Anwendungen verwenden das Element und die Attribute in ihrer eigenen Datei Layout-XML.

---

14. Der Abschnitt basiert inhaltlich weitgehend auf:
    http://developer.android.com/guide/topics/app-widgets/index.html.
15. Der Abschnitt basiert inhaltlich weitgehend auf:
    http://developer.android.com/reference/android/ widget/package-summary.html.

6.2.15 Prozesse und Threads[16]

Wenn eine App-Komponente startet und die mobile Android-App über keine weiteren App-Komponenten verfügt, wird von Android ein neuer Prozess mit einem einzigen Thread gestartet. Dabei werden standardmäßig alle App-Komponenten der gleichen mobilen App im gleichen Prozess und Thread – dem sogenannten »Haupt-Thread« – ausgeführt. Wenn eine App-Komponente startet und bereits ein Prozess für diese mobile App besteht (da eine andere Komponente aus der mobilen App existiert), wird die Komponente innerhalb dieses Prozesses gestartet und verwendet den gleichen Ausführungs-Thread. Sie können jedoch auch verschiedene App-Komponenten in Ihrer mobilen Android-App so organisieren, dass sie in separaten Prozessen ausgeführt werden, und Sie können zusätzliche Threads für jeden Prozess erstellen. Das ist in Android prinzipiell möglich.

Standardmäßig werden alle App-Komponenten einer mobilen App im gleichen Prozess ausgeführt und Sie sollten dies im Prinzip nicht ändern. Wenn Sie jedoch festlegen müssen, welcher Prozess zu einer bestimmten App-Komponente gehört, können Sie dies in der Manifestdatei tun.

Das mobile Betriebssystem Android kann selbstständig entscheiden, einen Prozess zu beenden, wenn beispielsweise der Arbeitsspeicher ausgelastet ist, aber von Prozessen benötigt wird, die unmittelbar dem Benutzer dienen. App-Komponenten, die im beendeten Prozess ausgeführt werden, werden folglich zerstört. Zur Entscheidung, welche Prozesse beendet werden sollen, wägt Android die relative Bedeutung der laufenden Prozesse für den Benutzer ab. Zum Beispiel wird ein Prozess, der nicht mehr auf dem Bildschirm aktiv ist, schneller beendet als ein Prozess, der sichtbare Aktivitäten überwacht bzw. durchführt. Die Entscheidung, ob ein Prozess beendet werden soll, hängt daher vom Zustand der in diesem Prozess laufenden App-Komponenten ab.

6.2.16 Android-Implementierung des ENPURE-Tarifrechners

Der Tarifrechner der mobilen App ENPURE ermöglicht es dem Besucher bzw. registrierten Kunden (siehe auch Abschnitt 3.5 und Abb. 4–8 auf S. 80), sich die Kosten des jährlichen Stromtarifs sowie des monatlichen Abschlagbetrags auf Basis einer eingegebenen Postleitzahl in Verbindung mit einem voraussichtlichen jährlichen Stromverbrauch berechnen zu lassen. Dazu muss ein Besucher nicht registriert sein. Hierbei wird vom Backend-System geprüft, ob an die angegebene Postleitzahl auch Strom geliefert wird.

Die Android-Implementierung des Tarifrechners der mobilen Stromversorgungs-App lässt sich relativ gut anhand des folgenden UML-Klassendiagramms zum Tarifrechner der mobilen Android-App ENPURE beschreiben:

---

16. Der Abschnitt basiert inhaltlich weitgehend auf:
    http://developer.android.com/guide/components/ processes-and-threads.html.

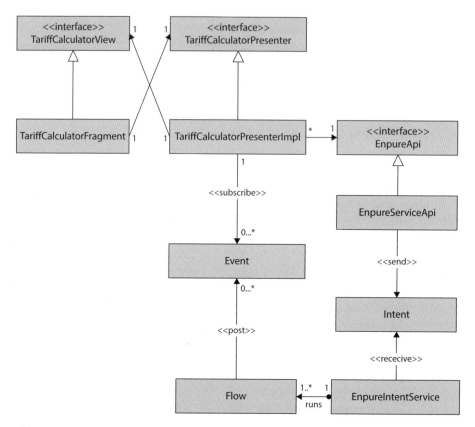

Abb. 6–8 UML-Klassendiagramm zum Tarifrechner der Android-App

Das TariffCalculatorFragment implementiert das Interface TariffCalculatorView, das in Listing 6–1 dargestellt ist. Das TariffCalculatorFragment nimmt die Benutzereingaben im Tarifrechner der mobilen App ENPURE entgegen. Hierbei werden die zwei Variablen zipCode und annualConsumption mit den vom Benutzer eingegebenen Werten für die Postleitzahl und den voraussichtlichen Stromjahresverbrauch in Kilowattstunden belegt. Das TariffCalculatorFragment sorgt dafür, dass die eingegebenen Daten des Benutzers an das Objekt TariffCalculatorPresenterImpl weitergeleitet werden.

Im TariffCalculatorPresenterImpl-Objekt wird anschließend die Eingabe überprüft. Hierbei wird validiert, ob der Benutzer eine fünfstellige Postleitzahl und einen sinnvoll erscheinenden Jahresverbrauch eingegeben hat. Wenn dem nicht so ist, benachrichtigt das Objekt TariffCalculatorPresenterImpl das TariffCalculatorFragment, um dem Benutzer mit den Methoden showInvalidZipCode() bzw. showInvalidAmount() die Ungültigkeit der eingegebenen Werte anzeigen zu können.

```
public interface TariffCalculatorView extends View {
    // mit dieser Methode wird der Fortschritt der Tarifberechnung angezeigt
    void showProgress();

    // mit dieser Methode wird der vom Backend-System berechnete Stromtarif
    // angezeigt
    void showResult(TariffCalculatorResult result);

    // mit dieser Methode wird ein möglicher Tarifberechnungsfehler angezeigt
    void showError(final ServiceError serviceError, boolean retry);

    // mit dieser Methode wird die Personenzahlauswahl im Tarifrechner gelöscht
    void clearPeopleNumberSelection();

    // mit dieser Methode werden alternative Postleitzahlen vorgeschlagen, wenn
    // die eingegebene Postleitzahl nicht eindeutig ist
    void showZipCodeSuggestions(final List<String> zipCodeSuggestions);

    // mit dieser Methode werden Personenzahlen zwischen 4-10 angezeigt
    void showMorePeopleSuggestions();

    // mit dieser Methode wird der Benutzer benachrichtigt, dass die eingegebene
    // Postleitzahl ungültig ist
    void showInvalidZipCode();

    // mit dieser Methode wird der Benutzer benachrichtigt, dass der eingegebene
    // Stromjahresverbrauch nicht gültig ist (muss zwischen 1 und 9999 liegen)
    void showInvalidAmount();

    // mit dieser Methode kann Werbung verborgen werden
    void hidePromotion();
}
```

Listing 6-1 *TariffCalculatorView der mobilen Android-App ENPURE*

Wenn die vom Benutzer eingegebene Postleitzahl und der jährliche Stromverbrauch valide sind, wird nur die Postleitzahl vom Objekt TariffCalculatorPresenterImpl über den Aufruf der Methode calculateTariff an die EnpureServiceApi weitergeleitet. Die EnpureServiceApi implementiert wiederum das Interface EnpureApi, in dem sämtliche Methoden definiert sind, um App-relevante Anfragen (Requests) zu stellen. Das EnpureApi-Interface beinhaltet die Definition der Methode calculateTariff() und zahlreiche weitere Methoden, um Anfragen an die lokale *SQLite*-Datenbank bzw. die relevanten Backend-Systeme stellen zu können.

Von der EnpureServiceApi werden die Benutzereingaben zu einem Intent verpackt und dem EnpureIntentService übergeben. Dieser EnpureIntentService ist als im Hintergrund laufende App-Komponente dafür zuständig, Intents zu verwalten und weiterzuleiten. Im Fall der Tarifberechnung wird der Intent an den CalculateTariffFlow übergeben, der in Hinrichtung für die Anfragen über die Middleware an die Backend-Systeme und in Rückrichtung für die Weiterleitung der Antworten zuständig ist.

Die Antwort der Backend-Systeme wird über die Middleware weitergeleitet und beinhaltet im positiven Fall den für die Postleitzahl anfallenden Stromtarif pro Kilowattstunde verbrauchten Stroms.

Mögliche Fehlerfälle werden durch das Werfen einer Exception ausgelöst. Bei einem sogenannten »Request-Error« (keine Antwort) wird eine IOException geworfen. Bei einem »Reponse-Error« (invalide Antwort) wird eine eigene BackendException geworfen. Dies wird vom TariffCalulatorFlow realisiert. Durch den ErrorHandler werden Exceptions in sogenannte ServiceError umgewandelt. Diese werden später durch den ErrorRenderer in eine verständliche Fehlermeldung konvertiert, um die Fehlermeldung auf der grafischen Benutzungsoberfläche ausgeben zu können.

Die Antwort auf eine Tarifberechnungsanfrage wird von der Middleware in ein Java-Objekt verpackt und über den CalculateTariffFlow dem EventBus übergeben. Somit werden in der Hinrichtung Intents über den EnpureIntentService an den CalculateTariffFlow verschickt und in der Rückrichtung Java-Objekte vom CalculateTariffFlow empfangen und über den EventBus weitergeleitet.

Der EventBus schickt die valide Antwort bzw. den Fehler anschließend über die Methoden onCalculateTariffResult(response) bzw. onCalculateTariffFailed (serviceError) an das TariffCalculatorImpl-Objekt. Das Ergebnis der Tarifanfrage wird aus den Daten der Antwort sowie dem vom Benutzer eingegebenen Jahresverbrauch anhand der Klasse TariffCalculator im TariffCalculatorImpl berechnet. Hierbei werden also die Kosten des Jahresverbrauchs sowie des monatlichen Abschlagsbetrags berechnet. Die errechneten Zahlenwerte werden dann mithilfe der Klasse TariffCalculatorPricesRenderer in lesbare Preise umgewandelt.

Das TariffCalculatorImpl-Objekt ist anschließend dafür zuständig, das berechnete Ergebnis an das TariffCalculatorFragment zu übergeben, sodass dem Benutzer das Ergebnis der Tarifanfrage auf der grafischen Benutzungsoberfläche angezeigt werden kann.

In Abbildung 6–9 sehen Sie das UML-Sequenzdiagramm, das die Kommunikation und den Nachrichtenaustausch zwischen den einzelnen Komponenten der mobilen App ENPURE und der lokalen *SQLite*-Datenbank (vorletzte Lebenslinie) bzw. der Middleware (letzte Lebenslinie) für Anfragen an die Backend-Systeme darstellt. Hierbei werden dann wie oben beschrieben Intents vom EnpureIntentService empfangen und über die Middleware als Anfrage an das entsprechende Backend-System geschickt. In Rückrichtung wird dann die Antwort als Event zurückgeliefert und dem EventBus übergeben.

6.2 Android-Grundlagen

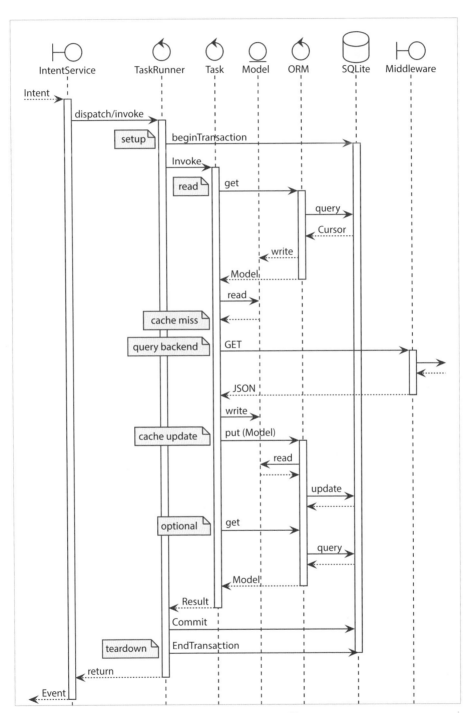

Abb. 6–9 UML-Sequenzdiagramm der mobilen App ENPURE[17]

17. Bildquelle: adesso mobile solutions GmbH.

6.3 iOS-Grundlagen

In diesem Abschnitt werden wichtige Grundlagen des mobilen Betriebssystems iOS der Firma Apple beschrieben. Das Ziel ist es, Ihnen grundlegende Kenntnisse zu vermitteln, sodass Sie die anschließenden Abschnitte zu den einzelnen Phasen und Aktivitäten im Lebenszyklus einer nativen mobilen iOS-App besser verstehen und einfacher nachvollziehen können. Für eine detaillierte Beschreibung *sämtlicher* iOS-spezifischer Aspekte, Konzepte und Grundlagen sei auf die iOS-Onlinedokumentation[18] sowie das ausführliche und detaillierte Fachbuch von Bleske [Bleske 2017] verwiesen.

6.3.1 Cocoa Touch[19]

Die Basis des mobilen Betriebssystems iOS ist das Framework *Cocoa Touch*. Es stellt Funktionen zur Verfügung, um mobile iOS-Apps zu entwickeln. Cocoa Touch ist dabei die Schnittstelle zwischen dem Betriebssystem iOS und den mobilen Apps, die unter iOS ausgeführt werden. Beispielsweise stellt Cocoa Touch Zeichen im Unicode-Format sowie Funktionen zur dauerhaften Speicherung (Persistieren) von Objektdaten bereit. Mobile iOS-Apps interagieren somit über Cocoa Touch mit dem mobilen Betriebssystem iOS, das in vier Schichten unterteilt ist.

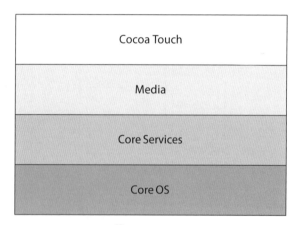

Abb. 6–10 Schichten der iOS-Architektur[20]

---

18. Siehe *http://www.developer.apple.com*.
19. Der Abschnitt geht inhaltlich weitgehend auf [Bleske 2017, S. 71] zurück.
20. Abbildung angelehnt an: *http://developer.apple.com/library/content/documentation/ Miscellaneous/Conceptual/iPhoneOSTechOverview/Introduction/Introduction.html#// apple_ref/doc/uid/TP40007898-CH1-SW1*.

Dabei enthalten die vier Schichten unterschiedliche Dienste und Frameworks, die im Folgenden kurz vorgestellt werden. Beginnen wir mit der obersten Schicht:

- Mobile iOS-Apps interagieren mit der vierten Schicht *Cocoa Touch* der iOS-Architektur und verwenden die dort angesiedelten Funktionen und Bibliotheken. Hier befindet sich auch das *UIKit-Framework*, mit dem die grafische Benutzungsoberfläche der mobilen App realisiert wird.
- Darunter liegt als dritte Schicht die Media-Schicht, in der u. a. Bibliotheken zur Animation (*Core Animation*), zur Audioverarbeitung (*Core Audio*) und Grafikfunktionen (*Core Graphics*) enthalten sind.
- In der zweiten Ebene liegt die *Core-Services*-Schicht. Diese bietet grundlegende Systemdienste, wie die *Core-Data*, *Core-Foundation* und das *Foundation-Framework*, das die Laufzeitumgebung für iOS-Apps und grundlegende Datenstrukturen bereitstellt. Von der *Core-Services*-Schicht werden auch das Security-Framework, das Adressbuch sowie Standort- und Netzwerkdienste angeboten.
- In der untersten, d. h. ersten Ebene befindet sich die *Core-OS*-Schicht. Diese stellt grundsätzliche Frameworks zu *Core Bluetooth*, Sicherheit, lokaler Authentifizierung, Dateisystem und Sockets bereit.

Dabei sollten mobile iOS-Apps grundsätzlich auf der obersten verfügbaren Betriebssystemschicht aufsetzen und die darunterliegenden Schichten und Dienste nur dann nutzen, wenn sie in einer darüberliegenden Schicht nicht verfügbar sind.

6.3.2 Entwicklung mit Xcode[21]

Das Software Development Kit von iOS enthält alle Werkzeuge, die Sie zur Entwicklung einer mobilen iOS-App benötigen. Dabei arbeiten Sie mit der integrierten Entwicklungsumgebung *Xcode* (aktuell Version 8) von Apple. Xcode können Sie kostenfrei aus dem Internet herunterladen und auf einem Apple-Computer mit dem Betriebssystem *macOS Yosemite* oder höher installieren und ausführen. Xcode bietet und beinhaltet Folgendes:

- Editoren, Funktionen und Softwarewerkzeuge, um Quellcode zu erstellen und die verschiedenen App-Dateien zu organisieren.
- Vorlagen, um typische mobile Apps zu entwickeln.
- Den *iPhone-Simulator*, der eine schnelle Rückmeldung während der Entwicklung gibt, wie die mobile App aussieht und sich auf dem mobilen Endgerät verhält.
- Einen Debugger, um Softwarefehler zu finden und zu beheben. Dabei können sowohl der Kontrollfluss als auch Datenstrukturen untersucht werden, um den Quellcode zu optimieren.

---

21. Der Abschnitt geht inhaltlich weitgehend auf [Bleske 2017, S. 6 ff.] zurück.

- Das Analysewerkzeug *Instruments*, mit dem mobile Apps im Hinblick auf Speicher- und Performanzprobleme analysiert werden können.
- Die Möglichkeit, auch Softwareanwendungen für *tvOS* und *watchOS* von Apple zu entwickeln.

Unter Xcode werden mobile iOS-Apps mit einer der beiden objektorientierten Programmiersprachen *Objective-C* und *Swift* entwickelt und mit den Werkzeugen der *LLVM-Compiler-Suite* kompiliert. Bei den Programmiersprachen setzt sich Swift – im Jahr 2014 von Apple veröffentlicht – immer mehr durch. Und auch wenn es bei der Entwicklung einer mobilen iOS-App letztlich um Programmierung von Quellcode geht, ist dies eine eher leichte Aufgabe im gesamten App-Entwicklungs- und Veröffentlichungsprozess.

Zur Entwicklung einer iOS-App benötigen Sie die in Xcode integrierten Softwarewerkzeuge *Storyboard* und *Interface Bulider*. Mithilfe des Interface Builder können Sie eine einzelne Bildschirmseite (*Screen*) der grafischen Benutzungsoberfläche entwickeln und gestalten. Das heißt, Sie fügen Buttons, Textfelder oder Labels über den Interface Builder auf einer Bildschirmseite ein. Die grafische Benutzungsoberfläche einer mobilen iOS-App besteht aus mehreren Bildschirmseiten, wie beispielsweise Listen oder Formularen, um Detailinformationen anzuzeigen. Die einzelnen Bildschirmseiten stehen miteinander in Verbindung; ähnlich wie das bei den Activities unter Android der Fall ist (siehe auch Abschnitt 6.2.6.1). Somit müssen Sie noch die Beziehung und den Aufruf zwischen den einzelnen Bildschirmseiten modellieren und festlegen. Dies geschieht mithilfe des Storyboards. Der Übergang vom Storyboard-Werkzeug zum Interface Builder ist dabei fließend. Sobald Sie eine Bildschirmseite im Storyboard fokussieren, können Sie Ihre GUI-Elemente wie Buttons, Labels und Textfelder bearbeiten. Wenn Sie anschließend wieder herauszoomen, sehen Sie erneut das Storyboard mit den einzelnen Beziehungen zwischen den Bildschirmseiten. So bewegen Sie sich als iOS-App-Entwickler immer zwischen der Übersicht im Storyboard und der Detailsicht im Interface Builder von Xcode.

Somit geht es bei der Entwicklung einer iOS-App im Storyboard nicht nur um die Gestaltung der grafischen Benutzungsoberfläche, die aus mehreren Bildschirmseiten besteht, sondern auch darum, wie die einzelnen Bildschirmseiten miteinander interagieren.

6.3 iOS-Grundlagen

In einem Xcode-Projektordner gibt es dabei folgende Inhalte:

Abb. 6-11   Screenshot eines Xcode-Projektordners

- `AppDelegate.swift` wird über Ereignisse benachrichtigt, die den Lebenszyklus der mobilen App betreffen. Zum Beispiel wenn die mobile App gestartet wird oder pausiert oder wenn der Arbeitsspeicher zur Neige geht.
- Aus `Main.storyboard` wird die grafische Benutzungsoberfläche der mobilen iOS-App geladen.
- `ViewController.swift`-Klassen implementieren das Verhalten zu den Views der Anwendung, befüllen sie mit Daten und behandeln Ereignisse in einer View.
- `Assets.xcassets` enthält Icons und Grafiken in verschiedenen Auflösungen, unter anderem auch das Icon der mobilen App.
- `LaunchScreen.storyboard` enthält den Startbildschirm, der bis zum eigentlichen Start der Anwendung angezeigt wird.
- `Info.plist` enthält Konfigurationsoptionen, die zur Laufzeit geladen werden, zum Beispiel die Versionsnummer, unterstützte Geräterotationen und die eingesetzte native Programmiersprache der mobilen App.

Mobile Apps können unter Xcode mit Unit Tests und UI-Tests automatisiert auf die Korrektheit der Implementierung hin überprüft und getestet werden. Dazu wird beim Erstellen eines neuen Projekts das Grundgerüst für entsprechende Testklassen erzeugt. Unter Products werden die Build-Ergebnisse der Targets des Projekts angezeigt.

6.3.3 App-Komponenten[22]

Eine iOS-App besteht minimal aus einer Codedatei (*UIViewController*) sowie aus der zugehörigen grafischen Benutzungsoberfläche, die über eine *UIView* im Storyboard realisiert wird. Und auch wenn Sie im praktischen Alltag vermutlich wenig mit dieser Klasse zu tun bekommen, ist der Ausgangspunkt für grafische Anzeigen und Ausgaben innerhalb einer mobilen iOS-App die Klasse *UIScreen*.

6.3.3.1 UIScreen

Objekte der Klasse *UIScreen* definieren die Eigenschaften des Multitouch-Displays eines mobilen iOS-Endgeräts. Die Klasse kann eingesetzt werden, um die Helligkeit des Displays zu steuern oder auf die Orientierung (Portrait, Landscape) des mobilen Endgeräts zugreifen zu können.

6.3.3.2 UIWindow

Die Klasse *UIWindow* ist für die Überwachung und Koordinierung der angezeigten GUI-Elemente zuständig. Dazu gehört es, stattfindende Ereignisse, wie die durch einen betätigten Button, an die enthaltenen Views weiterzugeben. Eine mobile iOS-App hat üblicherweise nur ein Objekt vom Typ *UIWindow* und Sie werden bei der Entwicklung einer mobilen iOS-App nicht häufig mit dieser Klasse beschäftigt sein.

6.3.3.3 UIView

Eine *UIView* bildet die Basis für die grafische Benutzungsoberfläche einer mobilen iOS-App. Innerhalb einer View werden GUI-Elemente (sog. *Controls*) wie Buttons, Labels oder Textfelder eingefügt. Eine View kann neben Controls auch weitere Views enthalten, sodass eine View-Hierarchie entsteht. Bei den untergeordneten Views spricht man dann auch von sogenannten *Subviews*. Analog hierzu wird die übergeordnete View als Super- oder Parent-View bezeichnet. Außer für die Anzeige von enthaltenen GUI-Elementen (Controls) sind Views auch für die Anzeige von Animationen, für das Layout und für die Übergabe von Ereignissen (*Events*) zuständig.

6.3.3.4 UIViewController

Die Verwaltung von Views wird mit einer von *UIViewController* abgeleiteten Klasse durchgeführt. Die Klasse trägt dabei meistens den Namen *ViewController*. Im Storyboard wird jeder ViewController in einer eigenen Szene (Scene) aufgeführt. Diese Szenen werden im Fenster *Document Outline* angezeigt. Innerhalb dieses Fensters können Sie auf die Elemente in einer Szene und somit auf den

---

22. Der Abschnitt geht inhaltlich weitgehend auf [Bleske 2017, S. 161 ff.] zurück.

ViewController und die zugeordneten *Views* zugreifen. Die *UIViewController*-Klasse und die *UIView* werden oftmals auch unter dem gleichen Namen geführt, um die Zuordnung zu erleichtern. Dabei kann der *UIViewController* auch mehrere *UIViews* steuern.

6.3.3.5 UINavigationController

Die Klasse *UINavigationController* wird verwendet, um innerhalb einer mobilen iOS-App eine hierarchisch strukturierte Navigation umzusetzen. Ein Beispiel für eine hierarchische Navigation ist die Einstellungen-App von iOS: Sobald Sie einen Menüpunkt auswählen, wird automatisch in die untergeordnete Ebene verzweigt. Auch in der untergeordneten Ebene kann es Menüpunkte geben, denen weitere untergeordnete Ebenen folgen.

6.3.3.6 UIPageViewController

Der *UIPageViewController* wird eingesetzt, wenn innerhalb einer mobilen iOS-App eine seitenorientierte Ansicht benötigt wird, wie zum Beispiel bei *iBooks*.

6.3.3.7 UITabBarController

Der *UITabBarController* ermöglicht eine Navigation *innerhalb* einer mobilen iOS-App. Die Wecker-App von iOS verwendet beispielsweise diese Form der Navigation, sodass Sie aus der Wecker-App heraus über einen Tap direkt auf andere Funktionen zugreifen können.

6.3.3.8 UITableViewController

Mobile Apps auf Basis der Klasse *UITableViewController* stellen Inhalte in Listenform dar. Elemente können aus der Liste heraus selektiert und aufgerufen werden, um detailliertere Informationen in einer weiteren View anzuzeigen. Die Nachrichten-App von iOS verwendet *UITableViewController* zur Darstellung der Mitteilungen bzw. eines Nachrichtenausschnitts.

6.3.4 Auslieferung einer mobilen iOS-App

Eine mobile iOS-App wird als *Bundle* verpackt. Das ist ein Verzeichnis, in dem alle benötigten und miteinander verknüpften Ressourcen liegen. Die wichtigste Datei in diesem Verzeichnis ist die mobile iOS-App als ausführbare, gleichnamige Datei. Das Verzeichnis enthält auch eine Datei mit Informationen zu den Property-Listen. Diese beinhalten Metadaten, die das Betriebssystem verwendet, um mit der App und den Storyboard-Dateien, die die grafische Benutzungsoberfläche enthalten, zu interagieren. Das Bundle umfasst auch Bild-, Ton- und Videodateien, einschließlich der Homescreen-Icons und der temporären Bilder, die verwendet werden, wenn die Anwendung geladen wird.

Zu den anderen Dateitypen, die ebenfalls noch in dem Paket enthalten sind, gehören benutzerspezifische Datendateien und lokalisierte Ressourcendateien, die in eigenen, sprachspezifischen Sub-Directories abgelegt werden. Entwickler können auch eine optionale Bundle-Datei einbinden, die App-Einstellungen definiert. Die Einstellungen-App verwendet diese Datei, um die Elemente der App-UI zusammenzubauen.

6.3.5 Bedienung einer iOS-App

Die grafische Benutzungsoberfläche von iOS wird über die zentrale Home-Bildschirmseite (*Homescreen*) realisiert. Die Icons der installierten iOS-Apps befinden sich auf dem Homescreen und werden über einen Tap des entsprechenden App-Icons gestartet. Das Bedienkonzept von iOS ist insgesamt sehr einfach und übersichtlich gehalten. iOS-Apps werden über das Multitouch-Display mit Gesten gesteuert, wobei sich eine iOS-App über den mechanisch ausgelegten Homebutton beenden lässt.

6.3.6 Design

Das Design von iOS-Apps orientiert sich seit der iOS-Version 7 am sogenannten *Flat-Design* – wie das *Material Design* von Android. Das Flat-Design stammt aus dem Bereich des *Interfacedesigns* und sieht eine minimalistische Gestaltung vor. Für das Design einer iOS-App gibt es vonseiten Apple ausführliche und detaillierte *iOS Human Interface Guidelines*[23].

6.3.7 Ausführung

Eine mobile iOS-App wird genau wie eine mobile Android-App in einer *Sandbox* ausgeführt (siehe auch Abschnitt 6.2.4). Somit kann sie nur auf eigene Dateien und Einstellungen zugreifen. Auf der Ebene des Dateisystems haben iOS-Apps Zugriffsrechte auf die Dateien, wobei alle iOS-Apps unter der gleichen User-ID ausgeführt werden. Bei einem Fehler der Sandbox kann dies ausgenutzt werden. Eine Sandbox wird mit bestimmten Regeln für eine iOS-App erzeugt, wobei iOS-Apps sich mithilfe von `sandbox-init` in eine Sandbox begeben und einsperren können. iOS-Apps können auch von außen mittels `sandbox-exec` in eine Sandbox gelegt und eingesperrt werden. Das Sandbox-Prinzip von iOS kann durch einen sogenannten *Jailbreak* ausgehebelt werden, sodass eine iOS-App dann prinzipiell Zugriff auf beliebige Ressourcen des mobilen Endgeräts bekommen kann.

iOS-Apps können aber nur auf APIs zugreifen und es ist kein direkter Zugriff auf andere Ressourcen des Betriebssystems möglich. So ist es beispielsweise mög-

---

23. Siehe *http://developer.apple.com/ios/human-interface-guidelines/overview/design-principles*.

lich, dass eine iOS-App auf die Netzwerk-API zugreift, um mit der Außenwelt zu kommunizieren, aber es ist hierbei kein direkter Zugriff auf die Netzwerkschnittstellen möglich.

6.3.8 iOS-Implementierung des ENPURE-Tarifrechners

Das UML-Sequenzdiagramm in Abbildung 6–12 zeigt den Nachrichtenaustausch bei einer Tarifberechnung von der mobilen App über die Middleware bis hin zu den beteiligten Backend-Systemen von Vattenfall.

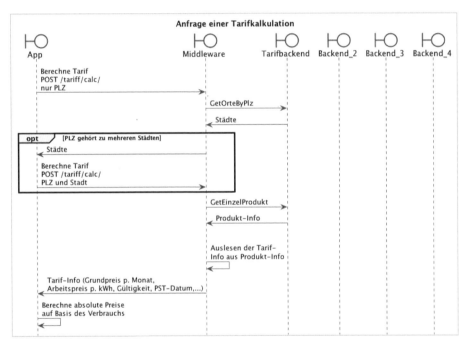

Abb. 6–12 UML-Sequenzdiagramm der Tarifberechnung
(Quelle: adesso mobile solutions GmbH)

Das UML-Sequenzdiagramm stellt den Ablauf der Tarifanfrage und -berechnung allerdings vereinfacht dar. So wird im UML-Sequenzdiagramm nur der Fall betrachtet, dass der Benutzer eine valide Postleitzahl eingibt, für die es nur *einen* zugehörigen Ort gibt, der von ENPURE auch beliefert wird. Postleitzahlen, für die es *mehrere* Orte gibt, sowie die Fehlerbehandlung und die Datenspeicherung mit den *DAOs* und *CoreData* werden nicht im Detail betrachtet, da das UML-Sequenzdiagramm ansonsten deutlich komplexer und unübersichtlich würde.

Die grafische Benutzungsoberfläche des iOS-Tarifrechners wurde mit der integrierten Entwicklungsumgebung *Xcode* über den Einsatz eines Storyboards realisiert. Die *Superview* des Tarifrechners beinhaltet dabei eine *Containerview*, die je nach Status des Tarifrechners Hinweismeldungen oder die Ergebnistabelle der Tarifberechnung enthält und dem Benutzer anzeigt. Dem Tarifrechner ist ein *ViewController* zugeordnet.

Das ist eine typische Vorgehensweise bei mobilen iOS-Apps. Die *ViewController* sind in der mobilen iOS-App schlank gehalten und jeweils für ihre *View* und die untergeordneten *Subviews* zuständig. Zu den Aufgaben gehören die Entgegennahme von *View-Events* und die Aktualisierung der *View*. Views werden mit den Daten aus den *ViewModels* befüllt. Für den Tarifrechner existiert beispielsweise ein *ViewModel*, das nach einer Anfrage an das Backend-System die aufbereiteten Tarifinformationen für die Tarif-View enthält.

Zur lokalen Datenspeicherung auf dem mobilen iOS-Endgerät wird *CoreData* in Kombination mit *SQLCipher* eingesetzt. Die eigentlichen *CoreData-Entities* bzw. Model-Objekte (*NSManagedObjects*) werden dabei sauber von der grafischen Benutzungsoberfläche getrennt – Stichwort *ViewModels* –, sodass auch ein kompletter Austausch der Datenhaltungsschicht und -technologie problemlos möglich wäre.

Für einen *ViewController* wird immer ein entsprechender *Service* bereitgestellt. Der jeweilige Service hat unter anderem die Aufgabe, Datenanfragen von *ViewControllern* entgegenzunehmen und die benötigten Informationen zur Darstellung in Form von ViewModels zu liefern. *Services* nehmen auch *Events* zur Erstellung, Manipulation und Löschung von Daten entgegen.

Einem *Service* ist in der Regel ein *Datahandler* zugeordnet. Dieser ist für das Handling der Daten des jeweiligen Models – beispielsweise der Tarifinformationen – zuständig. Werden zum Beispiel von einem *Service* Daten bei einem *Datahandler* angefragt, entscheidet dieser, ob er die Daten direkt aus der lokalen Datenhaltung liest oder ob eine Anfrage (*Request*) an das App-Backend vonnöten ist. Im Falle einer Anfrage wertet er die empfangene Antwort (*Response*) aus und entscheidet, was mit den Daten zu tun ist. Das kann eine lokale Speicherung der Daten sein oder auch die Rückgabe eines Fehlers.

Für die Anfragen (*Requests*) an das App-Backend wird *Swagger* genutzt. Die gesamte Client-API für das Backend ist in einer *Swagger-Datei (.yaml)* erstellt worden. Der *Swagger*-Codegenerator übersetzt die *Swagger*-Definition in entsprechende Klassen, die für die Kommunikation mit dem Backend-System in das zugehörige *Xcode*-Projekt eingebunden werden. Dabei wird *Alamofire* von *Swagger* als Kommunikationsframework verwendet.

Die konkrete Implementierung des Zugriffs auf die lokale Datenhaltung erfolgt in Form von *Data Access Objects (DAO)*. Jeder *Entity* ist ein spezifisches *DAO* zugeordnet. Im Falle der aktuellen Implementierung der mobilen Stromversorgungs-App erledigen die *DAOs* die *CRUD*-Operationen auf der *SQLite*-Datenbank mithilfe von *CoreData*. In diesem Zusammenhang wird *SQLCipher* eingesetzt, wodurch sämtliche Daten verschlüsselt in der Datenbank abgelegt werden. Die *DAOs* können gegen Implementierungen mit anderen Datenhaltungstechnologien ausgetauscht werden. Die Datahandler nutzen die DAOs für den Zugriff auf die lokale Datenhaltung.

6.3 iOS-Grundlagen

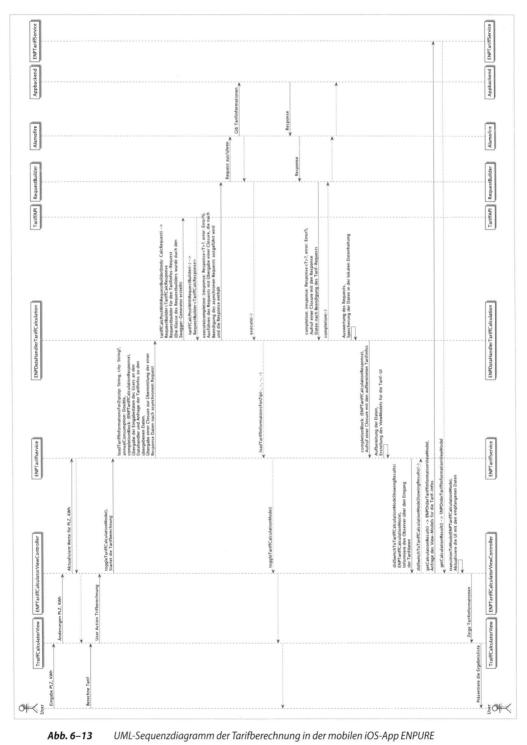

Abb. 6–13 UML-Sequenzdiagramm der Tarifberechnung in der mobilen iOS-App ENPURE
(Quelle: adesso mobile solutions GmbH)

Generell ist die mobile Stromversorgungs-App auf die Verwendung von Protokollen bzw. Interfaces aufgebaut. So werden *Services, Datahandler, ViewModel* etc. immer über Protokolle definiert. *Dependency Injections* erfolgen über die Zuweisung von Objekten, die das jeweilige Protokoll implementieren, sodass eine lose Kopplung realisiert wird. Dies ermöglicht die einfache Austauschbarkeit und Testbarkeit von Komponenten und Klassen innerhalb der mobilen App.

Die Daten werden innerhalb der UI-Komponenten der App mithilfe von *ViewModels* bereitgestellt. Datenmanipulationen über die UI erfolgen ebenfalls über die *ViewModels*. Die UI-Komponenten sind somit völlig losgelöst von der eigentlichen Datenhaltungsimplementierung. Und es werden keine *NSManagedObjects* von *CoreData* durch den Code gereicht. *ViewModels* haben zudem den Vorteil, dass sie für die *jeweilige* View optimal zugeschnitten und implementiert werden können. Beispielsweise können bestimmte Datums- und Textformatierungen direkt im ViewModel erfolgen.

6.4 Cross-Plattform-Entwicklung

Der große, weltweite Erfolg der Programmiersprache *Java* seit Mitte der neunziger Jahre des 20. Jahrhunderts basiert – neben einigen anderen Faktoren – vor allem auf der Möglichkeit, mit *einer* Quellcodebasis Softwareanwendungen für *unterschiedliche* Betriebssystem-Plattformen entwickeln zu können. Das jeweilige Betriebssystem muss nur eine *Java*-Laufzeitumgebung (*Java Runtime Environment, JRE*) mit der *Java Virtual Machine* (*JVM*) bereitstellen, damit Java-Programme ausgeführt werden können. Auf diese Weise legte Java vor gut 20 Jahren den Grundstein für die Cross-Plattform-Entwicklung.

Spätestens mit der Veröffentlichung des *iPhone* von Apple und der damit einhergehenden hard- und softwareseitigen Fragmentierung wuchs jedoch die Zahl der (mobilen) Endgeräte, auf denen Java-Programme – in Ermangelung einer JRE – nicht lauffähig sind (vgl. [Wissel et al. 2017]).

Aber sowohl aus ökonomischer als auch aus softwaretechnischer Perspektive wäre es wünschenswert, hochwertige, robuste und performante mobile Apps für unterschiedliche mobile Betriebssysteme auf Grundlage *einer* Quellcodebasis entwickeln zu können. Dadurch müsste nicht mehrmals die gleiche mobile App für unterschiedliche mobile Betriebssysteme programmiert werden. Und es wäre auch nicht notwendig, dass mindestens zwei Entwicklungsteams parallel zur Verfügung stehen, wie es bei nativer Mobile-App-Entwicklung für die dominierenden mobilen Betriebssysteme iOS und Android seit Jahren üblich ist (vgl. [Palmieri et al. 2012]).

Herausforderungen

Bei der Cross-Plattform-Entwicklung bestehen die zu bewältigenden Herausforderungen grundsätzlich darin, die nativen APIs ansprechen zu können, die optimalen Eingabemethoden, Bedien- und Interaktionsmöglichkeiten für das jeweilige mobile Endgerät umzusetzen und die Inhalte so darstellen zu können, dass die Benutzer bequem durch die mobile App navigieren können (vgl. [Wissel et al. 2017]).

Allerdings besteht bei der Cross-Plattform-Entwicklung bislang die Problematik, dass mit den aktuell verfügbaren Ansätzen und Konzepten sowie den darauf basierenden Frameworks und Softwarewerkzeugen auf Grundlage einer Quellcodebasis nicht die gleiche Qualität, Performanz und Usability für die unterschiedlichen mobilen Betriebssysteme erzielt werden kann wie mit nativer App-Entwicklung. Insbesondere die Gestaltung und Entwicklung der grafischen Benutzungsoberfläche weist in diesem Kontext größere Herausforderungen und somit Optimierungspotenzial auf. Da diese elementaren Anforderungen aktuell nur mithilfe einer rein nativen, also betriebssystemspezifisch ausgelegten Softwareentwicklung erfüllt werden können, ist das native Entwicklungsparadigma im kommerziellen und softwareindustriellen Bereich aktuell dominierend.

Dennoch existieren einige vielversprechende Ansätze, Konzepte und darauf aufbauende Technologien, Frameworks und Softwarewerkzeuge, um mobile Apps auf Grundlage einer Quellcodebasis plattformübergreifend zu entwickeln. Neben *Xamarin* spielen *React Native* und *Apache Cordova* in Kombination mit *Ionic* in diesem Zusammenhang eine wichtige Rolle. Sie werden in den folgenden Abschnitten vorgestellt. Und es gibt weitere Technologien und Frameworks zur Cross-Plattform-Entwicklung wie *Titanium*[24], *Unity*[25], *Qt*[26] und *NativeScript*[27], die jeweils ihre spezifischen Einsatzgebiete haben.

6.4.1 Xamarin

Die Grundidee des Xamarin-Ansatzes ist es, Softwareanwendungen, die in C# programmiert werden, auf unterschiedlichen (mobilen) Betriebssystemen ausführbar zu machen. Dabei basiert Xamarin auf *Mono*, einer Open-Source-Implementierung des .NET-Frameworks. Mono existiert bereits seit mehr als 15 Jahren und läuft auf zahlreichen Betriebssystemen wie u.a. *Linux*, *Unix* und macOS. Bei Xamarin gibt es für die beiden mobilen Betriebssysteme iOS und Android mit *Xamarin.iOS*[28] bzw. *Xamarin.Android*[29] spezielle Ausprägungen, die auf Mono basieren.

---

24. Siehe *http://www.appcelerator.com*.
25. Siehe *http://unity3d.com/de/learn/tutorials/topics/mobile-touch/mobile-development*.
26. Siehe *http://www.qt.io/mobile-app-development*.
27. Siehe *http://www.nativescript.org*.
28. Siehe *http://developer.xamarin.com/guides/ios/getting_started*.
29. Siehe *http://developer.xamarin.com/guides/android/getting_started*.

Mithilfe des *Xamarin*-Frameworks und der integrierten Entwicklungsumgebung *Xamarin Studio*, die auch in *Microsoft Visual Studio* integriert ist, können native mobile Apps auf einer C#-Quellcodebasis für unterschiedliche mobile Betriebssysteme wie iOS, Android und Windows entwickelt werden. Dabei werden die Anwendungslogik der mobilen App sowie Zugriffe auf Datenbanken und das Netzwerk mithilfe der Programmiersprache C# implementiert.

Bei der Kompilierung einer mobilen Xamarin-App wird jeweils eine Anwendungspaket-Datei für das entsprechende Betriebssystem erstellt. Diese Dateien unterscheiden sich nicht von den Anwendungspaket-Dateien, die mit den integrierten Entwicklungsumgebungen Xcode bzw. Android Studio der mobilen Betriebssystemhersteller erstellt wurden. Dabei nutzen mobile Xamarin-Apps jeweils eine Laufzeitumgebung, die sich um Aspekte wie u. a. die Speicherzuteilung und die *Garbage Collection* kümmert[30]. Mit einer mobilen Xamarin-App kann – im Vergleich zu Web-Apps sowie hybriden mobilen Apps – ein natives *Look-and-Feel*, ein unmittelbarer Zugriff auf die native API sowie eine hohe Performanz realisiert werden.

Somit handelt es sich bei mobilen Xamarin-Apps um *echte* native mobile Apps. Es gibt für mobile Xamarin-Apps keine limitierenden und einschränkenden Randbedingungen wie Browser-Sandboxen, begrenzte APIs oder geringere Performanz, wie das beispielsweise bei hybriden mobilen Apps oder Web-Apps durch die eingesetzten Webtechnologien oftmals der Fall ist.

Xamarin.iOS

Unter dem mobilen iOS-Betriebssystem von Apple kann – im Gegensatz zu Android – keine zusätzliche Laufzeitumgebung eingesetzt werden. Daher kompiliert der *Ahead-of-Time*-Compiler von Xamarin.iOS den C#-Quellcode direkt in nativen und somit binären *ARM*-Maschinencode, der dann von der iOS-Laufzeitumgebung des mobilen Apple-Endgeräts ausgeführt werden kann. Zudem kann bei der iOS-App-Entwicklung mit Xamarin neben dem C#-Quellcode auch bereits vorhandener *Objective-C*-Quellcode wiederverwendet und eingesetzt werden.

---

30. Der letzte Abschnitt basiert inhaltlich auf *http://developer.xamarin.com/guides/cross-platform/ getting_started/introduction_to_mobile_development/#How_Does_Xamarin_Work*.

6.4 Cross-Plattform-Entwicklung

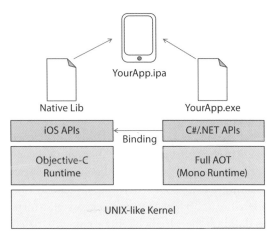

Abb. 6–14   Systemarchitektur von Xamarin.iOS[31]

Zur Erstellung einer mobilen Android-App mithilfe von Xamarin.Android wird ein anderes Verfahren als bei Xamarin.iOS umgesetzt.

Xamarin.Android

Unter Xamarin.Android wird der C#-Quellcode in *Intermediate Language (IL)* kompiliert, die dann zur Laufzeit *just in time* zur nativen Assembly kompiliert wird, die von der *Mono*-Laufzeitumgebung ausgeführt wird. Dazu wird eine reduzierte Version der Mono-Laufzeitumgebung beim App-Erstellungsprozess mit hinzugefügt. Die Mono-Laufzeitumgebung läuft somit parallel zur *Android Runtime (ART)*, der standardmäßigen Android-Laufzeitumgebung. Beide Laufzeitumgebungen laufen auf einem Linux-Kernel und stellen verschiedene APIs zur Verfügung.

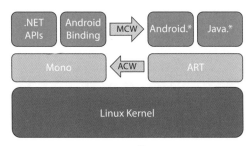

Abb. 6–15   Systemarchitektur von Xamarin.Android[32]

Mithilfe des sogenannten *Android Binding* (siehe Abb. 6–15 oben links) können Sie aus dem C#-Quellcode heraus über den *Managed Callable Wrapper (MCW)*

---

31. Bildquelle: *http://developer.xamarin.com/guides/ios/under_the_hood/architecture*.
32. Bildquelle: *https://developer.xamarin.com/guides/android/under_the_hood/architecture*.

die Android-Funktionalitäten aufrufen. Der MCW wird benötigt, da beispielsweise Datentypen unter der Mono-Laufzeitumgebung anders als unter der *ART* verwaltet werden. In Gegenrichtung können Sie mit dem sogenannten *Android Callable Wrapper (ACW)* aus Android heraus die Xamarin.Android-App aufrufen. Wobei es hierbei einen zu berücksichtigenden Aspekt gibt: Wenn Sie viele Funktionalitäten aus dem .NET-Framework nutzen, wird leider das Anwendungspaket immer größer.

Bei mobilen Apps spielen die Usability und User Experience eine zentrale und wichtige Rolle (siehe Abschnitt 2.1). Dabei nehmen die Konzeption, das grafische Design und die Entwicklung der grafischen Benutzungsoberfläche bei mobilen Apps sehr großen Raum ein und erfordern entsprechend hohe Aufwände. Um auch den GUI-Code einer mobilen App weitgehend plattformübergreifend nutzen zu können und dadurch die Möglichkeit zu haben, effizienter und ökonomischer vorzugehen, wurde *Xamarin.Forms* entwickelt.

Xamarin.Forms

Xamarin.Forms ist ein Framework zur Cross-Plattform-Entwicklung grafischer Benutzungsoberflächen. Xamarin.Forms generalisiert auf einer Abstraktionsebene von den einzelnen Bedien- und Steuerelementen der verschiedenen mobilen Betriebssysteme. Auf diese Weise können grafische Benutzungsoberflächen auf einer gemeinsamen Quellcodebasis in C# oder der *Extensible Application Markup Language* (*XAML*) entwickelt werden. Die mithilfe von Xamarin.Forms erstellten GUI-Bedienelemente rufen dann jeweils die nativen Bedienelemente des mobilen Betriebssystems auf, auf dem die mobile App ausgeführt wird. Somit können sich die mobilen Apps für unterschiedliche mobile Betriebssysteme einen großen Teil des GUI-Codes teilen und dennoch das native *Look-and-Feel* des jeweiligen mobilen Betriebssystems bereitstellen. Allerdings muss auch mit Xamarin.Forms in der Regel ein Rest des GUI-Codes plattformspezifisch entwickelt werden (siehe Abb. 6–16; vgl. [Wissel et al. 2017]).

Abb. 6–16   *Geteilte Quellcodebasis in Xamarin*
   (Quelle: http://www.xamarin.com/platform)

Das bedeutet, dass sich mit Xamarin mobile Apps erstellen lassen, bei denen einige Teile der grafischen Benutzungsoberfläche mit Xamarin.Forms und andere Teile mit dem nativen *UI-Toolkit* des jeweiligen mobilen Betriebssystemherstellers entwickelt wurden.

Vor- und Nachteile

Mithilfe von Xamarin wird die Cross-Plattform-Entwicklung mobiler Apps weitreichend unterstützt. Ein großer Teil des C#-Quellcodes kann zur Erstellung mobiler Apps für unterschiedliche Betriebssysteme genutzt, geteilt und wiederverwendet werden. Dennoch kann das Idealkonzept, mobile Apps *für unterschiedliche* mobile Betriebssysteme aus *einer* Quellcodebasis zu erstellen, nicht vollumfänglich verwirklicht werden. Es sind in der Regel betriebssystemspezifische Anpassungen und Modifikationen notwendig, insbesondere für die grafische Benutzungsoberfläche. Zudem gibt es mit Xamarin.Android und Xamarin.iOS zwei unterschiedliche Produkte und Verfahren, um native mobile Apps für diese beiden Betriebssysteme entwickeln zu können.

Die in zeitlich kurzen Abständen veröffentlichten API-Modifikationen und Neuerungen der Betriebssystemhersteller müssen in Xamarin erst noch umgesetzt werden, bevor sie von den Softwareentwicklern auch genutzt werden können. Folglich hat die Entwicklung mobiler Apps über *Xcode* und *Android Studio* immer einen kleinen zeitlichen Vorsprung hinsichtlich der verfügbaren Funktionalitäten und Möglichkeiten im Vergleich zur Cross-Plattform-Entwicklung mit Xamarin.

Ein weiterer Nachteil ist, dass eine mit Xamarin entwickelte mobile App im Hinblick auf den erforderlichen Speicherplatz in der Regel größer als das native Pendant ist. Somit wird mehr Zeit für den Download aus dem jeweiligen App Store benötigt. Für Anwendungskontexte mit hoher Bandbreite stellt dieser Aspekt kein gravierendes Problem dar. Bei Anwendungskontexten, in denen eine mobile Netzverbindung nur schmalbandig zur Verfügung steht, kann es jedoch zu Problemen führen, insbesondere wenn die Download-Verbindung zusätzlich instabil ist.

6.4.2 React Native

React Native wurde 2015 von *Facebook* veröffentlicht und nutzt das *JavaScript*-Framework *React* zur Entwicklung komponentenbasierter grafischer Benutzungsoberflächen für Webanwendungen. React konzentriert sich dabei auf die GUI und den Datenfluss von sogenannten *Single-Page-Applications* (vgl. [Wissel et al. 2017]).

> **Hintergrund: Single-Page-Application (SPA)[33]**
>
> SPAs sind Webanwendungen, die auf dem Client im Webbrowser ausgeführt werden. Dabei werden alle erforderlichen Dateien beim Start in den Speicher geladen. Somit funktioniert eine SPA auch offline ohne Netzwerkverbindung. So lassen sich beispielsweise sinnvolle Fehlermeldungen anzeigen, wenn aufgrund einer fehlenden Internetverbindung Daten nicht geladen werden können. Eine SPA wird auch als *Rich-Client*-Anwendung bezeichnet, da die Funktionalität weitgehend vom Server- auf die Clientseite verlagert wird. Zudem ist die Verteilung in einem plattformspezifischen Anwendungspaket möglich, das alle für die jeweilige Plattform erforderlichen Dateien enthält; dann wird selbst zum Start der Anwendung keine Internetverbindung mehr benötigt. Interaktionen des Benutzers auf der SPA-Webseite rufen keine neuen Seiten vom Server ab, lediglich zum Datenaustausch nimmt eine SPA via *https* Kontakt zu einem entfernten Server auf. Das SPA-Paradigma ist gut zur Entwicklung hybrider mobiler Apps geeignet.

React Native nutzt prinzipiell die gleiche Vorgehensweise wie React und fokussiert dabei allerdings nicht Webanwendungen für den Webbrowser, sondern native Apps für die mobilen Betriebssysteme iOS und Android. Die grafische Benutzungsoberfläche für iOS und Android wird bei React Native mit der XML-ähnlichen *JavaScript Syntax Extension (JSX)* definiert, um möglichst nah an die nativen Vorbilder zu kommen. Der in HTML und JavaScript programmierte Quellcode wird anschließend in native Quelldateien (Objective-C, Swift, Java) übersetzt, sodass betriebssystemspezifische Anwendungspakete erstellt werden (vgl. [Wissel et al. 2017]). Somit ist die prinzipielle Idee und Vorgehensweise vergleichbar zur Cross-Plattform-Entwicklung mit Xamarin, auch wenn mit JavaScript und HTML andere Programmiersprachen eingesetzt werden.

Installation und erste Schritte[34]

React Native benötigt jeweils Installationen von *Node.js*, *Watchman* und des React Native *Command Line Interface (CLI)* von Facebook. Zudem müssen die integrierten Entwicklungsumgebungen *Xcode* von Apple bzw. *Android Studio* von Google installiert sein. Entsprechende Installationshinweise für Android und iOS gibt es auf der offiziellen Webseite[35] zu React Native. Das klassische Hallo-Welt-Programm sieht unter React Native wie folgt aus:

---

33. Dieser Abschnitt basiert inhaltlich weitgehend auf [Wissel et al. 2017] und [Steyer 2017, S. 29].
34. Der Abschnitt basiert weitgehend auf *http://facebook.github.io/react-native/docs/tutorial.html*.
35. Siehe *http://facebook.github.io/react-native/docs/getting-started.html*.

6.4 Cross-Plattform-Entwicklung

```
import React, { Component } from 'react';
import { AppRegistry, Text } from 'react-native';

class HalloWeltApp extends Component {
   render() {
      return (
         <Text>Hallo Welt!</Text>
      );
   }
}

AppRegistry.registerComponent('HalloWeltApp', () => HalloWeltApp);
```

Listing 6–2   *»Hallo Welt« unter React Native[36]*

Der Quellcode in Listing 6–2 sieht nicht wie gewöhnliches JavaScript aus. In diesem Kontext stellt ES2015 – auch als ES6-Verbesserungen bekannt – einen Satz von JavaScript-Verbesserungen und -Erweiterungen dar, die bereits Teil des offiziellen Standards sind, aber noch nicht von allen Webbrowsern unterstützt werden. React Native nutzt diese JavaScript-spezifischen ES6-Verbesserungen. Dabei sind `import`, `from`, `class`, `extends` und die Syntax `()` => im Listing 6–2 Bestandteile der ES6-Verbesserungen, die auf einer eigenen Webseite[37] im Detail beschrieben werden.

In Listing 6–2 gibt es weitere wichtige Aspekte: Die Zeile `<Text>` Hallo Welt! `</Text>` beinhaltet JSX, eine Syntax zur Einbettung von XML in JavaScript. Viele Frameworks verwenden eine spezielle *Template*-Sprache, um Quellcode in die Markup-Sprache einbetten zu können. Bei React Native funktioniert das genau umgekehrt: Mithilfe von JSX können Sie eine Markup-Sprache in Quellcode einbetten. Es sieht im Prinzip wie HTML aus, aber bis auf webspezifische Sprachelemente wie `<div>` zur Textstrukturierung oder `<span>` zur Textauszeichnung verwenden Sie React-Native-Komponenten. In Listing 6–2 ist `<Text>` eine von React Native bereitgestellte Komponente, die Text anzeigt.

Durch den Quellcode in Listing 6–2 wird mit der Klasse `HalloWeltApp` eine neue Komponente definiert, die in der letzten Quellcodezeile in der `AppRegistry` registriert wird. Die `AppRegistry` hat bei React Native die Funktion, die Komponente festzulegen, die die Wurzel für die gesamte mobile App darstellt.

Wenn Sie mit React Native arbeiten und entwickeln, werden Sie kontinuierlich neue Komponenten erstellen. Alle Elemente der grafischen Benutzeroberfläche stellen dabei eine React-Native-Komponente dar. Eine Komponente kann einfach strukturiert und aus wenigen Zeilen Quellcode bestehen, das Einzige, was erforderlich ist, ist die Renderfunktion `render()` mit zugehörigen JSX-Parametern.

---

36. Siehe *http://facebook.github.io/react-native/docs/tutorial.html*.
37. Siehe *http://babeljs.io/learn-es2015*.

Props[38]

Die meisten React-Native-Komponenten können Sie bei ihrer Erstellung mit unterschiedlichen Parametern App-spezifisch initialisieren. Diese Parameter werden bei React Native als *Props* (englisch: Property, deutsch: Eigenschaft) bezeichnet. Beispielsweise ist das Image eine React-Native-Komponente. Wenn Sie nun ein Bild in Ihrer mobilen App darstellen möchten, können Sie eine *Prop* namens source verwenden, um festzulegen, welches Bild angezeigt werden soll. Das wird im folgenden Listing dargestellt:

```
import React, { Component } from 'react';
import { AppRegistry, Image } from 'react-native';

class Aepfel extends Component {
   render() {
      let pic = {
         uri: 'https://upload.wikimedia.org/wikipedia/commons/d/de/
                                                     Aepfelsammlung.jpg'
      };
      return (
         <Image source={pic} style={{width: 193, height: 110}}/>
      );
   }
}

AppRegistry.registerComponent('Aepfel', () => Aepfel);
```

Listing 6–3   *Exemplarische Verwendung der Prop »source«*[39]

Die mobile App würde nun das Bild *Aepfelsammlung.jpg* in der angegebenen Höhe und Breite auf dem Bildschirm anzeigen. Beachten Sie dabei, dass das ausgewählte Bild als JPG in geschweiften Klammern angegeben wurde, um es in JSX einzubetten.

Sie können Props bei der Entwicklung mit React Native auch in Ihren eigenen Komponenten verwenden. Auf diese Weise können Sie eine Komponente, die an vielen unterschiedlichen Stellen Ihrer mobilen App eingesetzt wird, mit variierenden Eigenschaften benutzen, Sie müssen nur auf this.props in Ihrer Renderfunktion verweisen. Im folgenden Listing ist dazu ein exemplarisches Beispiel dargestellt:

---

38. Dieser Abschnitt basiert inhaltlich auf *http://facebook.github.io/react-native/docs/props.html*.
39. Quelle: *http://facebook.github.io/react-native/docs/props.html*.

6.4 Cross-Plattform-Entwicklung

```
import React, { Component } from 'react';
import { AppRegistry, Text, View } from 'react-native';

class Greeting extends Component {
   render() {
      return (
         <Text>Hello {this.props.name}!</Text>
      );
   }
}

class LotsOfGreetings extends Component {
   render() {
      return (
         <View style={{alignItems: 'center'}}>
            <Greeting name='Paul' />
            <Greeting name='Nurdan' />
            <Greeting name='Valerie' />
         </View>
      );
   }
}

AppRegistry.registerComponent('LotsOfGreetings', () => LotsOfGreetings);
```

Listing 6–4   *Beispiel für die kontextspezifische Verwendung von Props*[40]

Mit der Verwendung von name als *Prop* kann die React-Native-Komponente zur Begrüßung kontextspezifisch eingesetzt werden. In Listing 6–4 wird die initial erstellte Komponente Greeting im unteren Teil des Quellcodes direkt in JSX eingesetzt, so wie die von React Native bereitgestellten Basiskomponenten. Auf diese Weise können Sie ein eigenes, individuelles Set von UI-Komponenten entwerfen.

Eine weitere nützliche React-Native-Komponente ist die sogenannte *View*. Sie dient als Container für andere Komponenten, um deren Stil und Layout zu definieren. Mit *Props* und den Basiskomponenten *Text*, *Image* und *View* lassen sich unter React Native eine Vielzahl statischer Bildschirmseiten der grafischen Benutzungsoberfläche Ihrer mobilen App entwerfen und entwickeln.

State (Zustand)[41]

Es gibt bei React Native zwei Optionen, um Komponenten zu steuern: *Props* und *State*. Die Props einer Komponente werden bei der Erstellung einmalig festgelegt und bleiben über den gesamten Lebenszyklus unveränderlich. Für veränderliche Daten wird der *State* (Zustand) verwendet. Allgemein sollten Sie den *State* der Komponente im Konstruktor initialisieren und dann setState() aufrufen, um ihn zu verändern. Wenn Sie beispielsweise blinkenden Text erstellen wollen, wird der

---

40. Quelle: *http://facebook.github.io/react-native/docs/props.html*.
41. Dieser Abschnitt basiert inhaltlich auf *https://facebook.github.io/react-native/docs/state.html*.

Text bei der Erstellung einmal als *Prop* definiert. Das Blinken des Textes erreichen Sie dann über eine Veränderung des *State* (siehe Listing 6–5).

```
import React, { Component } from 'react';
import { AppRegistry, Text, View } from 'react-native';

class Blink extends Component {
  constructor(props) {
    super(props);
    this.state = {showText: true};
    // Toggle the state every second
    setInterval(() => {this.setState({ showText: !this.state.showText }); },
                1000);
  }

  render() {
    let display = this.state.showText ? this.props.text : ' ';
    return (<Text>{display}</Text>);
  }
}

class BlinkApp extends Component {
  render() {
    return (
      <View>
        <Blink text='Ich liebe es zu blinken' />
        <Blink text='Blinken macht großen Spaß' />
      </View>
    );
  }
}
AppRegistry.registerComponent('BlinkApp', () => BlinkApp);
```

Listing 6–5   *Beispiel zur Verwendung von Prop und State*[42]

Bei der Entwicklung einer mobilen React-Native-App wird der *State* in der Regel nicht über einen Timer verändert wie im Quellcode in Listing 6–5. Sie können den *State* festlegen, wenn beispielsweise neue Daten vom Server bereitgestellt oder vom Benutzer eingegeben werden. Wenn setState() aufgerufen wird, wird BlinkApp die Komponente neu rendern. Durch das Aufrufen von setState() innerhalb des Timers wird die Komponente jedes Mal neu gerendert, solange der Timer läuft. Der *State* funktioniert genau wie bei React. Somit können Sie auch die entsprechende *React.Component API* zurate ziehen. Für weitergehende Informationen sei auf die informativen Webseiten[43] zu React Native verwiesen.

---

42. Quelle: *http://facebook.github.io/react-native/docs/state.html#content*.
43. Siehe *http://facebook.github.io/react-native/docs/tutorial.html*.

Vor- und Nachteile[44]

Mit React Native lassen sich native mobile Apps für die beiden mobilen Betriebssysteme Android und iOS professionell entwickeln. Hierbei ist es von Vorteil, dass sich native Komponenten ohne weiteren Aufwand einbinden lassen, die entwickelte mobile App performant ist und Animationen flüssig laufen. Der Zugriff auf die Standard-Oberflächenbibliotheken von iOS und Android erleichtert Softwareentwicklern ohne HTML- und CSS-Erfahrung hierbei den Einstieg. React Native ist für eine umfassende Cross-Plattform-Entwicklung, die über die beiden mobilen Betriebssysteme iOS und Android hinausgeht, jedoch nur bedingt einsetzbar.

6.4.3 Apache Cordova mit Ionic

Die Betriebssysteme iOS, Android und Windows Mobile bieten die Möglichkeit, Inhalte über eine spezielle WebView darzustellen. Dabei bilden die unterstützten Webtechnologien wie HTML, CSS und JavaScript einen gemeinsamen Nenner zur Entwicklung plattformübergreifender mobiler Apps.

Apache Cordova ist ein Open-Source-Framework, mit dem sich mobile Apps auf Basis von HTML5, CSS3 und JavaScript erstellen lassen. Mit *PhoneGap*[45] gibt es auch eine kommerzielle Distribution von Cordova, die von *Adobe* vertrieben wird.

Mobile Cordova-Apps kombinieren Webtechnologien mit einem Zugriff auf die betriebssystemspezifischen APIs über eine Abstraktionsschicht (vgl. [Wissel et al. 2017]). Eine mobile Cordova-App wird dabei in einer bildschirmfüllenden WebView ausgeführt. Das HTML-Grundgerüst mit den eingesetzten CSS- und JavaScript-Anweisungen wird nicht umgewandelt. Cordova-Apps haben über Plug-ins Zugriff auf einen großen Teil der betriebssystemspezifischen API. Auf diese Weise können sie auf Hardwarekomponenten wie zum Beispiel die Kamera, den GPS-Sensor oder den Beschleunigungssensor zugreifen (vgl. [Steyer 2017, S. 8]).

Aufgrund der Kombination unterschiedlicher Technologien werden Cordova-Apps auch als *hybride* Apps bezeichnet. Hybride mobile Apps sind jedoch keine *nativen* mobilen Apps. Beispielsweise wird das Layout-Rendering vom eingebetteten Webbrowser und nicht vom nativen UI-Framework durchgeführt (vgl. [Steyer 2017, S. 8]).

---

44. Dieser Abschnitt geht inhaltlich weitgehend auf [Wissel et al. 2017] zurück.
45. Siehe *http://phonegap.com*.

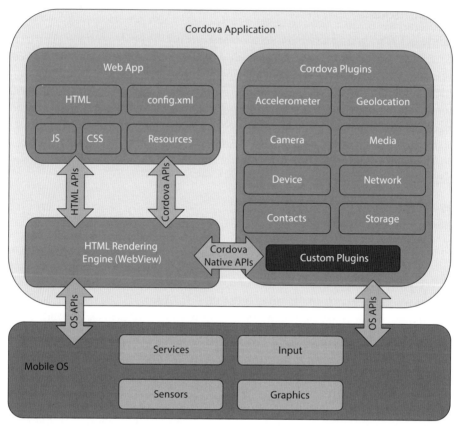

Abb. 6–17   Systemarchitektur von Apache Cordova[46]

Systemarchitektur[47]

Die WebView enthält mit der Datei config.xml eine wichtige Datei: Sie beinhaltet Informationen über die Cordova-App und besitzt Parameter, die das Verhalten der mobilen App beschreiben, so zum Beispiel, wie sich die App bei einem Orientierungswechsel verhält. Die *Web-App* – links oben in Abbildung 6–17 – beinhaltet den Quellcode der mobilen Cordova-App. Diese ist ohne hybride Bestandteile als Webseite implementiert, sodass eine lokale Datei namens index.html existiert, die auf die CSS-Datei, JavaScript, Bilder, Mediendateien und andere Ressourcen verweist.

Plug-ins sind ein wichtiger Bestandteil einer Cordova-App. Sie ermöglichen die Kommunikation mit nativen Komponenten sowie den Zugriff auf die Standard-API des mobilen Endgeräts. Neben den von Cordova bereitgestellten Plug-ins können Sie auch spezielle Plug-ins von Drittanbietern für native Funktionali-

---

46. Bildquelle: *http://cordova.apache.org/docs/en/latest/guide/overview/index.html*.
47. Der Abschnitt basiert auf *http://cordova.apache.org/docs/en/latest/guide/overview/index.html*.

täten einsetzen, die nicht auf allen mobilen Betriebssystem-Plattformen verfügbar sind. Oder Sie entwickeln gemäß dem Cordova-spezifischen *Plugin Development Guide* eigene Plug-ins. Standardmäßig werden bei der Erstellung eines neuen Cordova-Projekts keine Plug-ins mit eingebunden. Alle für Ihre mobile hybride App benötigten Plug-ins müssen Sie explizit auswählen und hinzufügen. Cordova stellt zudem kein UI-Toolkit zur Verfügung, mit dessen Hilfe Sie ansprechende grafische Benutzungsoberflächen entwickeln könnten. Cordova stellt nur die Laufzeitumgebung bereit, in der die hybride App ausgeführt werden kann. Somit lassen sich mit Apache Cordova keine hochwertigen grafischen Benutzungsoberflächen mit hochwertiger Usability und guter User Experience erstellen. Zu diesem Zweck empfiehlt sich eine Kombination mit dem *Ionic*-Framework.

Ionic

Ionic[48] ist ein Open-Source-Framework, mit dessen Hilfe grafische Benutzungsoberflächen unter dem Einsatz von Webtechnologien wie HTML5, CSS3 und JavaScript entwickelt werden. Mobile Ionic-Apps sind somit auf mobilen Endgeräten und mobilen Betriebssystemen mit Webbrowser bzw. WebView lauffähig. Dabei fokussiert Ionic die mobilen Betriebssysteme iOS, Android und Windows. Je nach Betriebssystem-Plattform verwendet das Ionic-Framework unterschiedliche Schriftarten und Icon-Sets, um eine mobile App im Hinblick auf das grafische Design so stark wie möglich an das native Vorbild anzugleichen (vgl. [Wissel et al. 2017]). Das Ionic-Framework basiert auf *AngularJS* von Google, einem JavaScript-Framework zur Erstellung von SPA-Anwendungen (siehe auch Abschnitt 6.4.2). Zur Anbindung der Kamera bzw. zur Nutzung und Abfrage des Sensorik-Inventars eines mobilen Endgeräts verwendet Ionic dann das Plug-in-System von Cordova.

Vor- und Nachteile

Die Kombination von Cordova und Ionic stellt eine gute Option dar, um mobile Apps plattformübergreifend und kostengünstig zu erstellen. Dabei handelt es sich um *hybride* mobile Apps, die etablierte Webtechnologien nutzen und über Plug-ins auf Teile der nativen Funktionen und Komponenten zugreifen. Mit diesen Apps kann eine grafische Benutzungsoberfläche mit eingeschränkter Usability und User Experience bereitgestellt werden. Auch die Performanz hybrider Cordova-Apps ist aufgrund der Einbettung in den webbasierten Anwendungs-Wrapper reduziert im Vergleich zur Performanz nativer mobiler Apps.

---

48. Ein Ionic-Tutorial findet sich u.a. unter *http://angularjs.de/artikel/ionic-tutorial-deutsch*.

6.5 Dokumentation der Programmierung[49]

Ein integraler Bestandteil jedes Softwareprogramms ist eine geeignete entwicklungsbegleitende Dokumentation. Eine gute, qualitativ hochwertige Dokumentation sollte dabei die folgenden Angaben beinhalten:

- Kurzbeschreibung des Programms
- Verwaltungsinformationen
- Kommentierung des Quellcodes

Dabei werden die ersten beiden Angaben oftmals in einem Programmvorspann, dem sogenannten *Header*, zusammengefasst:

- Name des Programms: möglichst prägnant und eindeutig
- Aufgabe: kurze Beschreibung des Programms
- Zeit- und Speicherkomplexität des Programms
- Name der Programmautoren
- Versionsnummer und Datum
- Bearbeitungsstand des Programms: zum Beispiel »geplant«, »in Bearbeitung«, »vorgelegt«, »akzeptiert«

Zudem muss auch der Quellcode dokumentiert werden. Dabei ist eine geeignete, verständliche und nachvollziehbare Kommentierung der Methoden einer Klasse besonders wichtig. Neben der Aufgabenbeschreibung jeder Methode ist die Bedeutung und Funktion der einzelnen Parameter zu kommentieren, wenn sich diese aus den Parameternamen nicht ableiten lassen.

Für eine qualitativ hochwertige Dokumentation bereits *während* der Implementierung gibt es folgende Beweggründe:

- Nach der Quellcodeerstellung geraten viele wichtige Informationen und Zusammenhänge oftmals in Vergessenheit, sodass eine Nachdokumentation nicht optimal ist.
- Wichtige Entwicklungsentscheidungen – also: »Warum wurde welche Alternative gewählt?« – müssen dokumentiert werden, um bei Modifikationen und Neuentwicklungen bereits gemachte Erfahrungen aus- und bewerten zu können.
- Der Dokumentationsaufwand wird reduziert, wenn parallel zur Entwicklung wichtige Informationen dokumentiert werden. Das geht wesentlich schneller, als wenn Sie dies voneinander entkoppeln.

---

49. Der Abschnitt geht inhaltlich weitgehend auf [Balzert 2011, S. 498–499] zurück.

Die Vorteile einer entwicklungsbegleitenden Dokumentation Ihrer mobilen App-Software bestehen somit aus:

- dem geringeren Dokumentationsaufwand,
- der Sicherheit, dass keine Informationen verloren gehen, und
- der Garantie, dass die Dokumentation rechtzeitig verfügbar ist.

Auf diese Weise können Sie sicherstellen, dass auch bei Personalwechsel oder neuen Mitarbeitern eine zeiteffiziente und gute Einarbeitung in den Quellcode ermöglicht wird. Zudem stellt eine gute Dokumentation eine Grundvoraussetzung für eine gute Wart- und Erweiterbarkeit Ihrer mobilen App dar.

6.6 Zusammenfassung

In der Implementierungsphase wird die konzipierte, designte und entworfene mobile App nun programmiert. Dabei dienen insbesondere das Interaktionsdesign aus Abschnitt 5.1, die GUI-Prototypen aus Abschnitt 5.3 sowie die Seitenspezifikation und Softwarearchitektur aus den Abschnitten 5.5 und 5.6 als Basis für die Implementierung Ihrer mobilen App. Somit wird aus der konzeptionellen und technisch entworfenen Lösung eine lauffähige mobile App durch Programmierung der einzelnen Komponenten erstellt (vgl. [Balzert 2011, S. 492]).

Mithilfe einer Cross-Plattform-Entwicklung können Sie Ihre mobile App für unterschiedliche mobile Betriebssysteme auf Grundlage *einer* Quellcodebasis entwickeln. Das kann dazu beitragen, Aufwand, Zeit und Kosten zu sparen. Bei der Auswahl einer geeigneten Entwicklungs- bzw. Cross-Plattform-Technologie sollten Sie die folgenden Aspekte, Anregungen und Hinweise berücksichtigen.

1. Bei einer eher **Content-lastigen** mobilen App bieten sich grundsätzlich Webtechnologien zur Umsetzung an, sodass Sie den Einsatz von Apache Cordova mit Ionic in Erwägung ziehen sollten.
2. Bei einer eher **funktionsorientierten** mobilen App, die keine aufwendige und höchst professionelle grafische Benutzungsoberfläche mit Animationen benötigt, sollten Sie über den Einsatz von Xamarin nachdenken. Beispielsweise sind firmeninterne mobile Apps ein gutes Beispiel, bei denen die Funktionalität wichtiger als das Ausreizen aller nativ verfügbaren grafischen Optionen ist.
3. Bei einer funktionalen mobilen App mit sehr **hochwertiger grafischer Benutzungsoberfläche** sollten Sie Ihre mobile App nativ für iOS und Android und ggf. Windows Mobile entwickeln.

Zur Entwicklung einer nativen mobilen App setzen Sie entweder die Programmiersprache Java unter Android Studio oder Swift/Objective-C unter Xcode ein. Bereits während der Implementierung sollten Sie Ihre mobile App kontinuierlich ausprobieren und unter realen Bedingungen testen (siehe auch Abschnitt 7.6), um eine höchstmögliche Qualität Ihres Quellcodes erreichen zu können.

6.7 Übungen

a) Warum sollte der Quellcode mobiler Apps möglichst schlank gehalten werden?
b) Welche Gründe sprechen gegen die Verschachtelung von Layouts mobiler Apps?
c) Was versteht man unter *Dependency Injection* und zu welchen Zwecken wird sie eingesetzt?
d) Implementieren Sie die von Ihnen konzipierte mobile Banking-App unter iOS mithilfe der integrierten Entwicklungsumgebung *Xcode*!
e) Implementieren Sie Ihre konzipierte mobile Banking-App unter Android mithilfe der integrierten Entwicklungsumgebung *Android Studio*!

6.8 Weiterführende Quellen und Literatur

[Android 2016] Android: Android Developer, 2016, *http://developer.android.com/index.html* (zuletzt geprüft am 29.12.2016).

[Apple 2016b] Apple: Apple iOS, 2016, *http://developer.apple.com/ios/* (zuletzt geprüft am 29.12.2016).

[Becker & Pant 2015] Becker, A.; Pant, M.: Android 5 – Programmieren für Smartphones und Tablets. 4., aktualisierte und erweiterte Auflage, Heidelberg, dpunkt.verlag, 2015.

[Bleske 2017] Bleske, C.: iOS-Apps programmieren mit Swift. 2. Auflage, Heidelberg: dpunkt.verlag, 2017.

[Steyer 2017] Steyer, R.: Cordova – Entwicklung plattformneutraler Apps. Wiesbaden: Springer Vieweg, 2017.

7 Test

Eine mobile App ist dann erfolgreich und erhält positive Bewertungen im App Store, wenn sie sich leicht installieren lässt, performant, stabil und fehlerfrei läuft und dem Benutzer eine hochwertige User Experience bietet. Um dieses Ziel zu erreichen, muss jede mobile App ausgiebig und zielorientiert getestet werden. Der Test mobiler Apps stellt aufgrund der bestehenden Hard- und Softwarefragmentierung und weiterer Faktoren, die im Folgenden beschrieben werden, eine der größten Herausforderungen im Mobile App Engineering und Lebenszyklus einer mobilen App dar.

7.1 Definition

Unter einem Softwaretest werden gemäß ISO/IEC/IEEE 29119-1 die Aktivitäten verstanden, die ein Softwaresystem unter spezifizierten Bedingungen ausführen und dabei Resultate beobachten, aufzeichnen und bewerten, um Rückschlüsse auf die Spezifikationskonformität des getesteten Softwaresystems zu ziehen. Auch vor dem Hintergrund massiver technischer Fehlschläge wurde der Aufwand für den Softwaretest in den letzten Jahrzehnten immer weiter erhöht.

Wie in der rechten Spalte in Tabelle 7–1 zu sehen, gab es dabei eine deutliche Erhöhung über die letzten Jahrzehnte. Durch die besondere Bedeutung der User Experience und der starken Zunahme von Usability- bzw. Benutzbarkeitstests ist der Testaufwand auch im Bereich mobiler Anwendungen weiter stark angestiegen.

	Requirements	Grobentwurf	Feinentwurf	Implementierung, Unit Test	Integration und Test	Systemtest
1960-1979		10%		80%	10%	
1980-1989		20%		60%	20%	
1990-1999	40%	30%		30%		

Tab. 7–1 Aufwand für die unterschiedlichen Phasen der Softwareentwicklung[1]

---

1. Quelle: [Andersson & Bergstrand 1995]

7.2 Herausforderungen und Strategien

Mobile Apps sowie die mobilen Endgeräte, auf denen sie verwendet werden, weisen besondere Eigenschaften und Beschränkungen auf, die den Softwaretest zu einer großen Herausforderung machen. Diese Herausforderungen sowie Strategien, um mit diesen Eigenschaften und Restriktionen effizient, effektiv und konstruktiv umzugehen, werden im Folgenden beschrieben.

7.2.1 Entwicklung und Ausführung

Eine mobile App wird üblicherweise auf einem Desktop- oder Notebook-Computer entwickelt. Die Installation und Ausführung der mobilen App erfolgt anschließend auf einem mobilen Endgerät. Somit entspricht die Ausführungsplattform nicht der Entwicklungsplattform.

Auf der Entwicklungsplattform stehen Ihnen entweder Emulatoren (unter Android) oder Simulatoren (unter iOS) zur Verfügung, um die Hardware und das Betriebssystem des mobilen Endgeräts zu emulieren bzw. zu simulieren[2]. Die Emulatoren und Simulatoren ermöglichen es Ihnen als Entwickler oder Tester, die mobile App eingeschränkt zu debuggen und zu testen (vgl. [Knott 2016, S. 51]). Dabei wissen Sie zu keinem Zeitpunkt, ob der Test auf dem Emulator bzw. Simulator auch tatsächlich die gleichen Ergebnisse liefert wie bei einem äquivalenten Test auf einem mobilen Endgerät. Zudem können Sie nicht alle endgerätespezifischen Hardwarekomponenten wie Sensoren und Aktoren bzw. alle Gesten emulieren bzw. simulieren. Vor diesem Hintergrund sind Emulatoren und Simulatoren gut für App-Entwickler geeignet, um zu einem frühen Zeitpunkt – bei der Programmierung – ein unmittelbares Feedback auf implementierte Funktionen sowie das realisierte Look-and-Feel der mobilen App zu bekommen (vgl. [Knott 2016, S. 51]).

Wenn Ihre mobile App auf aktuelle Standortdaten angewiesen ist, müssen Sie sich vergegenwärtigen, dass diese Daten im realen Alltag flüchtig, unstet und ungenau sind. Bei mobilen Apps, die das umfangreiche Sensorik-Inventar aktueller mobiler Endgeräte nutzen, gilt es zu berücksichtigen, dass sich:

- die Sensordaten im Alltag mit hoher Frequenz ändern,
- die Daten des gleichen Sensors von unterschiedlichen Herstellern – wie zum Beispiel die Daten des Beschleunigungssensors – variieren können und
- Sensoren oftmals anfällig für externe Störquellen sind.

Hinzu kommt, dass ein Test der mobilen App auf mobilen Endgeräten, bei denen die Sensordaten künstlich generiert und erzeugt werden, nur unter großem Aufwand umsetzbar ist (vgl. [Gruhn 2016]).

---

2. Zu den Unterschieden zwischen Emulatoren und Simulatoren siehe auch [Knott 2016, S. 52].

Da Sie beim Test Ihrer mobilen App aber sicherstellen müssen, dass diese nicht nur unter Laborbedingungen funktioniert, sondern vor allem kontextsensitiv im realen Alltag, bei Bewegungen, wechselnden Standorten, unterschiedlichen Wetterbedingungen und Temperaturen sowie bei sich verändernden Kommunikationskanälen mit volatilen Bandbreiten, müssen Sie Ihre mobile App in jedem Fall auf den mobilen Endgerätemodellen testen, auf denen sie später laufen soll, um sicherstellen zu können, dass sie einwandfrei funktioniert.

7.2.2 Fragmentierung

Durch die hohe Hard- und Softwarefragmentierung (siehe Abschnitt 2.2) müssen Sie im Rahmen des Testens sicherstellen, dass Ihre mobile App auf zahlreichen mobilen Endgeräten mit unterschiedlichen Versionen der beiden relevanten Betriebssysteme iOS und Android installiert werden kann und dort jeweils robust, stabil, performant und voll funktionsfähig läuft. Das bedeutet, dass Sie eine mobile App nicht nur auf realen Endgerätemodellen testen müssen (siehe Abschnitt 7.2.1), sondern darüber hinaus, dass jeder Test auch noch für verschiedene Betriebssystemversionen durchzuführen ist. Nur so können Sie sicherstellen, dass Ihre mobile App beispielsweise auf einem *Samsung Galaxy S7* mit den Android-Versionen 5, 6 *und* 7 und genauso auch auf einem *iPhone 6s Plus* mit den iOS-Versionen 8, 9 *und* 10 fehlerfrei funktioniert.

Beim Test einer mobilen App kann eine Vielzahl von Fehlern, Mängeln und Problemen auftreten, die sich dann möglicherweise sehr spezifisch nur auf ein bestimmtes Endgerätemodell in Kombination mit einer bestimmten Betriebssystemversion beziehen. Hierbei kann es auch zu sehr schwer nachvollziehbaren Problemen kommen, wenn zum Beispiel ein *Samsung Galaxy Tab* die von einer mobilen App angeforderten Daten nicht herunterlädt, die gleiche mobile App aber fehlerfrei auf einem *Google Nexus* läuft und sich anschließend herausstellt, dass ein Gerätetreiber das Problem verursacht hat. Zudem können Softwarefehler auch durch die Build-Werkzeuge des jeweils eingesetzten *Software Development Kit (SDK)* verursacht werden (vgl. [Gruhn 2016]). Folglich werden Fehlerkorrekturen an unterschiedlichen Versionen und Releases der entwickelten mobilen App-Software notwendig. Und daraus resultieren wiederum erhöhte Kosten und zusätzlicher Aufwand zur Fehlerbeseitigung und anschließend erneute Tests, um die Fehlerkorrekturen zu überprüfen.

Um beim Test die Anzahl zu berücksichtigender mobiler Endgeräte auf ein überschaubares Maß zu reduzieren, sollten Sie – wie bereits in Abschnitt 4.6.9.1 erläutert – idealerweise Gruppen von mobilen Endgeräten bilden. Dies *kann* zu einer deutlichen Reduktion des Testaufwands beitragen.

7.2.3 Konzeption, Design und native Entwicklung

Bei nativer Entwicklung – und darum geht es in diesem Buch – werden Sie vor dem Hintergrund der Hard- und Softwarefragmentierung *eine* mobile App für mindestens *zwei* unterschiedliche mobile Betriebssysteme implementieren. Dadurch erhöht sich der Konzeptions-, Design- und Entwicklungsaufwand erheblich. Zudem müssen Sie sicherstellen, dass Ihre in frühen Projektphasen entwickelten *Low-Fidelity-* und *High-Fidelity-Prototypen* (siehe auch Kap. 5) die jeweils gültigen iOS- und Android-spezifischen Anforderungen und Gestaltungsrichtlinien berücksichtigen. Ansonsten würden Sie Ihrem Kunden und Auftraggeber ggf. Prototypen Ihrer mobilen App präsentieren, die später gar nicht oder nur mit erheblichem Mehraufwand implementierbar sind.

Daraus folgt, dass der Test nativer mobiler Apps bereits in der Konzeptions- und Designphase und somit weit vor der Implementierungsphase beginnen sollte und dabei *nicht* auf konkretem Quellcode basiert, was bislang eher untypisch für Softwareentwicklungsprojekte war. In diesem Kontext können Sie mit den aktuell verfügbaren Prototyping-Softwarewerkzeugen für mobile Apps wie beispielsweise *Sketch*[3], *Invision*[4], *Axure RP*[5] oder *Flinto*[6] sehr ansprechende, professionell gestaltete und somit hoch qualitative *High-Fidelity-Prototypen* erstellen. Diese einfach und schnell erstellbaren Prototypen können das grafische Design realitätsgetreu nachempfinden, als *Click-Dummy* interaktiv bedienbar sein sowie mit hoch professionellen Animationen und grafischen Funktionen versehen sein. Somit können Sie Prototypen entwickeln, die wie Ihre mobile App aussehen. Das ist für die Konzeption und das Design Ihrer mobilen App grundsätzlich sehr vorteilhaft.

> **Praxistipp: Vorsicht bei der Kundenpräsentation von High-Fidelity-Prototypen**
>
> Wenn Sie Ihrem Kunden bzw. Auftraggeber einen perfekten High-Fidelity-Prototyp präsentieren, *ohne dass* Sie im Vorfeld mit Ihren Entwicklungsabteilungen abgestimmt haben, ob sich dieser Prototyp mit vertretbarem Aufwand auch später genauso für Android bzw. iOS realisieren lässt, können Sie ein gewaltiges Problem bekommen. Sie müssen Ihren High-Fidelity-Prototyp, den Sie mit einem der verfügbaren Prototyping-Softwarewerkzeuge erstellt haben, daher mit Android- und iOS-Experten konzipieren und auch von diesen überprüfen und testen lassen, um gewährleisten zu können, dass der Prototyp die iOS- und Android-spezifischen Anforderungen und Gestaltungsrichtlinien berücksichtigt und er sich später auch mit vertretbarem Aufwand realisieren lässt.

---

3. Weitere Informationen unter: *http://www.sketchapp.com.*
4. Weitere Informationen unter: *http://www.invisionapp.com.*
5. Weitere Informationen unter: *http://www.axure.com.*
6. Weitere Informationen unter: *http://www.flinto.com.*

7.2.4 Anschaffungskosten

Die Anschaffungskosten der mobilen Endgeräte, die in immer kürzeren Releasezyklen auf den Markt kommen, sind beim Test zu berücksichtigen. Sie werden womöglich nicht immer alle neuen Geräte erwerben oder ggf. ältere Geräte nachkaufen können und wollen. Neben der Möglichkeit des Kaufs existiert in diesem Kontext auch die Möglichkeit des Mietens von mobilen Endgeräten. So können Sie die von Ihnen benötigten mobilen Endgeräte in Mobilgerätelaboren oder in unterschiedlichen Clouds für einen bestimmten Zeitraum anmieten und benutzen. Vor der Anmietung sollten Sie auf die Gruppierung der mobilen Endgeräte achten (siehe Abschnitt 4.6.9.1), um den erforderlichen Testaufwand für alle virtuellen und realen Geräte auf ein Mindestmaß zu beschränken (vgl. [Knott 2016, S. 34]).

7.2.5 Gerätehardware und deren Eigenschaften

In mobilen Endgeräten sind zahlreiche Hardwarekomponenten verbaut (siehe Abschnitt 2.4), die beim Test Ihrer mobilen App berücksichtigt werden müssen. Vor diesem Hintergrund müssen Sie mit dem mobilen Endgerät unbedingt unter realen Bedingungen testen und hierbei prüfen, ob sich die mobile App zum Beispiel bei plötzlichen Bewegungen oder Rotationen des mobilen Endgeräts oder auch bei unterschiedlichen Temperaturen oder veränderten Bandbreiten der Netzverbindung wie gewünscht verhält. Auch sollte die mobile App getestet werden, wenn sich die Akkulaufzeit dem Ende zuneigt, und geprüft werden, was beim Übergang zum vollständig entladenen Akku passiert (siehe auch Abschnitt 7.7).

7.2.6 Testwerkzeuge zur Automatisierung

Zum automatisierten Test mobiler Apps existiert bis zum jetzigen Zeitpunkt noch keine belastbare und ausgereifte Technologie und es ist nicht vorhersehbar, ob es jemals eine geben wird. So lassen sich aktuell weder alle mobilgerätespezifischen Funktionen noch die umweltbezogenen Sensordaten in einer Laborsituation vollumfänglich testen. Es sind keine Softwarewerkzeuge verfügbar, die in der Lage sind, die mobilen Endgerätemodelle und sämtliche Betriebssystemversionen so zu kombinieren und zu emulieren bzw. zu simulieren, dass Sie einen automatisierten Test durchführen können. Somit gibt es bislang keine zuverlässigen Softwarewerkzeuge für einen vollautomatisierten Test Ihrer mobilen App.

Zudem hat die User Experience (siehe Abschnitt 2.1.2) eine zentrale Bedeutung für den Erfolg bzw. Misserfolg Ihrer mobilen App, sodass manuelle Tests durch Experten und (potenzielle) Benutzer bei mobilen Apps nicht nur unumgänglich sind, sondern vielmehr eine sehr dominante Rolle spielen.

Nichtsdestotrotz gibt es auch Tests für mobile Apps, die sich automatisieren lassen. Ein Konzept für eine mögliche Testautomatisierung sollten Sie allerdings erst nach einem durchgeführten manuellen Test erstellen und hierbei genau definieren, für welche Teile Ihrer mobilen App eine Testautomatisierung möglich und sinnvoll erscheint (vgl. [Knott 2016, S. 52 f.]).

Vor diesem Hintergrund sollten Sie für jede zu entwickelnde mobile App ein tragfähiges Testkonzept entwickeln und dabei sukzessive Teile Ihrer mobilen App automatisiert testen, um den Gesamtaufwand in Grenzen zu halten. Dabei sollte das Testkonzept aus einer geeigneten Kombination manueller und automatisierter Tests bestehen, wobei sich der automatisierte Anteil stetig steigern lässt. Und ganz gleich, ob Sie manuell oder automatisiert testen: Testen Sie bitte immer auf realen mobilen Endgeräten.

7.3 Arten von Tests

7.3.1 Whitebox-Test

Beim *Whitebox-Test* sind strukturelle Details und dynamische Eigenschaften der Implementierung bekannt. Zu den *Whitebox-Tests* zählen die kontrollfluss- und datenflussorientierten Tests. Zur Konzeption und Durchführung von Whitebox-Tests können Sie die Informationen und das verfügbare Wissen über die Implementierung nutzen und auf die Interna der Software zugreifen.

Abb. 7–1   Der Whitebox-Tests

Somit können Sie einzelne Attribute, Attributwertbelegungen, Methoden, Layout-IDs und weitere Aspekte beim Test berücksichtigen und testen (vgl. [Gruhn 2016]). Üblicherweise verfügen die App-Entwickler über die entsprechenden internen Detailinformationen, sodass sowohl das *Debugging* als auch die *Unit* Tests eine Form des *Whitebox-Tests* darstellen.

7.3.2 Blackbox-Test

Beim *Blackbox-Test* sind strukturelle Details und dynamische Eigenschaften der Implementierung *nicht* bekannt.

Abb. 7–2   Der Blackbox-Test

Sie besitzen also keine Kenntnis über Interna Ihrer mobilen App, wie Attribute, Methoden und eingesetzte Algorithmen. Daher können Sie beim Blackbox-Test nur die angebotenen Funktionen hinsichtlich ihrer anforderungskonformen und korrekten Funktionsweise testen.

Im Bereich des *Blackbox-Tests* mobiler Anwendungen wird neben den wichtigen *Usability-Tests* oftmals auch ein sogenannter *Monkey-Test* durchgeführt, der einen Stress- und Robustheitstest darstellt. Bei diesem meist automatisierten Test werden beliebige Aktionen und Gesten ausgeführt, um eventuelle Systemabstürze zu verursachen. Es wird also nicht die inhaltlich korrekte Funktionsweise der einzelnen Aktionen, Gesten und Events überprüft, sondern lediglich, ob die mobile App auch bei beliebigen, schnell hintereinander ausgeführten Aktionen und Gesten stabil weiterläuft.

7.3.3 Greybox-Test

Der *Greybox-Test* stellt eine Kombination aus dem *White-* und *Blackbox-Test* dar. Dem Tester sind zwar Informationen über interne Strukturen, Algorithmen und Abläufe bekannt, wobei diese im Rahmen der Tests nicht explizit ausgenutzt werden. Zum Greybox-Test von mobilen Apps werden hierbei Werkzeuge wie zum Beispiel *UI Automator*, *Monkeyrunner* und *Calabash* eingesetzt.

Abb. 7–3   Der Greybox-Test

Das *UI-Automator-Testframework*[7] unter Android arbeitet mit dem *Android-JUnitRunner-Testrunner*. Mithilfe dieses Testframeworks lassen sich grafische Benutzungsoberflächen testen, bei denen Benutzerinteraktionen über mehrere Apps hinweg durchgeführt werden. Dadurch können Sie überprüfen, ob sich Ihre mobile App korrekt verhält, wenn der Benutzer parallel dazu andere mobile Apps öffnet oder auf System-Apps (wie zum Beispiel die Kontakte- oder Nachrichten-App) zugreift. Ein Beispiel für eine solche App-übergreifende Benutzerinteraktion wäre eine Nachrichten-App, bei der der Benutzer eine SMS-Nachricht eingibt, um dann einen Kontakt aus der Kontakte-App auszuwählen und anschließend die SMS aus der Nachrichten-App zu senden. *UI-Automator*-Tests können auf Geräten mit Android-Version 4.3 (API Level 18) oder höher ausgeführt werden.

---

7. Quelle: *http://developer.android.com/training/testing/ui-testing/uiautomator-testing.html*.

7.4 Tests für mobile Apps

In den folgenden Abschnitten werden Sie verschiedene Tests für die unterschiedlichen Funktionen, Aspekte und Komponenten Ihrer mobilen App kennenlernen. Testen Sie Ihre mobile App immer auf realen mobilen Endgeräten in realen Situationen und Anwendungskontexten und berücksichtigen Sie dabei die Sensoren, Netzwerke, Gesten, Sprachen und System-Apps.

7.4.1 Teststrategie

Zum Test Ihrer mobilen App sollten Sie eine Teststrategie möglichst frühzeitig entwickeln und intern wie extern abstimmen. Dabei sollten Sie im Team und ggf. mit dem Kunden die folgenden Fragen beantworten (vgl. [Gruhn 2016]):

- Welche Teile der mobilen App sind besonders erfolgversprechend?
- Welche Teile der App-Software sollen mit welcher Intensität getestet werden?
- Welche Testphasen und Teststufen (vom Unit Test bis zum Akzeptanztest) werden in Ihrem Mobile-App-Entwicklungsprojekt unterschieden?
- Wie viel Zeit und Budget und welche Personen stehen zur Verfügung?
- Wer testet welche Teile der Software?
- Werden Sie den Test vollständig intern durchführen?
- Welche Tests lassen Sie von externen Dienstleistern durchführen?

Zudem lassen sich grundsätzlich drei Testphasen voneinander differenzieren:

1. Tests während der Konzeptions- und Designphase
2. Tests während der Implementierungsphase
3. Tests nach der Implementierungsphase und vor der Veröffentlichung

Nach der Veröffentlichung »testen« Ihre Benutzer die mobile App im realen Betrieb. Sie sollten sinnvolle und relevante Benutzerrückmeldungen und -kommentare aus den App Stores nutzen, um Ihre mobile App weiter zu optimieren, und im Rahmen der Pflege und Wartung neue Releases und Versionen veröffentlichen.

7.4.2 Testfälle

Damit Sie Ihre Tests durchführen können, müssen Sie im Vorfeld Testfälle definieren. Ein Testfall enthält nach IEEE 610 grundsätzlich:

- die für die Ausführung notwendigen Vorbedingungen,
- die Menge der Eingabewerte (ein Eingabewert je Parameter des Testobjekts),
- die Menge der vorausgesagten Ergebnisse sowie
- die erwarteten Nachbedingungen.

Die Testfälle werden im Hinblick auf ein bestimmtes Ziel bzw. auf eine Testbedingung entwickelt, wie zum Beispiel eine bestimmte Benutzerinteraktion auszuführen oder die Übereinstimmung mit spezifizierten Anforderungen zu prüfen. Mit den entwickelten Testfällen soll objektiv überprüft werden können, ob sämtliche Anforderungen und Funktionen spezifikationskonform implementiert wurden. Und neben den Testfällen sollten Sie auch die Akzeptanzkriterien der User Stories Ihrer mobilen App testen, sofern vorhanden.

7.4.3 Testszenarien

Testszenarien verbinden mehrere einzelne Testfälle chronologisch miteinander zu einem logischen Testablauf, in dem eine bestimmte, komplexere Funktionalität einer Software überprüft und getestet werden soll (vgl. [Kaner 2003]).

Beim anwendungsfallorientierten Test wird geprüft, welche Anwendungsfälle für den (potenziellen) Benutzer im Vordergrund stehen und welche Interaktionen dabei typischerweise von ihm durchgeführt werden. Aus diesen Benutzerinteraktionen lassen sich dann Testszenarien ableiten und entwickeln, wobei ein Testszenario je nach Wichtigkeit mit einer bestimmten Priorität im Testplan berücksichtigt werden kann.

7.5 Tests während der Konzeptions- und Designphase

Sie sollten die Low-Fidelity- und High-Fidelity-Prototypen aus der Konzeptions- und Designphase auf realen mobilen Endgeräten im Hinblick auf ihre Benutzbarkeit testen. Dadurch können Sie eine hochwertige Usability und User Experience für die mobile App sicherstellen. Zudem lassen sich diese GUI-Prototypen schnell und einfach erstellen, sodass der nachfolgende Implementierungsaufwand und die damit verbundenen Kosten deutlich reduziert werden können.

Zu diesem Zweck empfiehlt sich zunächst ein Expertentest auf Basis eines Low-Fidelity-Prototyps mit *Wireframes* der grafischen Benutzungsoberfläche. Da Usability-Experten aufgrund ihrer Erfahrung und Expertise auch ohne grafisches Design eine präzise Vorstellungskraft besitzen, wie die mobile App später aussehen wird, sind sie in der Lage, qualifizierte Rückmeldungen im Hinblick auf die Benutzbarkeit der mobilen App zu liefern. Expertentests sind somit sehr gut geeignet, um die Benutzbarkeit einer mobilen App bereits in einem frühen Entwicklungsstadium zu testen und zu bewerten. Der Expertentest wird detailliert im folgenden Abschnitt 7.5.1 vorgestellt.

Die Ergebnisse dieses Usability-Tests durch Experten fließen in die nachfolgende Konzeption und Entwicklung eines High-Fidelity-Prototyps ein. Anschließend wird dieser High-Fidelity-Prototyp eingesetzt, um die Usability, das Design, die grafische Gestaltung der Benutzungsoberfläche und Elemente der User Experience der mobilen App durch ausgewählte Benutzer ausgiebig erproben, testen und bewerten zu lassen. Dieser Test wird in Abschnitt 7.5.2 beschrieben.

Bei den beiden Tests in den Abschnitten 7.5.1 und 7.5.2 handelt es sich somit jeweils um Benutzbarkeits- und Blackbox-Tests.

7.5.1 Usability-Test durch Experten

Beim *Expertentest* untersuchen Experten die Funktionen der erst rudimentär ausgearbeiteten grafischen Benutzungsoberfläche der mobilen App anhand definierter Testszenarien schrittweise auf mögliche Usability-Probleme. Oftmals wird dazu ein *Click-Dummy* als interaktiver *Low-Fidelity*-Prototyp auf Basis von *Wireframes* eingesetzt. Aber Sie können selbstverständlich auch jeden anderen GUI-Prototyp auf Benutzbarkeit im Rahmen des hier vorgestellten Expertentests testen und bewerten.

Im Vergleich zu Nutzertests sind Expertentests deutlich schneller vorzubereiten: Der Click-Dummy kann rudimentär ausgelegt sein und selbst *Paper Prototypes* können den Experten vorgelegt werden. Allerdings bleibt zu berücksichtigen, dass Expertentests nur Hinweise auf *potenzielle* Usability-Probleme liefern. Ob diese Probleme bei der Bedienung der mobilen App von den Benutzern später auch tatsächlich als störend wahrgenommen werden, bleibt jedoch ungewiss (vgl. [Moser 2012, S. 225]).

7.5.1.1 Testobjekt

Getestet wird beim Usability-Test durch Experten ein konzeptioneller Click-Dummy mit interaktiven, einfachen und ggf. farbig gehaltenen *Wireframes* als Low-Fidelity-Prototyp der mobilen App. Zudem sollten mit Gesten steuerbare Interaktionsmöglichkeiten auf den *Wireframes* verfügbar sein, um die Funktionen sowie die Benutzerführung ausprobieren zu können.

Dabei muss der Low-Fidelity-Prototyp noch nicht das endgültige Layout und Design der späteren mobilen App umsetzen. Allerdings ist es wichtig, dass relevante Anwendungsfälle (siehe Abschnitt 4.6.5) aus dem Anforderungsdokument exemplarisch vom Low-Fidelity-Prototyp abgebildet werden, um die Usability testen zu können und ggf. auch einen ersten Eindruck von der User Experience zu bekommen. Somit muss der Click-Dummy Benutzerinteraktionen für unterschiedliche Funktionen der mobilen App unterstützen. Dabei sollte der Click-Dummy bereits auf *ein* mobiles Betriebssystem optimiert werden, um keine frühzeitigen konzeptionellen Entscheidungen zu treffen, die sich später nicht oder nur mit großem Aufwand realisieren lassen. Die Navigationsbezeichnungen und Texte des Click-Dummys sollten allerdings ausformuliert sein, da sie einen relevanten Einfluss auf die wahrgenommene Usability und User Experience haben.

7.5.1.2 Testziele

Mit dem Expertentest soll geprüft werden, ob die einzelnen Funktionen der mobilen App, die Benutzerführung, die Logik der Prozesse und Interaktionen sowie die Qualität der Texte und Inhalte sichergestellt sind. Der Expertentest soll außerdem erste Hinweise auf die Qualität der User Experience liefern. Da der Low-Fidelity-Prototyp jedoch noch kein grafisches Design abbildet, können hier nur sehr eingeschränkte Erkenntnisse gewonnen werden, die den *Ease of Use* betreffen.

Auf Basis der Testergebnisse aus dem Expertentest werden konkrete Empfehlungen zur Optimierung des Konzepts gegeben, die in die Gestaltung und Ausarbeitung des *High-Fidelity-Prototyps* einfließen.

7.5.1.3 Tester und Operatoren

Die Testpersonen sollten Experten sein, die in Kenntnis der relevanten GUI-Guidelines potenzielle Usability-Probleme einer mobilen Anwendung aufgrund ihrer fachlichen Kompetenz und Erfahrung identifizieren und bewerten können. Gleichzeitig können diese Personen auch als potenzielle Benutzer der mobilen App infrage kommen, wobei sowohl männliche als auch weibliche Testpersonen am Expertentest teilnehmen sollten. Die Testgruppe sollte zwischen sechs und dreizehn Personen umfassen. Das ist eine ausreichend große Anzahl, um 75–90 % der Usability-Probleme zu identifizieren (siehe auch Abb. 7–4) und somit relevante und repräsentative Ergebnisse zu liefern.

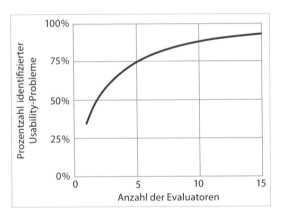

Abb. 7–4 *Identifizierte Usability-Probleme im Rahmen der Heuristic Evaluation in Relation zur Expertenanzahl [Nielsen 1993, S. 156]*

Zusätzlich zu den Testpersonen sind zwei Operatoren als Beobachter bzw. Protokollanten notwendig. Dabei übernimmt ein Operator den aktiven Part und interagiert mit dem Benutzer während des Tests, der andere Operator übernimmt den passiven Part und protokolliert den Test.

7.5.1.4 Testmethode

Die heuristische Evaluation eignet sich für den Usability-Test durch Experten (vgl. [Nielsen 1993, S. 155]). Mehrere Usability-Experten (Evaluatoren) evaluieren dabei unabhängig voneinander ein Softwareprodukt – hier eine mobile App – anhand einer Skala im Hinblick auf bestimmte Usability-Prinzipien, die sogenannten *Heuristics*.

Die herausgefundenen Stärken und Schwächen der Usability der grafischen Benutzungsoberfläche werden anschließend miteinander verglichen, um Erkenntnisse und Rückschlüsse zu ziehen und auf dieser Grundlage entsprechende Maßnahmen zu planen (vgl. [Nielsen 1993, S. 155 ff.]).

Auf der Grundlage eines interaktiven Low-Fidelity-Prototyps kann das Interaktionsdesign der mobilen App nach den Vorgaben allgemeingültiger Usability-Bestimmungen und -Richtlinien geprüft werden. Daraus lassen sich anschließend entsprechende Verbesserungsvorschläge ableiten.

7.5.1.5 Testablauf

Eine heuristische Evaluation dauert für eine Testperson üblicherweise ein bis zwei Stunden (vgl. [Nielsen 1993, S. 158]). Die heuristische Evaluation kann in vier Schritten durchgeführt werden, die im Folgenden beschrieben werden:

Schritt 1:
Test und Erprobung der Funktionen der grafischen Benutzungsoberfläche
Zunächst wird der Low-Fidelity-Prototyp von einem Evaluator alleine überprüft. Dadurch findet keine Beeinflussung durch die anderen Evaluatoren statt. Der Evaluator führt vorbereitete Testszenarien über die verfügbaren Funktionen und Bedienelemente der rudimentären grafischen Benutzungsoberfläche durch. Während der Durchführung soll der Evaluator unter Anwendung der *Thinking-Aloud*-Methode[8] seine Erwartungen, Eindrücke, Erfahrungen und Probleme schildern und aktiv kommentieren. Die beiden Operatoren begleiten den Test, ohne jedoch selbst einzugreifen, um weder den Evaluator zu beeinflussen noch die Ergebnisse zu verfälschen.

Schritt 2:
Evaluation relevanter Usability-Kriterien
Der zweite Teil des Expertentests wird – äquivalent zum ersten Teil – mit jeweils einem Evaluator durchgeführt, um die Ergebnisse nicht zu verfälschen. Hierbei werden dem Evaluator im Rahmen einer mündlichen Befragung Heuristiken in Form von erarbeiteten Usability-Kriterien vorgelegt. Einer der beiden Operatoren liest dem Evaluator dabei jeweils ein Usability-Kriterium vor und der Evaluator bewertet auf einer fünfstufigen Skala von -2 bis 2, wie stark das jeweilige Kriterium vom Low-Fidelity-Prototyp aus seiner Sicht erfüllt wird. Die Skalenwerte haben dabei folgende Semantik:

- -2: schwerwiegendes Usability-Problem (muss behoben werden)
- -1: kosmetisches Usability-Problem (sollte behoben werden)

---

8. Bei der Thinking-Aloud-Methode sollen die Testpersonen ihre Gedanken beim Test laut artikulieren.

7.5 Tests während der Konzeptions- und Designphase

- 0: weder problematisch noch gut umgesetzt (kann behoben werden)
- 1: gut realisiert
- 2: exzellent gelöst (auf keinen Fall verändern)

Der andere Operator protokolliert die Antwort des Evaluators jeweils schriftlich mit einem Kreuz innerhalb der zugehörigen Skala (siehe auch Tab. 7–2 bis 7–7).

Schritt 3:
Diskussionsrunde

Im dritten – oftmals optional durchgeführten – Teil des Expertentests nehmen alle Evaluatoren und Operatoren an einem Treffen teil, das kurz nach den vorherigen Schritten der heuristischen Evaluation stattfinden sollte. Ansonsten würde oftmals vieles vergessen.

Im Rahmen des Treffens werden von den Evaluatoren die Usability-Kriterien und -Fragen, bei denen die einzelnen Ergebnisse weit auseinander lagen, gemeinsam diskutiert und besprochen. Dadurch können die Ergebnisse konsolidiert und Bewertungen angeglichen werden oder ggf. weitere Usability-Probleme identifiziert werden.

Thesen und Aufgaben

Bei Bedarf ist es hierbei auch möglich, dass der Moderator der Diskussionsrunde absichtlich überspitzte und ggf. auch widersprüchliche Thesen vorlegt. Diese Thesen werden aus den auffälligsten Testergebnissen gebildet und sollen zur Diskussion unter den Evaluatoren anregen.

Mögliche Thesen und damit verbundene Aufgaben könnten beispielsweise wie folgt lauten:

1. These: Die Benutzerführung des Registrierungsprozesses ist perfekt.
   a) Bitte identifizieren Sie die drei kritischsten Bildschirmseiten.
   b) Wie könnte dem Benutzer dort ein sichereres Gefühl gegeben werden?
2. These: Die komplette Registrierung lässt sich deutlich vereinfachen und mit der Hälfte an Bildschirmseiten realisieren.
   a) Welche Inhalte und Bildschirmseiten stützen diese These?

Zudem ist es möglich, die Bildschirmseiten bzw. Wireframes des Low-Fidelity-Prototyps auszudrucken und großflächig an einer Wand des Besprechungsraums aufzuhängen. Anschließend können die Evaluatoren mithilfe von Post-its ihre Meinungen, Anmerkungen und mögliche Verbesserungsvorschläge zu den einzelnen Wireframes anheften. Durch die hierbei entstehenden gruppendynamischen Prozesse können lebendige Diskussionen entstehen, in denen die individuellen Ansichten, Einstellungen und Meinungen nochmal überprüft, validiert und ggf. auch deutlich präziser und eindeutiger formuliert werden können.

Schritt 4:
Auswertung durch Operatoren und Maßnahmenplan

Im vierten Schritt des Expertentests mit der heuristischen Evaluation werten die Operatoren die Testergebnisse aus und fassen diese zusammen. Dabei sollen die identifizierten Stärken und Schwächen der Usability herausgearbeitet werden. Zudem sollte möglicher Änderungsbedarf im Hinblick auf den Ablauf, die Informationsstruktur, die Funktionsdetails, die verwendeten Begriffe und Inhalte sowie die *Texttonalität*[9] ermittelt werden. Daraus resultieren dann kurz-, mittel- und langfristige Empfehlungen zur weiteren Konzeption der mobilen App.

7.5.1.6 Usability-Test durch Experten im ENPURE-Projekt

Der Expertentest wurde mit einem Low-Fidelity-Prototyp durchgeführt. Dazu wurden einfache, schlank und farbig gehaltene Wireframes mit dem Softwarewerkzeug Axure RP entworfen und zu einem horizontalen Click-Dummy verbaut. Dabei wurden alle Funktionen der späteren mobilen App in der Breite angezeigt, ohne dass sämtliche Funktionen in voller Tiefe voll funktionsfähig nutzbar waren. Die ausgewählten sieben Experten (fünf männlich, zwei weiblich, alle im Alter zwischen 25 und 39) kannten den Low-Fidelity-Prototyp und die fünf durchzuführenden Testszenarien nicht. Jeder Experte musste einzeln die Testszenarien durchlaufen und gemäß *Thinking-Aloud*-Methode seine Einschätzungen und Eindrücke abgeben. Durch gezielte Fragen wurde dies gefördert. Die fünf Testszenarien sahen dabei wie folgt aus:

Testszenario 1: »Einleitung«

Die Testpersonen erhielten von den Operatoren ein paar grobe Informationen, dass es um ein neuartiges Stromprodukt in Verbindung mit einer mobilen App geht, für das man als Benutzer einen Vertrag abschließen und dann weitere Aktionen ausführen kann. Weitere Details erfuhren die Testpersonen zunächst nicht, um prüfen zu können, wie selbsterklärend die App funktioniert.

Testszenario 2: »Registrierung«

Jede Testperson startete auf der Einstiegsseite (nicht eingeloggt) und wurde vom Operator gebeten, sich zu registrieren und sich vorab über die mobile App zu informieren, wenn es noch Fragen zum angebotenen Stromprodukt gäbe.

---

9. Die Texttonalität bezeichnet den »Klang« eines Texts (siehe auch Glossar).

Testszenario 3: »Vertragsbeginn«

Jede Testperson bekam eine virtuelle Push-Nachricht, dass der Vertrag jetzt aktiv sei, und wurde nach dem Login auf die Seite »Mein Vertrag« weitergeleitet. Die jeweilige Testperson wurde vom Operator gebeten, die Push-Nachricht nach Wunsch zu konfigurieren.

Testszenario 4: »Zählerstand«

Jede Testperson bekam zur Erinnerung eine virtuelle Push-Nachricht, dass der aktuelle Stromzählerstand eingegeben werden solle. Die Testperson wurde dann vom Operator gebeten, einen bestimmten Wert einzugeben. Da der neue Wert über dem bisherigen Verbrauch lag, wurde ein Hinweis angezeigt, dass der Abschlagsbetrag anzupassen sei. Anschließend wurde die Testperson von der mobilen App durch den Prozess geführt.

Testszenario 5: »Umzug«

Jede Testperson begann im eingeloggten Zustand auf der Startseite der mobilen App ENPURE und wurde gebeten, einen Umzug zu melden. Nach Eingabe der Postleitzahl musste die Testperson die Adresse durch Eingabe der Straße und Hausnummer spezifizieren.

Die Durchführung der fünf Testszenarien durch einen Experten wurde von einem Operator protokolliert. Dabei sollten die Kommentare und das Verhalten der Experten unter folgenden Fragestellungen ausgewertet werden.

- Wo haben sich die Testpersonen problemlos zurechtgefunden?
- Wo sind die Testpersonen hängen geblieben?
- Wo sind die Testpersonen fehlgeleitet worden?
- Welche Fragen und Unsicherheiten kamen bei den Testpersonen auf?
- Was wurde von den Testpersonen missverstanden?
- Was wurde von den Testpersonen vermisst?
- Was wurde von den Testpersonen als unnötig empfunden?
- Was funktionierte am besten?
- Was funktionierte am schlechtesten?

Nach der Durchführung der Testszenarien wurden die Experten zu ihrer Einschätzung der mobilen Stromversorgungs-App befragt. Dabei wurde auch geprüft, ob Probleme aus vorherigen Testschritten weiter bestehen oder bereits gelöst wurden. Hierbei wurde die Methode der *Heuristic Evaluation* eingesetzt. Dem jeweiligen Evaluator wurden insgesamt sechs Usability-Kategorien mit insgesamt 44 Kriterien vorgestellt, die für die mobile Stromversorgungs-App relevant waren. Diese sind nachfolgend in Tabelle 7–2 bis 7–7 aufgeführt.

Kategorie: Navigationsstruktur	-2	-1	0	1	2
1 Die Menüstruktur der App ist logisch					
2 Das Menü ist selbsterklärend					
3 Unter den Menüpunkten findet man die erwarteten Inhalte und Funktionen					
4 Alle gesuchten Inhalte und Funktionen werden leicht gefunden					
5 Alle Wege sind gut nachvollziehbar					
6 Die Anzahl der Navigationsebenen ist passend					
7 Die Anzahl der Navigationselemente ist passend					

Tab. 7–2   Usability-Kriterien zur Navigationsstruktur

Kategorie: Allgemeine Bedienbarkeit	-2	-1	0	1	2
1 Es fällt leicht, die App zu bedienen					
2 Es existieren genügend Hilfestellungen					
3 Die Erklärungen und Anleitungen sind leicht verständlich					
4 Die Erklärungen und Anleitungen sind motivierend					
5 Die Bezeichnungen der Navigationselemente sind verständlich					
6 Die Bezeichnungen der Navigationselemente erfüllen die Nutzererwartungen					
7 Die Lesbarkeit der Texte ist gut (Schriftart und -größe, Zeilenabstände)					

Tab. 7–3   Usability-Kriterien zur allgemeinen Bedienbarkeit

Kategorie: Produktverständlichkeit	-2	-1	0	1	2
1 Das Thema der App ist eindeutig					
2 Das Unternehmen (Absender, Herausgeber) ist klar und deutlich erkennbar					
3 Es ist ersichtlich, dass nachhaltige Energie genutzt wird					
4 Die rechtsverbindlichen Informationen sind verfügbar					
5 Der Zugang zu rechtlichen Informationen ist von jeder Seite aus möglich					
6 Die rechtsverbindlichen Informationen sind verständlich					
7 Support-/Kontaktinformationen sind vorhanden und einfach zugänglich					

Tab. 7–4   Usability-Kriterien zur Produktverständlichkeit

7.5 Tests während der Konzeptions- und Designphase

Kategorie: Inhalte	-2	-1	0	1	2
1 Die allgemeinen Informationen sind vollständig					
2 Die allgemeinen Informationen sind verständlich					
3 Die Vertragsinformationen sind vollständig					
4 Die Vertragsinformationen sind verständlich					
5 Die Nachrichten im Postfach sind vollständig					
6 Die Nachrichten im Postfach sind verständlich					
7 Die Push-Nachrichten sind hilfreich					
8 Es fehlen keine Push-Nachrichten					
9 Alle Inhalte sind sinnvoll und notwendig					
10 Es fehlen keine wichtigen Inhalte					

Tab. 7–5   Usability-Kriterien zu den Inhalten

Kategorie: Funktionen und Prozesse	-2	-1	0	1	2
1 Die Registrierung ist einfach					
2 Die Vertragsverwaltung ist einfach					
3 Die Änderung der Einstellungen ist einfach					
4 Der Nutzer weiß jederzeit, was er als Nächstes tun kann oder soll					
5 Der Nutzer hat ausreichende Möglichkeiten, Feedback zu geben					
6 Kontaktmöglichkeiten sind von überall leicht erreichbar					
7 Der Nutzer bleibt auf dem Laufenden, wenn es Änderungen gibt					
8 Alle Funktionen sind sinnvoll und notwendig					
9 Es fehlen keine Funktionen					

Tab. 7–6   Usability-Kriterien zu Funktionen und Prozessen

Gesamterlebnis	-2	-1	0	1	2
1 Die mobile App ist attraktiv					
2 Die mobile App ist nützlich					
3 Es macht Spaß, die mobile App zu benutzen					
4 Der Benutzer kann der mobilen App seine persönlichen Daten anvertrauen					

Tab. 7–7   Kriterien zum Gesamterlebnis des Low-Fidelity-Prototyps

Zum Schluss wurden die Ergebnisse des Usability-Tests durch die sieben Experten zusammengefasst, um diese in die Konzeption und das Design des High-Fidelity-Prototyps einfließen zu lassen, der danach durch Benutzer getestet wurde.

7.5.2 Usability-Test durch Benutzer

Um die Usability, das Design und Teile der User Experience einer mobilen App im Rahmen der Konzeptions- und Designphase erproben, testen und bewerten zu können, sollten Sie einen möglichst realitätsgetreuen GUI-Prototyp entwerfen und den Testpersonen zur Verfügung stellen. Mithilfe der in Abschnitt 7.2.3 genannten Softwarewerkzeuge für GUI-Prototypen ist die Entwicklung eines solchen High-Fidelity-Prototyps relativ schnell möglich.

Dieser High-Fidelity-Prototyp wird dann von potenziellen Benutzern im Hinblick auf die Qualität der Usability getestet. Die Testpersonen sollten aus der bzw. den relevanten Zielgruppen kommen und die demografischen Kriterien wie Alter, Beruf und Geschlecht erfüllen. Der Usability-Test mit Benutzern kann ebenfalls vierschrittig durchgeführt werden. Der circa ein- bis zweistündige Test läuft dabei wie folgt ab:

Schritt 1:
Begrüßung und Instruktion

Hier wird die Testperson begrüßt und ihr mitgeteilt, um was für einen Test es geht und welchem Einsatzweck die zu testende mobile App dient. Dabei wird der Testperson kommuniziert, dass im zweiten Schritt des Tests zwei bis drei Szenarien mithilfe der mobilen App durchlaufen werden sollen. Zudem wird die Testperson ermuntert, persönliche Eindrücke und Meinungen – positiv wie negativ – während des Tests laut und deutlich kundzutun. Hinzugefügt werden sollte auch, wie der Test begleitet wird und ob Video- oder Audioaufzeichnungen vorgenommen werden und wie mit diesen im Anschluss – auch unter Aspekten von Anonymität und Datenschutz – weiter umgegangen wird.

Schritt 2:
Qualitatives Vorab-Interview

Anschließend wird ein Vorab-Interview mit der Testperson durchgeführt. Dabei werden die demografischen Daten erfragt und ggf. auch, welche mobilen Endgeräte die Testperson besitzt und welche mobilen Apps sie bevorzugt. Anschließend wird kurz der konkrete Einsatzzweck der mobilen App erläutert und in Erfahrung gebracht, ob und wie weit sich die Testperson in diesem Gebiet bzw. dieser Thematik auskennt und welches Vorwissen sie dabei mitbringt.

Schritt 3:
Durchführung aufgabenbezogener Szenarien

Anschließend werden von der Testperson konkrete Szenarien mithilfe des High-Fidelity-Prototyps durchgespielt. Dabei artikuliert die Testperson ihre Eindrücke und Erfahrungen gemäß der *Thinking-Aloud*-Methode, die bereits im Usability-Test in Abschnitt 7.5.1 eingesetzt wurde. Wenn die Testperson sich schwer damit tut, ohne spezifische Fragen zu reden, können Sie auch zusätzliche Fragen stellen, um die Denk- und Artikulationsprozesse der Testperson aktiv zu halten.

Die Szenarien, die in diesem Test durchzuführen sind, entsprechen relevanten Anwendungsfällen aus der Anforderungsspezifikation. Die dabei erforderliche Funktionalität muss vom High-Fidelity-Prototyp in voller Breite und Tiefe bereitgestellt werden, um die Qualität der Usability der konzipierten mobilen App auch tatsächlich objektiv testen zu können.

Schritt 4:
Nach-Interview

Nach den Szenarien, die mit der mobilen App durchgeführt wurden, wird noch ein abschließendes Interview mit der Testperson durchgeführt. Hierbei wird u.a. erfragt, wie zufrieden sie mit der mobilen App war, ob sie sie weiterempfehlen würde und wie hoch die Wahrscheinlichkeit ist, dass sie sie auch in Zukunft verwenden würde. Zudem sollten zehn bis fünfzehn Akzeptanzkriterien vorgestellt werden und dabei von der Testperson erfragt werden, wie hoch der Erfüllungsgrad dieser Kriterien ist.

Zu den Akzeptanzkriterien können die folgenden Fragen gestellt werden:

- »Wie gut gefällt Ihnen die mobile App insgesamt?«
- »Wie gut gefällt Ihnen die grafische Gestaltung der mobilen App?«
- »Wie viel Spaß hat Ihnen die Anwendung der mobilen App gemacht?«

Zum Abschluss des Nach-Interviews sollte die Testperson noch nach den Vor- und Nachteilen sowie möglichen Verbesserungsvorschlägen für die Konzeption und das Design der mobilen App befragt werden. Damit ist der Usability-Test durch den Benutzer beendet.

Mithilfe dieses Tests können die Usability, das Interaktionsdesign, einzelne Aspekte der User Experience, der grafischen Gestaltung und Tonalität der Texte, Grafiken und Bildschirmseiten sowie der Benutzerführung der mobilen App praxisnah und präzise getestet werden. Die hierbei erzielten Ergebnisse und davon abgeleiteten Optimierungsoptionen fließen dann unmittelbar in das aktualisierte Interaktionsdesign sowie die Spezifikation der Bildschirmseiten ein (siehe auch Abschnitt 5.5).

Usability-Test durch Benutzer im ENPURE-Projekt

Der Usability-Test eines High-Fidelity-Prototyps durch ausgewählte Benutzer wurde im ENPURE-Projekt im Rahmen der Konzeptions- und Designphase durchgeführt. Dazu wurden mit dem Kunden abgestimmte Designs der Bildschirmseiten mit der *Corporate Identity* von ENPURE in einem *Click-Dummy* umgesetzt. Dies erfolgte noch vor Start der Implementierungsphase. Es wurden auch konzipierte Animationen im Click-Dummy integriert. Dieser war weiterhin horizontal ausgelegt, aber deutlich feingranularer als der Low-Fidelity-Prototyp ausgearbeitet.

Der High-Fidelity-Prototyp wurde in einem externen Usability-Labor von potenziellen Benutzern erprobt, getestet und evaluiert. Die Testpersonen wurden gemäß der Charakteristika der anvisierten Ziel- und Benutzergruppe ausgewählt. Die drei wichtigsten, im Test durchzuführenden Szenarien orientierten sich an den relevanten Anwendungsfällen bzw. Kundenprozessen (siehe Abschnitt 4.6.10) und wurden vorab in einem semistrukturierten Interviewleitfaden zusammengestellt. Den Testpersonen wurden drei verschiedene Onboarding-Varianten für die mobile Stromversorgungs-App angeboten, deren jeweilige Qualität und Eignung die Testpersonen anschließend bewerten sollten.

Die Testergebnisse wurden ausgewertet, sodass der High-Fidelity-Prototyp danach überarbeitet und optimiert werden konnte. Der überarbeitete High-Fidelity-Prototyp ging dann in die finale Designumsetzung für die beiden mobilen Betriebssysteme iOS und Android und wurde anschließend implementiert.

7.6 Tests während der Implementierung

Bereits während der Programmierung sollte der Quellcode von den App-Entwicklern auf mögliche Fehler inspiziert werden. Zu diesem Zweck sollten Sie Ihre Mobile App debuggen und Unit Tests durchführen.

7.6.1 Debuggen

Die beiden integrierten Entwicklungsumgebungen Xcode für iOS und Android Studio für Android beinhalten jeweils einen Debugger, mit dem Sie den Quellcode Ihrer mobilen App über ein angeschlossenes mobiles Endgerät oder über den mitausgelieferten Simulator bzw. Emulator debuggen können. Dadurch lassen sich das Debugging und der Test der mobilen App einfach und direkt auf dem mobilen Endgerät durchführen.

Strikter Modus unter Android

Unter Android lässt sich der sogenannte *strikte Modus* (*Strict Mode*) für Entwickler aktivieren. In diesem Modus kann im Detail überprüft werden, welche Berechnungen und Aktionen der *Main-* bzw. Haupt-Thread der mobilen App tatsächlich durchführt. Der Haupt-Thread hat grundsätzlich nur die beiden Aufgaben,

- die Elemente der grafischen Benutzungsoberfläche (GUI) zu zeichnen, zu präsentieren und ggf. zu animieren und
- die Ereignisse der GUI zu verarbeiten.

Mögliche Festplatten- und Netzwerkzugriffe sind keine Aufgaben des Haupt-Threads. Der *Strict Mode* wird meistens verwendet, um versehentliche Festplatten- oder Netzwerkzugriffe auf den Haupt-Thread der Anwendung zu identifizieren und zu verhindern. Solche Fehler können sich insbesondere auf die Akkuka-

7.6 Tests während der Implementierung

pazität auswirken, sodass Sie schon während der Entwicklung sicherstellen können, dass Ihre mobile App im Hinblick auf den Energieverbrauch effizient ausgelegt ist.

Nachfolgend ist ein Quellcodebeispiel abgebildet, mit dem Sie in der Methode onCreate () Ihrer mobilen App oder Activity den strikten Modus frühzeitig aktivieren können:

```
public void onCreate() {
    if (DEVELOPER_MODE) {
        StrictMode.setThreadPolicy(new StrictMode.ThreadPolicy.Builder()
            .detectDiskReads()
            .detectDiskWrites()
            .detectNetwork()   // or .detectAll() for all detectable problems
            .penaltyLog()
            .build());
        StrictMode.setVmPolicy(new StrictMode.VmPolicy.Builder()
            .detectLeakedSqlLiteObjects()
            .detectLeakedClosableObjects()
            .penaltyLog()
            .penaltyDeath()
            .build());
    }
    super.onCreate();
}
```

Listing 7-1 Quellcodebeispiel für den Strict Mode unter Android[10]

Wenn mithilfe des strikten Modus' ein Verstoß erkannt wird, können Sie jeweils entscheiden, wie damit umgegangen wird. Während Sie Ihre mobile App verwenden, können Sie mit der Methode penaltyLog () die Ausgabe von adb logcat beobachten, um mögliche Verstöße zu erkennen. Viele Festplattenzugriffe sind durchaus üblich und finden während des normalen Lebenszyklus einer Activity statt. Verwenden Sie daher den strikten Modus nur, um Fehler zu finden, die unbeabsichtigt von Ihnen eingebaut wurden. Netzwerkzugriffe aus dem Haupt-Thread heraus sind jedoch immer relativ ungewöhnlich und oftmals problematisch[11].

Eine ausführliche Beschreibung sämtlicher Debug-Optionen unter Android Studio bzw. Xcode würde den Rahmen des Buchs sprengen. Somit möchte ich Sie an dieser Stelle auf die Onlinedokumentation von Apple[12] und Google[13] sowie u.a. auf die Fachbücher [Becker & Pant 2015], [Bleske 2017] und [Knott 2016] hinweisen, wo Sie detaillierte und umfangreiche Informationen zu diesem Thema finden.

---

10. Quelle: *http://developer.android.com/reference/android/os/StrictMode.html*.
11. Quelle: *http://developer.android.com/reference/android/os/StrictMode.html*.
12. Weitere Informationen unter: *http://developer.apple.com/support/debugging*.
13. Weitere Informationen unter: *http://developer.android.com/studio/debug/index.html*.

7.6.2 Unit Tests

Entwickeln Sie Ihre mobile App am besten so, dass sich der Großteil der Funktionalität über Unit Tests testen lässt. Lösen Sie komplexe Prozesse und Berechnungen aus den App-Komponenten heraus und implementieren Sie sie in eigenen Klassen. Alle App-Komponenten, die auch von anderen mobilen Apps verwendet werden können, sollten sehr gründlich und unabhängig von der konkreten mobilen App getestet werden. Unter anderem sollten Sie hierbei auch sicherstellen, dass ungültige URIs und Methodenaufrufe korrekt behandelt werden (vgl. zu diesem Abschnitt [Becker & Pant 2015, S. 488]).

Unit Tests können vom App-Entwickler auch ohne vorherige Anmeldung und Registrierung bei den Developer-Programmen der beiden Betriebssystemhersteller auf einem mobilen Endgerät vorgenommen werden. Dabei können Sie Ihr mobiles Endgerät an den Entwicklungsrechner anschließen und die entsprechenden Tests direkt auf dem mobilen Endgerät ausführen. Zum Hochladen einer implementierten mobilen App müssen Sie aber den offiziellen Anmelde- und Registrierungsprozess durchlaufen.

7.6.3 Prüfung der Logdateien[14]

Verbinden Sie ein mobiles Endgerät mit Ihrem Entwicklungscomputer und prüfen Sie die Logdateien, während Sie die mobile App benutzen. Um Zugriff auf die Logdateien zu bekommen, müssen Sie die Entwicklerwerkzeuge auf Ihrem Computer installieren und die mobile App im sogenannten *Debug-Modus* laufen lassen.

Nr.	Beschreibung	Erwartetes Ergebnis
1	Benutzen Sie unterschiedliche Funktionen Ihrer mobilen App mit angeschlossenem mobilem Endgerät. Protokollieren Sie die Benutzerinteraktionen.	Die mobile App läuft stabil und in den Logdateien finden sich keine Warnungen, Fehler oder unerwartete Ausnahmen (Exceptions).

Tab. 7–8 Checkliste für die Prüfung der Logdateien

Falls Fehler, Warnungen oder Exceptions in den Logdateien auftauchen, sollten Sie diese zusammen mit Informationen über die durchgeführten Interaktionsschritte an die Entwickler weiterleiten, sodass diese das Verhalten reproduzieren können. Achten Sie dabei nicht nur auf Fehler und Abstürze, sondern auch auf sensible Daten, wie Tokens oder Passwörter, die in den Logdateien zu finden sind.

Wenn Sie Ihr mobiles Endgerät nicht an den Entwicklungsrechner angeschlossen haben und die mobile App stürzt ab oder zeigt ein seltsames Verhalten, lassen Sie alles in diesem Zustand und verbinden Sie das Endgerät so schnell wie möglich mit dem Entwicklungscomputer und den Entwicklungswerkzeugen, um

---

14. Der Abschnitt geht inhaltlich weitgehend auf [Knott 2016, S. 83–84] zurück.

die Logdateien zielgerichtet nach möglichen Fehlern durchsuchen zu können. Und bevor Sie Ihre mobile App später in den App Stores einreichen, müssen Sie die Logdateien erneut auf Debug-Informationen, Warnungen und Fehler überprüfen, da diese nicht Teil des Release sein sollten.

7.6.4 Integrationstests

Bei der Implementierung einer mobilen App sollten Sie von Beginn an das Konzept der sogenannten *kontinuierlichen Integration (Continuous Integration)* einsetzen.

Continuous Integration[15]

Continuous Integration (CI) bedeutet, den entwickelten Quellcode von einem zentralen Code-Repository aus mehrere Male am Tag einzubinden und zu testen. Jedes Einchecken von Quellcode wird hierbei von automatisierten Build-Schritten überprüft, um sicherzustellen, dass die letzten Quellcodeänderungen die App-Software und die Integration mit anderen bereits entwickelten Komponenten der mobilen App nicht zerstören.

Continuous Integration Server

Ein CI-Server reduziert das Risiko fehlerhafter Software, ermöglicht schnelles Feedback an alle Projektbeteiligten und kann kleinere Softwareteile so früh wie möglich innerhalb des Prozesses in andere einbinden. Zudem lässt sich fast jedes Testautomatisierungswerkzeug für mobile Apps in ein CI-System integrieren. Wenn das mit dem von Ihnen benutzten Softwarewerkzeug nicht möglich ist, müssen Sie einen Weg finden, es mit einzubeziehen, wie zum Beispiel mit externen Build-Skripten, die außerhalb der CI-Umgebung laufen, um die Aufgabe zu erfüllen. Das ist insgesamt für das Projekt sehr wichtig, damit eine vollständige Build-Pipeline inklusive aller Build- und Testskripte etabliert werden kann.

Wenn das Testautomatisierungswerkzeug integriert ist, definieren Sie gemeinsam mit Ihrem Entwicklungsteam eine Build- und Teststrategie. Sprechen Sie mit Ihren Entwicklern und definieren Sie, welche Tests nach jedem Commit und während der Nacht ausgeführt werden sollen.

Testsuiten

Sobald sich bei Ihren automatisierten Tests das Feedback Ihres CI-Systems verlangsamt, teilen Sie die Tests in separate *Testsuiten* auf. Sie können zum Beispiel eine sogenannte *Smoke*-Testsuite definieren, die grundlegende Testszenarien und Testfälle enthält, die überprüfen, ob die Hauptteile der mobilen App noch funkti-

---

15. Der Abschnitt geht inhaltlich weitgehend auf [Knott 2016, S. 210-213] zurück.

onieren. Diese Testsuite läuft nur für einige Sekunden oder Minuten und sollte *nach jedem* Einchecken von verändertem Quellcode ausgeführt werden. Eine andere Testsuite kann eine Regressionstestsuite sein, die beispielsweise zwei-, drei- oder viermal pro Tag läuft, um die App genauer zu überprüfen. Und wiederum eine andere Suite kann eine vollumfängliche Testsuite sein, die jeden Test jede Nacht ausführt, um sicherzustellen, dass die Quellcodeänderungen vom Vortag nicht die existierenden App-Komponenten beeinträchtigt haben.

Wenn Sie ein Testautomatisierungswerkzeug zu Ihrem CI-System hinzufügen, ist ein weiterer wichtiger Punkt die Testberichterstattung. Das CI-System muss in der Lage sein, verschiedene Arten an Formaten von Testberichten anzuzeigen, um dem gesamten Entwicklungsteam geeignetes Feedback zur Verfügung zu stellen. Die Berichtskomponente des Systems sollte einfach zu lesen und zu verstehen sein.

Sobald das CI-System und alle Test- und Entwicklungswerkzeuge für Apps integriert sind, definieren Sie eine vollständige Build- und Test-Pipeline für Ihre mobile Applikation. Die Build-Pipeline sollte in der Lage sein, automatisch ohne irgendwelche Nutzereingaben zu starten, zum Beispiel durch die Überwachung eines zentralen Code-Repositories, oder die Builds zu einer bestimmten Zeit in der Nacht anzustoßen.

7.6.5 Funktions- und Benutzbarkeitstests

Neben der durch den CI-Server realisierten kontinuierlichen Integration sollten Sie dedizierte funktionale und manuell durchgeführte Integrations- und Benutzbarkeitstests während der Entwicklung durchführen. Diese Tests betreffen und beziehen sich auf vollständig implementierte Funktionsbereiche Ihrer mobilen App. Hierbei gilt es zu vergegenwärtigen, dass Sie im Rahmen einer iterativ ausgelegten Implementierung nach jeder Iteration eine bestimmte Menge von thematisch und inhaltlich zusammengehörenden Anforderungen umgesetzt haben. Und genau diese neu hinzugekommenen Funktionsbereiche sollten von Ihrem Testteam anhand geeigneter Testfälle auf einwandfreie Funktionalität und Benutzbarkeit getestet werden. In vielen Fällen ist es hierbei hilfreich, wenn die korrekte Umsetzung der Funktionsbereiche auch vom Konzeptions- und Designteam überprüft wird, um möglichen Fehlentwicklungen frühzeitig entgegenwirken zu können.

7.6.5.1 Funktionstests

Der wichtigste und zeitaufwendigste Test ist der manuelle Funktionstest der mobilen App auf einem mobilen Endgerät (vgl. [Becker & Pant 2015, S. 489]). Bei diesem Test sollten Sie sämtliche Funktionen Ihrer mobilen App von potenziellen Benutzern testen. Dabei sollten Sie auf Basis der definierten Anwendungsfälle (siehe Abschnitt 4.6.5) und funktionalen Anforderungen (siehe Abschnitt 4.6.8) zugehörige Testfälle (siehe Abschnitt 7.4.2) und Testszenarien (siehe Abschnitt 7.4.3) entwickeln, nach denen Sie die einzelnen Funktionen strukturiert, systematisch und vor allem auch wiederholbar testen. Und je größer und umfangreicher die Funktionalität Ihrer mobilen App ist, desto zeit- und kostenaufwendiger fällt der funktionale Test aus.

Neben dem Ein- und Ausgabeverhalten Ihrer mobilen App sollten Sie bei den funktionalen Tests auch Tap-Buttons, die Navigation sowie die Datenverarbeitung testen. Die Funktionen Ihrer mobilen App sollten Sie zudem in verschiedenen Anwendungskontexten und Umgebungen testen und auch mögliche Bewegungen und Rotationen des mobilen Endgeräts vornehmen, um sicherzustellen, dass die Funktionen Ihrer mobilen App stabil und robust laufen. Führen Sie den Funktionstest der mobilen App auf jedem relevanten mobilen Endgerät aus, das in der Anforderungsspezifikation festgelegt wurde.

7.6.5.2 Benutzbarkeitstest

Wenn nicht schon bereits bei den ausführlichen und detaillierten Tests der Low- und High-Fidelity-Prototypen in der Konzeptions- und Designphase geschehen, sollten Sie Ihre mobile App spätestens jetzt im Hinblick auf überflüssige Navigationselemente, Buttons, Texte und Grafiken analysieren. Alles, was auf der grafischen Benutzungsoberfläche nicht zwingend benötigt wird, sollten Sie entfernen. Konzentrieren Sie sich auf den Inhalt, das Ziel und die korrekte Funktionsweise Ihrer App und werden Sie überflüssigen Ballast los (vgl. [Knott 2016, S. 84]).

Lassen Sie Ihre mobile App von unerfahrenen Benutzern unter realen Testbedingungen testen, denn Ihre mobile App soll ja im Alltag von realen Personen angewendet werden und nicht nur im Labor funktionieren (vgl. [Becker & Pant 2015, S. 489]). Hierbei ist unter anderem auch zu testen, ob die Testpersonen sämtliche GUI-Elemente eindeutig erkennen, über die eine Interaktion mit der mobilen App möglich ist. Testen Sie auf mobilen Endgeräten mit unterschiedlichen Bildschirmgrößen, ob die eingesetzten GUI-Elemente auf allen Displays angemessen groß sind und sich auch von Menschen mit größeren und breiteren Fingern gezielt treffen und bedienen lassen.

7.6.5.3 Test der Fehlermeldungen

Testen Sie, ob Ihre mobile App im Fehlerfall präzise Fehlermeldungen zurückgibt, die jedermann verstehen kann. Zudem sollte die Fehlermeldung hervorgehoben werden, damit der Benutzer den Fehler erkennt und ihn beheben kann. Darüber hinaus sollten Fehlermeldungen freundlich und positiv formuliert sein und die *Texttonalität* Ihrer Ziel- und Benutzergruppen verwenden.

Damit der Benutzer einen Fehler schnell und einfach beheben kann, sollte jede Interaktion rückgängig gemacht werden können bzw. über eine »Zurück-Funktion« verfügen. Darüber hinaus kann die mobile App bei Eingabefeldern Vorschläge zur Autovervollständigung anbieten, sodass die Zahl fehlerhafter Benutzereingaben reduziert wird (vgl. [Knott 2016, S. 85]).

7.6.6 Performanztest[16]

Sie müssen Ihre mobile App kontinuierlich im Hinblick auf die Performanz testen. Dies ist wichtig, da eine hohe Performanz und Reaktionszeit wesentlich zu einem guten Benutzungserlebnis beitragt. Für mobile Apps können Performanztests sehr komplex und aufwendig sein. Eine geschäftliche mobile App interagiert oftmals mit einem Backend-System – so wie auch in unserem praktischen Beispiel der mobilen Stromversorgungs-App – und sendet hierbei Anfragen (*Requests*) an das Backend-System, das die Anfrage bearbeitet und anschließend eine Antwort zurücksendet. Für einfache Anfragen an ein Backend-System gibt es drei Bereiche, die einen negativen Einfluss auf die Performanz Ihrer mobilen App haben können:

1. Das Backend-System bearbeitet die Anfrage nur langsam.
2. Das mobile Datennetz steht nur mit schmaler Bandbreite zur Verfügung.
3. Das mobile Endgerät und/oder die mobile App selbst sind nicht performant.

Da die Geschwindigkeit der drahtlosen Netzverbindung nicht immer in gleicher Qualität vorliegt und somit nicht ohne Weiteres testbar ist, müssen Sie zumindest sicherstellen, dass das Backend-System, Ihr mobiles Endgerät und Ihre mobile App performant sind. Planen Sie Performanztests früh in der Entwicklungsphase ein und gehen Sie dabei wie folgt vor:

1. Designen Sie die Performanztests für Ihre mobile App.
2. Bereiten Sie möglichst realitätsnahe Testdaten und die reale Infrastruktur vor.
3. Führen Sie die Performanztests durch.
4. Sammeln, analysieren und evaluieren Sie die erhobenen Daten.
5. Identifizieren Sie potenzielle Performanzprobleme und Schwachstellen.
6. Optimieren Sie die mobile App.
7. Überprüfen Sie die Änderungen, um zu sehen, ob sie einen positiven Einfluss auf die Performanz haben.

Wenn Sie die Performanz einer mobilen App testen, gestalten Sie den Test einfach und konzentrieren Sie sich auf die grafische Benutzungsoberfläche. Messen Sie den Ladevorgang der mobilen App und die zeitliche Dauer zwischen bestimmten Operationen. Messen Sie die Ladezeiten von Bildern, Texten und Animationen, die erzeugt werden oder von der mobilen App zu verarbeiten sind. Führen Sie diese Tests mehrere Male wiederholbar durch und identifizieren Sie dabei mögliche Performanzprobleme. Während Sie die mobile App testen, schreiben Sie alle Verzögerungen und Besonderheiten auf, da sie auf ein potenzielles Performanzproblem hinweisen. Manuelle Performanztests sollten idealerweise auf verschiedenen mobilen Endgeräten mit unterschiedlichen Hardwarekonfigurationen durchgeführt werden, um möglichst gute und belastbare Ergebnisse zu erhalten.

---

16. Der Abschnitt geht inhaltlich weitgehend auf [Knott 2016, S. 69–71] zurück.

Vergleichen Sie zudem immer die Performanz der aktuell in den App Stores verfügbaren App-Version mit dem neuen Release- bzw. Versionskandidaten, um sicherzustellen, dass die neue Version nicht schlechter als die alte ist. Wenn Ihre mobile App Werbung oder Newsfeeds von Drittanbietern enthält, sollten Sie sicherstellen, dass diese die Performanz nicht negativ beeinflussen. Dazu können Sie ein Web-Proxy-Tool wie *Fiddler*[17] benutzen, um die Anfragen der Drittanbieter in ein Timeout zu senden, um zu sehen, ob bzw. welchen Einfluss dies auf die App-Performanz hat. Zudem lassen sich die Prozess- und Operationszeiten des Quellcodes von den Entwicklern mit geeigneten Profiler-Softwarewerkzeugen messen und bewerten. Auch dadurch kann der Quellcode auf potenzielle Flaschenhälse und Performanzprobleme überprüft werden.

Und wenn Sie darüber hinaus komplexere und detailliertere Daten über die Performanz der App, der Backend-Systeme und der Kommunikationsdatennetze benötigen, sollten Sie ein spezielles Performanz-Testwerkzeug einsetzen, das alle Teile abdeckt.

7.7 Tests nach der Implementierung

Die in diesem Abschnitt beschriebenen Tests einer mobilen App können Sie auch entwicklungsbegleitend und somit wiederholt durchführen. In vielen Fällen wird diesem eigentlich sinnvollen Vorgehen aber Ihr Zeit- und Budgetrahmen enge Grenzen setzen. Sie sollten die Tests aber in jedem Fall nach Abschluss der Implementierung und *vor* einer Präsentation beim Kunden und *vor* der Veröffentlichung im App Store durchführen.

7.7.1 Test des Energieverbrauchs[18]

Die verfügbare Energiereserve ist die wichtigste Ressource eines mobilen Endgeräts. Somit müssen Sie den Energieverbrauch Ihrer mobilen App bei der Benutzung testen, um sicherzustellen, dass sie nicht zu viel Energie verbraucht und den Akku des mobilen Endgeräts in kurzer Zeit entlädt. Den Test des Energieverbrauchs Ihrer mobilen App sollten Sie bei vollgeladenem und bei fast entladenem Akku durchführen.

7.7.1.1 Test bei vollgeladenem Akku

Schließen Sie zunächst alle aktiven mobilen Apps auf Ihrem mobilen Endgerät. Nach der Installation und dem Start Ihrer mobilen App schalten Sie das mobile Endgerät in den Stand-by-Modus. Ihre mobile App läuft jetzt im Vordergrund. Überprüfen Sie in kontinuierlichen Abständen den Energieverbrauch Ihrer mobi-

---

17. Siehe auch: *http://www.telerik.com/fiddler*.
18. Der Abschnitt geht inhaltlich weitgehend auf [Knott 2016, S. 63–66] zurück.

len App und notieren Sie den jeweiligen Akkuladezustand. Der gleiche Test sollte durchgeführt werden, wenn Ihre mobile App im Hintergrund läuft. Um eine mobile App in den Hintergrund zu bringen, müssen Sie sie starten und schließen. Auf den meisten mobilen Betriebssystemen wird die mobile App nun im Hintergrund bzw. im Multitasking-Modus ausgeführt. Auch jetzt prüfen Sie in kontinuierlichen Abständen den Energieverbrauch der mobilen App. Zudem sollten Sie diesen Test nicht nur mit einem, sondern mit mehreren verschiedenen mobilen Endgeräten durchführen, auf denen Ihre mobile App später lauffähig sein soll.

Energieverbrauch der Sensoren

Wenn Sie Sensoren oder Aktoren in Ihrer mobilen App verwenden, prüfen Sie den Ladezustand des Akkus von Ihrem Gerät, während Sie diese Sensoren verwenden. Es ist wichtig, dass Ihre mobile App diese Gerätefunktionen ausschaltet, sobald sie nicht mehr benötigt werden, da ansonsten zu viel Energie verbraucht wird.

Kommunikation mit Backend-Systemen

Prüfen Sie, ob die mobile App unnötige Anfragen an ein Backend-System sendet, während sie im Vorder- oder Hintergrund läuft. Um das zu prüfen, nutzen Sie ein Softwarewerkzeug wie *Charles Proxy*[19] oder *Fiddler*[20], mit dem Sie jede Anfrage und Kommunikation vom mobilen Endgerät zum Backend-System nachvollziehen und analysieren können. Oftmals sind im Fehlerfall nur wenige Änderungen am Quellcode notwendig, um unnötige Anfragen zu vermeiden.

Hitzeentwicklung

Während Sie die mobile App auf dem mobilen Endgerät nutzen, testen Sie, ob es eine signifikante Hitzeentwicklung des Geräts gibt. In manchen Fällen werden die gerätespezifischen Funktionen ein Aufheizen des mobilen Endgeräts und des Akkus verursachen, was einen Einfluss auf die verbaute Hardware haben kann und sie möglicherweise beschädigt.

Beenden der mobilen App

Überprüfen Sie, ob Ihre mobile App wirklich geschlossen wurde, nachdem sie vom Multitasking-Thread entfernt wurde. Um das zu überprüfen, öffnen Sie die mobilspezifischen Systemeinstellungen und vergewissern sich, dass die mobile App nicht mehr aktiv ist.

---

19. Siehe *http://www.charlesproxy.com*.
20. Siehe *http://www.telerik.com/fiddler*.

7.7.1.2 Test bei fast entladenem Akku

Testen Sie die mobile App, wenn der Akku des Smartphones fast leer ist, wenn also nur noch ca. 10 % Energie verfügbar ist. In diesem Zustand schalten die meisten mobilen Endgeräte in den Stromsparmodus. Netzverbindungen, GPS, Sensoren und weitere energielastige Funktionen werden dabei ausgeschaltet, um die Akkulaufzeit zu verlängern. Wenn Ihre mobile App derartige Funktionen nutzt, überprüfen Sie, wie sie mit dem niedrigen Akkuladezustand umgeht. Halten Sie Ausschau nach Einfrieren der App, nach Abstürzen und Problemen mit der Performanz Ihrer mobilen App.

7.7.1.3 Test bei leerem Akku

Testen Sie Ihre mobile App, bis der Akku des mobilen Endgeräts entladen ist. Stecken Sie dann ein Ladegerät an und starten Sie das mobile Endgerät. Sobald es hochgefahren ist, überprüfen Sie die mobile App auf möglichen Datenverlust oder Beschädigung. Die App sollte wie erwartet funktionieren, und es sollte kein Datenverlust oder Datenkorruption aufgetreten sein.

Sie sollten Ihre App beim Übergang zum vollständig entladenen Akkuzustand testen. Einige mobile Endgeräte informieren den Benutzer, dass der Akku fast leer ist. Überprüfen Sie Ihre mobile App auf eingefrorene Bildschirme, Abstürze und mögliche Performanzprobleme. Zudem sollten Sie Ihre mobile App testen, während der Akku aufgeladen wird, da sich dies auf die mobile App auswirken kann.

7.7.1.4 Werkzeuge zur Anzeige des Energieverbrauchs

Einige mobile Betriebssysteme wie Android bieten eine Batterieverbrauchsstatistik, um den Energieverbrauch der einzelnen mobilen Apps anzuzeigen. Nutzen Sie dieses Werkzeug zum Test Ihrer mobilen App im Hinblick auf den Energieverbrauch.

Um einen frühzeitigen Einblick in den Energieverbrauch Ihrer mobilen App zu bekommen, können Sie Softwarewerkzeuge wie zum Beispiel *JouleUnit* für Android einsetzen. Das ist ein Open-Source-Werkzeug zum Erstellen von Energieprofilen für mobile Android-Apps, das während der Laufzeit unnötige Akkunutzung von mobilen Apps identifiziert. Es misst auch die CPU-Nutzung, Wi-Fi oder die Helligkeit des Multitouch-Displays und lässt sich einfach in Ihre Entwicklungsumgebung integrieren.

Für mobile iOS-Apps können Sie das Werkzeug *Instruments*[21] nutzen, um den Energieverbrauch Ihrer App zu überwachen. Instruments ist Teil der Xcode-Entwicklungsumgebung und ist für Tester und Entwickler kostenlos.

---

21. Siehe *http://developer.apple.com/library/content/documentation/DeveloperTools/Conceptual/InstrumentsUserGuide*.

7.7.2 Stress- und Robustheitstest[22]

Führen Sie Stress- und Robustheitstests mit Ihrer mobilen App durch. Sie sind ein integraler Bestandteil des Testprozesses. Hierbei sollte die mobile App beliebige Benachrichtigungen wie eingehende Nachrichten, Anrufe, App-Aktualisierungen und Push-Benachrichtigungen empfangen und verarbeiten können, ohne dabei abzustürzen oder ein sonstiges fehlerhaftes Verhalten zu zeigen. Auch das Drücken des Lautstärkereglers nach oben oder unten oder jedes anderen Hardwareschalters könnte einen Einfluss auf die App haben und sollte getestet werden.

Um diesen potenziell sehr zeitaufwendigen Test effizient zu gestalten, sollten Sie geeignete Softwarewerkzeuge einsetzen.

Für mobile Android-Apps kann dazu ein Softwarewerkzeug wie *UI/Application Exerciser Monkey*[23] eingesetzt werden, das Teil vom Android-SDK (Software Development Kit) ist. *UI/Application Exerciser Monkey* kann entweder auf einem realen mobilen Endgerät oder dem Emulator laufen. Es erzeugt zufällige Ereignisse wie Taps, Touchs, Rotationen, Swipes, Stummschalten, Internetverbindung ausschalten und vieles weitere mehr, um die mobile App einem Stresstest zu unterziehen. Dadurch kann getestet werden, wie die mobile App mit beliebigen Eingaben und Software- und Hardware-Interrupts umgeht.

Für iOS-Apps gibt es für den Stress- und Robustheitstest das Softwarewerkzeug *UI AutoMonkey*. UI AutoMonkey ist ebenfalls in der Lage, beliebige zufällige Ereignisse zu erzeugen, um eine mobile iOS-App einem Stresstest zu unterziehen.

Der Einsatz dieser Softwarewerkzeuge gestaltet den Stress- und Robustheitstest effizient und hilft dem Entwicklungsteam, eine stabile und robuste mobile App zu implementieren. Dabei sollten Sie Akkutests (siehe Abschnitt 7.7.1) mit Stress- und Robustheitstests kombinieren, um zu sehen, wie der Akku genutzt wird und reagiert, wenn viele und teilweise gleichzeitige Ereignisse von der mobilen App verarbeitet werden müssen.

7.7.3 Stand-by-Test[24]

Testen Sie Ihre mobile App im Stand-by-Modus. Dazu drücken Sie den An- und Aus-Schalter des mobilen Endgeräts, während die mobile App läuft. Aktivieren Sie das Gerät nach einer gewissen Zeitdauer, um zu sehen, wie die mobile App auf die Aktivierung reagiert. Die meisten mobilen Apps holen sich danach Datenaktualisierungen vom Backend-System, um die grafische Benutzungsoberfläche zu aktualisieren. Ein Fehler kann möglicherweise die App daran hindern, die neu geholten Daten korrekt anzuzeigen, oder er kann dazu führen, dass die App einfriert oder abstürzt. Wenn ein GUI-Aktualisierungsmechanismus implementiert

---

22. Der Abschnitt geht inhaltlich weitgehend auf [Knott 2016, S. 66–68] zurück.
23. Siehe *http://developer.android.com/studio/test/monkey.html*.
24. Der Abschnitt geht inhaltlich weitgehend auf [Knott 2016, S. 71–72] zurück.

wurde, müssen Sie sicherstellen, dass dieser Mechanismus nach der Aktivierung des mobilen Endgeräts funktioniert und dass die letzten Daten geladen wurden.

Testen Sie zudem das Fehlen einer Internetverbindung, während sich die App im Stand-by-Modus befindet. Um das zu testen, öffnen Sie die mobile App, schließen die Internetverbindung und schalten das mobile Endgerät anschließend in den Stand-by-Modus. Nach einer bestimmten Zeit aktivieren Sie das mobile Endgerät und prüfen das Verhalten der App. Die App wird möglicherweise nach Updates suchen, obwohl keine Internetverbindung vorhanden ist. In diesem Fall muss die App dem Benutzer eine angemessene und adäquate Fehlermeldung zeigen und ihn über die aktuelle Situation informieren.

Vergessen Sie nicht zu prüfen, ob das Gerät nach der Aktivierung in der Lage ist, mit gerätespezifischen Hardwarekomponenten zu kommunizieren.

7.7.4 Installationstest[25]

Eine fehlerhafte Installation einer mobilen App kann dazu führen, dass der Benutzer die mobile App nicht erneut herunterlädt und auf eine andere mobile App ausweicht. Daher müssen Sie Installationstests mit Ihrer mobilen App durchführen. Um mögliche Installationsprobleme zu identifizieren, führen Sie am besten die folgenden Tests und Prüfungen durch:

- Prüfen Sie, ob die mobile App erfolgreich auf dem lokalen Speicher oder auf der Speicherkarte des mobilen Endgeräts installiert werden kann.
- Prüfen Sie, ob die Installation mit unterschiedlichen Internetverbindungen wie WLAN oder mobilen Datennetzwerken wie LTE oder UMTS funktioniert.
- Wechseln Sie die Internetverbindung, während die mobile App installiert wird.
- Wechseln Sie zu einer anderen App, während die App installiert wird.
- Schalten Sie die Internetverbindung des mobilen Endgeräts aus, indem Sie zum Beispiel den Flugzeugmodus während der Installation aktivieren.
- Versuchen Sie die mobile App zu installieren, wenn nicht mehr genug Speicher auf dem mobilen Endgerät zur Verfügung steht.
- Versuchen Sie die mobile App mittels Datenkabel zu installieren oder mithilfe von mobilspezifischen Softwareanwendungen zu synchronisieren.

Wenn Sie diese Aktionen durchführen, achten Sie auf Fehlermeldungen in der mobilen App, auf Abstürze und das Einfrieren der GUI. Wenn die App erfolgreich installiert wurde, sollte auch der Deinstallationsprozess getestet werden.

Deinstallation

Deinstallieren Sie die mobile App und prüfen Sie, ob sämtliche Daten auf der Hardware oder dem lokalen Speicher entfernt wurden. Somit müssen Sie den

---

25. Der Abschnitt geht inhaltlich weitgehend auf [Knott 2016, S. 72–73] zurück.

Speicher des mobilen Endgeräts auf eventuell zurückgelassene Daten überprüfen. Oder Sie installieren die mobile App erneut auf Ihrem mobilen Endgerät und prüfen, ob ein Benutzer angemeldet werden kann und eventuell noch Daten von einer vorherigen Installation vorhanden sind. Während Sie die App deinstallieren, achten Sie auf Fehlermeldungen, Abstürze und das Einfrieren der GUI.

7.7.5 Update-Test[26]

Bevor eine neue Version Ihrer mobilen App in den App Stores eingereicht wird, müssen Sie den Update-Prozess testen. Dieser Test beinhaltet folgende Testfälle und Testszenarien:

- Angemeldete Benutzer sollten nicht von der mobilen App abgemeldet sein, nachdem das Update installiert wurde.
- Das Update darf die lokale Datenbank des mobilen Endgeräts nicht negativ beeinträchtigen; Daten dürfen nicht geändert oder gelöscht werden.
- Die mobile App befindet sich nach dem Update im gleichen Zustand wie zuvor.
- Das Testen des Update-Prozesses simuliert den Update-Prozess im App Store.

Zudem sollten Sie ein Update von einer älteren App-Version auf die neue Version testen, um zu sehen, was mit der App passiert. Während Sie Update-Tests durchführen, achten Sie auf Fehlermeldungen, Abstürze, Einfrieren der GUI und Performanzprobleme direkt nach dem Update. Eine detaillierte Beschreibung geeigneter Update-Tests unter iOS und Android finden Sie unter [Knott 2016, S. 104–107].

7.7.6 Datenbanktest[27]

Mobile Apps nutzen oftmals lokale *SQLite*-Datenbanken, um Daten auf dem mobilen Endgerät ab- bzw. zwischenzuspeichern. Die Daten oder den Inhalt einer mobilen App in der lokalen Datenbank zu speichern, erlaubt es mobilen Apps, auch im Offline-Modus funktionsfähig zu sein. Das ist ein großer Vorteil gegenüber Web-Apps (siehe Abschnitt 2.3.2), die eine stabile Internetverbindung benötigen, um voll funktionsfähig zu sein. Somit müssen Sie die Datenbankaktionen und -zugriffe Ihrer mobilen App testen.

Diese Tests können manuell oder automatisiert durchgeführt werden. Das Ziel ist es, die Datenintegrität zu testen, während die Daten bearbeitet oder gelöscht werden. Um gute Datenbanktests durchzuführen, sollten Sie das Datenbankmodell mit den Tabellennamen, Prozeduren, Triggern und Funktionen kennen. Mithilfe von Datenbankwerkzeugen können Sie sich mit der Datenbank auf dem Gerät verbinden und die Daten verifizieren und testen. Dabei sollten Sie die folgenden Datenbanktests durchführen:

---

26. Der Abschnitt geht inhaltlich weitgehend auf [Knott 2016, S. 73] zurück.
27. Der Abschnitt geht inhaltlich weitgehend auf [Knott 2016, S. 75–76] zurück.

- Datenbankvalidierungstests
- Datenbankintegrationstests
- Datenbankperformanztests
- Prozeduren- und Funktionstests
- Triggertests
- »Wörterbuch«-Operationen (Einfügen, Lesen, Aktualisieren, Löschen) testen, um sicherzustellen, dass diese auf der Datenbank korrekt funktionieren
- Testen, ob Datenbankänderungen korrekt auf der grafischen Benutzungsoberfläche der mobilen App angezeigt werden
- Such- und Indexfunktionen testen
- Datenbanksicherheitstests
- Testen der Datenbank bei einer Datenbankmigration

Eine ausführliche Beschreibung von Datenbanktests würde den Rahmen dieses Buchs sprengen und findet sich unter *Books about SQLite*[28].

7.7.7 Test des lokalen Speichers[29]

Sie müssen testen, wie Ihre mobile App in den verschiedenen Zuständen des lokalen Speichers des mobilen Endgeräts reagiert. Jedes Endgerät hat eine bestimmte Speicherkapazität für Musik, Bilder, Apps und alle weiteren möglichen Daten, die auf dem mobilen Endgerät gespeichert werden können. Manche haben nur einen zentralen und permanent installierten Speicher und die Benutzer können diese mobilen Endgeräte nicht mit zusätzlichem Speicher erweitern. Es gibt allerdings zahlreiche mobile Endgerätemodelle, bei denen der lokale Speicher erweitert werden kann, z.B. mit einer Micro-SD-Karte. Beim Testen sollten Sie die mobile App zusammen mit unterschiedlichen Zuständen des lokalen Speichers testen, um sicherstellen zu können, dass Ihre mobile App in allen Zuständen korrekt und fehlerfrei funktioniert. Die folgenden Tests sollten hierbei durchgeführt werden:

- Testen Sie die mobile App, wenn der lokale Speicher voll ist.
- Testen Sie die mobile App, wenn der lokale Speicher voll ist, die Speichererweiterung aber noch Platz hat.
- Testen Sie die mobile App, wenn der lokale Speicher noch Platz hat, die Speichererweiterung aber voll ist.
- Testen Sie die mobile App, wenn beide Speicher voll sind.
- Testen Sie die mobile App, wenn der lokale Speicher fast voll ist. Führen Sie einige Aktionen innerhalb der mobilen App durch, die viele Daten in den lokalen Speicher schreiben, um diesen vollständig zu füllen.
- Entfernen Sie die Speichererweiterung und prüfen Sie das Verhalten der mobilen App.

---

28. Siehe *http://www.sqlite.org/books.html*.
29. Der Abschnitt geht inhaltlich weitgehend auf [Knott 2016, S. 76–77] zurück.

- Wenn möglich, verschieben Sie die mobile App auf den erweiterten Speicher und prüfen Sie das Verhalten der mobilen App.
- Testen Sie die mobile App, wenn der lokale Speicher leer ist.

Wenn Sie diese Szenarien durchführen, achten Sie auf mögliche Abstürze, Fehlermeldungen, Probleme wie das Einfrieren der GUI, Performanzprobleme und andere Besonderheiten, die auf ein mögliches Problem im Hinblick auf den lokalen Speicher hinweisen könnten.

7.7.8 Sicherheitstest[30]

Wegen ihrer hohen Komplexität sollten Sicherheitstests mobiler Apps von Experten durchgeführt werden. Dabei werden manuelle und ggf. automatisierte Penetrationstests mit *Man-in-the-Middle*-Angriffen, *Fuzzing*, *Scanning* und Audits der Software durchgeführt. Außerdem gibt es viele Softwarewerkzeuge auf dem Markt, die eine mobile App auf typische Schwachstellen testen. Eine Liste der Softwarewerkzeuge ist auf der Seite des *Open Web Application Security Projects* (OWASP)[31] verfügbar. Die häufigsten Sicherheitsprobleme von mobilen Apps sind dabei:

- **Cache-Zwischenspeicherung**
  Sensible Daten wie Passwörter oder Tokens werden im Cache zwischengespeichert.
- **Versehentliche Speicherung**
  Sensible Daten wie Passwörter, Tokens oder Kreditkartendetails werden aus Versehen gespeichert.
- **Fehlende Verschlüsselung im lokalen Speicher**
  Sensible Daten wie Passwörter werden auf dem lokalen Speicher nicht verschlüsselt.
- **Clientseitige Validierung**
  Die Kommunikation zwischen mobiler App und Backend-System ist unverschlüsselt.
- **Unnötige Berechtigungen**
  Die mobile Apps nutzt Berechtigungen für Gerätefunktionen, die sie nicht braucht oder einsetzt.

Um den Cache-Speicher zu verifizieren, testen Sie Ihre mobile App auf Eingaben und Daten, die nicht auf dem mobilen Endgerät gespeichert werden. Prüfen Sie den Cache-Speicher des mobilen Endgeräts auf Daten, die Sie gerade eingegeben haben, und vergewissern Sie sich, dass die Daten nur für eine bestimmte Zeit-

---

30. Der Abschnitt geht inhaltlich weitgehend auf [Knott 2016, S. 77–81] zurück.
31. Siehe *http://www.owasp.org/index.php/Main_Page*.

spanne zwischengespeichert werden. Um den Cache-Speicher zu verifizieren, nutzen Sie eine App, die in der Lage ist, auf Dateisystemebene den Cache-Ordner Ihrer mobilen App zu überprüfen. Prüfen Sie, ob in diesem Ordner nur die erlaubten Daten vorhanden sind. Schalten Sie das mobile Endgerät aus und wieder an und prüfen Sie, ob sowohl der Geräte-Cache als auch der App-Cache leer sind, um sicherzustellen, dass keine sensiblen Daten auf dem mobilen Endgerät zurückgeblieben sind. Das Gleiche gilt auch für die Daten, die versehentlich auf dem mobilen Endgerät gespeichert wurden.

Prüfen Sie den Gerätespeicher und die Gerätedateien auf Daten, die hier nicht abgelegt werden dürfen. Um den lokalen Speicher des mobilen Endgeräts zu verifizieren, nutzen Sie Apps oder Entwicklerwerkzeuge, die Zugriffe auf den lokalen Speicher ermöglichen. Wenn Ihre App einen Login benutzt, um Zugriff auf Funktionen und Inhalte zuzulassen, die von einem Backend-System geliefert werden, stellen Sie sicher, dass der Nutzer nicht auf der Clientseite validiert wird. Validierung sollte immer auf dem Backend-System durchgeführt werden. Wenn das Gerät verloren geht und die Validierung nur auf der Clientseite durchgeführt wird, ist es für Angreifer sehr einfach, die Validierung zu ändern, um sensible Daten zu manipulieren oder zu stehlen.

Die meisten mobilen Apps sind für die Nutzung auf ein Backend-System angewiesen, um Informationen und Daten zu senden oder zu empfangen, um die neuesten Nachrichten zu lesen, mit Freunden in sozialen Netzwerken zu kommunizieren oder eine E-Mail zu senden. Wenn bei der Kommunikation zwischen der mobilen App und dem Backend-System sensible Daten ausgetauscht werden, ist es sinnvoll, diese zu verschlüsseln, z. B. mit *Transport Layer Security (TLS)*.

Wenn eine mobile App die Kamera benutzen oder Kontakte mit dem Adressbuch synchronisieren möchte, sind spezielle Berechtigungen für diese App-Komponenten erforderlich. Nutzen Sie nur Berechtigungen, die Ihre App auch wirklich benötigt. Ansonsten wird der Nutzer Ihre App vielleicht nicht verwenden, weil er wegen der Berechtigungen skeptisch ist oder sich überwacht fühlt. Der Gebrauch von nicht benötigten Berechtigungen kann außerdem eine Schwachstelle für die App und die auf dem Gerät gespeicherten Daten darstellen. Wenn Sie die Berechtigungen Ihrer App nicht kennen, sprechen Sie mit den Entwicklern darüber und stellen Sie kritische Fragen nach den Berechtigungen und deren Verwendung.

Für eine ausführlicher Beschreibung und weitere Hintergrundinformationen zu den sehr komplexen Sicherheitstests von mobilen Apps sei auf [Knott 2016, S. 109–114] sowie auf das Internetangebot des *OWASP Mobile Security Project*[32] hingewiesen.

---

32. Siehe *http://www.owasp.org/index.php/OWASP_Mobile_Security_Project*.

Zusammenfassung

Das Testen von Sicherheitsanforderungen ist ein komplexer, aufwendiger und schwieriger Teil des Testprozesses. Es setzt besondere Fähigkeiten und ein großes individuelles technisches Verständnis voraus, um sicherzustellen, dass die mobile App keine sicherheitsrelevanten Schwachstellen besitzt. Somit sollten Experten für Sicherheitstests an diesen Tests teilnehmen. Denken Sie an die folgenden Punkte, wenn Sie eine sichere mobile App gewährleisten wollen:

- Testen Sie die mobile App mit verschiedenen Eingaben.
- Führen Sie Penetrationstests auf der mobilen App und auf dem Backend-System aus.
- Benutzen Sie einen Proxy, einen Fuzzer und einen Scanner, um jeden Teil der App- und Backend-Architektur zu verifizieren.
- Informieren Sie sich über das *OWASP Mobile Security Project* und befolgen Sie die dortigen Richtlinien.
- Prüfen Sie die App-Zertifikate.
- Bleiben Sie bezüglich der Mobiltechnologien und Sicherheitsnachrichten auf dem neuesten Stand.

7.7.9 Testen der Betriebssystem-Richtlinien[33]

Jede mobile App muss die relevanten Design- und Usability-Richtlinien sowie spezifische Verhaltensmuster der mobilen Betriebssysteme einhalten. Wenn Ihre mobile App diesen Richtlinien nicht entspricht, kann sie vom App-Store-Betreiber abgelehnt werden. Zusätzlich ist die Einhaltung dieser Richtlinien für die Benutzer und ihre User Experience wichtig, da sie in aller Regel bereits wissen, wie die betriebssystemspezifischen Gesten und Funktionen bedient werden. Somit ist es wichtig, dass diese Richtlinien bereits in der Konzeptions- und Designphase der mobilen App berücksichtigt werden (siehe auch Abschnitt 5.2).

7.7.10 Konformitätstest[34]

Möglicherweise muss die von Ihnen entwickelte mobile App bestimmte Standards umsetzen und erfüllen. Solche Standards werden beispielsweise von unabhängigen Institutionen wie dem European Telecommunications Standards Institute (ETSI), dem World Wide Web Consortium (W3C) oder dem Institute of Electrical and Electronics Engineers (IEEE) definiert und veröffentlicht. Die sogenannten *Konformitätstests* zielen darauf ab, dass Ihre mobile App einen definierten Standard oder ggf. mehrere Standards einhält.

---

33. Der Abschnitt geht inhaltlich weitgehend auf [Knott 2016, S. 82] zurück.
34. Der Abschnitt geht inhaltlich weitgehend auf [Knott 2016, S. 83] zurück.

Zu diesem Zweck sollten Sie, das Entwicklungsteam und die App-Tester die zu befolgenden Standards kennen und wissen, wie entsprechende Tests und Testfälle auszugestalten sind. Dabei werden die zu befolgenden Standards im Idealfall bereits im Rahmen der Anforderungsanalyse festgelegt. Sobald die Implementierungsphase startet, sprechen Sie mit Ihren Entwicklern, damit diese Standards befolgt werden, indem Sie gemeinsam die Dokumentation zum definierten Standard durchgehen, Kriterien definieren und entsprechende Codereviews durchführen.

Abhängig vom Anwendungskontext und Einsatzzweck der mobilen App kann es erforderlich sein, dass eine externe Institution Ihre App prüft und verifiziert, um sicherzustellen, dass die Standards korrekt implementiert wurden. Das kann bei mobilen Apps für den medizinischen Bereich oder für öffentliche Institutionen oder Regierungen erforderlich werden. In manchen Fällen muss die mobile App in diesem Zusammenhang auch auf die Einhaltung gesetzlicher Vorschriften geprüft werden.

7.7.11 Crashtest[35]

Softwarefehler lassen sich mithilfe manueller und automatisierter Tests systematisch finden und beheben. Aber nicht alle Softwarefehler werden immer durch systematisch durchgeführte Tests auch gefunden. Oftmals ist es auch hilfreich, ganz unkonventionell und unsystematisch an den Test heranzugehen und dabei zu versuchen, die mobile App zum Absturz zu bringen. Dazu können Sie die folgende Checkliste anwenden:

Nr.	Beschreibung	Erwartetes Ergebnis
1	Versuchen Sie Ihre mobile App innerhalb von 30 Minuten zum Absturz zu bringen.	Die mobile App läuft stabil.
2	Testen Sie die außergewöhnliche Anwendung Ihrer mobilen App.	Die mobile App erfüllt alle Anforderungen und Kriterien und läuft stabil.
3	Rotieren und drehen Sie das mobile Endgerät bei laufender mobiler App.	Die mobile App läuft stabil.
4	Schwenken Sie schnell zwischen Landscape- und Portrait-Modus hin und her. Wie verhält sich die grafische Benutzungsoberfläche.	Die mobile App läuft stabil und sämtliche GUI-Elemente sind auch bei schnellem Wechsel zwischen Landscape- und Portrait-Modus korrekt positioniert.
5	Benutzen Sie mehrere Finger auf dem Multitouch-Display und tippen und wischen Sie unkontrolliert auf dem Display herum.	Die mobile App läuft stabil.
6	Tippen Sie so schnell wie möglich auf dem Display.	Die mobile App läuft stabil.

Tab. 7–9   *Checkliste für den Crashtest*

---

35. Der Abschnitt geht inhaltlich weitgehend auf [Knott 2016, S. 84–85] zurück.

Achten Sie beim Crashtest auf unerwartetes Verhalten, Abstürze, das Einfrieren der GUI, unsinnige Fehlermeldungen und andere Besonderheiten. Diesen Test sollten Sie aufzeichnen, da es sehr wahrscheinlich ist, dass auftauchende Fehler nicht ohne Weiteres reproduzierbar sind. Ein anderer Ansatz kann das sogenannte *Pair-Testing* sein, bei dem ein Tester die mobile App testet und ausprobiert, während die andere Person zusieht und ein Protokoll über die Testdurchführung und die erzielten Ergebnisse erstellt.

7.8 Testautomatisierung

Die Testautomatisierung ist eine wichtige und wünschenswerte Option, um den Softwaretest von mobilen Apps effizient und mit möglichst wenig manuellem Testaufwand effektiv durchführen zu können. Allerdings besteht bei der Testautomatisierung von mobilen Apps das Problem, dass die bislang verfügbaren Ansätze und Softwarewerkzeuge keine hohe Ab- und Überdeckung des Quellcodes, der Anwendungslogik und der grafischen Benutzungsoberfläche erzielen können. Dies liegt darin begründet, dass es nahezu unmöglich ist, die erforderlich große Bandbreite und Vielfalt von möglichen Benutzereingaben zu erzeugen, die nötig wäre, um eine mobile App vollumfänglich automatisiert zu testen.

Folglich sind die aktuell verfügbaren Testautomatisierungswerkzeuge nicht bzw. nur eingeschränkt in der Lage, einen vollständigen, auf individuellen Benutzereingaben basierenden Interaktionspfad einer mobilen App automatisch zu testen (vgl. [Rosen & Shihab 2016], [Joorabchi et al. 2013], [Knott 2016, S. 114]). Sie werden in Ihren Mobile-App-Entwicklungsprojekten nicht ohne manuelle Tests auskommen. Aber auch wenn der Anteil manueller Tests bei mobilen Apps immer noch außergewöhnlich hoch ist (vgl. [Joorabchi 2016, S. 28–37]), gibt es dennoch einige sinnvolle Optionen, bestimmte Bestandteile einer mobilen App automatisiert zu testen.

Automatisiert zu testende Bestandteile einer mobilen App

Um hierbei systematisch vorzugehen, sollten Sie sich zunächst genau überlegen, welche Bestandteile Ihrer mobilen App automatisiert getestet werden sollen (vgl. [Gruhn 2016]). Dazu gehören auf jeden Fall die geschäftsrelevanten Bestandteile (vgl. [Knott 2016, S. 114]) und somit die gesamte Anwendungslogik Ihrer mobilen App. Zudem müssen Sie sicherstellen, dass die definierten Anwendungsfälle im Zusammenspiel mit allen relevanten Backend-Systemen einwandfrei funktionieren und korrekte Ergebnisse liefern.

Somit sind die Anwendungsfälle Ihrer mobilen App sichere Kandidaten für eine mögliche Testautomatisierung. Komplexe Anwendungsszenarien und vom Benutzer häufig durchzuführende Interaktionssequenzen sind weitere sichere Kandidaten für eine mögliche Testautomatisierung.

Sie sollten die Tests möglichst klein, allgemein und unabhängig voneinander halten und auch nur solche Tests automatisieren, die auf jedem relevanten mobilen Endgerät durchgeführt werden können (vgl. [Knott 2016, S. 115]). Zudem sollte bei allen Tests im Vorfeld analysiert werden, ob sich die automatisierten Tests mit ökonomisch vertretbarem Aufwand vorbereiten und effizient durchführen lassen. Ist dies nicht der Fall, sollten Sie manuelle Tests bevorzugen. Insbesondere bei Tests, die Sie nur selten durchführen bzw. die sehr komplex, schwierig zu warten oder aufwendig zu debuggen sind, bieten sich manuelle Tests in jedem Fall an (vgl. [Knott 2016, S. 114]). Zudem sollten Sie Tests für Bestandteile Ihrer mobilen App, die einer hohen Änderungsdynamik unterliegen, eher *nicht* automatisieren. Die Testautomatisierung würde aller Voraussicht nach nicht so reibungslos funktionieren, wie wenn Sie diese Bestandteile einfach manuell testen (vgl. [Knott 2016, S. 142]).

Zur Testautomatisierung setzen Sie ein geeignetes Softwarewerkzeug ein. Davon gibt es mittlerweile einige.

7.8.1 Identifizierungstechniken[36]

Die Softwarewerkzeuge zur Testautomatisierung greifen auf die einzelnen Elemente der grafischen Benutzungsoberfläche zu, um die mobile App zu testen. Dabei verwendet jedes Softwarewerkzeug eine bestimmte Identifizierungstechnik, um die GUI-Elemente zu erkennen.

Bilderkennung

Softwarewerkzeuge mit der Bilderkennung als Identifizierungstechnik vergleichen die aktuelle Bildschirmseite der mobilen App mit im Voraus erstellten und gespeicherten Screenshots von Buttons oder Labeln. Wenn das gespeicherte Bild vom Testautomatisierungswerkzeug auf einer Bildschirmseite identifiziert wird, führt das Testskript die programmierten Schritte durch.

Die auf der Bilderkennung basierenden Softwarewerkzeuge sind gut einsetzbar, wenn sich die grafische Benutzungsoberfläche nur selten ändert und idealerweise unter allen unterstützten mobilen Betriebssystemen identisch aussieht. Nachteilig wirkt sich die Bilderkennung aus, wenn sich die Bilder und Labels beispielsweise durch einen Orientierungswechsel des mobilen Endgeräts verändern oder auf mobilen Endgeräten mit unterschiedlichen Auflösungen oder Displaygrößen getestet werden soll. Dann müssen die Testskripte aufwendig modifiziert und an die jeweiligen mobilen Endgeräte angepasst werden.

---

36. Der Abschnitt geht inhaltlich weitgehend auf [Knott 2016, S. 109–112] zurück.

Koordinatenerkennung

Diese Softwarewerkzeuge erkennen die Elemente der grafischen Benutzungsoberfläche anhand ihrer x- und y-Koordinaten. Daraus folgt, dass das komplette Testskript modifiziert werden muss, wenn sich die Koordinaten eines GUI-Elements verändern. Diese Identifizierungstechnik und die darauf basierenden Softwarewerkzeuge sind somit sehr hilfreich, wenn sich die grafische Benutzungsoberfläche nur selten ändert. Bei regelmäßigen Veränderungen der grafischen Benutzungsoberfläche oder variierenden Displaygrößen müssen die Testskripte aufwendig überarbeitet werden.

Texterkennung

Softwarewerkzeuge, die eine Texterkennung nutzen, überprüfen die aktuelle Bildschirmseite auf bestimmte vorgegebene Texte. Hierbei wird die sogenannte OCR-Technik *(Optical Character Recognition)* verwendet, die in vielen Informatikbereichen zur automatisierten Texterkennung eingesetzt wird. Der Vorteil der OCR-Technik besteht darin, dass eine Texterkennung auch bei unterschiedlichen Displayauflösungen und -größen sowie bei variierenden Orientierungen der mobilen Endgeräte möglich ist. Wenn der Text allerdings modifiziert oder gelöscht wird und somit nicht mehr auf der grafischen Benutzungsoberfläche vorhanden ist, können die entsprechenden GUI-Elemente nicht identifiziert werden. Zudem sind Softwarewerkzeuge, die die OCR-Technik einsetzen, nicht performant, da jeweils die komplette aktuelle Bildschirmseite nach dem oder den vorgegebenen Textstrings abgesucht werden muss.

Capture/Replay

Softwarewerkzeuge, die die Capture/Replay-Funktionalität anbieten, benutzen die Koordinaten- oder Bilderkennung, um Benutzeraktionen wie Taps, Klicks, Scrolls, Swipes bzw. Benutzereingaben in ein Testskript aufnehmen und die gleichen Aktionen wiederholt ausführen zu können. Allerdings wurde von [Knott 2016, S. 112] festgestellt, dass die Capture/Replay-Funktionalität bei vielen aktuell verfügbaren Softwarewerkzeugen zur Testautomatisierung nicht zuverlässig funktioniert. Sie kann von Veränderungen der grafischen Benutzungsoberfläche, der Orientierung und der Displayauflösung des mobilen Endgerätemodells beeinträchtigt werden. Somit sind die erstellten Testskripte nicht ohne Weiteres wiederverwendbar.

Native Erkennung

Softwarewerkzeuge, die native Objekterkennung einsetzen, erkennen die einzelnen GUI-Elemente der grafischen Benutzungsoberfläche innerhalb eines sogenannten *GUI-Elementbaums*. Auf die GUI-Elemente kann dann mit der *XML*

Path Language (XPath), dem *Cascading Style Sheet Locator (CSS-Locator)* oder der Objekt-ID des GUI-Elements zugegriffen werden.

Viele etablierte Softwarewerkzeuge wie zum Beispiel *Appium*, *Calabash*, *Espresso*, *Robotium* und *Selenium* nutzen die native Objekterkennung, um auf die nativen GUI-Elemente wie Buttons, Labels, Views, Listen usw. zuzugreifen. Wenn die IDs bzw. Lokatoren gut definiert und geschrieben sind, können stabile und wiederverwendbare Testskripte entwickelt werden. Das ist ein großer Vorteil gegenüber Softwarewerkzeugen, die auf Bild-, Koordinaten- oder Texterkennung basieren, da die Testskripte änderungsrobust gegenüber Modifikationen der grafischen Benutzungsoberfläche sind.

7.8.2 Ausgewählte Testwerkzeuge

Es gibt eine Vielzahl von Testwerkzeugen für mobile Apps und fast monatlich kommen neue hinzu. Im Folgenden wird eine Auswahl bewährter Testwerkzeuge vorgestellt, ohne dass eine allgemeingültige Empfehlung für ein Softwarewerkzeug ausgesprochen werden kann und soll. Um das für Sie passende Werkzeug auszuwählen, sollten Sie die Auswahlkriterien für ein Testwerkzeug (siehe den folgenden Abschnitt 7.8.3) auf Ihr konkretes Mobile-App-Entwicklungsprojekt anwenden. Zudem finden Sie in [Knott 2016, S. 130-136] einige Empfehlungen zu Softwarewerkzeugen für die Automatisierung des Tests von nativen iOS- bzw. Android-Apps.

7.8.2.1 Appium[37]

Appium[38] ist ein Open-Source-Testautomatisierungswerkzeug für mobile iOS- und Android-Apps, die nativ oder hybrid entwickelt wurden. Sie können dabei die Testautomatisierung für Ihre mobile App in verschiedenen Programmiersprachen wie beispielsweise C# und Java schreiben. Einer der Hauptvorteile von Appium ist, dass aus der zu testenden mobilen App heraus auch andere mobile Apps gestartet werden können, um entsprechende Interaktionen zu testen. Zudem wird die zu testende mobile App für die Automatisierung nicht durch Appium modifiziert.

7.8.2.2 Calabash[39]

Calabash ist ein Testautomatisierungswerkzeug für nativ und hybrid entwickelte mobile Android- und iOS-Apps, mit dem Sie automatisierte GUI-Akzeptanztests in *Cucumber* schreiben können. Mit Cucumber beschreiben Sie dabei im Rahmen des sogenannten *Behavior Driven Development (BDD)* das Sollverhalten der zu

---

37. Der Abschnitt geht inhaltlich weitgehend auf [Knott 2016, S. 127–128] zurück.
38. Weitere Informationen unter: *http://appium.io*.
39. Der Abschnitt geht inhaltlich weitgehend auf [Knott 2016, S. 126–127] zurück.

testenden mobilen App in natürlicher Sprache. Dieser Aspekt ist hilfreich, wenn auch Mitarbeiter aus der Fachabteilung bzw. technisch unerfahrene Personen mit den Akzeptanzkriterien befasst sind. Die Calabash-Tests können von der Kommandozeile aus, von einer integrierten Entwicklungsumgebung oder auch von einem CI-Server ausgeführt werden. Mit Calabash können Screenshots erstellt, die Lokalisierung innerhalb der App benutzt und verschiedene Gesten verwendet werden.

7.8.2.3 Espresso Test Recorder[40]

Mit dem *Espresso Test Recorder* können Sie GUI-Tests für Ihre mobile App erstellen, ohne Testcode entwickeln zu müssen. Durch die Aufzeichnung eines Testszenarios können Sie Interaktionen mit einem mobilen Endgerät aufzeichnen, um GUI-Elemente auf Basis von Snapshots Ihrer mobilen App zu überprüfen. Der Espresso Test Recorder nimmt die gespeicherte Aufnahme und erzeugt automatisch einen entsprechenden GUI-Test, den Sie anschließend automatisiert ausführen können, um Ihre mobile App zu testen.

Espresso Test Recorder schreibt Tests auf Basis des *Espresso Testing Framework*, das ein Application Programming Interface (API) in der *Android Testing Support Library* darstellt. Die *Espresso-API* ermöglicht es Ihnen, zuverlässige GUI-Tests zu erstellen, die auf Benutzerinteraktionen basieren. Durch die Angabe von Erwartungen und Interaktionen, ohne direkten Zugriff auf die zugrunde liegenden App-Activities, wird die Testlaufgeschwindigkeit erhöht.

7.8.2.4 ios-driver[41]

Mithilfe des Testautomatisierungswerkzeugs *ios-driver* können nativ und hybrid entwickelte iOS-Apps getestet werden. ios-driver kann die Tests entweder auf einem realen mobilen Endgerät oder dem Simulator durchführen. Um die Testskripte für Ihre mobile App zu entwickeln, können Sie aus verschiedenen Programmiersprachen wie z.B. C#, Java und Objective-C auswählen. Um die Elemente der grafischen Benutzungsoberfläche Ihrer mobilen App zu identifizieren, bietet ios-driver den sogenannten *UI inspector*, der die Eigenschaften der UI-Elemente identifiziert und einsehen kann. ios-driver benötigt keine Änderungen an der zu testenden App. Die Tests können von der Kommandozeile oder auch einem CI-Server ausgeführt werden.

---

40. Dieser Abschnitt basiert inhaltlich auf:
    http://developer.android.com/studio/test/espresso-test-recorder.html.
41. Der Abschnitt geht inhaltlich weitgehend auf [Knott 2016, S. 133] zurück.

7.8.2.5 Keep It Functional[42]

Keep It Functional (KIF) ist ein Open-Source-Testwerkzeug für mobile iOS-Apps. KIF kann den Test der GUI-Elemente automatisieren, indem es die sogenannten *Accessibility Labels* benutzt, die von einer mobilen iOS-App zur Verfügung gestellt werden. KIF verwendet dabei das Tester-Objekt, um beliebige Benutzergesten zu simulieren. In KIF wird die Programmiersprache *Objective-C* eingesetzt, um Testskripte zu erstellen. Das Softwarewerkzeug kann Tests auf realen mobilen Endgeräten oder dem Simulator ausführen. KIF kann komplett in Xcode integriert werden und die automatisierten Tests können ebenfalls von der Kommandozeile aus oder einem CI-Server ausgeführt werden. KIF ist ein Softwarewerkzeug, mit dem sich zuverlässige und robuste automatisierte Tests erstellen lassen. Zudem werden die Testskripte mit Objective-C und Swift in der gleichen Sprache wie derjenigen zur Programmierung geschrieben.

KIF nutzt allerdings undokumentierte Apple-APIs. Das ist für den Test unproblematisch. Sie dürfen jedoch nicht Teil des Produktivquellcodes werden, da Ihre mobile App ansonsten von Apple wegen undokumentierter APIs abgelehnt wird.

7.8.2.6 Monkey[43]

Unter Android gibt es den *UI/Application Exerciser Monkey*. Dabei handelt es sich um ein Testwerkzeug für mobile Android-Apps, das auf dem Emulator oder dem mobilen Endgerät ausgeführt wird und zufällige Benutzerereignisse wie Taps, Berührungen und weitere Gesten sowie eine hohe Anzahl von Ereignissen auf Systemebene generiert. Mit Softwarewerkzeugen für den sogenannten *Monkey*-Test wird keinerlei Funktionalität getestet, sondern ausschließlich überprüft, ob die mobile App robust mit beliebigen Benutzerereignissen und -interaktionen umgehen kann, ohne dabei abzustürzen. Somit werden Softwarewerkzeuge zum *Monkey*-Test wie unter anderem der *UI/Application Exerciser Monkey* für Stress- und Robustheitstests (siehe auch Abschnitt 7.7.2) eingesetzt.

7.8.2.7 Robotium

Robotium ist ein Android-Testautomatisierungswerkzeug und wendet die native GUI-Elementerkennung an. Mit Robotium können native und hybride mobile Android-Apps im Rahmen von Blackbox-Tests getestet werden. Mithilfe von Robotium können Testfallentwickler Funktions-, System- und Akzeptanztestszenarien erstellen, die mehrere Android-Activities umfassen. Robotium ist einfach verständlich, setzt wenig Wissen über die zu testende mobile App voraus und bietet bereits eine gute Verständlichkeit, indem Sie die Testmethoden lesen. Robo-

---

42. Der Abschnitt geht inhaltlich weitgehend auf [Knott 2016, S. 134] zurück.
43. Dieser Abschnitt basiert inhaltlich auf: *http://developer.android.com/studio/test/monkey.html*.

tium-Tests werden in Java geschrieben und können auf dem mobilen Endgerät oder dem Emulator ausgeführt werden, jedoch nicht gleichzeitig auf mehreren mobilen Endgeräten. Am Ende des Testdurchlaufs wird ein *JUnit*-Bericht erstellt (vgl. [Knott 2016, S. 122]).

7.8.2.8 Selenium

Selenium ist ein weitverbreitetes Open-Source-Testautomatisierungswerkzeug, mit dessen Hilfe sowohl Webanwendungen als auch mobile Apps getestet werden können. Dabei werden Benutzerinteraktionen aufgenommen, die beliebig oft wiederholt werden können.

7.8.2.9 Spoon

Das Softwarewerkzeug *Spoon* weist Parallelen zu Robotium auf und ist ebenfalls ein Testautomatisierungswerkzeug für mobile Android-Apps. Im Gegensatz zu Robotium können mithilfe von Spoon Tests parallel auf mehreren mobilen Endgeräten oder Emulatoren durchgeführt werden. Spoon kann die Tests auf jedem Ziel (Gerät oder Emulator) ausführen, das von der sogenannten *Android Debug Bridge (adb)* identifiziert werden kann und mit dem Testserver verbunden ist. Die Testskripte werden in Java geschrieben und können von der Kommandozeile, von einer integrierten Entwicklungsumgebung oder von einem CI- Server ausgeführt werden.

Spoon erstellt einen vergleichenden Testbericht in HTML mit detaillierten Informationen über jedes Endgerät und jeden Test. Wenn während der Testdurchführung Screenshots gemacht wurden, werden entsprechende animierte GIF-Bilder dem Testbericht hinzugefügt, sodass die ausgeführten Testschritte im Testbericht grafisch dargestellt sind.

Spoon setzt wenig Kenntnisse über den Qellcode der mobilen App voraus und kann kombiniert mit anderen Android-Testautomatisierungswerkzeugen wie Robotium oder Espresso verwendet werden.

7.8.3 Kriterien zur Auswahl eines Testwerkzeugs[44]

Für die projekt- und App-spezifische Auswahl eines Softwarewerkzeugs zur Testautomatisierung ist die Beantwortung der folgenden Fragestellungen hilfreich:

1. Können mit dem Softwarewerkzeug mobile Apps, die nach unterschiedlichen Paradigmen (nativ, hybrid, cross-kompiliert, interpretiert, webbasiert) entwickelt wurden, getestet werden?
2. Welche mobilen Betriebssysteme werden von dem Softwarewerkzeug unterstützt?

---

44. Der Abschnitt geht inhaltlich weitgehend auf [Knott 2016, S. 119–120] zurück.

7.8 Testautomatisierung

3. Welche Identifizierungstechnik (nativ, Bild, Text, Koordinaten) verwendet das Softwarewerkzeug?
4. Verändert das Werkzeug die zu testende mobile App (zum Beispiel durch das Hinzufügen eines Servers, Instrumentierung)?
5. Kann das Softwarewerkzeug die automatisierten Tests sowohl auf physischen mobilen Endgeräten als auch auf Emulatoren bzw. Simulatoren durchführen?
6. Kann am Ende des Tests durch das Softwarewerkzeug ein aussagekräftiger Testbericht erstellt werden?
7. Lassen sich mithilfe des Softwarewerkzeugs während der Testdurchführung Screenshots erstellen und sind diese Teil des Testberichts?
8. Kann eine Testsuite parallel auf mehreren mobilen Endgeräten durchgeführt werden?
9. Wie lange dauert die Testdurchführung?
10. Kann mit dem Softwarewerkzeug zur Testautomatisierung auf sämtliche GUI- und Steuerungselemente des mobilen Betriebssystems zugegriffen werden?
11. Wird vom Softwarewerkzeug ein möglicher Orientierungswechsel (Portrait bzw. Landscape) unterstützt?
12. Kann das Softwarewerkzeug das mobile Endgerät aus dem Stand-by-Modus aktivieren?
13. Werden alle nativen Gesten, wie Swipe, Scroll, Tap oder Pinch für Zoom, vom Softwarewerkzeug unterstützt?
14. Ist das Softwarewerkzeug in der Lage, native Buttons wie den Back- oder den Homebutton zu simulieren?
15. Benutzt das Softwarewerkzeug das Softkeyboard des mobilen Endgeräts, um Daten einzugeben?
16. Kann die mobile App im Rahmen einer möglichen Internationalisierung in verschiedenen Sprachen getestet werden?
17. Werden vom Softwarewerkzeug Modifikationen am mobilen Endgerät wie zum Beispiel ein *Jailbreak* oder *Rooting* vorgenommen?
18. Unterstützt das Softwarewerkzeug eine Programmiersprache, mit der Sie Testskripte schreiben können?
19. Kann das Softwarewerkzeug die Tests von der Kommandozeile aus durchführen?
20. Kann das Softwarewerkzeug in Ihre Entwicklungsumgebung integriert werden?
21. Kann das Softwarewerkzeug in ein CI-System integriert werden?
22. Kann das Softwarewerkzeug mit anderen Softwarewerkzeugen, wie einem Fehlermanagementsystem oder einem Testmanagementwerkzeug, kombiniert werden?

23. Kann das Softwarewerkzeug mit einem Cloud-Anbieter verbunden werden, um Tests in der Cloud auszuführen?
24. Ist das Softwarewerkzeug gut dokumentiert?
25. Ist das Softwarewerkzeug Open Source oder Closed Source?
26. Gibt es für das Softwarewerkzeug eine große Community oder entsprechenden Support?
27. Seit wann ist das Softwarewerkzeug am Markt erhältlich und wird es von anderen Unternehmen für die mobile Testautomatisierung eingesetzt?
28. Unterstützt das Softwarewerkzeug Cross-Plattform-Tests?

7.9 Testdokumentation

Im IEEE 829 *Standard for Software and System Test Documentation*[45] werden acht grundsätzlich zu erstellende Testdokumente definiert:

1. Im **Testplan** werden die Vorgehensweise, die Arbeitsmittel sowie der Ablauf der durchzuführenden Testaktivitäten definiert. Zudem wird beschrieben, welche Komponenten und Funktionen zu testen sind, die Testaufgaben, die durchgeführt werden müssen, sowie die verantwortlichen Testpersonen.
2. In der **Testentwurfsspezifikation** wird das Testvorgehen präzise definiert. Es werden die einzelnen Funktionen, die von den Tests zu prüfen sind, beschrieben sowie die Testfälle und Testabläufe, die benötigt werden, um einen Test zu bestehen. Zudem werden – ebenfalls auf Funktionsebene – die individuellen Kriterien für das Bestehen eines Tests definiert.
3. In der **Testfallspezifikation** werden die konkreten Eingabewerte sowie die erwarteten Ausgabewerte zu einem Testfall festgelegt. Dabei sind die Testfälle und das Testdesign unabhängig voneinander, sodass die Testfälle wiederholt und auch in anderen Testkonstellationen wiederverwendet werden können.
4. Die **Testablaufspezifikationen** beschreiben den schrittweisen Ablauf der einzelnen Testfälle.
5. Im **Testobjektübergabebericht** wird beschrieben, wie und wann die relevanten Testobjekte übergeben werden.
6. Im **Testprotokoll** werden sämtliche Aktionen, Ereignisse und Ergebnisse eines Testdurchlaufs festgehalten.
7. Im **Testvorfallbericht** werden alle unerwarteten Ereignisse und Ergebnisse eines Testdurchlaufs festgehalten, um auf dieser Basis weitere Nachprüfungen vornehmen zu können.
8. Im abschließenden **Testabschlussbericht** werden alle Testaktivitäten dokumentiert, die im Rahmen einer oder mehrerer Testdesignspezifikationen durchgeführt wurden.

---

45. Siehe auch *http://ieeexplore.ieee.org/document/4578383*.

7.9 Testdokumentation

Der Testprozess mit den Testaktivitäten und der Testdokumentation gemäß IEEE 829 ist in der folgenden Abbildung 7–5 übersichtlich zusammengefasst.

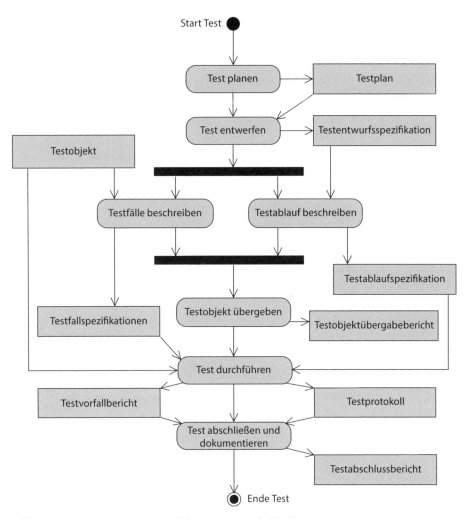

Abb. 7–5 Testprozess und die Testdokumentation nach IEEE 829

Der aktuelle Standard IEEE-829:2008 ist für sequenzielle, iterative und agile Vorgehensmodelle der Softwareentwicklung geeignet und somit relativ universell einsetz- und anwendbar. Zu einer IEEE-konformen Testdokumentation sollten Sie diese Testdokumente in Ihrem Projekt erstellen. Auch wenn dies etwas aufwendig erscheint, trägt diese Maßnahme zu einer hohen Qualität des Softwaretests Ihrer mobilen App bei.

7.9.1 Test-Checklisten

Setzen Sie Checklisten ein, um sicherzustellen, dass Sie in jedem Projekt alle notwendigen Tests durchführen. Die Checklisten sollten Sie je nach Projekt und Anwendungsgebiet individuell ausgestalten. Ein mögliches Beispiel für eine derartige Checkliste ist in der folgenden Tabelle abgebildet (vgl. [Knott 2016, S. 86–87]):

Nr.	Beschreibung/Ziel	Erwartetes Ergebnis
1	Test der mobilen App, ob alle Anforderungen und Akzeptanzkriterien erfüllt wurden.	Die mobile App muss alle Anforderungen und Akzeptanzkriterien erfüllen.
2	Testen auf verschiedenen Plattformen und Betriebssystemversionen.	Die mobile App muss auf den definierten Betriebssystemversionen funktionieren.
3	Prüfen der mobilen App im Hoch- und Querformat (Portrait/Landscape).	Die GUI muss den Orientierungswechsel bei einer Rotation des mobilen Endgeräts verarbeiten können.
4	Prüfen der Designrichtlinien für die Betriebssysteme	Die mobile App muss die GUI-Richtlinien einhalten, um eine gute User Experience zu bieten.
5	Prüfen der Entwicklungsrichtlinien für die Plattformen.	Die mobile App muss die Entwicklungsrichtlinien einhalten, um die Anforderungen des Stores zu erfüllen.
6	Testen der App mit verschiedenen Bildschirmauflösungen und Punktdichten der Bildschirme.	Die GUI-Elemente müssen an den korrekten Positionen angezeigt werden. Die GUI-Elemente müssen funktionieren, wenn sie per Tap selektiert werden.
7	Nutzen der App in verschiedenen Netzwerken (LTE, UMTS, EDGE, GPRS).	Die mobile App muss bei verschiedenen Netzgeschwindigkeiten funktionieren. Es sind keine Abstürze oder verwirrenden Fehlermeldungen erlaubt.
8	Testen, wie die mobile App mit einem Netzwerkwechsel umgeht, wie von LTE nach EDGE.	Der Wechsel in der Netzgeschwindigkeit sollte die mobile App nicht beeinträchtigen.
9	Nutzen der mobilen App im Flugzeugmodus.	Die mobile App muss eine angemessene Fehlermeldung zeigen.
10	Benutzen von verschiedenen Netzanbietern beim Testen der mobilen App.	Die mobile App muss mit verschiedenen Netzanbietern und Technologien funktionieren.

Tab. 7–10   Exemplarische tabellarische Checkliste

7.9.2 Checklisten im ENPURE-Projekt

Im ENPURE-Projekt wurden Checklisten für den Regressionstest eingesetzt. In der folgenden Tabelle ist die Checkliste für den Test des Onboardings dargestellt. Hier wurde eine zusätzliche Spalte für die Bewertung des Testergebnisses eingefügt.

Nr.	Beschreibung/Ziel	Erwartetes Ergebnis	Ergebnis
1	Benutzer startet die mobile App und navigiert zum Onboarding.	Die erste Seite »Onboarding« ist zu sehen.	❏ Bestanden ❏ Nicht bestanden ❏ Blockiert ❏ Warnung
2	Elemente der ersten Seite des Onboardings prüfen.	Folgende Elemente sind auf der Seite zu finden: ▪ Grafik: **Enpure** ▪ Überschrift: *Ein Tarif – eine App* ▪ Text: *Dein neuer Stromtarif, den du ganz einfach bestellen und verwalten kannst* ▪ Claim: *by Vattenfall* ▪ Pagination: 1. Punkt von 4 ▪ Button (unten): Weiter ▪ Button (oben rechts): Login	❏ Bestanden ❏ Nicht bestanden ❏ Blockiert ❏ Warnung
3	Swipe-Geste nach links	Wechselt zur nachfolgenden Seite. Der Hintergrund wird dabei mit einem Paralax-Effekt animiert.	❏ Bestanden ❏ Nicht bestanden ❏ Blockiert ❏ Warnung
4	Elemente der zweiten Seite des Onboardings prüfen.	Folgende Elemente sind auf der Seite zu finden: ▪ Grafik: **Wassertropfen** ▪ Überschrift: *100 % Naturstrom* ▪ Text: *Erzeugt von Wasserkraftwerken in Deutschland* ▪ Pagination: 2. Punkt von 4 ▪ Button (unten): Weiter ▪ Button (oben rechts): Login ▪ Vattenfall-Logo (oben links)	❏ Bestanden ❏ Nicht bestanden ❏ Blockiert ❏ Warnung
5	Swipe-Geste nach links	Wechselt zur nachfolgenden Seite. Der Hintergrund wird dabei mit einem Paralax-Effekt animiert.	❏ Bestanden ❏ Nicht bestanden ❏ Blockiert ❏ Warnung

Nr.	Beschreibung/Ziel	Erwartetes Ergebnis	Ergebnis
6	Elemente der dritten Seite des Onboardings prüfen.	Folgende Elemente sind auf der Seite zu finden: ■ Grafik: **Stecker** ■ Überschrift: *Fair & günstig* ■ Text: *Zu einem günstigen Preis ohne Mindestvertragslaufzeit – jederzeit kündbar* ■ Pagination: 3. Punkt von 4 ■ Button (unten): Weiter ■ Button (oben rechts): Login ■ Vattenfall-Logo (oben links)	❏ Bestanden ❏ Nicht bestanden ❏ Blockiert ❏ Warnung
7	Swipe-Geste nach links	Wechselt zur nachfolgenden Seite. Der Hintergrund wird dabei mit einem Paralax-Effekt animiert.	❏ Bestanden ❏ Nicht bestanden ❏ Blockiert ❏ Warnung
8	Elemente der vierten Seite des Onboardings prüfen.	Folgende Elemente sind auf der Seite zu finden: ■ Grafik: **Uhr** ■ Überschrift: *Einfach wechseln* ■ Text: *Jetzt Tarif berechnen und über diese App bestellen* ■ Pagination: 4. Punkt von 4 ■ Button (unten): Jetzt deinen Tarif berechnen ■ Button (oben rechts): Login ■ Vattenfall-Logo (oben links)	❏ Bestanden ❏ Nicht bestanden ❏ Blockiert ❏ Warnung

Tab. 7–11 Checkliste zum Test des Onboardings der mobilen App ENPURE

Als Ergebnis kann in der rechten Spalte der Checkliste in Tabelle 7–11 entweder das Bestehen oder Nichtbestehen des Onboarding-Tests vermerkt werden. Zudem kann mit einem Kreuz bei *Blockiert* angegeben werden, dass der Test nicht durchgeführt werden konnte, und mit einem Kreuz bei *Warnung*, dass ein nicht definiertes außergewöhnliches Verhalten während des Tests des Onboarding-Prozesses der mobilen App aufgetreten ist, das im Folgenden speziell beobachtet bzw. reproduziert werden sollte, um der Ursache auf den Grund zu gehen.

7.10 Zusammenfassung

Der Test ist eine der größten softwaretechnischen Herausforderungen im Lebenszyklus einer mobilen App. Dabei ist ein vollständig automatisierter Test von mobilen Apps in absehbarer Zeit nicht möglich, sodass ein erheblicher Teil der Tests manuell durchzuführen ist.

Sie sollten die einzelnen Tests frühzeitig planen und vorbereiten. Es ist empfehlenswert, bereits in der Konzeptions- und Designphase – und somit *vor* der eigentlichen Implementierung – geeignete Usability-Tests anhand von GUI-Prototypen durchzuführen. Dadurch können Sie den Entwicklungsaufwand und die damit verbundenen Kosten deutlich reduzieren. Auch während der Implementierung empfiehlt es sich – parallel zu den Entwicklungsiterationen –, iterativ zu prüfen, ob die gewünschte Funktionalität implementiert wurde und die mobile App performant und benutzbar ist. Und auch nach der Implementierung müssen Sie weitere Tests durchführen, um auf diese Weise sicherstellen zu können, dass sich Ihre mobile App leicht installieren lässt, stabil und fehlerfrei läuft, robust gegen äußere Einflüsse und unerwartete Bedienung ist und vor allem eine hochwertige User Experience bietet. Dann hat sie beste Voraussetzungen, erfolgreich zu werden und viele positive Bewertungen im App Store zu erhalten.

Auch auf die Gefahr hin, mich zu wiederholen: Testen Sie bitte immer auf realen mobilen Endgeräten und unter realen Anwendungsbedingungen; Simulatoren, Emulatoren und Labortests geben Ihnen keine hundertprozentige Sicherheit über die Qualität und Funktionsfähigkeit Ihrer mobilen App!

7.11 Übungen

a) Aus welchen Gründen ist der Test einer mobilen App eine besonders große Herausforderung im Rahmen des Entwicklungsprozesses?

b) Aus welchen Gründen ist die Testautomatisierung bei mobilen Apps kompliziert und schwierig?

c) Welche Unterschiede gibt es zwischen *Whitebox*-, *Greybox*- und *Blackbox*-Test?

d) Was ist ein Testfall, was ein Testszenario?

e) Welche Aspekte einer mobilen App können bereits vor der Implementierung getestet werden?

f) Warum ist es sinnvoll, die Aspekte aus e) bereits vor der Implementierung zu testen?

g) Welche Tests sollten Sie entwicklungsbegleitend – also parallel zur Programmierung – durchführen?

h) Bitte beschreiben Sie ein strukturiertes und systematisches Vorgehen zum Test des Energieverbrauchs einer mobilen App.

i) Welche Teile der grafischen Benutzungsoberfläche und/oder Funktionalität einer mobilen App können im Rahmen eines *Monkey*-Tests überprüft und getestet werden?

j) Bitte beschreiben Sie ein systematisches Vorgehen zum Test der Performanz einer mobilen App.

k) Was wird unter einem Stress- und Robustheitstest verstanden?

l) Für welche Tests sind die Softwarewerkzeuge zur Testautomatisierung geeignet?

7.12 Weiterführende Literatur

[**Becker & Pant 2015**] Becker, A.; Pant, M.: Android 5 – Programmieren für Smartphones und Tablets. 4., aktualisierte und erweiterte Auflage, Heidelberg: dpunkt.verlag, 2015.

[**Bleske 2017**] Bleske, C.: iOS-Apps programmieren mit Swift. 2. Auflage, Heidelberg: dpunkt.verlag, 2017.

[**Knott 2016**] Knott, D.: Mobile App Testing – Praxisleitfaden für Softwaretester und Entwickler mobiler Anwendungen. Heidelberg: dpunkt.verlag, 2016.

[**Liggesmeyer 2002**] Liggesmeyer, P.: Software-Qualität – Testen, Analysieren und Verifizieren von Software. Heidelberg: Spektrum Akademischer Verlag, 2002.

[**Moser 2012**] Moser, C.: User Experience Design. Mit erlebniszentrierter Softwareentwicklung zu Produkten, die begeistern. Heidelberg: Springer Vieweg, 2012.

[**Nielsen & Budiu 2013**] Nielsen, J.; Budiu, R.: Mobile Usability: Für iPhone, iPad, Android, Kindle. Frechen: mitp-Verlag, 2013.

8 Go Live

Beim *Go Live* der mobilen App wird die erfolgreich getestete mobile App nun unter realen Bedingungen eingeführt und von den Benutzern auf ihren mobilen Endgeräten installiert und verwendet. Zu diesem Zweck muss die mobile App zunächst veröffentlicht werden.

8.1 Veröffentlichungsort einer mobilen App

Vor der Veröffentlichung einer mobilen App muss zunächst die Frage geklärt und beantwortet werden, wo die mobile App veröffentlicht werden soll. Es gibt die Möglichkeit, ein öffentliches Rollout über die Standard-App-Stores der Betriebssystemhersteller wie *Google Play* bzw. den *App Store* von *Apple* vorzunehmen. Dabei sind dann die App-Store-spezifischen Qualitätsanforderungen an die mobile App zu erfüllen, um den Veröffentlichungsprozess erfolgreich durchlaufen zu können, sodass die mobile App anschließend dort verfügbar ist.

Neben diesen Standard-App-Stores gibt es noch weitere App Stores zur Veröffentlichung einer mobilen App. Dazu gehören beispielsweise die Stores von *Amazon*[1] sowie *Yandex*[2] und *Aptoide*[3], wobei sich die beiden letzteren auf mobile Android-Apps spezialisiert haben. Und es gibt mittlerweile auch etliche weitere App-Store-Alternativen im Ausland.

Das Rollout einer internen mobilen App – also einer mobilen App, die nur innerhalb eines Unternehmens bzw. einer Organisation eingesetzt wird – kann sowohl über die Standard-App-Stores (siehe oben) als auch über Alternativen wie zum Beispiel *HockeyApp*[4] erfolgen. HockeyApp ist eine webbasierte Plattform, über die mobile Apps entwickelt, verteilt und im Betatest von ausgewählten Benutzern getestet werden können. Über HockeyApp werden den Entwicklern Berichte und Zusammenfassungen über Abstürze sowie Analyseerkzeuge und

---

1. Weitere Informationen unter:
   http://www.amazon.de/mobile-apps/b?ie=UTF8&node=1661648031.
2. Weitere Informationen unter: *http://store.yandex.com.*
3. Weitere Informationen unter: *http://www.aptoide.com/?lang=de.*
4. Weitere Informationen unter: *http://hockeyapp.net/#s.*

Rückkopplungsmechanismen für Tester im Bereich mobiler iOS-, Android-, Windows-Phone- und macOS-Apps zur Verfügung gestellt.

HockeyApp, das 2016 von Microsoft übernommen wurde, ist dabei vergleichbar zu *TestFlight*[5], einem äquivalenten Angebot für den Betatest von mobilen iOS-Apps. In Abhängigkeit vom konkreten Veröffentlichungsort der mobilen App muss neben den Anforderungen an den Veröffentlichungsprozess unter anderem auch die Frage beantwortet werden, welche Inhalte in Form von Texten und Bildern für die Veröffentlichung benötigt werden.

Mobile Device Management

Bei einem internen Rollout der mobilen App müssen auch relevante Fragen im Kontext des sogenannten *Mobile Device Management* beantwortet werden. Hierbei geht es darum, dass die eingesetzten mobilen Endgeräte erfasst und im Hinblick auf die Softwareverteilung zentral verwaltet, gewartet und aktualisiert werden. Zudem gilt es, spezifische Anforderungen an den Datenschutz und die Datensicherheit zu erfüllen, um mit den mobilen Endgeräten auf unternehmensinterne Softwaresysteme und Daten zugreifen zu können.

Welcher Veröffentlichungsort für Ihre mobile App am besten geeignet ist, hängt dabei von vielerlei Faktoren ab und sollte projektspezifisch entschieden werden.

8.2 Veröffentlichungsprozesse

Im Rahmen des Veröffentlichungsprozesses einer mobilen App werden von den App-Store-Betreibern zahlreiche Kriterien geprüft, um gegenüber den späteren Benutzern ein bestimmtes Maß an Sicherheit, Qualität und Zuverlässigkeit der mobilen App sicherstellen zu können. Allerdings wurden diese Kriterien in der Vergangenheit nicht immer transparent offengelegt. Insbesondere die strikten und teilweise intransparenten Kriterien von *Apple* haben zu einiger Kritik von App-Entwicklern geführt. Darauf hat *Apple* reagiert und in der Zwischenzeit hat sich die Lage wieder beruhigt. Ein Großteil des relevanten Kriterienkatalogs liegt – auch aufgrund der vielfältigen und mittlerweile ja auch langjährigen Erfahrungen – den iOS-App-Entwicklern vor. Seit September 2016 hat *Apple* zudem seine Maßnahmen im Hinblick auf die Löschung von mobilen Apps im App Store verschärft. So werden nun mobile Apps aus dem *Apple* App Store entfernt, wenn sie gegen aktuelle *Guidelines* und Richtlinien verstoßen, veraltet sind oder nicht wie erwartet funktionieren.

Im Folgenden möchte ich Ihnen exemplarisch die Veröffentlichungsprozesse bei den Standard-App-Stores von *Google* und *Apple* vorstellen, sodass Sie auf

---

5. Weitere Informationen unter: *http://developer.apple.com/testflight*.

dieser Basis einen Ein- und Überblick über die in diesem Kontext durchzuführenden Aktivitäten bekommen.

8.2.1 Veröffentlichung im Apple App Store[6]

Wenn Sie eine mobile iOS-App entwickelt haben und diese nun im *App Store* von Apple veröffentlichen möchten, müssen Sie sich zunächst kostenpflichtig beim *iOS Developer Program* als *Apple Developer* registrieren. Die Developer-Programme für iOS und macOS wurden 2015 zusammengelegt, sodass über den Account als Apple Developer prinzipiell auch Apps für *macOS*, tvOS bzw. *watchOS* im App Store veröffentlicht werden können. Dabei werden sowohl zum Test als auch zur Veröffentlichung und Verteilung einer nativen mobilen iOS-App die beiden Zertifikate *iOS Development* und *iOS Distribution* sowie die beiden *Provisioning Profiles* benötigt. Erst mit diesen beiden Zertifikaten und den beiden Profiles sind der Test und die Veröffentlichung einer mobilen iOS-App möglich.

Die mit der integrierten Entwicklungsumgebung *Xcode* programmierte mobile App kann entwicklungsbegleitend im Simulator bzw. auf eigenen mobilen Endgeräten getestet werden. Wenn der Test auch auf fremden mobilen Endgeräten erfolgen soll, was in vielen Fällen sehr hilfreich ist, müssen die beiden oben genannten Zertifikate vorliegen. Zudem müssen die mobilen Endgeräte, die zum Testen eingesetzt werden, im Bereich *Devices* im *Developer Portal* als Entwicklungsgeräte eingetragen und registriert sein. Die im Developer Portal registrierten Geräte können anschließend in der integrierten Entwicklungsumgebung *Xcode* importiert werden. Daraufhin kann eine mobile iOS-App direkt auf das mobile Endgerät geladen werden. Auf diese Weise können Sie Ihre mobile App bereits während der Programmierung zu Testzwecken auf mobilen Endgeräten installieren und betreiben.

Zur Verteilung einer App – sei es zum Betatest via *Testflight* oder zur Veröffentlichung im Apple App Store – wird ein Eintrag der App in *iTunes Connect* benötigt. *iTunes Connect* ist dabei das zentrale Portal zur Veröffentlichung mobiler Apps, die hier registriert werden. Jede App, die verteilt werden soll, muss im Abschnitt zur App-Verwaltung (*Meine Apps* in *iTunes Connect*) über einen Eintrag verfügen. Dieser Eintrag wird verwendet, um die Versionen einer App zu verwalten, Preise festzulegen, Beschreibungen oder Bilder zur mobilen App zu veröffentlichen, In-App-Käufe zu managen oder auch um Optionen zu konfigurieren. Zudem müssen Benutzer und deren Rollen im Entwicklungsteam definiert werden. Nur über *iTunes Connect* können Sie *iAds* zur Werbung für die mobile App schalten oder die Berichte zu der Werbung lesen, die Sie in Ihrer eigenen App präsentieren. Über *iTunes Connect* heraus kann eine App auch via Testflight an bis zu 2000 Betatester (interne oder externe) verteilt werden.

---

6. Der Abschnitt geht inhaltlich weitgehend auf [Bleske 2017, S. 447 ff.] zurück.

Nach erfolgreichem Test können Sie Ihre mobile iOS-App anschließend wiederum über *iTunes Connect* zur weiteren Begutachtung und Überprüfung an Apple weitergeben. Im positiven Fall wird die mobile iOS-App dann anschließend im App Store von Apple veröffentlicht.

Bei einer Zurückweisung Ihrer mobilen App seitens Apple können die folgenden Ursachen eine Rolle spielen (vgl. [Ebert 2016, S. 207]):

- Die App Store Review Guidelines wurden nicht vollumfänglich erfüllt.
- Die *iOS Human Interface Guidelines*[7] wurden nicht vollumfänglich erfüllt.
- Die mobile App stürzt ab oder zeigt ein anderweitig fehlerhaftes Verhalten.
- Die mobile App ist nicht voll funktionsfähig, da beispielsweise nur eine Betaversion hochgeladen wurde.
- Die mobile App wurde nicht in allen möglichen Situationen und Anwendungskontexten erfolgreich getestet, wie zum Beispiel: »keine Internetverbindung verfügbar«, »langsame Internetverbindung verfügbar«, »Offline-Modus«, »Flugmodus« etc.
- Es gibt Probleme mit der Lokalisierung der mobilen iOS-App (Zeitzonen, Spracheinstellungen, Formatierungsregeln).
- Es werden nicht nur Anwendungsdaten im Ordner *Documents* gespeichert, da der *Documents*-Ordner von *iCloud-Backup* gesichert wird. Für alles Weitere existiert der *Cache*-Ordner.
- Es gibt eine missbräuchliche Verwendung von Markenzeichen[8].

Für weitere Informationen und Hintergründe zum Veröffentlichungsprozess einer mobilen iOS-App im *Apple App Store* möchte ich Sie auf [Bleske 2017, S. 449–458] sowie die immer tagesaktuellen Informationen aus den Onlinequellen von *Apple* verweisen.

8.2.2 Veröffentlichung bei Google Play

Zunächst wird eine mobile Android-App mithilfe von Android Studio in der Programmiersprache Java programmiert. Anschließend liegt Ihnen eine *.apk-Datei vor, die Sie bei *Google Play* veröffentlichen möchten. Dazu müssen Sie sich – ähnlich wie beim Verfahren von Apple – mit einem Entwickler-Account kostenpflichtig bei *Google Play* registrieren. Zu diesem Zweck rufen Sie die *Developer Console*[9] von Google auf. Über diese webbasierte Plattform können Sie Ihre mobile App hochladen, verwalten, administrieren und auch pflegen und warten.

Zum Upload einer mobilen Android-App benötigen Sie eine signierte *.apk-Datei, die Sie mithilfe von Android Studio erstellen lassen können. Diese Datei

---

7. Siehe *http://developer.apple.com/ios/human-interface-guidelines/overview/design-principles*.
8. Siehe *http://www.apple.com/legal/intellectual-property/guidelinesfor3rdparties.html*.
9. Siehe *http://play.google.com/apps/publish/signup/#*.

hat üblicherweise den Namen »app-release.apk«. Nach dem erfolgreichen Upload kommen Sie auf die Verwaltungsseite der *Developer Console* für Ihre mobile App.

Hier gibt es eine Übersicht mit allen unterstützten mobilen Endgeräten, einer Versionskontrolle, den Einstellungsoptionen für *Google Play* sowie weitere Informationen und Einstellungsoptionen.

Als Nächstes müssen Sie Ihre mobile Android-App in der *Developer Console* mit ein Paar Sätzen textuell beschreiben und mindestens zwei Screenshots der mobilen App hochladen. Zur Beschreibung der mobilen App gibt es neben dem Namen die Möglichkeit einer Kurz- und einer Langbeschreibung. Zusätzlich müssen Sie ein Icon und eine Grafik für Ihre mobile App hochladen. In diesem Kontext haben Sie vielfältige weitere Möglichkeiten, um Ihre mobile App näher zu spezifizieren und bei *Google Play* besser auffindbar zu machen. Anschließend können Sie Ihre mobile App hochladen.

Nach einer gewissen Zeitdauer können Sie Ihre mobile App bei *Google Play* sehen. Sie steht ab diesem Zeitpunkt für Benutzer im App Store zum Download zur Verfügung und diese können Ihre mobile App bei Google Play kommentieren und bewerten.

Für weitere Informationen und Hintergründe zum Veröffentlichungsprozess einer mobilen Android-App bei *Google Play* verweise ich auf [Becker & Pant 2015, S. 397–408] sowie die aktuellen Informationen aus den Onlinequellen von *Google*.

8.2.3 Mobile-App-Indexierung

Um Ihre nativ entwickelte mobile App möglichst optimal zu vermarkten, sollten Sie sie so gestalten, dass sie von Internetsuchmaschinen wie *Google* gefunden, angezeigt und direkt installiert werden kann. Zu diesem Zweck können Sie die *Mobile-App-Indexierung* einsetzen. Damit wird das ehemals weitgehend abgeschottete und geschlossene Ökosystem von mobilen Apps geöffnet, um einen direkten Internetzugriff auf mobile Apps und deren Inhalte zu ermöglichen (vgl. [Tober & Grundmann 2016]). Mobile-App-Indexierung ist dabei eine einfache und kostenlose Möglichkeit, um neue Benutzer auf Ihre mobile App aufmerksam zu machen.

Wenn Benutzer Ihre mobile App installiert haben, können sie nach dem Start direkt auf die Inhalte zugreifen, nach denen sie gesucht haben. Die App-Indexierung ermöglicht es den Benutzern Ihrer mobilen App, öffentliche und private Inhalte auf dem mobilen Endgerät zu finden, und bietet sogar eine Autovervollständigung, damit Suchanfragen effizient durchgeführt werden können. Und falls die gesuchte mobile App noch nicht auf dem Smartphone oder Tablet installiert und eingerichtet sein sollte, schlägt Google dem Benutzer die mobile App zur Installation vor. Mithilfe von *Firebase*[10], einer mobilen Plattform, können sowohl mobile Android- als auch mobile iOS-Apps indexiert werden.

8.3 Mobile-App-Tracking

Nach der erfolgreichen Veröffentlichung in einem bzw. mehreren infrage kommenden App Stores (siehe Abschnitt 8.1) kann die mobile App von den Benutzern heruntergeladen, installiert und eingesetzt werden.

Oftmals verändern sich mit der Zeit die Bedürfnisse, Verhaltens- und Interaktionsmuster der Benutzer. Daher ist es nach der Inbetriebnahme einer mobilen App hilfreich und wichtig, konkrete Informationen über diese Bedürfnisse, Verhaltens- und Interaktionsmuster sowie deren Hintergründe in Erfahrung zu bringen. Zu diesem Zweck wird ein sogenanntes *Mobile-App-Tracking* eingesetzt. Unter Mobile-App-Tracking ist dabei die systematische, kontinuierliche Verfolgung des Benutzerverhaltens bei der Anwendung der mobilen App zum Zwecke eines kontinuierlichen Verbesserungsprozesses zu verstehen. Dabei stellen sich unter anderem folgende Fragen:

- Von welcher Bildschirmseite kommt der Besucher?
- Welche Bildschirmseiten und Bereiche der mobilen App sucht er auf?
- Wie häufig und wie lange verweilt er auf welchen Bildschirmseiten der mobilen App?
- An welcher Stelle springt er bei der Benutzung ab und verlässt die mobile App?

Durch die Beantwortung dieser Fragestellungen können wichtige Erkenntnisse über die Benutzer und die Benutzung der mobilen App erfasst und abgeleitet werden. Diese Ergebnisse werden zur weiteren Entwicklung im Rahmen der Pflege und Wartung (siehe Abschnitt 8.4) konstruktiv genutzt und eingesetzt.

8.3.1 Vorgehen beim Mobile-App-Tracking

Im Vorfeld des Mobile-App-Trackings ist es notwendig, die quantitativen und qualitativen Ziele festzulegen und Kriterien zur Überprüfung der mobilen App mithilfe von Kennzahlen zu definieren. Anschließend werden die definierten Kennzahlen für einen bestimmten Benutzungszeitraum der mobilen App erfasst. Das können nach der unmittelbaren Veröffentlichung der mobilen App wenige Wochen und in späteren Phasen auch darüber hinausgehende, längere Zeiträume sein.

Über die erhobenen Benutzungsdaten wird überprüft, ob die definierten Ziele erreicht wurden bzw. werden. Für den Fall, dass die definierten Ziele nicht erreicht werden, kann das Konzeptions- und Entwicklungsteam geeignete Gegenmaßnahmen ableiten und entwickeln. Das kann mithilfe einer neuen, modifizierten Version der mobilen App realisiert werden. Anschließend wird das Benutzungsverhalten in einer Folgeiteration erneut gemessen und überprüft, ob die definierten quantitativen und qualitativen Ziele mithilfe der neuen Version der mobilen App erreicht werden konnten. Der Prozessablauf des Mobile-App-Trackings ist in Abbildung 8–1 dargestellt.

---

10. Siehe auch *http://firebase.google.com*.

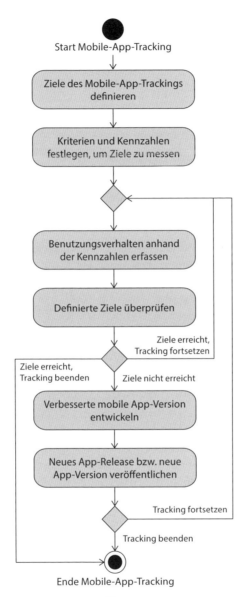

Abb. 8–1 Prozess des Mobile-App-Trackings[11]

8.3.2 Kennzahlen für das Mobile-App-Tracking

Mit einem Mobile-App-Tracking lassen sich ganz unterschiedliche Daten erfassen. Im Einzelfall ist die Verfügbarkeit der Daten von der Art des verwendeten Trackings abhängig. Oftmals sind folgende Daten von Interesse:

---

11. In Anlehnung an eine Abbildung der adesso mobile solutions GmbH.

- Anzahl der Installationen
- Mobile Endgeräte
- Mobile Betriebssysteme
- Mobilfunkanbieter
- Versionsdaten der mobilen App

Bei einigen Softwarewerkzeugen zum Mobile-App-Tracking können weitere Daten erhoben werden, wie zum Beispiel:

- Eindeutige Benutzer und neue Benutzer
- Ereignisse wie Taps auf Buttons und Menüpunkte
- Bildschirmseitenansichten
- Displaygröße des mobilen Endgeräts
- Nutzungsdauer der mobilen App
- *Conversions*: Hierbei wird gemessen, ob aus der Verwendung einer mobilen App eine Folgeaktivität wie zum Beispiel ein Kauf, ein Download oder eine Newsletter-Anmeldung resultiert.
- Fehlermeldungen und Abstürze

8.3.3 Reaktionsmöglichkeiten

Auf Basis der Ergebnisse aus dem Mobile-App-Tracking können folgende Aktivitäten resultieren:

Behavioral-Targeting

Beim *Behavioral-Targeting* werden die Benutzer einer mobilen App anhand ihrer Verhaltensmuster zu Benutzergruppen zusammengefasst. Ziel ist es dann, möglichst passgenaue Ansprachen an die einzelnen Benutzergruppen zu realisieren.

Smart-Messaging

Durch ein geeignetes *Smart-Messaging* können ziel- und benutzergruppenspezifische In-App-Nachrichten zur Förderung einer möglichst positiven User Experience versendet werden.

Geo-Targeting

Beim *Geo-Targeting* werden über die mobile App ortsbezogene Nachrichten an bestimmte Benutzergruppen gesendet.

Cross-Device-Tracking

Beim *Cross-Device-Tracking* findet eine endgeräteübergreifende Analyse der Besucherströme mittels verschlüsselter Identifizierung statt.

A/B-Tests

Bei A/B-Tests werden zwei Gruppen von Benutzern zwei Varianten einer neu konzipierten grafischen Benutzungsoberfläche der mobilen App angezeigt, wobei jeweils nur eine Variable bzw. nur ein Element geändert wurde. Durch ein erneutes Mobile-App-Tracking soll nun überprüft werden, welche der beiden Varianten bei den Benutzern besser ankommt und somit für eine bessere User Experience sorgt.

8.3.4 Zielgruppen des Mobile-App-Tracking

Die Verfolgung und Auswertung von Benutzungsstatistiken liegt im Interesse sowohl der Konzepter und Entwickler, die eine mobile App entwerfen und programmieren, als auch der Marketingverantwortlichen, die die Vermarktung der mobilen App vornehmen. Ein Tracking für mobile Apps gibt beiden Parteien Informationen darüber, wie oft eine mobile App heruntergeladen wurde und wie sie von den Benutzern verwendet und eingesetzt wird. Das Ziel ist eine Analyse der Performanz, der Akzeptanz, des Benutzungsverhaltens und der Bekanntheit einer mobilen App. Aufgrund der erhobenen Daten kann die mobile App optimiert werden, insbesondere für verschiedene Betriebssysteme und Endgeräte. Möglich ist aber auch die Verwendung dieser Erkenntnisse für die zukünftige Entwicklung und etwaige Marketingkampagnen (vgl. [OnPageWiki 2016]).

8.3.5 Softwarewerkzeuge zum Mobile-App-Tracking

Das erhöhte Interesse an Tracking-Methoden und entsprechenden Werkzeugen für mobile Apps geht auf die steigenden Nutzungszahlen mobiler Endgeräte und mobiler Apps zurück. Alleine in Deutschland wurden 2014 schätzungsweise mehr als drei Milliarden Apps heruntergeladen. Anbieter wie Google oder Apple bieten mittlerweile in ihren Entwicklungsumgebungen an, ein spezialisiertes Mobile-App-Tracking zu implementieren. Auf diese Weise können nicht nur die Downloadzahlen ausgewertet werden, sondern ebenfalls die aktive Benutzung der mobilen App. Die App-spezifischen Informationen, welche Bereiche und Funktionen die Benutzer am häufigsten besuchen und in Anspruch nehmen, können den Entwicklern zielgerichtete Aufschlüsse und Anhaltspunkte liefern, welche Teile der mobilen App eine hohe Akzeptanz erfahren und an welchen Stellen möglicherweise Optimierungspotenziale bestehen. Auf diese Weise werden die Benutzer zu Testern und das Verhalten dieser Tester erlaubt die gezielte Optimierung der mobilen Apps. Zugleich dienen die erfassten Daten als wichtiger Hinweis für die benutzergruppenspezifische Versendung von unverbindlichen Produktempfehlungen.

Für das Mobile-App-Tracking sind zahlreiche Softwarewerkzeuge verfügbar, einige davon kostenfrei, andere kostenpflichtig. Der Funktionsumfang erhöht sich dabei oftmals mit dem Preis, obwohl es auch kostenfreie Softwarewerkzeuge mit relativ großem Funktionalitätsumfang gibt. Im Folgenden werden einige der aktuell verfügbaren Softwarewerkzeuge für das Mobile-App-Tracking genannt, wobei eine detaillierte funktionsbezogene Betrachtung und Gegenüberstellung der einzelnen Werkzeuge den Rahmen dieses Kapitels sprengen würde. Einige dieser Softwarewerkzeuge sind integrierte Lösungen, bei denen das Mobile-App-Tracking nicht im Vordergrund steht, sondern ein Tracking und die Webanalyse auch für andere Zielplattformen und Endgeräte möglich sind.

- Adobe Analytics
- Adjust
- etracker
- Flurry
- Google Analytics – Tracking für mobile Apps
- App Annie
- Appfigures
- Apptamine
- Econda
- Mobile-App-Tracking von HasOffers
- Piwik Open Analytics Platform
- Webtrekk

8.4 Pflege und Wartung

Im Rahmen der Pflege- und Wartungsphase sollten Sie auf Basis der Versionsplanung (siehe Abschnitt 4.8), des Release- und Iterationsplans (siehe Abschnitt 5.7) sowie der Ergebnisse aus dem Mobile-App-Tracking (siehe Abschnitt 8.3) die zukünftigen neuen Versionen, Releases und Entwicklungsiterationen Ihrer mobilen App planen, um sie weiterentwickeln und verbessern zu können. Dazu gehört auch, die entsprechenden Benutzerrückmeldungen in den jeweiligen App Stores zu sichten, geeignet auszuwerten und releasebezogen zu berücksichtigen.

8.5 Zusammenfassung

Die Verteilung und Veröffentlichung einer mobilen App ist kein trivialer Prozess. Sie müssen in diesem Zusammenhang zunächst für sich und Ihre mobile App klären, in welchem bzw. welchen App Stores Ihre mobile App angeboten werden soll. Hierbei gibt es neben den klassischen Standard-App-Stores von Google und Apple mittlerweile zahlreiche weitere App-Store-Alternativen, die für Ihre mobile App und Ihre Ziel- und Benutzergruppen relevant werden.

Anschließend müssen Sie die jeweiligen Veröffentlichungs- und Freigabeprozesse der App-Store-Betreiber durchlaufen, um Ihre mobile App in den gewünschten App Stores platzieren und anschließend vermarkten zu können.

An die Veröffentlichung einer mobilen App schließt sich im Normalfall direkt die Beobachtung des Benutzerverhaltens bei der Verwendung Ihrer mobilen App an. Hierbei gilt es, initial zu klären, welche Informationen Sie über das Benutzungsverhalten benötigen, um anschließend geeignete Softwarewerkzeuge und Maßnahmen einsetzen zu können. Auf dieser Basis können Sie dann im Rahmen der Wartung und Pflege sukzessive neue Releases und Versionen Ihrer mobilen App in den App Stores bereitstellen, um auf diese Weise Ihre Benutzer kontinuierlich zu begeistern und positives Feedback zu erhalten.

8.6 Übungen

a) Wo können Sie Ihre mobile App nach der Implementierung und dem Test veröffentlichen?

b) Welche Ursachen könnte es haben, wenn Ihre mobile iOS-App vor der Veröffentlichung im App Store von Apple abgelehnt wird?

c) Welche Vorteile und Nachteile hat die Veröffentlichung einer mobilen App in einem der Standard-App-Stores wie Google Play bzw. dem Apple App Store?

d) Was versteht man unter *Mobile-App-Tracking* und wozu wird es eingesetzt?

e) Welche typischen Kennzahlen werden beim Mobile-App-Tracking erhoben?

f) Wie sieht ein beispielhaftes systematisches Vorgehen zum Mobile-App-Tracking aus?

g) Was ist ein sogenannter *A/B-Test* und zu welchen Zwecken wird er eingesetzt?

h) Wie sieht ein systematisches Vorgehen aus, um die Benutzer im Rahmen der Pflege und Wartung kontinuierlich mit neuen Funktionalitäten Ihrer mobilen App zu begeistern?

8.7 Weiterführende Literatur

[Apple 2016a] Apple: Apple Developer Program, 2016, *https://developer.apple.com/programs/* (zuletzt geprüft am 12.12.2016).

[Becker & Pant 2015] Becker, A.; Pant, M.: Android 5 – Programmieren für Smartphones und Tablets. 4., aktualisierte und erweiterte Auflage, Heidelberg: dpunkt.verlag, 2015.

[Bleske 2017] Bleske, C.: iOS-Apps programmieren mit Swift. 2. Auflage, Heidelberg: dpunkt.verlag, 2017.

[Google 2016] Google: Google Developer, 2016, *https://play.google.com/apps/publish/signup/* (zuletzt geprüft am 12.12.2016).

9 Zusammenfassung und Ausblick

Mit der Entwicklung mobiler Apps ist in wenigen Jahren ein vollkommen neuer Bereich objektorientierter Softwareentwicklung entstanden. Dieser neue Softwareentwicklungsbereich ist längst den Kinderschuhen entwachsen und weist signifikante Unterschiede zur Entwicklung von Softwareanwendungen für Desktop- und Notebook-Computer auf. Dabei besteht eine starke hardwareseitige Fragmentierung durch eine Vielzahl unterschiedlicher mobiler Endgeräte mit differierenden Hardwarekomponenten. Zudem gibt es auch eine ebenfalls gravierende softwareseitige Fragmentierung durch unterschiedliche mobile Betriebssysteme und Betriebssystemversionen mit hoher Änderungsdynamik. Diese beiden Fragmentierungen stellen eine der zentralen Herausforderungen für die Konzeption, die Entwicklung und den Test mobiler Apps dar.

Des Weiteren bieten aktuelle mobile Endgerätemodelle ein umfangreiches Inventar an Sensoren und Aktoren an, mit dem mobile Apps anwendungsspezifisch ausgelegt und dementsprechend kontextsensitiv agieren und reagieren können. Diese Möglichkeiten sind bei der Konzeption, Entwicklung und vor allem auch beim Test mobiler Apps zu berücksichtigen.

Vor dem Hintergrund der hohen Marktdynamik sowie der hohen Qualität zahlreicher mobiler Apps hat die Qualität der Usability und User Experience von mobilen Apps einen sehr großen Stellenwert eingenommen. Daraus resultiert eine stark oberflächengetriebene Konzeption und Entwicklung mobiler Apps.

Diese und viele weitere Herausforderungen begründen den Bedarf an einem eigenen softwaretechnischen, als *Mobile App Engineering* bezeichneten Ansatz zur Entwicklung mobiler Apps. Dabei umfasst das *Mobile App Engineering* sämtliche Phasen im Lebenszyklus einer komplexen mobilen App und geht von den Requirements über die Konzeption und das Design sowie die Implementierung und den Test bis hin zum Go Live einer mobilen App.

Das *Mobile App Engineering*, das in diesem Buch vorgestellt wurde, basiert auf vielfältigen praktischen Erfahrungen und Erkenntnissen aus großen industriellen Mobile-App-Entwicklungsprojekten. Dabei wird in allen Projekten frühzeitig und durchgängig mit Prototypen der grafischen Benutzungsoberfläche in unterschiedlichen Ausbaustufen gearbeitet. Vor diesem Hintergrund wird das Prototyping der grafischen Benutzungsfläche einer mobilen App in allen Phasen des Lebenszyklus und des Entwicklungsprozesses einer mobilen App eingesetzt.

Im *Mobile App Engineering* werden sowohl neue Aktivitäten und Methoden wie beispielsweise die Erstellung einer Seitenspezifikation (siehe Abschnitt 5.5) als auch bewährte und etablierte Methoden objektorientierter und iterativ-agil ausgelegter Softwareentwicklung zu einem sehr praxisnahen Ansatz verschmolzen. Die praktische Anwendung dieses Ansatzes mit seinen Phasen, Aktivitäten und den zugehörigen Methoden, Konzepten, Techniken, Sprachen und Werkzeugen ermöglicht es auch Informatikstudierenden sowie Softwareentwicklern, die bislang nur wenig mit mobiler App-Entwicklung in Berührung gekommen sind, hoch qualitative mobile Apps strukturiert und systematisch zu entwickeln.

Auch wenn alle in Abschnitt 2.3 vorgestellten Entwicklungsparadigmen ihre praktische Relevanz und Berechtigung besitzen, haben sich vor allem im kommerziellen und geschäftlichen Bereich nativ entwickelte mobile Anwendungen aktuell durchgesetzt. Dies geht – wie ausführlich beschrieben – mit erhöhtem Konzeptions-, Design-, Implementierungs- und Testaufwand einher, und für jede mobile App sind hierbei mindestens zwei Entwicklungsteams erforderlich. Mittelfristig wird sich zeigen, ob die hybriden, cross-kompilierten bzw. interpretierten Entwicklungsparadigmen in der Lage sind, die beschriebenen Herausforderungen zur Entwicklung mobiler Apps zu bewältigen. Hierbei werden die Kunden und Benutzer allerdings keinerlei Abstriche bei der verfügbaren Sensorik, Performanz und Qualität der Usability und User Experience mobiler Apps hinnehmen.

Mit der weltweiten Erfolgsgeschichte von Smartphones und Tablets hat sich die Entwicklung mobiler Apps zu einem neuen Bereich der Softwareentwicklung mit neuen spezifischen Herausforderungen entwickelt. Und es werden aller Voraussicht nach weitere neue Herausforderungen mit hohem Tempo hinzukommen. Somit ist und bleibt die Entwicklung mobiler Apps ein spannendes, äußerst dynamisches und hoch aktuelles Thema, das es wert ist, mit großem Interesse weiterverfolgt zu werden.

Anhang

A Abkürzungen

ACW	Android Callable Wrapper
adb	Android Debug Bridge
API	Application Programming Interface
Apk	Android Package
APS	Aktiver Pixelsensor
ART	Android Runtime
BDD	Behavior Driven Development
CCD	Carbonate Compensation Depth (dt.: Carbonat- Kompensationstiefe)
CI	Continuous Integration
CLI	Command Line Interface
CMOS	Complementary Metal Oxide Semiconductor
CPS	Cyber-Physical System
CSS	Cascading Style Sheet
DAO	Data Access Object
DOI	Digital Object Identifier
EEG	Erneuerbare-Energien-Gesetz
ESB	Enterprise Service Bus
ETSI	European Telecommunications Standards Institute
GPRS	General Packet Radio Service
GPS	Global Positioning System (dt.: globales Positionsbestimmungssystem)
GUI	Graphical User Interface (dt.: grafische Benutzungsoberfläche)
HCI	Human-Computer Interaction
HTML	Hyper Text Markup Language
IDE	Integrated Development Environment (dt.: integrierte Entwicklungsumgebung)

IEEE	Institute of Electrical and Electronics Engineers
IoT	Internet of Things
JRE	Java Runtime Environment
JSX	Java Serialization to XML
JVM	Java Virtual Machine
LLVM	Low Level Virtual Machine
LTE	Long Term Evolution
MCW	Managed Callable Wrapper
MEMS	Mikroelektromechanische Systeme
MOSFET	Metal Oxide Semiconductor Field-Effect Transistor (dt.: Metall-Oxid-Halbleiter-Feldeffekttransistor)
MVC	Model-View-Controller
MVVM	Model-View-ViewModel
NDK	Native Development Kit
OCR	Optical Character Recognition
OMG	Object Management Group
ORM	Objektrelationales Mapping
SDK	Software Development Kit
SPA	Single-Page-Application
SysML	Systems Modeling Language
TLS	Transport Layer Security
UI	User Interface (dt.: Benutzerschnittstelle)
UML	Unified Modeling Language
UMTS	Universal Mobile Telecommunications System
UX	User Experience
VLSI	Very Large Scale Integration
W3C	World Wide Web Consortium
WLAN	Wireless Local Area Network
XPath	XML Path Language
YAML	YAML Ain't Markup Language (Yet Another Markup Language)

B Glossar

Agil
Agile Methoden und Prinzipien wurden als Gegenbewegung zu den großen monolithischen Vorgehensmodellen entwickelt. Ziel ist es, den Softwareentwicklungsprozess flexibler zu gestalten und von unnötigem Ballast zu befreien und das Auftraggeber-Auftragnehmer-Verhältnis auf eine möglichst große Vertrauensbasis zu stellen. Zu diesem Zweck werden nur wenige projektmanagementspezifische Regeln definiert und kurze, iterative Entwicklungszyklen durchgeführt, um dem Auftraggeber nach jeder Iteration ein lauffähiges Stück Software präsentieren zu können.

Button
Synonym zu Schaltfläche

Click-Dummy
Ein Click-Dummy ist ein interaktiver Prototyp der grafischen Benutzungsoberfläche einer mobilen App. Hierbei gibt es – teilweise rudimentäre – GUI-Elemente, mit denen sich die Funktionalität, das visuelle Konzept und/oder das Interaktionsdesign der mobilen App prototypisch umsetzen und testen lässt.

Click-Flow
Der Click-Flow bezeichnet die Interaktionssequenz, die ein Benutzer mithilfe einer mobilen App durchführen muss, um einen spezifischen Anwendungsfall oder ein bestimmtes Anwendungsszenario durchführen zu können. Er stellt somit den Interaktionspfad dar, den der Benutzer durch ausgeführte Gesten auf dem Multitouch-Display des mobilen Endgeräts über mehrere Bildschirmseiten hinweg durchläuft.

Continuous Integration
Continuous Integration findet statt, wenn ein Softwaresystem nach jeder Quellcodeänderung vollständig kompiliert und integriert wird. Die Fehleranalyse wird dadurch deutlich vereinfacht.

Conversion
Dieser Begriff kommt aus dem webbasierten Onlinemarketing. Mit Conversion – engl. für Umwandlung – wird der Sachverhalt bezeichnet, wenn aus dem Besuch einer Webseite bzw. einer mobilen App eine Folgeaktivität resultiert. Das kann die Bestellung eines E-Mail-basierten Newsletters sein oder auch – wie in diesem Buch beschrieben – der Vertragsabschluss eines Stromtarifs. Aber auch ohne Vertragsabschluss ist die Registrierung als Benutzer eine Folgeaktivität, die als Conversion bezeichnet wird.

Conversion-Rate
Wenn eine Marketingkampagne für eine mobile App oder eine Webseite eines Unternehmens durchgeführt wird, erhöhen sich im Anschluss typischerweise die Besucherzahlen. Mit der Conversion-Rate wird nun gemessen, wie sich das Verhältnis zwischen den Besuchen und tatsächlichen Folgeaktivitäten entwickelt.

Corporate Identity
Mit diesem Begriff werden die Merkmale, Eigenschaften und Charakteristika bezeichnet, durch die sich ein Unternehmen in der Öffentlichkeit auszeichnet bzw. durch die ein Unternehmen in der Öffentlichkeit wahrgenommen wird. Das Konzept der Corporate Identity basiert auf der Annahme, dass Unternehmen und Organisationen als soziale Systeme eine eigene Identität entwickeln und somit vergleichbar zu Individuen wahrgenommen werden können.

Evaluierung
Bewertung eines Softwareprodukts, eines Entwurfs oder eines Konzepts durch die Benutzer anhand vordefinierter Kriterien.

Deep Link
Ein Deep Link verweist unmittelbar auf einen bestimmten Inhalt oder eine bestimmte Datei einer beliebigen Bildschirmseite einer mobilen App. Im Gegensatz dazu verweist der sogenannte Surface Link auf die Einstiegsseite einer mobilen App.

Design Thinking
Kreativitätsfördernder Ansatz, bei dem ein interdisziplinäres Team von Experten unterschiedlicher Fachrichtungen gemeinsam eine möglichst neue, innovative und anwender- bzw. benutzerorientierte Lösung für ein Problem entwickelt.

Double-Opt-in-Verfahren
Bei diesem Anmeldeverfahren kann der Benutzer aus mehreren Optionen auswählen. Bei aktiver Zustimmung zu einer Option wird dem Benutzer anschließend eine E-Mail geschickt, die er erst bestätigen muss, um die Anmeldung abzuschließen. Auf diese Weise kann verhindert werden, dass eine Anmeldung durch unbefugte Personen vorgenommen wird.

Double-Opt-out-Verfahren
Ähnlich wie beim Double-Opt-in-Verfahren wird dem Benutzer zur Bestätigung seiner Abmeldung – beispielsweise von einem Newsletter – erst eine E-Mail geschickt, die er bestätigen muss, um sie zu aktivieren.

Ease-of-Use
Damit wird die Benutzungsfreundlichkeit und einfache Bedienbarkeit einer Softwareanwendung – hier einer mobilen App – bezeichnet.

Festpreisprojekt
Der Auftragnehmer entwickelt im Rahmen eines Projekts eine Software zu einem vorab fest vereinbarten Preis. Der Auftragnehmer übernimmt dabei einen Großteil des Risikos, da Verzögerungen und Mehraufwände zu seinen Lasten gehen. Ein Festpreisprojekt setzt eine möglichst präzise Anforderungsspezifikation voraus.

Formfaktor
Der Formfaktor gibt die Größe, Installations- und Befestigungsmöglichkeiten eines computerspezifischen Bauteils an.

High-Fidelity-Prototyp
Ein Prototyp der grafischen Benutzungsoberfläche einer mobilen App, der der späteren mobilen App sowohl von der grafischen Gestaltung als auch vom Layout her sehr nahe kommt. Oftmals ist der High-Fidelity-Prototyp interaktiv und liegt dann als Click-Dummy vor.

IEEE
Institute of Electrical and Electronics Engineers

Iterative Entwicklung
Schrittweise Annäherung an das schlussendliche Ergebnis durch wiederholte Durchführung und damit einhergehende Verfeinerung der zu entwickelnden Konzepte und Lösungen.

JavaScript
JavaScript ist eine Programmiersprache, die 1995 bei Netscape entwickelt wurde und aus Marketinggründen den Namen »Java« als Bestandteil trägt. Mit JavaScript lässt sich funktional, prozedural und auch objektorientiert programmieren.

Low-Fidelity-Prototyp
Ein Prototyp der grafischen Benutzungsoberfläche einer mobilen App, der im Hinblick auf die grafische Gestaltung und das Layout zwar nur grobe Eigenschaften und Merkmale der späteren mobilen App umsetzt, aber interaktiv als Click-Dummy realisiert werden kann. Oftmals dient er zur prototypischen Umsetzung des Interaktionsdesigns einer mobilen App.

Mock-up
Die Nachbildung eines realen Gegenstands als Attrappe für Präsentationszwecke wird allgemein Mock-up genannt. Hierbei geht es in allererster Linie um das visuelle Erscheinungsbild des nachgebildeten Gegenstands und *nicht* um mögliche Funktionen. Im Bereich von Softwareanwendungen und mobilen Apps handelt es sich dabei meistens um einen Wegwerf-Prototyp der grafischen Benutzungsoberfläche – oftmals auch auf Papier entwickelt – ohne interaktive Elemente (im Gegensatz zum Click-Dummy). Mithilfe der Mock-ups sollen die Anforderungen an die grafische Benutzungsoberfläche zwischen Auftragnehmer und Auftraggeber erhoben, skizziert und abgestimmt werden.

Onboarding
Bezeichnet den Prozess, wenn ein Benutzer eine mobile App zum ersten Mal öffnet und dabei einmalig mit grundlegenden Informationen zur mobilen App versorgt wird.

Opt-in-Verfahren
Das Opt-in-Verfahren ist ein Anmeldeverfahren, bei dem der Benutzer aus mehreren Optionen auswählen kann. Bei aktiver Zustimmung zu einer Option wird diese anschließend aktiviert und ausgeführt. Das Opt-in-Verfahren wird oftmals im Onlinemarketing genutzt, bei dem der Benutzer dem Empfang von E-Mails eines bestimmten Typs zustimmen kann. In den meisten Fällen erfolgt dies über einen Tap des entsprechenden Kontrollkästchens.

Opt-out-Verfahren
Ähnlich wie das Opt-in-Verfahren zur einfachen Deaktivierung einer ehemals aktivierten Anmeldung, wie zum Beispiel zu einem Newsletter.

Schaltfläche
Über eine Schaltfläche auf der grafischen Benutzungsoberfläche einer mobilen App kann der Benutzer mit der mobilen App interagieren. Der Begriff Schaltfläche wird synonym zum Begriff »Button« verwendet.

Screenflow
Synonym zu Click-Flow

Splashscreen
Startbildschirm einer mobilen App

Styleguide
Hiermit werden konkrete Vorgaben zur grafischen und farblichen Gestaltung sowie zum Layout der grafischen Benutzungsoberfläche bezeichnet.

Texttonalität
Die Tonalität charakterisiert den Sound und die Atmosphäre, die ein Text erzeugt, also die Art, wie er unabhängig von seinen Inhalten klingt. Die Art, wie ein Text klingen soll, wird üblicherweise vor dem Verfassen eines Textes festgelegt und richtet sich danach, welche Texttonalität von der Zielgruppe voraussichtlich bevorzugt bzw. erwartet wird. Denn bestimmte, eher »weiche«, aber dennoch beeinflussende Informationen, die ein Text vermitteln soll, können Texter über die Tonalität vermitteln. Dabei gibt es viele stilistische Mittel, Informationen textlich so zu formulieren, dass die Aufmerksamkeit und Identifikation des Lesers unterbewusst gesteuert werden.

Time-and-Material-Projekt (T&M-Projekt)
Ein Projekt, bei dem die Vergütung des Auftragnehmers gemäß dem erbrachten Aufwand vorgesehen ist. Somit werden die während des Projekts tatsächlich aufgewendeten Leistungen und Aufwände abgerechnet und nicht ein im Vorhinein festgelegter Festpreis. Somit stellt ein T&M-Projekt das Gegenstück zum Festpreisprojekt dar.

Usability
Synonym zu Benutzbarkeit bzw. Benutzungsfreundlichkeit (einer mobilen App).

User Experience
Umfassender Begriff für das – möglichst positive und idealerweise begeisternde – Benutzungserlebnis, das ein Benutzer bei der Anwendung einer mobilen App erfährt.

Wireframe
Ein Wireframe (Drahtmodell) dient in frühen Phasen der Softwareentwicklung dazu, die grafische Benutzungsoberfläche im Hinblick auf die Benutzerführung und das Interaktionsdesign zu konzipieren. Anders als bei Mock-ups steht hier das Design und visuelle Erscheinungsbild *nicht* im Vordergrund.

Workflow-Engine
Eine Workflow-Engine dient dazu, informationstechnisch unterstützte Geschäftsprozesse zu automatisieren. Als Teil eines sogenannten *Workflow-Management-Systems* handelt es sich dabei um eine Softwareanwendung, die den Geschäftsprozess verwaltet, überwacht und koordiniert und dafür sorgt, dass beim Eintreten bestimmter Ereignisse (z.B. wenn ein Antrag bearbeitet wurde) definierte Folgeaktivitäten ausgelöst und/oder ausgeführt werden. Auf diese Weise kann der Prozess voll- oder teilautomatisiert werden.

C Literatur- und Quellenverzeichnis

[Aichele & Schönberger 2016] Aichele, C.; Schönberger, M.: App-Entwicklung – effizient und erfolgreich. Wiesbaden: Springer Vieweg, 2016.

[Andersson & Bergstrand 1995] Andersson, M.; Bergstrand, J.: Formalizing Use Cases with Message Sequence Charts, Unveröffentlichte Masterthesis, Lund Institute of Technology, 1995. In: [Tassey 2002, S. 5]

[Android 2016] Android: Android Developer, 2016, *http://developer.android.com* (zuletzt geprüft am 29.12.2016).

[Apple 2016a] Apple: Apple Developer Program, 2016, *https://developer.apple.com/programs/* (zuletzt geprüft am 12.12.2016).

[Apple 2016b] Apple: Apple iOS, 2016, *http://developer.apple.com/ios/* (zuletzt geprüft am 29.12.2016).

[Balzert 2008] Balzert, H.: Lehrbuch der Softwaretechnik: Software-Management, 2. Auflage, Heidelberg: Spektrum Akademischer Verlag, 2008.

[Balzert 2009] Balzert, H.: Lehrbuch der Softwaretechnik: Basiskonzepte und Requirements Engineering. 3. Auflage, Heidelberg: Spektrum Akademischer Verlag, 2009.

[Balzert 2011] Balzert, H.: Lehrbuch der Softwaretechnik: Entwurf, Implementierung, Installation und Betrieb. 3. Auflage, Heidelberg: Spektrum Akademischer Verlag, 2011.

[Barton et al. 2016] Barton, T.; Müller, C.; Seel, C.: Mobile Anwendungen in Unternehmen: Konzepte und betriebliche Einsatzszenarien. Wiesbaden: Springer Vieweg, 2016.

[Baumann 2013] Baumann, J.: Gradle – Ein kompakter Einstieg in das Build-Management-System. Heidelberg: dpunkt.verlag, 2013.

[Becker 2015] Becker, P.: Evaluierung einer verteilten Webanwendung auf Basis des Spring-Frameworks. Projektarbeit am Fachbereich Informatik der Fachhochschule Dortmund, 2015.

[Becker & Pant 2015]   Becker, A.; Pant, M.: Android 5 – Programmieren für Smartphones und Tablets. 4., aktualisierte und erweiterte Auflage, Heidelberg, dpunkt.verlag, 2015.

[Behrens 2010]   Behrens, H.: Cross-Platform App Development for iPhone, Android & Co. – A Comparison, 2010, *http://heikobehrens.net/2010/10/11* (zuletzt geprüft am 02.11.2016).

[Bernshausen et al. 2012]   Bernshausen, H.; Kuhn, J.; Wilhelm, T.; Lück, S.: Astronomie mit SkEye. In: *Physik in unserer Zeit* 43(4), 2012, S. 201–202.

[Beyer & Holtzblatt 1997]   Beyer, H.; Holtzblatt, K.: Contextual Design: Defining Customer-Centered Systems. Morgan Kaufmann, 1997.

[Biermann 2014]   Biermann, K.: Mächtige Sensoren, ZEIT Online, 2014, *http://www.zeit.de/digital/mobil/2014-05/smartphone-sensoren-iphone-samsung/komplettansicht* (zuletzt geprüft am 29.12.2016).

[Bleske 2017]   Bleske, C.: iOS-Apps programmieren mit Swift. 2. Auflage, Heidelberg: dpunkt.verlag, 2017.

[Book et al. 2016]   Book, M.; Gruhn, V.; Striemer, R.: Tamed Agility: Pragmatic Contracting and Collaboration in Agile Software Projects. Springer-Verlag, 2016.

[Brealey et al. 2013]   Brealey, C.; Williamson, L.; Baron, D.; Zhuo, T.; Holtshouser, B.: Challenges and opportunities of mobile app development. In: *Proceedings of the Conference of the Center for Advanced Studies on Collaborative Research*, 2013.

[Bredlau 2012]   Bredlau, J.: Ansätze für die Entwicklung von mobilen Business-Apps, 2012, *http://www.doag.org/formes/pubfiles/4295872/docs/Publikationen/DOAG News/2013/01-13/2013-News_1-Bredlau-Mobile_Appl.pdf* (zuletzt geprüft am 15.10.2016).

[Budiu 2015]   Budiu, R.: Basic Patterns for Mobile Navigation: A Primer, 2015, *http:// www.nngroup.com/articles/mobile-navigation-patterns/* (zuletzt geprüft am 08.04.2017).

[Burkhard 2008]   Burkhard, R. A.: Informationsarchitektur. In: Weber, W.: *Kompendium Informationsdesign*. München, Heidelberg: Springer-Verlag, 2008.

[Castro et al. 2008]   Castro, J. W.; Acuna, S. T.; Juristo, N.: Integrating the Personas Technique into the Requirements Analysis Activity. ENC '08, Mexican International Conference on Computer Science, 2008, S. 104–112.

[Charland & Leroux 2011]   Charland, A.; Leroux, B.: Mobile application development: web vs. native. In: *Communications of the ACM*, 54(5):49–53, 2011, New York (NY): ACM.

[Cohn 2004]   Cohn, M.: User Stories Applied: For Agile Software Development. Boston: Addison-Wesley, 2004.

[Cooper 2004] Cooper, A.: The Inmates are runnig the Asylum: Why High-tech Products Drive Us Crazy and How to Restore the Sanity. 2nd Edition, SAMS Publications, Indianapolis, IN, 2004.

[Cooper et al. 2010] Cooper, A.; Reimann, R.; Cronin, D.: About Face: Interface and Interaction Design. Bonn: mitp-Verlag, 2010.

[Czichon 2015] Czichon, A.: Einführung in die Welt von Ionic, 2015, *http://www.informatik-aktuell.de/entwicklung/methoden/einfuehrung-in-die-welt-von-ionic.html* (zuletzt geprüft am 09.03.2017).

[Dugerdil 2013] Dugerdil, P.: Architecting mobile enterprise app: a modeling approach to adapt enterprise applications to the mobile. In: *Proceedings of the 2013 ACM workshop on Mobile development lifecycle*, New York: ACM Press, 2013, S. 9–14.

[Ebert 2014] Ebert, C.: Systematisches Requirements Engineering. 5., überarbeitete Auflage, Heidelberg: dpunkt.verlag, 2014.

[Ebert 2016] Ebert, R.: iOS 10-Apps entwickeln mit Swift & Xcode 8, 2016, *http://www.ralfebert.de/ios/* (zuletzt geprüft am 12.12.2016).

[Eckhoff 2015] Eckhoff, M.: Packend präsentieren mit Prezi: Das Praxisbuch von Konzept bis Vortrag. Heidelberg: dpunkt.verlag, 2015.

[Engelberg & Seffah 2002] Engelberg, D.; Seffah, A.: *A Framework for Rapid Low-Fidelity Prototyping of Web Sites*. In: Hammond, J.; Gross, T.; Wessen, J. (Hrsg.): *Usability: Gaining Competitive Edge*. IFIP World Computer Congress 2002, Kluwer Academic Publishers.

[Erhardt 2008] Erhardt, A.: Einführung in die digitale Bildverarbeitung. Grundlagen, Systeme und Anwendungen mit 35 Beispielen und 44 Aufgaben. 1. Auflage, Wiesbaden: Vieweg + Teubner (Studium), 2008.

[Floyd 1984] Floyd, C.: A Systematic Look at Prototyping. In: Budde, R.; Kuhlenkamp, K.; Mathiasen, L.; Züllighoven, H. (Hrsg.): *Approaches to Prototyping*. Berlin: Springer-Verlag, S. 1–18, 1984.

[Fowler 2006] Fowler, M.: GUI-Architectures, 2006, *http://martinfowler.com/eaaDev/uiArchs.html* (zuletzt geprüft am 13.12.2016).

[Garrett 2002] Garrett, J. J.: A visual vocabulary for describing information architecture and interaction design, 2002, *http://www.jjg.net/ia/visvocab* (zuletzt geprüft am 19.10.2016).

[Garrett 2012] Garrett, J. J.: Die Elemente der User Experience: Anwenderzentriertes (Web-)Design. 2. Auflage, München: Addison-Wesley Verlag, 2012.

[Google 2016] Google: Google Developer, 2016, *https://play.google.com/apps/publish/signup/* (zuletzt geprüft am 12.12.2016).

[Grudin 1994] Grudin, J.: *Ethnography and design*. In: *Computer Supported Cooperative Work (CSCW) – The Journal of Collaborative Computing and Work Practices* 3(1), 1994, S. 55–59.

[Grudin & Pruitt 2002] Grudin, J.; Pruitt, J.: Personas, Participatory Design and Product Development: An Infrastructure for Engangement. In: *Proceedings of the Participatory Design Conference 2002* (PDC '02), Computer Professionals for Social Responsibility, 2002, S. 144–161.

[Gruhn 2016] Gruhn, V.: *Software Engineering für mobile Systeme*. Folienscript zur Master-Lehrveranstaltung im Sommersemester 2016, Universität Duisburg-Essen, 2016.

[Halper 2014] Halper, M.: *Using android as a platform for programming in the IT curriculum*. In: *Proceedings of the 15th Annual Conference on Information technology education*, New York: ACM, 2014, S. 127–132.

[Hassenzahl et al. 2009] Hassenzahl, M.; Eckoldt, K.; Thielsch, M. T.: User Experience und Experience Design – Konzepte und Herausforderungen. In: *Usability Professionals 2009 – Berichtband des siebten Workshops des German Chapters der Usability Professionals Association e.V*, Stuttgart: Fraunhofer Verlag, 2009, S. 233–237.

[Heinecke 2011] Heinecke, A. M.: Mensch-Computer-Interaktion: Basiswissen für Entwickler und Gestalter. Heidelberg: Springer-Verlag, 2011.

[Heinze 2015] Heinze, M.: Smartphone Technik – Welcher Sensor ist eigentlich wofür zuständig?, 2015, *http://www.drwindows.de/content/7598-smartphone-technik-welcher-sensor-eigentlich-wofuer-zustaendig.html* (zuletzt geprüft am 17.10.2016).

[Herczeg 2009] Herczeg, M.: Software-Ergonomie. 3. Auflage, München: Oldenbourg Verlag, 2009.

[Hirth et al. 2014] Hirth, M.; Kuhn, J.; Wilhelm, T.; Lück, S.: Die App Oszilloskop analysiert Schall oder elektrische Signale. In: *Physik in unserer Zeit* 45(3), 2014, S. 150–151.

[Hopcroft et al. 2003] Hopcroft, J. E.; Motwani, R.; Ullman, J. D.: Einführung in die Automatentheorie, Formale Sprachen und Komplexität. 2. Auflage, Pearson Education, 2003.

[Joorabchi 2016] Joorabchi, M. E.: Mobile App Development: Challenges and Opportunities for Automated Support. PhD-Thesis, Vancouver: University of British Columbia, 2016.

[Joorabchi et al. 2013] Joorabchi, M. E.; Mesbah, A.; Kruchten, P.: Real Challenges in Mobile App Development. *ACM/IEEE International Symposium on Empirical Software Engineering and Measurement*, 2013, S. 15–24.

[Kaner 2003] Kaner, C.: An Introduction to Scenario Testing, 2003, http://www.kaner.com/ pdfs/ScenarioIntroVer4.pdf (zuletzt geprüft am 02.12.2016).

[Kano et al. 1984] Kano, N.; Tsuji, S.; Seraku, N.; Takahashi, F.: Attractive Quality and Must-be Quality. In: *Quality – The Journal of the Japanese Society for Quality Control* 14(2), 1984, S. 39–44.

[Knott 2016] Knott, D.: Mobile App Testing – Praxisleitfaden für Softwaretester und Entwickler mobiler Anwendungen. Heidelberg: dpunkt.verlag, 2016.

[Krieg & Schmitz 2014] Krieg, S.; Schmitz, R.: Mobile Softwareentwicklung. In: *JavaSpektrum* 1/2014.

[Krug 2014] Krug, S.: Don't Make Me Think! – Web & Mobile Usability. 3. Auflage, Frechen: mitp-Verlag, 2014.

[Kuhn et al. 2013] Kuhn, J.; Vogt, P.; Wilhelm, T.; Lück, S.: Beschleunigungen messen mit SPARKvue. In: *Physik in unserer Zeit* 44(2), 2013, S. 97–98.

[Künneth 2015] Künneth, T.: Android 5 – Apps entwickeln mit Android Studio. Bonn: Rheinwerk Computing, 2015.

[Leisegang 2011] Leisegang, C.: Model View Presenter: Entwurfsmuster für Rich Clients – Schlüsselfigur. In: iX 1/2011, S. 128–133.

[Liggesmeyer 2002] Liggesmeyer, P.: Software-Qualität – Testen, Analysieren und Verifizieren von Software. Heidelberg: Spektrum Akademischer Verlag, 2002.

[Ludewig & Lichter 2013] Ludewig, J.; Lichter, H.: Software Engineering – Grundlagen, Menschen, Prozesse, Techniken. 3., korrigierte Auflage, Heidelberg: dpunkt.verlag, 2013.

[Mayer 2012] Mayer, A.: App-Economy – Milliardenmarkt Mobile Business. München: mi-Wirtschaftsbuch, 2012.

[Moser 2012] Moser, C.: User Experience Design. Mit erlebniszentrierter Softwareentwicklung zu Produkten, die begeistern. Heidelberg: Springer Vieweg, 2012.

[Nicolaou 2013] Nicolaou, A.: Best Practices on the Move: Building Web Apps for Mobile Devices. In: *Queue – Mobile Web Development* 11(6):30, New York (NY): ACM, 2013.

[Nielsen 1993] Nielsen, J.: Usability Engineering. San Francisco: Morgan Kaufman, 1993.

[Nielsen & Budiu 2013] Nielsen, J.; Budiu, R.: Mobile Usability: Für iPhone, iPad, Android, Kindle. Frechen: mitp-Verlag, 2013.

[Norman 2013] Norman, D.: The Design of Everyday Things. New York: Basic Books, 2013.

[Nunkesser 2016] Nunkesser, R.: Usability and Interaction. Folien zur Lehrveranstaltung. Hochschule Hamm-Lippstadt, 2016.

[Oestereich & Scheithauer 2013] Oestereich, B.; Scheithauer, A.: Analyse und Design mit der UML 2.5 – Objektorientierte Softwareentwicklung. 11. Auflage, München: Oldenbourg Verlag, 2013.

[Oestereich & Scheithauer 2014] Oesterreich, B.; Scheithauer, A.: Die UML-Kurzreferenz 2.5 für die Praxis. 6. Auflage, München: Oldenbourg Wissenschaftsverlag, 2014.

[OMG 2015] Object Management Group: Systems Modeling Language 1.4 Specification, *http://www.omg.org/spec/SysML/1.4/* (zuletzt geprüft am 08.04.2017).

[OMG 2016] Object Management Group: UML 2.5 Specification, http://*www.omg.org/spec/UML/2.5* (zuletzt geprüft am 06.09.2016).

[OnPageWiki 2016] OnPageWiki: App Tracking, *https://de.onpage.org/wiki/App_Tracking* (zuletzt geprüft am 19.09.2016).

[Opensignal 2015] Opensignal: *http://opensignal.com/reports/2015/08/android-fragmentation/* (zuletzt geprüft am 01.11.2016).

[Palmieri et al. 2012] Palmieri, M.; Singh, I.; Cicchetti, A.: Comparison of cross-platform mobile development tools. In: *Intelligence in Next Generation Networks (ICIN), 2012 16th International Conference on*, 2012.

[Patzke 2015] Patzke, H.: Endlich kompiliert – Wie die Android-Laufzeitumgebungen ART und Dalvik arbeiten. c't 13/2015, S. 172–175.

[Paul & Nalwaya 2016] Paul, A.; Nalwaya, A.: React Native for iOS Development. New York: Apress, 2016.

[Pichler 2008] Pichler, R.: Scrum – Agiles Projektmanagement erfolgreich einsetzen. Heidelberg: dpunkt.verlag, 2008.

[Pichler 2012] Pichler, R.: A Template for Writing great Personas, 2012, *http://www.romanpich-ler.com /blog/persona-template-for-agile-product-management* (zuletzt geprüft am 31.01.2017).

[Pohl 2008] Pohl, K.: Requirements Engineering – Grundlagen, Prinzipien, Techniken. 2. Auflage, Heidelberg: dpunkt.verlag, 2008.

[Pohl & Rupp 2015] Pohl, K.; Rupp, C.: Basiswissen Requirements Engineering, 4., überarbeitete Auflage, Heidelberg: dpunkt.verlag, 2015.

[Richter & Flückiger 2016] Richter, M.; Flückiger, M.: Usability und UX kompakt – Produkte für Menschen. 4. Auflage, Heidelberg: Springer Vieweg, 2016.

[Riddle & Manalo-Schwarz 2015] Riddle, B.; Manalo-Schwarz, S.: Java und Dalvik Bytecode – Ein Vergleich, 2015, *http://www.gm.fh-koeln.de/ehses/compiler/projekt15/dalvik/JavavsDalvik Bytecode-EinVergleich.pdf* (zuletzt geprüft am 01.11.2016).

[Röpstorff & Wiechmann 2016] Röpstorff, S.; Wiechmann, R.: Scrum in der Praxis – Erfahrungen, Problemfelder und Erfolgsfaktoren. 2., aktualisierte und überarbeitete Auflage, Heidelberg: dpunkt.verlag, 2016.

[Rosen & Shihab 2016] Rosen, C.; Shihab, E.: What are mobile developers asking about? A large scale study using stack overflow. In: *Empirical Software Engineering* 21(3), 2016, S. 1192–1223.

[Royce 1970] Royce, W.: Managing the development of large Systems. IEEE Wescon, 1970, S. 1–9.

[Rupp & Queins 2012] Rupp, C.; Queins, S.: UML 2 glasklar. 4. Auflage, München: Carl Hanser Verlag, 2012.

[Schekelmann 2016] Schekelmann, A.: Software Engineering für Mobile Anwendungen. In: Barton, T.; Müller, C.; Seel, C.: *Mobile Anwendungen in Unternehmen: Konzepte und betriebliche Einsatzszenarien*. Wiesbaden: Springer Vieweg, 2016, S. 93–108.

[Schickler et al. 2015] Schickler, M.; Reichert, M.; Pryss, R.; Schobel, J.; Schlee, W.; Langguth, B.: Entwicklung mobiler Apps – Konzepte, Anwendungsbausteine und Werkzeuge im Business und E-Health. Heidelberg: Springer Vieweg, 2015.

[Schnell et al. 2005] Schnell, R.; Hill, P. B.; Esser, E.: Methoden der empirischen Sozialforschung. München: Oldenbourg Verlag, 2005.

[Semler 2016] Semler, J.: App-Design: Alles zu Gestaltung, Usability und User Experience. Bonn: Rheinwerk Verlag, 2016.

[Sommerville 2012] Sommerville, I.: Software Engineering. 9., aktualisierte Auflage, München: Pearson Studium, 2012.

[Spitczok von Brisinski et al. 2014] Spitczok von Brisinski, N.; Vollmer, G.; Schäfer-Weber, U.: Pragmatisches IT-Projektmanagement – Softwareentwicklungsprojekte auf Basis des PMBOK Guide führen. 2., aktualisierte und überarbeitete Auflage, Heidelberg: dpunkt.verlag, 2014.

[Starke 2015] Starke, G.: Effektive Softwarearchitekturen – Ein praktischer Leitfaden. 7. Auflage, München: Carl Hanser Verlag, 2015.

[Steyer 2017] Steyer, R.: Cordova – Entwicklung plattformneutraler Apps. Wiesbaden: Springer Vieweg, 2017.

[Suchman 1987] Suchman, L.: Plans and Situated Actions: The Problem of Human-Machine Communication. Cambridge: Cambridge University Press, 1987.

[Tassey 2002] Tassey, G.: The Economic Impacts of Inadequate Infrastructure for Software Testing, 2002, *http://citeseerx.ist.psu.edu/viewdoc/download?doi=10.1.1.122.3316&rep=rep1&type=pdf* (zuletzt geprüft am 22.11.2016).

[Tober & Grundmann 2016] Tober, M.; Grundmann, J.: App-Indexing, 2016, *http://pages.searchmetrics.com/rs/ 656-KWJ-035/images/ Searchmetrics_App_Indexing_Studie.pdf* (zuletzt geprüft am 30.01.2017).

[Verclas & Linnhoff-Popien 2011] Verclas, S.; Linnhoff-Popien, C.: Smart Mobile Apps: Mit Business-Apps ins Zeitalter mobiler Geschäftsprozesse. Heidelberg: Springer-Verlag, 2011.

[Viller & Sommerville 1999] Viller, S.; Sommerville, I.: Coherence: An Approach to Representing Ethnografic Analyses in Systems Design. In: *Human-Computer Interaction* 14(1&2), 1999, S. 9–41.

[Viller & Sommerville 2000] Viller, S.; Sommerville, I.: Ethnographically informed analysis for software engineers. In: *International Journal of Human-Computer Studies* 53(1), 2000, S. 169–196.

[Vogt & Kuhn 2014] Vogt, P.; Kuhn, J.: Acceleration Sensors of Smartphones. In: *Frontiers in Sensors* Volume 2, 2014, *http://www.seipub.org/fs/Download.aspx?ID=9726* (zuletzt geprüft am 27.12.2016).

[Vollmer 2001] Vollmer, G.: Ein Vorgehensmodell zur Entwicklung oberflächenintensiver Web-Anwendungen. Diplomarbeit am Lehrstuhl für Software-Technologie, Universität Dortmund, 2001.

[Vollmer 2007] Vollmer, G.: Software-Lösungen zur Optimierung intraorganisationaler E-Mail-Kommunikation. Lohmar: EUL-Verlag, 2007.

[Wake 2003] Wake, W. C.: INVEST in Good Stories, and SMART Tasks. 2003, *http://xp123.com/articles/invest-in-good-stories-and-smart-tasks* (zuletzt geprüft am 08.04.2017).

[Wasserman 2010] Wasserman, A.: Software Engineering Issues for Mobile Application Development. In: *Proceedings of the FSE/SDP workshop on Future of software engineering research (FoSER 2010)*, New York: ACM, 2010, S. 397–400.

[Weilkiens 2014] Weilkiens, T.: Systems Engineering mit SysML/UML: Anforderungen, Analyse, Architektur. 3., überarbeitete und aktualisierte Auflage. Heidelberg: dpunkt.verlag.

[Wissel et al. 2017] Wissel, A.; Liebel, C.; Hans, T.: Einer für alles: Frameworks und Tools für Cross-Plattform-Programmierung. In: *iX 2/2017*, S. 64–71.

Stichwortverzeichnis

A

Activity 160
Akkumulator 22
Android Package 156
Android Runtime 158
Android Studio 167
Android-Grundlagen 156
Android-Manifest 168
Android-Systemarchitektur 165
Anforderungen analysieren 94
Anforderungen ermitteln 74
Anforderungen kategorisieren 75
Anforderungen priorisieren 97
Anforderungen testbar formulieren 93
Anforderungsdokument gliedern 91
Anforderungsspezifikation erstellen 89
Anforderungsworkshop durchführen 77
Annäherungssensor 27
Anwendungsfälle modellieren 78
Anwendungsfall-Spezifikationsschablone 81
Anwendungskontext 29, 63
Apache Cordova 203
App-Komponenten 159
Arten des Prototypings 125
Arten von Tests 214
Auswahl eines Testwerkzeugs 252

B

Back-Stack 175
Barrierefreiheit 132
Benutzbarkeitstest 233
Benutzungsstatistik 54
Beschleunigungssensor 24
Broadcast Receiver 165
Build 156

C

Capture/Replay 248
Central Processing Unit 23
Cocoa Touch 182
Content Provider 164
Contextual Inquiry 63
Continuous Integration 231
Continuous Integration Server 231
Conversion 41
Crash- und Bug-Reporting 54
Crashtest 245
Cross-kompilierte mobile App 20
Cross-Plattform-Entwicklung 192

D

Dalvik-Cross-Compiler 157
Datenbanktest 240
Dauer der Iterationen 150
Debuggen 228
Dependency Injection 148
Dokumentation der Programmierung 206
Domänenmodell 66
Double-Opt-in-Verfahren 39

E

Entwicklungsparadigmen 16
Evolutionäres Prototyping 126
Experimentelles Prototyping 126
Explizite Intents 171
Explorative Iterationen 151
Exploratives Prototyping 125

F

Flat-Design 188
Fragmente 172
Funktionale Anforderungen 85
Funktions- und Benutzbarkeitstests 232
Funktionstests 232

G
Garbage Collector 159
Gestaltungsrichtlinien für mobile Apps 121
GPS-Sensor 25
Gradle 169
GUI-Prototyping 123
Gyroskop 24

H
Hardwarekomponenten 22
Helligkeitssensor 27
Heuristische Evaluation 219
High-Fidelity-Prototyping 130
Horizontaler und vertikaler Prototyp 125
Hörschädigungen 133
Hybride mobile App 19

I
Identifizierungstechniken 247
Implizite Intents 171
Installationstest 239
Integrationstest 231
Intent-Filter 169, 172
Intents 169
Interaction Room 78
Interaktionsdesign entwickeln 108
Interpretierte mobile App 20
Ionic 203, 205
iOS-Architektur 182
iOS-Grundlagen 182
Iterationsplan 149

K
Kamera 25
Kognitive Beeinträchtigungen 133
Konformitätstest 244
Kostenbetrachtung 100

L
Low-Fidelity-Prototyping 127

M
Magnetfeldsensor 25
Marktanteil mobiler Betriebssysteme xi
Material Design 173
Mikrofon 26
Mobile Device Management 262
Mobile Web-App 17
Mobile-App-Indexierung 265
Mobile-App-Tracking 266
Mobile-App-Tracking-Werkzeuge 269
Model-View-Controller 139

Model-View-Presenter 143
Model-View-ViewModel 144
Multitouch-Display 22

N
Native mobile App 16
Netzanbindung 23
Nicht funktionale Anforderungen 86
Nutzenbetrachtung 99

O
Onboarding 37

P
Performanztest 234
Personas 67
Physische Beeinträchtigungen 133
Priorisierung der Anforderungs-
    spezifikation 98
Programmierung 155
Projektvision 59
Props 200
Prüfung der Logdateien 230

R
React Native 197
Releaseplan 149
Richtlinien zur Barrierefreiheit 132, 134
Risikobetrachtung 99

S
Sandbox 158, 188
Seitenspezifikation 134
Sensoren und Aktoren 23
Service 164
Sicherheitstest 242
Signierung 157
Single-Page-Application 198
Softwarearchitektur 139
Stand-by-Test 238
State (Zustand) 201
Storyboard 72
Stress- und Robustheitstest 238
Strikter Modus 228
Systemkontext 60
Szenarien 70

T
Tarifrechner 177, 189
Test bei fast entladenem Akku 237
Test bei leerem Akku 237
Test bei vollgeladenem Akku 235
Test der Fehlermeldungen 233

Test des lokalen Speichers 241
Testautomatisierung 246
Test-Checklisten 256
Testdokumentation 254
Testfälle 216
Teststrategie 216
Testsuiten 231
Testwerkzeuge 249
Threads 177

U
UI-Designer 35
UML-Zustandsdiagramme 116
Unit Test 230
Update-Planung 31
Update-Test 240
Usability-Kriterien zu den Inhalten 225
Usability-Kriterien zu Funktionen und Prozessen 225
Usability-Kriterien zur allgemeinen Bedienbarkeit 224
Usability-Kriterien zur Navigationsstruktur 224
Usability-Kriterien zur Produktverständlichkeit 224
Usability-Test durch Benutzer 226
Usability-Test durch Experten 218
User Stories ermitteln 82
UX-Designer 35

V
Veröffentlichungsort 261
Veröffentlichungsprozesse 262
Versionsplanung durchführen 103
Vertrieb 30
Vibrationsaktor 27
View 174
ViewGroup 174
Visuelles Konzept entwickeln 122, 124
Visuelles Vokabular 110
Voltmeter 27

W
Wegwerf-Prototypen 126
Widgets 176

X
Xamarin 193
Xamarin.Android 195
Xamarin.Forms 196
Xamarin.iOS 194
Xcode 183

Z
Ziel- und Benutzergruppen 59

Daniel Knott

Mobile App Testing

Praxisleitfaden für Softwaretester und Entwickler mobiler Anwendungen

Aus dem Englischen übersetzt von
Nils Röttger

1. Auflage 2016,
256 Seiten, Broschur
€ 29,90 (D)

ISBN:
Print   978-3-86490-379-3
PDF   978-3-96088-056-1
ePub   978-3-96088-057-8
mobi   978-3-96088-058-5

»(Der Autor) beginnt bei den Grundlagen (...) und schildert detailliert verschiedene Testmethoden, -automatisierungen, -umgebungen und -strategien. Zudem geht Knott auf die Vor- und Nachteile alternativer Testmethoden wie Crowd- und Cloud-Testing ein. Das Buch lässt sich linear lesen – und liefert dann einen Gesamtüberblick – oder punktuell, um ein Thema zu vertiefen. Eines sollten Leser jedoch auf jeden Fall bereithalten: Ihr Smartphone, um die Dinge gleich einmal auszuprobieren.«

t3n, Nr. 46

Mobile Applikationen unterliegen strengen Vorgaben an Zuverlässigkeit, Benutzerfreundlichkeit, Sicherheit und Performance. Jedoch verfügen nicht alle App-Entwickler gleichermaßen über ausreichende Testkenntnisse in diesem neuen Anwendungsbereich mit seinen speziellen Herausforderungen.

Dieses Buch bietet Ihnen einen kompakten Einstieg in das Testen mobiler Anwendungen sowohl für die Android- als auch die iOS-Plattform. Nach einer Einführung in Mobilgeräte und Apps, mobile Plattformen, Betriebssystem-Apps, Sensoren und Schnittstellen gibt der Autor praktische Anleitungen für App-spezifische Funktionalitätstests, Benutzbarkeitstests, Stress- und Robustheitstests, Performanztests und Sicherheitstests. Er beschreibt, wie Fehler in der App erfasst werden, und geht dann auf Testautomatisierung und Werkzeuge für Mobile App Testing ein. Auch spezifische Testmethoden wie Crowd- oder Cloud-Testen, verschiedene Test- und Veröffentlichungsstrategien für Apps, neue Ansätze z.B. für Wearables- und Internet-of-Things- Anwendungen sowie Businessmodelle für mobile Apps werden praxisnah erläutert.

Rezensieren & gewinnen!

Besprechen Sie dieses Buch und helfen Sie uns und unseren Autoren, noch besser zu werden.

Als Dankeschön verlosen wir jeden Monat unter allen neuen Einreichungen fünf dpunkt.bücher. Mit etwas Glück sind dann auch Sie mit Ihrem Wunschtitel dabei.

Wir freuen uns über eine aussagekräftige Rezension, aus der hervorgeht, was Sie an diesem Buch gut finden, aber auch was sich verbessern lässt. Dabei ist es egal, ob Sie den Titel auf Amazon, in Ihrem Blog oder bei YouTube besprechen.

Schicken Sie uns einfach den Link zu Ihrer Besprechung und vergessen Sie nicht, Ihren Wunschtitel anzugeben: www.dpunkt.de/besprechung oder besprechung@dpunkt.de

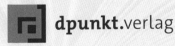

dpunkt.verlag GmbH · Wieblinger Weg 17 · 69123 Heidelberg
fon: 0 62 21/14 83 22 · fax: 0 62 21/14 83 99